# 通力的君主

## 彼卡·海林传奇一生

[美] 约翰·西蒙 著
杜钟瀛 译

世界知识出版社

图书在版编目(CIP)数据

通力的君主：彼卡·海林传奇一生 / （美）西蒙著；杜钟瀛译. —北京：世界知识出版社，2012.7
ISBN 978-7-5012-4317-4

Ⅰ.①通… Ⅱ.①西… ②杜… Ⅲ.①海林—传记
Ⅳ.①K835.315.38

中国版本图书馆CIP数据核字（2012）第164391号

图字：01-2012-2342号

责任编辑　吴　捷
责任出版　刘　喆
责任校对　马莉娜

书　　名　通力的君主：彼卡·海林传奇一生
Tongli De Junzhu: Bika Hailin Chuanqi Yisheng

出版发行　世界知识出版社
地址邮编　北京市东城区干面胡同51号（100010）
网　　址　www.wap1934.com
经　　销　新华书店
印　　刷　河北新华第一印刷有限责任公司
开本印张　980×680毫米　1/16　26½印张　24插页
字　　数　351千字
版次印次　2012年7月第一版　2012年7月第一次印刷
标准书号　ISBN 978-7-5012-4317-4
ISBN 978-951-23478-4
定　　价　68.00元

本书由芬兰文学交流中心（FILI）
提供翻译资助

# 目　录

# 序

父亲去世后，我们与母亲谈过撰写父亲生平的想法。这一想法并不新鲜，我的表弟、作家哈里·西罗拉当时就表示愿意承担这个任务，本书也摘用了他的一段描述。其他愿意作传的还大有人在。虽然作品未见问世，但是正如一位父亲同代人说的，“他是那时代至高无上的企业领袖……才华横溢的言谈家……”一定会有他的成文的历史、他的传记。

我在2002年接受一次采访时曾经说过，众多的人敬重我的父亲，然而很少有人愿意成为他那样的人。我还比较详尽地介绍了我所以要这样说的理由。要与我父亲矛盾和别扭的个性、他的希望和现实融合在一起是件不容易的事，无论对他本人，还是对那些在他身边的人都是同样的困难。

本书介绍了多起以我的父亲为一方的艰难事例，其中也涉及到我。我自然记得一些艰难而尴尬的具体细节，包括我们之间的关系。这位无与伦比、手腕高超的人有时会将我推入进退两难的境地。

然而每当我现在想起父亲，出现在脑海中的总是正面的记忆和积极的感受。在我回想起的第一幅图景中，我在收割机上，坐在他的怀里，那是1959年秋天，我们在索科收割麦子。对一个小男孩儿来说，秋收是久久难以忘却的；在我对母亲的记忆中，第一幅图景正好也是同一天的夜晚。小男孩儿外出打猎和航海的经历总是后来愉快的记忆，然而青少年时与父亲激烈的争吵却是令人不快的。成人后关于农业问题的多次交谈则给我留下了积极有益的印象。最后要说的是，在引领通力[1]事业向前迈进的过程中，父亲是我强大有力的支持。

2003年春天父亲去世后，当时曾在通力的内部通讯上发表了一篇纪念他的文章。文章是通力新闻部的约翰·西蒙撰写的，我认为约翰的文章对我父亲的评价是公正的、不偏不倚的。当我阅读这篇文章时，一个想法在我的脑子里油然而生：如果某一天需要撰写我父亲的生平的话，我希望届时仍能聘请约翰执笔。在通力的机构中，他也是我所信任的人员中的一位。《通力的君主：彼卡·海林传奇一生》这部著作很大部分建立在对同事、亲戚和朋友的采访之上，建立在许许多多事实的基础之上。对于某些事，我的记忆不一样；在一些问题上我虽有相同的记忆，但对事态的理解和评价我却不同意回忆人所持的见解。尽管存在认识上的分歧，或许正是由于这些分歧的存在，我深信本书才具有纪念曾经生活在矛盾之中的我父亲的公正合理性。

恩蒂·海林

2009年5月11日于基尔科努米

① 正式名称为“通力集团”，本书常简称“通力”，有时也用“通力康采恩”、“通力电梯公司”、“通力股份公司”等。——译者著

# 前　言

恩蒂·海林第一次同我商谈撰写他父亲的生平时，我已在通力工作了22年。我到通力后，开始担任公司人事报的总编辑，后来逐步承担了处理这家国际大公司全部内部信息的责任。我对彼卡·海林了解不多，主要的情况是作为一名信息官员通过工作观察到的。

我从来没有为他人撰写过生平，为彼卡·海林作传是对我的挑战。恩蒂向我保证说，我可以使用公司和家族的档案，还说他的母亲支持这一计划。但我主要担心写不好书中的主人公，我总觉得彼卡是一个很难接近的人，现在他已不在人世，很难想象我如何能够做好这项工作？

还有其他的问题需要考虑。作为通力的工作人员，我的确能从内部了解企业的事务，但我对芬兰的政治和经济情况了解不足，而这正是作传研究许多问题时所要求的。我的芬兰语用于采访活动是够用的，可是我又怎能查阅完有关档案和所有需要阅读的其他书面材料呢？

我的保留并不仅仅是技术性的。基尔斯蒂和恩蒂·海林要求我撰写这部著作，我有什么理由可以推诿呢？他们究竟要求我做些什么呢？我非常敬重彼卡的成就，但我丝毫不能肯定是不是愿意写他的企业活动。当他在世时我认为与他保持足够的距离是比较明智的，那为什么现在要走近呢？

当我事后审视这项计划时，我领悟到我的忧虑不仅有充分的根据，而且或许还会有益于本书。当我开始工作时，我无需证明什么东西，我既不是彼卡的崇拜者，也不是他的诽谤者。实际上，我的压力在于我拿不准自己是否有能力将这位不可思议的人物落到文字上。最终我得出的结论是，最可行的接近方式是讲故事。那是唯一可能的叙述，因为它是一个我能从他的亲属、同事和朋友以及所收藏的档案、报刊文章和来往书信中得到可靠信息并将其编入的故事模式。我尽力让接近他的人讲述这个故事，还要尽我所能保持他们自己回忆时的语调。

两个坚实的主题决定了我最终要讲的故事。第一个主题是：彼卡是国家级的人物，他作为开拓者引领着数百年来被地理位置、语言、贫困和强大邻国隔离的国家进入到了全球经济的洪流之中，在彼卡领导下，通力成了芬兰第一家多国公司和使他的国家取得最出色成就的故事中的一个。

第二个主题涉及到决定他极其复杂难解的个性的紧张状态。这在某些章节的题目中有了反映，诸如："是当农业家还是做工业家？"和"阿波罗与狄俄尼索斯"。这些对立的矛盾可能以某种方式促使他取得了特殊的成就，但是也给他的亲属带来了痛苦。

如果没有彼卡亲属坚定不移的支持，我是没有能力写就这部著作的。我深切地感谢基尔斯蒂和恩蒂·海林，是他们自始至终地支持着这项计划。恩蒂的兄弟姐妹哈娜、伊尔卡、尼克拉斯和伊洛娜坦诚、率直的参与都是不可或缺的帮助。所有阅读本书的人，一定都会敬重这个美满家庭的诚实态度和团结精神。彼卡可能会因对他的某些披露而生气——但是也会为此而感到无比的骄傲。

我还要感谢我的同事海莱娜·图奥科，是她帮我打清了芬兰文的采访材料，帮助识别彼卡·海林难懂的笔迹，修正我的各个阶段手稿中的差错。奥塔瓦出版公司莱娜·马扬德尔、爱瓦·雷佩和尤卡·哈蒂卡伊宁的关键性帮助和热情友好的鼓励对本书的最后成形也起了很大的作用。

最后我要感谢参与实施这一计划的通力同事们和许许多多其他人士，这里我要专门提一提他们的姓名：通力的格哈特·温特、塞波·约基比、图奥莫·埃罗拉和彼卡·波赫约拉。我还要特别感谢恩蒂·勃勒菲尔德、维萨·科伊维斯托、埃尔基·朗塔拉、卡尔-埃里克·米切尔森、卡里·阿米诺夫、查利·哈特以及我的妻子汉内勒和女儿帕特。

彼卡这个人太伟大了，一本著作不可能包容下他的一生，以后一定还会有其他的著作出版。当我交出手稿时，我最后的想法是，能够撰写关于彼卡的第一本书，那是一种荣幸，是一个特权。

约翰·西蒙

2009年5月于赫尔辛基

彼卡·海林是一位相貌堂堂的英俊青年，身高1.86米，体重至少100公斤。（1968年）

但是，人们实际的生活，和人们认为应当如何生活，有天壤之别，以至于一个人要是不切实际地想当然行事，那么，他不但无法保持现有状态，还会导致毁灭。所以，一个君主如果想要保持住自己的地位，就必须知道怎样做不完全符合道德的事，并且知道视情况抉择是否使用或保留这一手段。

因此……如果一些恶行是为了挽救国家，那么君主就不必为这些恶行受到非议而惴惴不安。因为，仔细考虑每一件事情，我们会发现某些起初看似美德的行为，如果君主照着做可能会招致灭亡，而另外一些行为初看起来是恶行，可是君主坚持做下去，却能给自己带来安全和福祉。

〔*摘自马基雅弗利的著作《君主论》，*
*王水译，上海三联书店2008年第1版，pp.69–70*〕

# 伟大的期待

1968年5月10日

温和的南风从海湾那边轻柔地吹拂过来，父亲和儿子并肩行走在自图尔斯维克庄园的主建筑通向船码头的小道上。父亲的步伐坚定有力，目标明确。他穿的是夜礼服，风度翩翩。儿子在他身旁，嘴里叼着一支烟，显得有点紧张。身着长礼服的太太们正在几步之外低声谈论晚宴的准备情况，不过要想再做任何变动，那就已经太晚了。

1968年5月的第一个星期，南部的芬兰还比较阴冷，但是10日是星期五，这天天气变得暖和了，温度上升到了摄氏15度。时间已近晚8时，太阳缓慢地沉入到了芬兰湾中，然而夜晚仍旧暖和，妇女们在室外也只在肩膀上加了一条披肩。白色和蓝色的银莲花覆盖了靠近海岸的林地，这为欢迎即将到来的贵宾更加增添了欢庆的气氛。

两个月后即将过他36岁生日的彼卡·阿克塞尔·海林，早在1964年就从他的父亲、矿业参议海伊基·雨果·海林手中接过了执掌通力股份公司的权力。人们远眺大海，期盼着乘载瑞典工业家马库斯·沃伦伯格及其随行人员的汽船的到来。彼卡清楚了解这个夜晚的意义是何等地深远。如果一切都能如计划进行，通力将以戏剧性和空前的大跃进跳出目前正遭受本行业国际大公司强食的中等规模电梯公司的行列，并跨入这些强食者的队伍。他为这个时刻做了周到细致的准备，但他没有参加这类谈判的经验。他的妻子基尔斯蒂回忆道，所有人的神经整整一天都绷得紧紧的。

此前我的确已经非常紧张了，这一点我记得特别清楚，那种紧张让人感到可怕。彼卡也紧张，后来他与他的父母一起活动时，总要稍加提高警觉，防备讲出蠢话。彼卡的母亲也许是最紧张的，因为她的瑞典语不是很好，后来由明娜米（彼卡的大姐，婚后叫明娜·米尔雅密·巴沃拉伊宁）在旁帮她。明娜米瑞典语讲得确实流利，什么都能讲出来。〔*基尔斯蒂·海林*〕[①]

一艘很大的汽船终于出现了，向着图尔斯维克的码头驶来。一些瑞典客人上午已乘飞机到达，但是沃伦伯格夫妇愿乘自己的汽船从瑞典过来，晚宴结束后仍准备走海路返回。为了这次访问，礼宾问题让安娜（海伊基的妻子）和基尔斯蒂头痛死了，因为出席晚宴的除了瑞典贵宾外还有芬兰共和国的总统乌尔霍·卡莱瓦·吉科宁和夫人。

众多细节都是需要考虑的，诸如应该穿长装还是短服，最终虽然决定穿长装，可是谁都没有告知马吉特·勒斯基宁（第二工商部长凡伊诺·勒斯基宁的妻子），她穿着短服来了，当时她本人肯定是非常尴尬的。〔*基尔斯蒂·海林*〕

让人感到幸运的是，玛丽亚内·沃伦伯格（马库斯的妻子）登上码头后就将僵局打破了。在相互介绍的时候，基尔斯蒂注意到玛丽亚内忘记拉上她的上装的安全扣拉链了。基尔斯蒂·海林是这样描述当时情景的：

当沃伦伯格夫人到来时，她身上穿的是翠绿色的长袖夜礼服，她的上装的胸前悬着被她忘了拉上的安全扣拉链。她非常热情、非常友好。她说她几乎是从牛棚直接过来的，因为她是夜班，他们家大量的牲畜都是由她管理的。

---

① 除非另有说明，采访均由本书作者所做。

那儿的气氛一直非常好，这与乘坐汽船和美好的天气肯定有关系。那是一艘很大的汽船，航程中他们可以睡觉，午夜时分直接返回瑞典。

安娜，也就是彼卡的母亲做了这样的安排，让孙子辈可以隔窗观看，他们就像在那边院子里玩儿，行屈膝礼。我记得他们中间有哈娜、恩蒂、玛丽亚娜（明娜米的女儿）和伊尔卡，但我不记得是否还有更小的孩子参加。〔*基尔斯蒂·海林*〕

哈娜·海林（现为努尔米宁）当时差一个星期就满13岁。

经祖母精心策划，孙子辈可以在那边花园里玩耍。我不记得当时穿的是什么衣服，但那一定也是祖母安排的。我不记得当时还有什么别的人，但我们有许多人。那是固定的地方，那儿过去曾有一株高大的枫树，在那株树下，当我们从岸边过来时，祖父和祖母会手捧红色的苔藓丛在那里迎接我们这群孩子。我们肯定到了那块如今竖立着小鸟纪念碑的草坪上，那儿是我们这群孩子欢迎贵宾的地方，见到贵宾我们必须说一声您好。我知道我应起的角色：一个愉快、阳光、金黄色头发的芬兰孩子。我努力完成好交付给我的任务。

我非常清楚地记得，我向沃伦伯格夫人说了一声您好。她在夜礼服外穿了一件深蓝色的风衣，胸前悬着拉链扣，我觉得有些奇怪，在这么隆重的宴会上怎么会用拉链扣，母亲后来解释说，对于如此高贵的人，用不着计较拉链扣什么的。〔*哈娜·努尔米宁*〕

* * *

1968年5月，政治上动荡不安，《赫尔辛基新闻》上刊登的触目惊心的国际新闻比平时增加很多。5月10日星期五，《新芬兰报》用的标题是“现在开始了”（美国和越南民主共和国之间的谈判在巴黎开始了）〔*《新芬兰报》1968年5月10日星期五第126/1968号头版*〕和“布拉格向莫斯科呼吁”（布拉格电台要求莫斯科准许所谓“布拉格之春”的民主化运动能够继续下去，因为害怕它命令华沙条约联盟派出军队越过边境进入捷克）。〔*《新芬兰报》1968年5月10日星期五第126/1968号头版*〕第二天报道新闻同时还刊登了参加暴乱的学生在巴黎街头设置路障的图片。〔*《晚报》1968年5月11日星期六第109/1968号头版*〕同一星期前些时候，还有消息传到芬兰，称激进的学生占领了索邦大学，西贡街道上发生战斗，国民卫队士兵在美国肯特州立大学校园中枪杀4名学生，比夫拉和尼日利亚达成协议将在乌干达进行谈判以及罗伯特·肯尼迪在印第安纳州民主党总统候选人初选中战胜休伯特·汉弗莱和尤金·麦卡锡等等。

彼卡·海林也发布了他自己的新闻。尽管那天夜晚与马库斯签订的协议没有像苏联入侵捷克斯洛伐克使“布拉格之春”突然中止那样震惊世界，但它对芬兰的前途将发生深远的影响。它反映了芬兰的企业将来应该如何管理自己的企业活动，当国家已经逐步走出强大邻国的阴影，并在20世纪最后1/3年代里开始确立自身特性的时候，也会在更大程度上提升芬兰人民的自信心和自尊心。彼卡·海林作为创新者和工业开拓者的传奇的名声也就由此开始了。

1994年，彼卡的母亲安娜·海林就在26年前与贵宾相聚一堂共进晚宴的图尔斯维克主建筑的同一大厅中，接受了彼卡外甥奥利·勃勒伯格的采访（当时安娜已是93岁高龄）。安娜·海林说，这次重大的聚会是按照她的口味安排的，太仓促了。她继续说：

> 海伊基不在家，他在伦敦，也可能在其他什么地方。可是突然接到通知说，沃伦伯格同他的主要工程人员，还有夫人，即将来这儿，就是说必须立即安排接待了。我从来没有与彼卡一起共同经办过这样的事，但与海伊基一起那当然有。

彼卡嘛就是那样的人，他一旦有了想法，就要做下去，一定要做下去的。尽管开始时或许不好办，我没有想到那样的事，譬如从某家餐馆聘请一名总招待之类。哎呀！具体的事很多很多。

菜是在这儿做的，做得非常成功，那些，那瑞典人惊讶极了。那不是可口的家常菜，那是一种精细美味的菜肴。彼卡说，别让他取笑了，我不知道他说的他是指什么人，是吉科宁还是什么别的人，不过他在担心我会招来取笑。〔*安娜·海林，由奥利·勃勒伯格采访*〕

彼卡在27年后简洁地描绘了所以要举办这场活动的原因：

我没有能够举办这种晚宴的寓所，那时父亲在美国，我打电话告诉他，我已经邀请了客人。〔*恩蒂·勃勒菲尔德，《走自己路的人》1995年4月6日*〕

* * *

沃伦伯格到来后，在吉科宁总统和他的夫人雪尔薇到达之前，彼卡将沃伦伯格请到另一个房间，并建议签订一份协议，据此通力购买49%瑞典通用电机公司（以后简称“瑞典电机”）亏损的电梯生产业务的股份，作为回报瑞典电机将获得通力股份公司30%的资产和20%的表决权。当时瑞典电机是北欧最主要的电梯公司，其年生产接近于通力生产的一倍半（瑞典电机1700部，通力1200部）。在图尔斯维克会谈前的几个月里，通力和瑞典电机的主要谈判代表已对协议内容进行了深入的研究，此次谈判只持续了十几分钟。

吉科宁总统和夫人到达后，贵宾们即在餐厅的晚宴桌入座，两边各10个人。一边坐的是彼卡·海林、阿伊诺·莱沃（吉科宁多年侍从副官乌尔波·莱沃中将的妻子）、凡伊诺·勒斯基宁（吉科宁政府的

第二工商部长）、玛丽亚内·沃伦伯格（马库斯·沃伦伯格的妻子）、乌尔霍·吉科宁总统、安娜·海林、柯特·R. 尼科林（瑞典电机的总经理）、布里特·沃森（瑞典伊莱克斯公司总经理汉斯·沃森的妻子）、乌尔波·莱沃和基尔斯蒂·海林；另一边基尔斯蒂·海林对面坐的是伯蒂尔·斯维达伯格〔瑞典顾问兼通力驻瑞典起重机销售代表〕，他的旁边是基尔斯蒂的大姑子明娜米·巴沃拉伊宁、库斯塔·维库那（基尔斯蒂·海林的父亲、吉科宁主要顾问之一）、马吉特·勒斯基宁、马库斯·沃伦伯格〔他和他的兄弟掌管着沃伦伯格工业集团，该集团在瑞典北欧斯安银行、萨博公司、爱立信公司、斯凯孚（SKF）公司、伊莱克斯公司和瑞典电机中均拥有相当大份额的股份〕、雪尔薇·吉科宁、海伊基·海林、乌拉·尼科林（柯特·R.尼科林的妻子）、汉斯·沃森（伊莱克斯公司的总经理）和玛亚–丽莎·斯维达伯格（伯蒂尔·斯维达伯格的妻子）。

彼卡·海林非常年轻，但他担任通力股份公司总裁却已三年半了。他这么年轻轻的即被委以重任或许并不像开初时人们所想象的那么让人感到意外，因为他是公司前经理、他的父亲海伊基·海林的独生儿子（三个女儿是：当时37岁的明娜米和31岁的双胞胎姐妹曼莉和丽莎），而那位前经理还是公司最大的股份持有人和董事会主席。海伊基·海林自己当年32岁登上通力的领导岗位时为权力更替创建了一个模式，成为以后传承下去的传统，因为他的父亲布罗尔·哈拉尔德·海林是主要所有主，精力仍很充沛，依旧有能力以董事会主席的身份引领他的儿子。按照这样的模式，彼卡·海林1964年进入领导岗位，下一回拉响汽笛该是1996年了。

安排马库斯·沃伦伯格和吉科宁总统在图尔斯维克会见的晚宴不是一件容易的事情。彼卡特别聘请沃伦伯格备受尊敬的亲信，早在1967年已经升任伊莱克斯公司总经理的汉斯·沃森担任他的顾问。无论在与瑞典电机谈判时担任年轻海林的顾问，还是在处理国际商业活动中的众多复杂问题方面，沃森都表现出具有不可替代的价值。

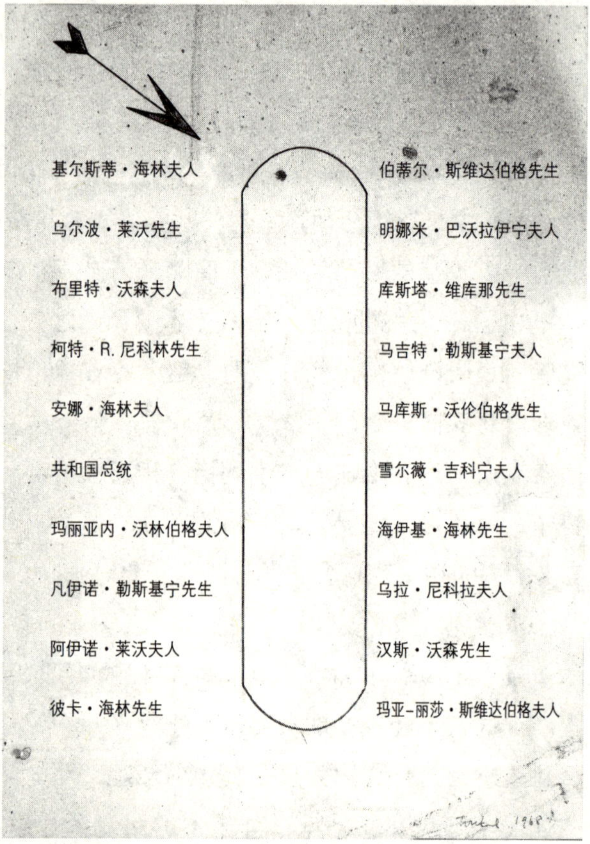


1968年5月10日图尔斯维克晚宴座位表。应邀的贵宾是吉科宁夫妇和沃伦伯格夫妇。

> 他正是一位彼卡可以与之讨论这些与国际商业活动有关问题的人。有时候他同彼卡一起扬帆出海去瑞典消遣，彼卡会同沃森整天在一起，他肯定给了彼卡许许多多的意见和建议。他们是非常要好的朋友，他们有非常亲近的心，这一点我看到了。〔*基尔斯蒂·海林*〕

彼卡是他的岳父库斯塔·维库那介绍给吉科宁的。维库那常被看做是吉科宁担任总统时期（1956—1981）的幕后掌权人。维库那还曾说服海林家族于1962年有力地支持了吉科宁使他重新当选总统。由于吉科宁和沃伦伯格4月在赫尔辛基进行会见的计划没能实现〔*通力档案，给汉斯·汉森的信，1968年4月18日*〕，彼卡随即安排了此次暑假前在图尔斯维克举行的晚宴。

* * *

作用是巨大的：通力和芬兰电梯工业的前途正处在危急之中。通力曾是芬兰压倒优势的最大电梯公司，是小池塘中的一条大鱼。彼卡在担任了6年（1958—1964）行政经理之后，意识到这一行业已经进入到兼并的阶段。美国的奥迪斯和西屋以及瑞士的迅达三大公司——早在第二次世界大战之前就已开始收购中小企业。奥迪斯自己对其战后扩张活动的介绍可以证明，通力曾是它最想兼并的对象之一。

> ……欧洲各公司得益于不结盟，在战时和战后不久即刻巩固了自己在欧洲市场中的地位。这些公司分别是：瑞士的迅达、瑞典的瑞典电机和芬兰的通力。（负责国际活动的副总经理）珀西·道格拉斯最初提出的一些建议是：奥迪斯应该像20年前曾在意大利做过的那样，到那些国家中去办厂，搅乱它们的市场，甚至可以借助某种道义上的优势。〔*贾森·古德温，《奥迪斯：冲向现代城市》，2001年*〕

科技发明的迅速发展使中等规模的公司同样受到了压力。使用电话中继以及其后使用晶体管的电子集成管理体制于1960年代初进入欧洲市场后，使自身拥有先进科技的公司与依赖许可证协议和进口组装部件的公司区别开来了。到了1970年代，电梯控制采用微处理机技术后这一差距更加扩大。

电梯公司，尤其是其中的小公司，从根本上说它们的专业只是机器制造，它们如想取得电子专业知识，更甭说取得计算机专业了，它们必须迈出很大而且是昂贵的一步。向大公司支付技术许可证费用只是临时性的解决办法，而且还会限制许可证使用人的活动余地。只有依靠自身技术和不断开发产品的生产者才能使自己保持独立自主。

国家保护主义壁垒的增强是促使行业集中大力发展的另一个因素。1951年成立欧洲煤钢联盟开启了这一方向，1957年欧洲经济共同体和1960年欧洲自由贸易联盟的建立促使它进一步继续。电梯必须继续安装，必须在当地保养，但是再无可能用国别指标和标准来限制外国竞争者进入当地市场的时候正在快速地接近。

1964年成为法国奥迪斯电梯公司总经理的休伯特·福勒早就预见到欧洲市场一体化会对电梯行业产生什么影响，并且采取了相应的行动。

> 我不知道辛德勒先生、通力和其他人士1964年时是怎样思考的，我无法想象。我看到关税正被逐步取消，因此必须使制造业合理化。我不知道别的人是怎样看的。当时未必会有许多人意识到这一点，我赢得了率先的地位。〔*休伯特·福勒*〕

世界上的大部分电梯在欧洲，那儿旧有电梯公司的头头们开始明白，为了保住自己的竞争力他们不能不对新技术和产品开发进行大额的投资。然而即便如此，他们依然难以避免遭受被并吞的危险。这些企业创始人的第三代和第四代中间越来越多的人决定接受跨国公司提出的对自己尽可能有利的提议，而不是投入注定会遭到失败的长期而昂贵的斗争。

彼卡非常了解通力当时的选择可能：公司要么让其成长发展，进行投资，要么准备让某家大公司买走。彼卡的好友、赫尔辛基商学院时的同学，后来曾在通力担任过不同领导职务的塞波·约基比回忆道：

> 彼卡很早就认为，必须要有所作为，这是明显不过的事情。

中等规模的公司注定会死亡，只有小公司和大公司才有可能生存下去。〔*塞波·约基比*〕

1996年出任通力总裁，并在2003年他的父亲去世后担任董事会主席的彼卡的长子恩蒂确证，彼卡承认自己已处于十分困难的境地。1955—1972年参加通力最高领导层（并在其后继续参加董事会直到1978年）的拉尔斯·埃里克森后来写道，彼卡在1960年代中期曾经威胁说，要是找不到摆脱死胡同的办法，他就把公司卖了。〔*彼卡·海林，来自朋友的信，1992年7月15日*〕

数字能够清楚地说明问题。在1960年代，通力的发展原地不动，1961—1966年的营业额呈现轻微倾斜的曲线（如果计入当时严重的通货膨胀，情况会更糟糕）：

| | | |
|---|---|---|
| 1961年 | 38.8百万 | 芬兰马克 |
| 1962年 | 40.9百万 | 芬兰马克 |
| 1963年 | 39.9百万 | 芬兰马克 |
| 1964年 | 39.5百万 | 芬兰马克 |
| 1965年 | 43.1百万 | 芬兰马克 |
| 1966年 | 41.4百万 | 芬兰马克 |

微薄的赢利使问题更加复杂，通力的纯收入从1963年的10.8万芬兰马克降至1964年的7.3万芬兰马克，1965年时仍旧只有10.5771万芬兰马克。按照通力当时审计员恩蒂·海莱纽斯的说法，借助于创造性的会计手段这些数字是可以略作美化的，以使每年的收支平衡保持在正数一边。

1960年代（通力）的状况是相当虚弱的，这在当时显然未被人们普遍知道。就是说彼卡作为总裁他要管理的公司是亏损的，债

务负担沉重。〔*彼卡·海林，来自朋友的信，1992年7月15日*〕

通力董事会1967年3月15日会议记录既披露了亏损，也在簿记上做了完全合法的处理。

> 董事会讨论了制定1966年决算的依据。因为工厂搬迁所发生的额外费用和国产电梯低廉的价格水平，导致到年度收入亏损，但是董事会决定动用未完税的储备提出了赢利的决算。〔*通力董事会第269/67，2号会议记录，第1页*〕

设在赫尔辛基市哈巴尼埃米街一座多层旧人造黄油工厂建筑（该建筑现已成为高等戏剧学院）里既陈旧又拥挤的工厂，是影响生产率提高的主要障碍，通力自1927年起就在那里生产电梯。彼卡1964年接受总裁任务后，即与他的团队一起开始计划兴建一座新的设有61米高电梯试验塔的大型（1万平方米）工厂。工厂决定建在许温凯，1943年赫尔辛基遭到（苏联）严重轰炸之前通力曾将它的起重机生产转移到了那里。通力1966年生产的电梯仅有1000部略多一点。新工厂设计的生产能力为年生产能够容易地达到2000部电梯，彼卡认为这是解决公司问题的最起码要求。既大力扩大生产同时又大力提高生产率是通力的目标。后来成为通力电梯集团经理的马蒂·马丁巴洛在厂内内部报纸上向工人们介绍这一个决定时说：

> 在哈巴尼埃米街上……提高生产率的目标没有达到，拥挤、多层、不完整、不能统一方向运输的厂房再也无法满足当今的需要，这是分析研究后所能得出的唯一结论。在此基础上，一个决定产生了：必须为电梯生产新建一座现代化的厂房。〔*《电梯报》1966年第5期，马蒂·马丁巴洛，“电梯厂的设计阶段”第4页*〕

通力公司的多年行政经理阿尔沃·图奥诺宁认为，尽管公司1960

年中期的财政状况难以支持大规模的投资，但是这样激进的行动还是不能不采取的。

> 由于场地的原因我们缺乏效率，生产率低下。后来，许温凯那座里面可以设置生产线的方盒形厂房建成后，一切都能从头计划了，效率也就提高了。单是就这座新厂可以装下迅达、奥迪斯或者瑞典电机—格雷厄姆这一点来说，我们也要想方设法使电梯的年度订货额至少达到2000台的水平。就像我们常说的，形势逼人是大好事，总而言之，我们必须奋起直追，努力干。〔*阿尔沃·图奥诺宁*〕

出口增大是通力阴暗冷酷统计表上唯一的亮点。1966年通力生产的电梯一半靠出口，它所生产的起重机则出口了60%，1967年芬兰马克贬值31%更是给了依赖出口的企业很大的支持。由于没有可靠的国内大市场，通力仍然是外国大企业的攻击目标。

早在1962年，彼卡已对瑞典电机所构成的威胁做出了强烈的反应。这家多行业的瑞典公司企图扩大它在芬兰斯特勒姆伯格公司中的地盘。斯特勒姆伯格以生产电动机著称（1910—1924年期间它是通力的母公司），瑞典电机已经控制了它的14.2%的股份。彼卡在回答芬兰银行行长克劳斯·瓦里斯1962年12月14日发表在《新芬兰报》上的一篇文章时，用强烈的言辞谴责了瑞典电机的动机。

> 当我在电梯和起重机市场上与瑞典电机展开竞争的时候，我对它的商业政策或多或少有所了解，因此我深信，瑞典电机的目的，精确地说是为了谋取对北欧电机市场的控制。
>
> 尽管我认为可能的是，从斯特勒姆伯格的角度考虑，结果是非常成问题的，但我写这封信并不是替斯特勒姆伯格担忧，相反，我所看到的是瑞典电机由此在芬兰取得强大的立足之地将给通力

股份公司造成最最严重的威胁。数年来，瑞典电机一直在威胁通力，那是因为通力在瑞典市场上已经有了立足点。他们宣称，如果我们不退出瑞典市场（亦即我们最大的出口市场，我们向那里的出口要大于斯特勒姆伯格），他们就会在芬兰市场上采取行动，迫使我们退让。迄今为止我们可以将它置之于不顾，因为如同我的文章所说的，他们没有在芬兰进行竞争的可能。由于瑞典电机对斯特勒姆伯格的影响力扩大，我认为他们可能以"技术合理化"的名义在芬兰生产电梯，并进而强迫我们退出瑞典市场。如果他们将挤垮通力股份公司定为自己的目标，很可能我是承受不了许多年的。

〔*通力档案，致克劳斯·瓦里斯的信，1962年12月14日*〕

国会以先向瑞典电机继而又向瑞典电机布朗博弗公司转移所有权推迟25年的决议最终阻止了瑞典电机对斯特勒姆伯格的并吞，但是彼卡心里很明白，通力的前途只有两个可能：不是快速发展成长，就是卖给他人。

* * *

彼卡早就坚定地主张让通力发展成长。他喜欢借用刘易斯·卡罗尔的《爱丽丝镜中奇遇记》里的一句话："要疯狂地奔跑，以便停顿在你已到达的地方。"芬兰工业要跑得更快，只能借助于增加出口，因为国内市场太小了。彼卡的父亲非常了解，使出口建立在坚实的基础之上对通力是何等的重要。彼卡1964年出任总裁后，立即就开始思考采取更大胆的步骤了。如果不仅仅满足于增加出口，而是将它扩张成为一个真正的跨国公司，怎么样？

相当多的芬兰工业企业1960年代比通力公司更加积极地推行出口，

尤其是芬兰的森林工业，它在芬兰境外加强了销售能力，但是没有一家芬兰公司从需要有本地销售、安装和保养机构的国际性地方办事处网络中进行收购或建设。就是说，当时没有一家真正为芬兰人所拥有或其总部设在芬兰的跨国公司。

彼卡曾经撰文，用外行人的语言，深入分析了1960年代中期欧洲广泛流行的工业合并浪潮对于芬兰企业是一种什么样的威胁。文章发表在1966年3月25日《商报》的随笔栏中。

**电梯工业发展迅速**

在一体化的欧洲，不单单是国家与国家紧密地结合到了一起，还不断地传来了公司合并的消息。在越来越多的工商行业中，大公司能够更有效更快速地利用不断扩张的市场。当大公司被出售或实施大范围的合并时，欧洲常会找不到足够的资金以实现计划。在此情况下，一般的结果可能是：整个民族工业部门落入美国人手中，归他们所有。

……电梯工业就可以提供关于竞争欧洲市场的一个最新事例。

在世界电梯行业中，有三家真正的大公司，它们是：瑞士的迅达以及美国的奥迪斯和西屋……在1950年代中期的欧洲，与它们同时存在的还有十五六家技术水平高、年产量约1000部电梯或者销售更多数量电梯的生产商，它们独立于上述三家大公司。另外还有数量众多的小企业，它们每年为当地市场组装20—80部电梯。

今天的图景完全改变了，三家大公司不是借助生产许可证就是用直接买进股份的办法几乎控制了整个西欧的电梯工业。余下的只有五家依靠自身技术，也就是通过自由竞争选择市场，具有以高技术要求进行安装能力的公司，它们中间两家是德国的，意大利、法国和芬兰（即通力股份公司）各一家。

## 许可证和收购

……

各家公司占领市场的途径大同小异，但是采取占领行动的时间各不相同。它们先将产品的价格标准压到有利可图的水平之下，其原因有时是不利的形势，有时是民族工业内部的竞争，有时则是与许可证协议相关联的便宜的进口标价。每当受到冲击的工业面临困难境地时，需要的帮助即刻就会出现在你的身边。收购人上门了，一般有两个，但是结局一般来说是同样的，技术上最好的公司会转入到美国人手上，为他们所拥有，影响新所有者利益的出口状况停止了，价格标准重新回到了正常的水平。

……

## 下面是一份倒台公司的长名单

完全或部分失去独立（实际上早在20世纪50年代中期之前已经如此）的大型或中型电梯公司中就有英国的韦古德快捷电梯公司、德国的弗洛尔、比利时的贾斯帕斯、法国的埃杜—萨曼、博代—多宁和鲁塞尔以及阿尔蒂、意大利的施蒂格勒—法尔科尼、瑞士的施里伦、奥地利弗雷斯勒等等。

从欧洲国家政府的角度考虑，形势是尴尬的，除了抱负受到打击外，还不得不面对这样的一个现实，即在所有权转移的同时，很大一部分世界市场也向自己关上了大门，新的老板认为，先前或许是过分扩张的企业只能满足于本地的业务。对于受到收支平衡压力的政府来说，看着本国出口市场萎缩，营业利润从本国流出，是十分挠头的，可是他们又没有阻止不利状况继续发展的任何有效办法。

然而在问题变得尖锐之前，我们也有理由密切跟踪形势，并努力影响发展的方向。足够强大的企业单位、坚实的技术和经

济实力以及在多个市场区域开展业务，是避免受损的最好保证。〔《商报》，*1966年11月25日*〕

* * *

1968年1月5日，彼卡以“论芬兰电梯工业的条件”为题，十分详尽地提出了解决芬兰电梯公司问题的条件：

> 考虑到欧洲的发展情况，可预期的国外竞争和本国的狭小市场，以下诸点应被视为芬兰电梯工厂的生存条件：
>
> - 必须置身于世界电梯技术的顶端
> - 1971年前后生产单位的最低规模应是年产2000部电梯以上
> - 生产单位应能做到年度出口约1500部电梯
>
> 〔*形势评论，彼卡·海林，1968年1月5日，通力档案*〕

在同一篇文章中，彼卡列述了他认为与芬兰另一家重要电梯公司瓦尔曼特持续不断的竞争会带来什么样的后果：

> - 减少芬兰电梯工业生产的种类
> - 掏空芬兰电梯工业应对外国竞争的基础
> - 意味出口的停滞（通力）
>
> 〔*同上*〕

彼卡努力争取与完全国营、经营多种行业的瓦尔曼特公司达成某种谅解，以便改善通力在国内市场中的竞争状况。他在信件交往中多次提到与瓦尔曼特公司领导会见的情况，当时主要的话题一般都是：芬兰电梯和起重机生产的合理化问题；在芬兰，通力和瓦尔曼特是行业中的主要公司。

瓦尔曼特的坦佩雷工厂每年生产300—400部电梯。瓦尔曼特前总经理马蒂·康卡佩（1980—1991）说，瓦尔曼特进行电梯生产只是为了给原飞机厂的员工提供工作。

> 战后一定得设法找到需要生产的产品，众所周知，战争一结束国防力量的最高领导立即撤销了全部军火订货。同时宣布不得解雇任何员工。现在该轮到工程师表现才能了！这样才能生产出多种类别的产品，电梯就是其中之一，并将工作安排在坦佩雷。坦佩雷曾有一座飞机工厂，它在战争期间的活动是非常活跃的。
>
> 我们有6个较大的生产行业，种类是够多的，那是历史原因造成的。造纸机行业最大，造船业其次，它在很大程度上依赖于当时苏联的订货。电梯业由坦佩雷管理，我要说资源极好，不过要依靠许可证工作，而且技术来自别的地方（瓦尔曼特从瑞士施里伦取得电梯生产许可证，而施里伦的许可证是1960年购进的）。但是，我们特别注意发展生产，同时也注意开发营销。当然市场将十分集中，只集中在芬兰和其他北欧国家。〔*马蒂·康卡佩*〕

彼卡建议，瓦尔曼特将得到通力少数股份，同时取消与施里伦签订的许可证协议，并向通力供应零部件。这一安排将保证瓦尔曼特工厂员工的工作、使通力年生产电梯接近决定性的2000部界线、支持了出口努力，并给芬兰电梯工业提供了在国内保障其市场份额的条件。除此之外，在芬兰电梯市场上，这也给了通力几乎是垄断的地位。

瓦尔曼特拒绝了通力的建议，这样的态度几乎坚持了30年，最后瓦尔曼特还是将电梯生产业务卖给了奥迪斯下属的联合科技公司。

* * *

在彼卡的计划中，瓦尔曼特处于首要的地位，因为在芬兰国内它虽可能给通力带来麻烦，不过瑞典电机具有更大的诱惑力，它能为通力面对的许多极其复杂的挑战提供潜在的解决办法。

瑞典电机的电梯生产建立在购买美国公司许可证技术的基础之上。故事始于苏格兰的格雷厄姆兄弟，他们于1860年迁居瑞典，开始生产电动机，后来（1887年）他们进口奥迪斯电梯，增加了收入，1901年奥迪斯提高零部件的价格，格雷厄姆兄弟不得不向奥迪斯购买许可证，以便自行生产零部件。1961年瑞典电机收购了该公司，并将它并入到自己的电梯业务之中。当通力1968年买下瑞典电机—格雷厄姆公司及其姐妹公司（挪威的瑞典电机—格雷厄姆和丹麦特里格—泰坦电梯）时，瑞典公司在北欧市场上已经成为无可争辩的领头者，不过当时它已转用西屋公司的技术了。

阿尔沃·图奥诺宁确证，自1960年代初以来，在彼卡和他的同事们讨论如何改善通力竞争状况时已将瑞典电机视为一个可以利用的条件了。

> 当然应该牢记的是，从某种程度来说瑞典电机也是我们在芬兰可能的竞争对手，我们有我们的芬兰电梯生意，在瑞典我们则有大约15%的市场份额，这些年这个份额大体上保持原样。不过那生意是有利可图的，我们从来没有亏过本。当我们在哈巴尼埃米街谈论电梯生意时，瑞典电机—格雷厄姆自然总是我们关注的对象，因为其中有瑞典的份儿，我们在里面，不管怎样我们是可以发表意见的。〔*阿尔沃·图奥诺宁*〕

鉴上所述，彼卡通过汉斯·沃森接近了瑞典电机和马库斯·沃伦伯格。基尔斯蒂·海林说：

> 沃森是一个非常和蔼可亲的人，是那种笑盈盈的、矮胖的、乐于助人的人。彼卡非常喜欢他。彼卡说，他向他学到的商业知

识比向任何人学到的都多。一年前这两个男人一起到挪威一个名叫耶卢的地方滑雪，玩快速下滑。那是沃森的出生地，初春是滑雪的最好时光，他们滑得非常来劲。第二年我也同他们在一起，到了耶卢，应该是这样的嘛，每天晚上我们还都穿了礼服，一切都是那么的有趣。〔*基尔斯蒂·海林*〕

据彼卡的外甥奥利·勃勒伯格回忆，彼卡说他曾得到过沃森下面那样的建议："等瑞典电机宣布它的生意连续三年亏损后，你才提出报价。"阿尔沃·图奥诺宁证实了这一说法。

我记得那是1967年的决算，那也是它们最后一个决算了，当它宣布亏损时，正好是第三年。我们自然在跟踪瑞典电机的决算。瑞典电机是按部门公布结果的，当然啰，我们毫无疑问地进行了阅读。〔*阿尔沃·图奥诺宁*〕

* * *

晚宴接近结束。享受完黑茶藨子冰激凌和白兰地后，吉科宁总统把马库斯·沃伦伯格、柯特·R. 尼科林和海林父子叫到了一起。恩蒂·海林根据他父亲的介绍对当时的情形做了如下的描述：

吉科宁对所有的人说，这是愉快的晚宴，但是我们也不得不谈一谈生意。对此沃伦伯格说，这件事已经得到了处理，现在正在向前迈进。接着又有人补充道，"我们就由此向前处理事情吧……"我不记得这句话是谁说的了。

在一次微妙的时刻，父亲曾经对我说，多么让他感到不快呀，爷爷当时当然应该说"这事由我们来处理，彼卡"，但他没有说。〔*恩蒂·海林*〕

彼卡对他父亲没有正式指定他为主要谈判代表感到失望，无疑直到后来这成了他心中的一个大疙瘩。1968年5月10日那个夜晚，他要尽情地享受成就感，现在给了家庭公司提高地位使之能与自己最危险的对手进行较量的机会。他告诉自己的父母和芬兰共和国总统，他已是一个真正的男子汉了，他有能力应对北欧国家的大男孩儿。这是他第一次在大舞台登场表演，他表现得比任何人——除了他的令人钦慕的夫人，5月11日凑巧是她的生日——能够想象的都要更加独立自主，更有风度。5月10日到了午夜时分，贵宾们聚合到了一起，干了晚宴的最后一杯。

> 不知怎么的我觉得已经到了该是庆祝我的生日的时候了，就是说可以取来香槟酒了。时针指到了当天午夜的12点。难道一定要分毫不差，直到那个时候这些男女朋友才能汇集到一起。最后并没有拖得很长时间，或许是因为他们唱起了歌。是的，我努力用优美动听的语言表示了我的感谢。〔*基尔斯蒂·海林*〕

先是吉科宁总统夫妇告别，过后不久沃伦伯格夫妇也返回他们的汽船，朝着瑞典远离而去。

* * *

第二个星期是在紧张繁忙之中开始的，通力必须取得当局对通力和瑞典电机所有权转移的许可，向商业银行申请贷款和向芬兰银行申请贷款担保，当然还要起草和签订与瑞典电机的协议书。关于后者，双方已就安排的总原则达成了一致意见。就如阿尔沃·图奥诺宁说的，有了这个基础，就比较容易就具体细节取得一致了。

接着，我们前往瑞典谈判。我们是彼卡、拉塞·埃里克森和我，另加律师利奥·哈伊科宁。那框架协议在韦斯特罗斯一天就搞出来了，那事儿就由此开始了。〔*阿尔沃·图奥诺宁*〕

在正常情况下，外国向芬兰公司进行投资或作相反的安排要得到政府的批准是极其艰难的，这同瑞典电机6年前企图吞并斯特勒姆伯格时所面对的情况一样。但是1968年的气氛已是另一个样子了，1961年芬兰成了欧洲自由贸易联盟的联系成员，1966年实现了与该联盟成员国的无限制自由贸易。吉科宁总统正想方设法增加芬兰与西欧国家的对外贸易，以平衡与苏联进行的双边贸易。

恩蒂·海林认为，他的父亲是在形势有利的时候采取主动的：

吉科宁想争取西方国家到芬兰投资，同时讨论核电问题，这样一来，瑞典电机就站到核电一边了。接着萨博非常想进入芬兰的汽车市场，这在以后通过新考蓬基汽车厂也实现了。有人说，这座汽车厂在我们与瑞典电机进行的谈判中是一个棋子。究竟是不是这样，我就不知道了。一切就是如此，不过也许主要是由于瑞典人，也就是沃伦伯格很想更紧密地靠拢芬兰市场区的愿望，因为人们已经开始感到，将来某个时候这里也有可能发生某种积极的东西。另一方面，则是吉科宁力使芬兰经济也与西方国家一体化的眼光和意愿。再是第三点，那当然是维库那的关系起到了作用。

无论如何，这场谈判据说非常简短，10分钟之内就把这一想法抛到了桌面上，接着开始向前迈进了。双方都有愿望得到某些已经做了的东西。沃伦伯格的观点是可以摆脱亏损的电梯业务，不过以后或许还有将它争夺回来的可能。而且，如果芬兰人未能成功地给予补偿，那么就把这个芬兰市场一块儿拿过来。意思是，从他们的观点出发，那不是什么太冒险的游戏。从另一方面讲，

如果是芬兰人成功了，他们还能继续努力，显然是再作一些拼搏，从而使他们重新将它争夺回来。〔*恩蒂·海林*〕

瑞典电机再没有重返电梯行业。相反，通力却登上了世界主要电梯和自动扶梯生产商的行列，并且取得了两位数的市场份额和新科技开拓者的地位。在彼卡·海林担任总裁（1964—1987）的23年以及其后出任董事会主席（1987—2003）的16年中，通力的员工从不足2000人增加到了3.3万余人。在营业额方面，如果考虑到通货膨胀，它增长了33倍（如果没有指数补偿则增长了250倍）。通力已从弱小的本国企业扩展成为在约50个国家有其本地活动的全球性康采恩。

如此规模的成就其功劳不能只归一个人，但从另一方面讲，无可争辩的是，彼卡·海林作为通力全球性成就领航人的作用是无比巨大的，他的作用无与伦比，绝对大于任何其他一个人。随着这样的发展，按照芬兰的尺度，彼卡早已是一位传奇人物了。

# 是当农业家还是做工业家？

基尔斯蒂·维库那和彼卡·海林1954年5月结婚。6岁起他们就是邻居，当时海林家迁居到了赫尔辛基的库洛沙里，维库那家则是两年前移居到那里的。整个中学时期他们都是同班同学。基尔斯蒂是班里学习成绩最优秀的，彼卡则是成绩最差的学生之一。为了顺利升级，彼卡不得不在暑期中补课。他曾经写了下面那封信，很清楚他是在1949年暑期补习德语时写的。那年夏季，基尔斯蒂和彼卡都刚满17岁，他们已经开始从友情关系向着爱情关系发展了。

致基尔斯蒂·维库那

拉帕湖

亲爱的同学！

为了告诉你有关库洛沙里的新闻，同时提醒你记住我的存在，（我这是太自负又自私了！）我冒昧地拿起了笔和纸。

顺便说一句，我那样说话原本是错误的，请原谅我吧，因为我不是故意的。此外希望你和我还能是同班同学，尽管看来希望渺茫。

库洛沙里的交往活动有点儿停顿了，没再见到拉塞，也没有见到他的弟弟阿库，因为他也进了工艺专科学校暑期班，尽管还没有得到任何（第一手）消息，但他已颇为自信地认为，至少今年他不会再进去了。

现在说说你自己吧，你不要有自卑感。（多余的担忧！？）大约是三星期前，在庆祝明娜米毕业的活动中，我的祖母（她比较老了，也许是一位专长于了解人的人）看到你时她极其惊讶，一再向我的母亲打听你的身世。她认为你非常可爱，她很少见到过你这样的人。也许你没有同她说过话，不过她这种年龄的人，很明显，她一看就知道你是什么样的人。无论如何，我的看法得到了她的支持。

好了，说一说最后的总结吧，没有基尔斯蒂的库利斯（指库洛沙里）犹如没有鲜花的夏天（帕加索斯腾飞了！），稀奇的是，夏季在这儿就要结束了。除此之外，如果没有让你感到负担或者不是让你难于做到，那么就请你提起精神，譬如通过邮局让我倾听一下你在忙些什么事吧。总而言之，我祝你和你的家人夏季继续快乐。

你的忠实的朋友彼卡

6月20日于库格沙里

〔*基尔斯蒂·海林的档案*〕

基尔斯蒂说，他们俩从来没有严肃认真地同别的人交过朋友。下面发表的是基尔斯蒂于2002年公诸于众的追记，她在其中暗示，他们早就确定了相互之间的关系。

邻居的儿子以高雅的方式前来请求父亲把我嫁给他。1953年4月10日我们在库洛沙里我的家里举行了订婚仪式，仪式后我俩去库洛沙里卡西诺餐馆吃了晚餐。那天晚上，我的父母对我很晚回家什么话都没有说。1954年5月11日我生日那天，我们敬爱的埃尔基·康萨阿霍牧师在库洛沙里教堂为我们主持了婚礼。我不能不想起次数繁多的上教堂情况，我曾经幻想能够挽着父亲的胳膊走在库洛沙里教堂的走廊上，走在前面的正是现在的那位小伙子。希望圆满地成了现实！〔*《库洛沙里：家和城区》，明娜·萨*

*朗托拉—韦斯编，库洛沙里家乡基金会，2002年*〕

彼卡的小妹妹曼莉看着哥哥找到了一位出类拔萃的妻子十分高兴。曼莉说，基尔斯蒂经常帮助彼卡做功课：

> 彼卡得到了基尔斯蒂很大的帮助。当基尔斯蒂将彼卡带走的时候，姐妹们既感到失落，又无可奈何。她是邻居家的姑娘，她的弟弟是我们同班的同学，明娜米认识她的哥哥，她的弟弟图奥马斯也在我们班上。〔*曼莉·勃勒伯格*〕

作为通力总裁和主要股份持有人的独生儿子，彼卡是海伊基·海林的衣钵继承人，但是年轻的彼卡贪玩，对家族的期待并不是很热情。

> 开始时彼卡对进通力工作很反感，一次还在餐桌上大吵了一场，当时他对父亲说，我不去你那儿工作。确实他有过这样成长过程中逆反所造成的麻烦，当时他已经中学毕业，快要进大学读书的时候。〔*曼莉·勃勒伯格*〕

但是有关通力员工的通讯中说，彼卡1950年从库洛沙里综合中学毕业，在进军队服役之前曾经到通力实习了几个星期，并在1951年春结束服役后重又回到公司实习。

彼卡的祖父哈拉尔德·海林和父亲海伊基·海林都是工程师。所有的人都以为彼卡在结束服役后会继承他们的事业。然而按照他典型的做法，他选择了另一条道路，于1951年秋开始了在赫尔辛基商学院的学业。1954年与基尔斯蒂结婚后不久他毕业了，次年基尔斯蒂也在赫尔辛基大学完成了本国文学的学业。就这样这对新婚夫妇搬进东赫尔辛基的两居室公寓房，开始了共同生活。

我们结婚时都是22岁，这个年纪还不怎么考虑前途的问题。我也想过，结婚后或许会把家安置在库洛沙里，彼卡则到通力工作。可是当时我们却迁居到了海尔托尼埃米。结婚时我仍在大学就读。〔*基尔斯蒂·海林*〕

1954年，彼卡被任命为通力股份公司董事会副董事（董事会成员包括董事会主席，两名董事和两名副董事）。此外，1954年5月28日他还被任命为公司行政经理。不过有充分的理由认为，那是一个虚设的职位，借此只是为了确定他的工资级别。在通力的1955年、1956年和1957年的年度报告中没有提到过行政经理，里面仅仅提及总裁是海伊基·海林，技术经理先是埃里克·英格瓦尔，1955年英格瓦尔去世后，这一职位由拉尔斯·埃里克森继任。

彼卡头几年在通力的任务可能非常轻松。正如人们后来可以看到的，1954—1957年期间他不是真正全日制的员工，他的名字偶尔出现在当时的文件中，但一般只与次要的工作任务相关，譬如他作为父亲的代表向通力的员工小组讲讲话、研究电厂起重机的资金使用条件以及参加通力生产小组列宁格勒之行等等。直到1958年，他才清清楚楚地登上了领导的地位，并对企业的发展产生显著的影响。

表现出彼卡在头几年中没有全心全意地准备为通力服务的情况是，他仍在继续考虑进修历史学。基尔斯蒂说，彼卡总是单独一人去上赫尔辛基商学院阿乌利斯-尤西·阿拉宁教授的历史课，他还开玩笑说，他要为他的曾祖叔父阿克塞尔·尼克拉斯·海林（1838—1906，另一姓名为尼科劳斯·芬恩）写一篇论文，他的曾祖叔父是一位律师，曾经代表芬兰出席了社会主义者伦敦代表大会（1872年）和巴黎代表大会（1889年）。他还被很多人认为是芬兰的第一个社会主义者。除此之外，彼卡还肩负着一项既干扰他的事业又干扰他的家庭生活的责任。

* * *

1953年10月10日夜晚，彼卡被拘留了。他被控醉酒驾车、无视交通安全和擅自离开事故现场，他否认指控，还得到了两名同车人的帮助。他们说，尽管他们三人几小时前吃午饭时是喝了两瓶啤酒，但当发生车祸时彼卡丝毫没有醉。

车祸没有导致人员伤亡，在洛赫亚附近的公路上，彼卡的大众甲壳虫擦边撞上了对面开来的一辆汽车的驾驶仓门。彼卡的伙伴们说，对面来车的远距离灯炫耀得他们睁不开眼睛。两车相互刮擦后，彼卡还开了200—400米路，直至拐弯进入边道，熄掉发动机和灯。另一辆车的乘车人下车跑到彼卡的甲壳虫跟前，司机驾着车紧随其后，并用他的汽车堵住彼卡，不让他回到主路上。经过一番争吵，另一辆车转移到了路边，在警察到来之前彼卡和他的伙伴继续上路了。〔*洛赫亚法庭第二众议庭，1954年4月8日，第61节*〕

法庭按照对方汽车司机和旅客们的证词，认定彼卡有罪，被判5个月监禁，罚款5000芬兰马克，并赔偿损失53362芬兰马克。

众人都觉得难以理解彼卡的话，尤其当时他正在火头上。赫尔辛基总医院耳鼻喉科的伦纳特·肖斯特勒姆教授为法庭写了一份医生证明，认为彼卡的问题疑似言语欠缺，换句话说就是口吃。〔*医生证明，伦纳特·肖斯特勒姆教授，1954年5月8日，通力档案*〕基尔斯蒂相信彼卡所说事故夜晚发生的情况，她认为口吃是喝醉酒的关系，使他说话结结巴巴。不过基尔斯蒂承认彼卡经常好开快车。

> 彼卡总喜欢开快车，但他开车开得极好，他参加过一些比赛，还得过奖杯，但是我公公反对彼卡赛车，因此后来他放弃参赛了。
>
> 发生车祸的那个晚上我不在车里，要是我在车里就好了。没有发生什么可怕的事儿，没有人受伤。

我出席了法庭的审判，不管彼卡当时怎样辩解自己无罪，他又没有律师，所以没有人相信他。〔*基尔斯蒂·海林*〕

上诉失败后，1956年7月彼卡开始服刑。他被指令做工，参加建造赫尔辛基—万塔机场——该机场已于1952年夏季奥林匹克运动会之前投入使用——的第二条跑道。彼卡身高1.86米，体重至少100公斤，他是一个强壮的经过图尔斯维克两个月农活锻炼的青年，因此建造跑道肯定不会太费劲。他写给他父母的第一封信——他写这封信时在狱中还只待了一天——充满了夸耀和滑稽的语言。

亲爱的家人：

天黑了，天亮了……上帝的阳光也照到了囚犯的身上。酣睡了一夜之后，觉得此前的事儿似乎非常好玩。今天下午3时我换班，给一座桥打桩，要是头脑不发晕，听说那活儿还挺有趣。不过我不怕爬高。别的囚犯也都是好人，主要都是因为酒后驾车，一个醉酒驾马车（是吉普赛人），两个被军事法庭判刑的士兵，一个抓了一只羊犯了错，另一个是无证偷猎麋鹿，此外还有做土制烈性酒的人和逃税者。这就是这里的那些人。两间棚屋里满是付不起罚款的穷人。

住在这儿要比在军队里悠闲1000倍，如何消磨时光是一个小小的问题，至少昨天晚上要想看书是困难的，我睡铺旁的喇叭不停地播放着中央电台的节目，我想这儿也是能够找到安眠药的，如果有谁来这儿，请带一只约1—2立升的锅、一只金属小煎锅、一只咖啡壶和一些简便食品过来。就写这些了。

他们讲这儿的地址是：凯拉瓦公路水路局。一个很不显眼的地方。

彼卡

1956年7月17日

随着时间的推移，被迫与亲人分离成了对彼卡名副其实的惩罚。服刑期间他曾写信给他的祖母，字里行间承认了自己对车祸的部分责任，并表示一定要在服刑期间好好对自己的价值和要优先考虑的事进行新的考量。

亲爱的奶奶：

我从心底里希望以后再不需要在这样的地方写信了。我不是为自己伤心，我没有为此感到内疚，我永远能在我所在的地方设法把事情做好。但是首先我希望基尔斯蒂和哈娜的奶奶不要难过。我清楚地知道，对基尔斯蒂来说这是沉重的时光，漫长的时光，对父母和祖父母来说孩子带来的失望要比悲痛更严重。我在你们面前不想逃避责任，尽管如此，我的自尊心却比法律的判决要宽大……

当现在有了时间和新的经历，我必须建立新的价值等级观以替代过去那些摇摇欲坠或者已经倒塌了的价值等级观。新的未必比旧的优越，但那是一个有了更多经验的人的想法，至少感觉是这样的。我比以往任何时候都更明白，我应该怎样为我的童年和婚姻、父母的家和我本人、基尔斯蒂和女儿哈娜表达我的感谢。我知道没有任何东西替代得了爱，我看到感受到它的人太少了，而众多的人还没有感受到它的能力。或许我还弄明白了一些其他别的，但是以上说的是最最重要的。

直至来了这儿，当我们的生活暂时被剥夺之后，现在才懂得爱惜生活，尊重它的价值了，其实这并没有什么可奇怪的。我在未到这儿之前真真正正地生活了两个月，我曾经自由自在地呼吸，我的每条神经都感受到了自由和能够涵盖一切的爱。这些日子给了我对前途的信念，尽管从理论上讲你们要度过等待我服刑的时光，实际上比你们自己服刑还要难熬。

……

我相信奶奶一定过好了夏天，健康情况没有什么意外。我希望您在即将到来的冬季继续会有一个健康的身体。

敬礼

彼卡

1956年9月11日于凯拉瓦

〔*通力档案*〕

一个月后彼卡写给他的表姐伊尔马·凯波拉（后叫凯波拉-西罗拉）的信没有那么有感情，但却有了更多的自我批评。

我的伊尔马表姐：

……

因为任何情况下我都不想遭受殉难者的命运，我才对奶奶向你提到的犯罪问题做了评论。千真万确的是，在我招致犯罪的那一时刻我并没有喝醉酒，但在一些别的时刻，我确实犯过上面说到的那种罪，尽管我并不认为我的行为具有犯罪的性质。不过我认为，在这儿，未必会有许多人做了违背自己道德观念的事。从表现上看，我是进到这里最相匹配的人：在学校经常受处分，在军队同上司找麻烦，滥用酒精（？）（至少在学生年代找来过酒）。总之表现出满不在乎，当然这些总会被一层薄薄的面纱掩盖着，不过我不认为这就可以得到赞扬，但又觉得那种性格上的毛病也不该受到责难。即使在冷酷无情的情况之下，同样如此！

……

概括起来一句话，我不信有谁需要用监狱来改造他自己，监狱可以加以保卫，甚至加以很好的保护，那是因为它具有预防性的威慑价值。但是这里也有一些可以学习的东西，至少可以看一看和听一听瓦萨街附近[1]的生活是什么样子。从资产阶级的眼光来评价，我敢担保说，那儿的状况至少是相当令人胆怯的。

你在今年夏天读过的几本书，我把其中一本带到这里来了，它是《白痴》。这里很容易想到，陀思妥耶夫斯基[2]并没有想要指责任何人的意思，因为他自己在西伯利亚待过。兴许其中还有别的原因，只是在这里让人感到许多事物与自由的时候不同。无论如何，我在这种境况下生活的时间只余下两个月了。

向你和卡里致以最亲切的问候。

彼卡

1956年10月17日于凯拉瓦

〔*伊尔马·凯波拉－西罗拉档案*〕

彼卡被判刑5个月，关了4个月，因为吉科宁总统赦免了他。彼卡于11月获释，使他得以赶上去医院将他的妻子和刚刚出生的儿子恩蒂接回家。

他在凯拉瓦坐了4个月牢，就在他被赦免的时候恩蒂出生了。恩蒂和我从医院被接回了家。小哈娜也在一起，她由我的母亲看管。当时彼卡与我们同坐一辆车，然后我们的家庭生活重又开始了，就这样。〔*基尔斯蒂·海林*〕

* * *

彼卡孩提时，在基尔科努米的图尔斯维克340公顷土地的庄园中过

① 这是赫尔辛基贫困的工人区。——译者注

② 陀思妥耶夫斯基（1821—1881），俄国作家，曾因参加革命团体被判刑流放，作品反映“小人物的痛苦，描写社会上的不平，人物异化心理刻画入微”，主要作品有《白痴》、《罪与罚》、《克拉马佐夫兄弟》等。——译者注

夏天。这块土地是他的祖父哈拉尔德·海林于1912年通过拍卖用20.1万芬兰马克买下的。战时的夏天，彼卡那样接近中学生年龄的孩子，已经享受不到童年时的田园景色了，因为所有像他那样没有上前线的，必须干农活，度过漫长劳累的时日。

> 彼卡不得不起早贪黑地在大地上干农活，干了许多年，日子既艰苦又漫长，他都经受过了。早晨他很早起床，自己熬粥，然后出工干活。他劳动的时间与工人一般长，虽然他只有十一二岁。他还参加盖房顶的活计！因为他是非常聪明的孩子，他几乎什么都记得住，什么都知道。
>
> 彼卡的父亲说，他非常清楚自己是在工作。我曾经听说，一次彼卡的教父K. J.卡利亚拉驾驶帆船来到图尔斯维克，早餐时他问彼卡是不是同他一起扬帆出海，彼卡心里是非常想去的，但他没有这样做，因为他是在工作。〔*基尔斯蒂·海林*〕

拉格纳尔·巴克斯特勒姆是一位作家、历史学家和科特加市兰金科斯基博物馆前馆长。1937年，哈拉尔德·海林聘用拉格纳尔的父亲为图尔斯维克农场管理员，孩子们都是肩并肩地一起干农活的，巴克斯特勒姆比彼卡大5岁。

> 夏季正常的工作时间是10个小时，早晨从7时开始，午餐时间一个半小时，从12时至下午1时半，下午的工作时间为1时半至晚7时。星期六的工作时间短一些。我们不懂什么别的，反正要把工作做完。当时缺劳动力，尤其是壮劳力，所以至少没有什么好抱怨的。〔*拉格纳尔·巴克斯特勒姆*〕

劳动时间虽然很长很辛苦，彼卡却爱上了这块土地。或许他正梦想有朝一日能够成为农场的主人，饲养牲畜，耕种肥沃的农田。如果他真有这样的梦想，那么那一年夏天，当时他刚刚满12岁，其结局是无法想象的。芬兰无奈地在停战协定（它的正式名称是1947年巴黎和约）上签了字，将图尔斯维克所坐落的波卡拉半岛租借给了苏联50年，海林家和地区上的其他居民全部被迫撤离，禁止他们进入自己的土地。土地的丧失对于整个家族是沉重的打击，也给年幼的小男孩留下了永不磨灭的记忆。

每当谈到图尔斯维克，彼卡总会开始哭泣，离开桌子，对他来说这是一个极其敏感的事实。〔*曼莉·勃勒伯格*〕

海伊基·海林年轻时曾对他的父亲哈拉尔德说，他想当农民。“你有土地吗？”父亲简短地回答道〔*海伊基·海林1979年3月11日写的回忆文章，海林家庭档案*〕，这使海伊基除了进入通力工作之外别无其他选择了。1941年哈拉尔德去世后，海伊基借他母亲的钱买了一个农场，但是1944年苏联占领了波卡拉，中断了他做农场主的道路。根据巴黎和约，海伊基在他93岁时才能收回他的农场。

彼卡似乎也受到了同样命运的威胁，没有土地可以耕作，家族不得不继续运作它的商业活动。但是彼卡在通力工作刚刚一年多一点一个奇迹发生了。1955年9月17日，苏联单方面宣布废除租借协议，并于1956年1月将波卡拉归还给了芬兰。不过在其后一小段时间里，没有明确是将土地还给原先的所有主还是归国家所有，但是到了1956年初，已容许被疏散的人们前去察看他们的房屋了，并于夏季将房屋归还给了他们。

我们第一次回到图尔斯维克是在1956年2月，雪一融化彼卡就搬到那儿去住了。他看到，那里有许多工作要做。彼卡记得很清楚，什么地方他做过什么事情，什么地方他种过什么东西，事情是怎样处理的。他就像一位知识渊博、经验丰富的农业家那样

1956年2月4日，海林家的人第一次回到了图尔斯维克。他们是踩着滑雪板走过埃斯波湾的。原来的主建筑物只留下了墙壁，完全被雪覆盖着。在主建筑物内拍摄的照片中，自左至右是彼卡的妹妹丽莎、父母亲海伊基和安娜以及姐姐明娜米。

开始工作了。他请他的朋友、农学家威廉·希尔德特帮忙。威廉拥有一个很大的农庄，他的年龄比我们稍大一些。威廉经常来图尔斯维克，看一看这里的情况。不过彼卡很快发觉，他不需要帮助了。彼卡阅读了大量有关农业的图书，后来我们还有了一个非常优秀的农场管理员。彼卡的父亲仍是农场主，事情做多做少由他说了算。但是事业就这样开始了。〔*基尔斯蒂·海林*〕

在通力公司，海伊基·海林的工作忙极了。1956年房地产重归家族所有后，彼卡接受了复兴和重建图尔斯维克的任务。他全身心地投入到这项工作中，精力充沛，热血沸腾，表现出他所具有的特征。他称赞马尔蒂·西卡拉（就是基尔斯蒂前面提到过的“非常优秀的农场管理员”）是先锋。西卡拉曾经写了关于苏军撤走后图尔斯维克“开荒生活”的长篇回忆录。下面他描绘了他和彼卡一起第一次跨过桥梁进入已获解放的前占领区时的心情。西卡拉和他的妻子居利基后来在那块土地上度过了整整7个年头。

走到桥的那一头，我们立刻感到像是进到另一个世界了，道路两边杂草丛生，树木封住了道路……这儿道路上可以见到重型坦克履带留下的痕迹和坦克压出来的巨大的凹陷。我们到了被称为大山的地方，在那儿停留了一小会儿，彼卡·海林介绍了展现在前面的景色。前面是阿布拉姆斯比庄园，往下走去就是芬比庄园了。在阿布拉姆斯比，我们看到了很大的牛棚和马厩以及一些民房的残垣断壁。

农田全部荒芜，成了坦克的演练场。阿布拉姆斯比的坦克库非常巨大，田野上四处可见残留下来的战壕、铁丝网和操场，场景十分凄凉。森林周围也布满了战壕。

(……马尔蒂·西卡拉和彼卡终于到达图尔斯维克。)

面向芬兰的一面层层战壕密布，对着赫尔辛基的基石中挖掘了巨大的岩石洞库，那景象简直令人毛骨悚然。除了牛棚和马厩，全部建筑均被拆毁，只有一间可以供人居住的渔民房子还留在那里。紧靠海岸的主建筑只留了一些残垣。院子里的老旧干燥房也还站立在那里，后来它就成了我们栖居的地方。俄国人建造了一座其长度与整个建筑相当的烤面包炉，真的太叫人难以捉摸了，他们怎样才能从这么长的炉子里取出烤好了的面包呢，因为炉口几乎贴到了一边的墙头。〔马尔蒂·*西卡拉*〕

1956年中旬，马尔蒂·西卡拉和彼卡临时住进了旧牛棚建筑的旧牛奶库中，他们开始工作了。在主建筑中，他们为海伊基和安娜整修了住房，彼卡和基尔斯蒂则将为他们自己的小家庭造一幢新房子。第一个夜晚，马尔蒂·西卡拉的脑子里突然闪过一个念头，那就是怎样才能真正让他的新主人在这块土地上生根，安顿下来。

矿业参议海伊基·海林的夫人安娜·海林为我们将牛奶库安排得尽量整洁舒适，她给我们整好床，铺好床单，床单和床罩是丝织的，很漂亮。让我略感惊讶的是，当我上床睡觉时，我看到彼卡正慢慢地向着床单下面爬去，脚上仍旧穿着橡胶靴！〔*马尔蒂·西卡拉*〕

劳动是劳累的，工作似乎没有做完的时候。彼卡急切地希望取得进展，他的冲动的行动有时确实给了他意想不到的结果。

我们顺着大山向下走，又一次来到图尔斯维克，我们在山下停了下来。彼卡说，试一试那干草是否干得可以点着火了，因为前一天依旧很潮湿。我们做了一次新的努力。干草点着了，然而后果是，风声呼呼作响，顷刻之间火势向着对面的森林蔓延，火海中还不时响起噼里啪啦的爆裂声。我们急匆匆地钻进汽车，赶紧开向前面的空旷地。当我们刚为控制火势蔓延燃放了几堆迎火，火海已经追上我们了。我们捡起云杉树枝拼命拍打火苗，想借此堵截它蹿向森林，但是我们面对的战线太宽了，我们的眉毛和头发被点燃，营救工作无望了，我们束手无策。这时彼卡说："天哪，让它去吧，反正是自家的林子！"但是天无绝人之路，我们有救了，轰隆隆一声巨雷，倾盆大雨从天而降，彻底浇灭了正在施孽的火场。要是没有这场突如其来的雷阵雨，大片森林肯定会被烧得精光光。〔*马尔蒂·西卡拉*〕

不久后彼卡和西卡拉有了帮工，他们是基尔斯蒂·海林的堂兄弟约乌科·维库那，从维库那的老家中波赫雅玛的尼瓦拉招来的。雇工们每天工作时间很长，他们使用3台拖拉机和一些手工操作的传统工具。他们从田野中挖掘出锈蚀的铁丝网和尚未爆炸的炮弹，平整了被装甲车压出来的坑坑洼洼，疏通了被它们堵塞的沟渠。夏天时雇工们几乎工作到午夜，彼卡不畏辛劳，常常同他们一起干。

家不在一起，也没有什么别的娱乐活动，许多人到这里来就为了挣钱。一个名字叫凯尔乃的伙计，他每天工作18—20小时，他单独一人耕地，男孩子也用不着睡很多觉，这正是那种无牵无挂的日子嘛！人们不了解超时工作要补偿，也不知晓什么劳动法规，谁要是乐意，他可以不停地工作，将时针再转上一圈。这就是我们开始工作时的状况。〔*马尔蒂·西卡拉*〕

当彼卡冲动时，他会此一时彼一时地陷入困境之中，但他——同西卡拉一样——能用敏捷的思考将不利因素转化为有利因素。西卡拉讲述了他们共同度过的几年中的两件逸事：

一次我们必须去牧场捕捉一头小母牛，尽管我每天给它们喂草，它们还是非常野。我们也像西部牛仔那样装备了套束，还成功地套住了小母牛的角，可就是抓不住它。它活蹦乱跳，我们虽然想尽办法让它平静下来，但无济于事。最后它蹦得非常高，然后脑袋朝下，直冲地面，它的脖子断了。那时彼卡迅速跳上汽车去取猎枪，在这样的仓忙之中他居然还记得拿来一只盛血的盆子。那么为什么要枪呢？牲口不是已经死了吗？我们俩考虑，为了不使牛肉受损失，必须赶早进行屠宰。彼卡向着小母牛的脑袋干净利索地开了一枪，切开了它的颈动脉，血流畅地向外流了出来。接着我给合作屠宰场打了电话，说明有关情况，屠宰场的代表来了说，处理得合情合理，肉也合格。〔*马尔蒂·西卡拉*〕

1959年，西卡拉每天前去邮局取回邮件。有一次他注意到隔壁那条通往阿布拉姆斯比的道路上行人多得出奇，为了弄清楚其中的原因，他特让一对年青人搭乘他的车。搭车人告诉说，他们是去看地皮的，因为阿布拉姆斯比的土地已被分割成小块，以供建造房屋，计划中还为建造学校和运动场留出了地皮。西卡拉为了更详细地查明情况，特地同尼瓦拉来的一名雇工一起去找开发商谈话。

办公室里的家具很漂亮，我询问哪儿还有空地，一个男子说地皮生意非常好，只有岸边沼泽地那里还有几块地皮没有售出去，我说那我就不感兴趣了，但他又问我要哪个方向的，我指了指地图中的一个地方……那人立即改变了口气，说那地方暂时还不卖。我的触角警告我，很可能这就不是一桩诚实的买卖。〔*马尔蒂·西卡拉*〕

西卡拉当即给警察局打了电话，警察局又向阿布拉姆斯比庄园的所有主、一位寡妇核查了情况，那地产压根儿没有出卖的意思。当警察到达开发商的办公室时，那里早已人去楼空，那个“销售员”也已销声匿迹、溜之大吉，还卷走了买地人支付的“定金”。

我告诉彼卡，差一点图尔斯维克要有许多邻居了。现在彼卡原本活跃的脑神经转动得更加厉害了，他担心，如果那位寡妇也动了想出卖阿布拉姆斯比土地的念头呢？于是他毫不犹豫地与她进行了联系，买卖开始了。

一天傍晚，彼卡在我们屋前停步了，他走进屋子说：“快跟我走，拿上一把铁铲。”我略微感到惊讶，但很快明白了。我们绕着阿布拉姆斯比的土地转，时而还刨一个坑，观察一下泥土情况。我们转够了，重新回到图尔斯维克，他让我停下来，说道：“今天我又给你买了一块地，那就是阿布拉姆斯比。”图尔斯维克农庄的耕田面积和总面积由此几乎增加了一倍（从340公顷增加到了640公顷），真是神速的行动！〔*马尔蒂·西卡拉*〕

彼卡在他和基尔斯蒂的共同日记中也写到了这件事。在这本日记中，断断续续地记述了他们在第一年里做图尔斯维克男主人和主妇的情况。

近几天，为扩大我们农耕活动的工作取得了重大的进展，我们买下了阿布拉姆斯比。我暂时没有评论这件事，因为这些天我们才商量好怎样使用这些土地。

不久前我写过播种工作，我还将继续写下去。春播已于4月29日结束，就是说比我们邻近地区的任何一家邻居都要早，比我们去年播种提早了两个星期。〔*彼卡和基尔斯蒂·海林日记，*

*1959年6月7日〕*

彼卡以其典型的方式低估了他所进行的一笔真正大生意的价值。购进大量土地（他是与他父亲一起买下阿布拉姆斯比的）以扩大家族的地产，绝对不是一桩小事，但他只字未提他是怎样说服年迈的邻居最后痛下决心，卖掉土地的。但是另一方面，他却自鸣得意地大谈自己先于邻居完成了春播准备工作。这是一个要求苦干和速度的成就，彼卡并没有在日记中对其毫无顾忌地洋洋得意而觉得有什么不妥。

* * *

1956年5月开始的一段时间里，劳动非常沉重，充满挑战。当时彼卡刚搬迁到图尔斯维克，百废俱兴，旧房和农用建筑要翻修，同时他们还要在与主建筑相距数百米的地方为自己建造一所新房。

田野上长了12年的灌木丛和杂草必须清除，土地必须翻耕，包括两头奶牛和一匹马的第一批牲畜要从海林家在芬兰东部海岸波尔沃附近租借的尼彭达斯农场运过来，某些劳动很繁重，但与开垦处女地相比还是轻松一些，不过凡是需要做的事，彼卡都是准备做的。马尔蒂·西卡拉回忆道：

> 凡是彼卡参与的事，他都会热情满腔。我多次说过，每当他对图尔斯维克的事劲头十足，全身心地投入其中的时候，你几乎可以看到他的耳朵会冒烟！他准备抓所有工作，用最大的努力去完成，没有黑夜和白天！我记得他还在通力工作的时候，仍会抽时间，到图尔斯维克加夜班，用干燥机烘干谷物。〔*马尔蒂·西卡拉*〕

顺便说一句，正当基尔斯蒂抚养哈娜，准备生产第二个孩子的时候，彼卡还不能不丢下一切，忍受法庭做出的强迫劳动的判决。

彼卡从凯拉瓦返回图尔斯维克时已是初冬，那时农田上的工作比较少，于是重又去通力工作了。但在夏季到来时，他又会在图尔斯维克度过更多的时光。基尔斯蒂回忆说，那些日子是她一生中最美好的。彼卡总把自己看做是前来农场度假的城里人，熟悉农村生活需要时间，但是他热爱务农，全心全意地置身其中。基尔斯蒂喜欢当主妇，至少在初期她也已经适应了传统家族母亲的角色。

尽管没有正式见诸于文字，但从1958年以来对日记所作的旁注中仍能清楚地看到彼卡和基尔斯蒂他们两人之间的分工：彼卡专注于农场，基尔斯蒂看管孩子。

**基尔斯蒂7月16日记**：彼卡已于1956年5月中旬搬到这里（图尔斯维克）……哈娜和我再也不愿意待在海尔托尼埃米的马亚瓦路了，并于6月7日搬到了这里。6月是非常快活的日子，哈娜露天睡觉，不怕拖拉机干扰，夜里被我们打死的蚊子数不清。

**彼卡7月26日记**：夏天的沟渠挖掘工作完成了，潮湿和阴雨对挖掘工作影响很大，所以工作结束了，让人们特感轻松。

**彼卡9月16日记**：我买了一头公牛，取名东松多姆的月光卡莱。我没有向外介绍，因为我还不了解它。我只是希望它能成功，能增添许许多多头小牛。

**基尔斯蒂10月9日记**：现在秋天真的降临了，两天来暴风雨几乎从不停息，树叶差不多掉光了，要不是今晚冷了下来，天气仍会是很暖和的。孩子们咳嗽了，因为潮湿他们只好待在屋里，他们打架吵闹，就像猫和狗，哈娜已经学会控制自己了。

彼卡确实非常喜欢管理农场，但是他却没有完全适应受到日常事务和循环往复工作严格约束的生活。对待新的计划，基尔斯蒂没有她的丈夫那么冲动，她办事稳妥，能够耐心细致，一步一步地把事情做好。

彼卡总喜欢做新鲜的事情，他决定买牛，他就买了。修建牛棚的速度快得惊人。第一批小母牛买好了，可是牛棚还没有完工，真弄得有些麻烦。接着良种牲畜一步步地进来了。

后来彼卡失去了对牛的兴趣，他想，现在他把事情都准备好了，别人可以继续了，而我的兴趣却一直保持不变。〔*基尔斯蒂·海林*〕

彼卡从小就开始学骑马，他的表姐伊尔马·凯波拉–西罗拉记得他是一个英俊的骑士，在苏联占了图尔斯维克农庄的那些年份里，他们曾在凯波拉庄园一起生活过，当时彼卡还是小学生的年龄。

我们觉得，他的勇气不仅表现在会驾驶帆船，还表现在他会骑我们那里饲养的挽马。他很想跳上一匹没有马鞍的马背，然后径直向前骑去！我们站立在海曼地区静悄悄的夏季田园景色之中。彼卡是一个倾心于海洋的航海人，他胸怀更有胆略的世界观。也因此我们叫他为航海人彼克图斯·勇敢者，这一“勇敢者”的称谓来自他所骑的那匹马，它的名字就叫勇敢者。〔*伊尔马·凯波拉–西罗拉*〕

彼卡的外甥女和教女卡罗利娜·勃勒伯格补充了她童年时对彼卡尚在干农活和享受农村生活时期骑马情景的回忆。

我们有那么一所夏季别墅，在图尔斯维克附近的桑德拜克，我于1960年出生，那别墅大约是1962—1963年建造的。我虽然很小，但我记得彼卡骑着马来到这里，傍晚的太阳照射在他的背上，他顺着山坡下来，就像一个牛仔。他是多么英俊，多么派头十足呀！那肯定是我对彼卡的第一印象。〔*卡罗利娜·勃勒伯格*〕

马尔蒂·西卡拉对彼卡骑在马背上的印象并不怎么浪漫。

彼卡·海林再一次按照他的习惯骑马外出，我去别的地方时总开车。路上可以看到马儿奔驰所留下的深深的马蹄印。大山下边的路上横躺着彼卡的一条马鞭，我猜想当时马儿一定跑得非常快。在不远处的山顶上，路中央有一顶彼卡掉落的帽子。那马一踏上前往约尔瓦斯的路，就迫不及待地朝着约尔瓦斯直奔而去。彼卡和马儿他们俩终于出现在我眼前，马儿嘴上吐着白沫，彼卡看上去疲惫不堪。〔*马尔蒂·西卡拉*〕

其后不久，彼卡买了一匹3岁的马，那匹马对骑它的主人还没有很好适应。它叫达里乌斯，是一匹未经阉割的公马，它习惯于在骑马人一上马鞍就会乱蹦乱跳，将他摔下马背。一天，彼卡和西卡拉将马鞍子放到达里乌斯的背上，彼卡准备骑上去。

达里乌斯立即在马厩的院子里暴烈地蹦跳起来，跃得有几米高，但是勇敢的彼卡坚持坐在马背上。接着，那马儿使了一个花招，连蹦带跳地朝着通向马厩顶楼的桥梁直冲过去，并在那儿，从高处跳了下来，彼卡也落下了马。接着还有另外一场大考验呢！

彼卡在马厩前重新跃上马背，那马蹦得更凶了。地面已经结冰，没有一丁点雪，那马最终将彼卡从它的背上摔了下来。不能让马跑了，这是骑手的格言。彼卡倒卧在地上，紧紧地抓住缰绳，达里乌斯有时还在他的头顶上跳跃。他的肋骨断了几根，但他始终没有让达里乌斯跑掉。

彼卡站立起来后对我说:“马尔蒂，去把我的枪拿来，我要杀了那匹马！”

我安慰了他，劝说他不要将马杀了，我们可以将它卖掉，这样花掉的钱也不至于泡汤了。

作为一位精明的经济学家，他当然深知中间的利弊，于是我们就这样定了。第二天他立即打电话给赛马总会，说他有一匹很有发展前途的马要出售。买卖做成了，那马后来真的成了一匹障碍赛中名列前茅的赛马。然而除了一个小伙子外长时期来它就不让任何别的人骑到它的背上。这个小伙子就是当时十六七岁的克里斯托弗·韦格柳斯，他就是骑着那匹马赢得了许许多多的胜利。〔*马尔蒂·西卡拉*〕

西卡拉的故事揭示了彼卡性格中贯穿他一生、每当他遇到困难抉择时就会显现的东西。他有时会很冲动、很激动，但在做最后决定时却会始终如一地根据事实而不是凭着感情办事的。在1998年的一次采访中我们询问董事会副主席恩蒂·海林，什么是通力的基本价值观，对此当时还没有正式下过定义。恩蒂回答说，唯一的一点他相信他的父亲肯定会同意，那就是“做决定时要残酷无情”。据他说，它的意思是，在做合理的决定时要将感情因素排斥在外。

具有彼卡特色的商业实用主义意味着最终将图尔斯维克的马厩关闭了，而在有段时间中那里曾经饲养了二十几匹马，它已成为芬兰最大的良种马（热血马）繁殖场。

如果有人对彼卡说，养马不是什么好的嗜好，他会觉得受到了伤害。彼卡会说，那不是什么嗜好，而是工作！这种情况至少出现过两次。

与牛相比彼卡更喜欢马。我们确实有非常优良的马，而且是赛马，但是在今天，说到底它已不再是很赚钱的生意了，一点不值得做了。〔*基尔斯蒂·海林*〕

从1956年5月到1957年底——其间彼卡有4个月是强迫劳动，在飞机场修建跑道。经彼卡勤奋努力，打算让他父母亲居住的房子完工了，现在就要为自己的小家建造房子了，同时还要耕地、播种，重整过去没有管理好的森林，并在图尔斯维克开创专业的牲畜养殖工作。谁都看得清楚，像他那样精力旺盛的人怎么能够一头钻在通力公司的办公室里呢！

* * *

但是秋收结束后他又回到了哈巴尼埃米街工厂的办公室。下面转载的信是彼卡写给正在出差的父亲的。这一封信表明，他将竭尽全力把家管理好。在这封5页纸的信中，他用了4页讲图尔斯维克，只有头一页才讲了通力。打字差错说明他是在匆忙之中写信的，并且没有叫秘书打清。

亲爱的父亲：

您途中的信息非常有趣，尤其是关于向东方（印度）可能办起重机厂的那条。技术经理拉尔斯·埃里克森非常激动，他就是希望把事情做大。您走后的第一星期通力相当尴尬，《科特加新闻》报道说科特加港务局决定从魏基兰而不是从通力购买两台起重机，刚听到这个消息时太让人沮丧了，但是防卫的意志和冲劲重又复活了。我深深感到，一切事情都是人干的，爸爸能够“收复失地”。最大的功劳应该记在埃里克森的账本上。战场是政治等级体系，技术层面不可能从支持魏基兰的立场退让，为的是不

给自己丢脸。不管怎么说，可能性依然存在。〔经过激烈竞争，通力终于拿下了订单。〕

谈谈乡下的新闻：

春播准备工作开始得很及时，我们考虑大约播种20公顷，其中最大部分是西苏和埃霍品种的燕麦（种子来自尼彭达斯）。唯一缺少的是一台用于平地的耕地机，这是我们要采购的。现已查明，国家给生产粮食干燥机的贷款要到明年春天才发放。如果我们能够设计出大小合适的机器，当然中间也有公司或农民协会的问题，再如果我们能够制订出一份价廉质高的生产计划，我们是有得到这笔贷款小小可能性的。信贷最高60%，期限10年，利息3%。这件事很急，所以我想“先斩后奏”了。当然我是不会承担义务的——细节很多，难以用数字表达——如果我能抽出时间，我会在您回来之前让轮子转动起来。现建筑领域的情况既良好，又马马虎虎。宝伊—弗弗—弗—奥普，这是哈娜给您的问候。一些雇工打算明年春天回尼瓦拉。于里科斯基不再回来了。必须从别的地方物色两个雇工，使我们的计划能够正常运行。

基凡凯斯、特罗伯格和水管公司的人今天察看了主建筑，孔已打好，管子已锯好，楼梯也已拆除。

至于我自己的房子，地下管道已经供热了，今天将测试大气压力。外墙抹灰泥本周结束，最后留下的就是浇筑地面，钉好隔层天花板的外护面。

孩子们在基尔斯蒂精心照管下非常健康。

彼卡

1957年11月14日于图尔斯维克

〔*通力档案*〕

1958年春末，基尔斯蒂又怀孕了。公司既受到内部脆弱的折磨，也受到了通力1958年年度报告中说的在过去一年里芬兰经济领域所采取的金融和贸易政策措施的影响。

1957年的某个时候或1958年初，海伊基·海林从拉斯托公司聘来了利奥·苏尔拉和恩德罗·卡里奥，请他们就通力的组织资源和要求提出一份评估报告。他们建议进行大规模的机构改革，这一改革自1958年7月1日起开始实施，拉尔斯·埃里克森被任命为销售和生产经理，维尔科·维尔卡拉为产品开发经理，彼卡·海林任行政经理。基尔斯蒂透露，苏尔拉和卡里奥当时不得不说服彼卡接受这个任务。

> 我有那样的印象，他反对，还持续了好长时间。直到拉斯托的那些人来到这里（图尔斯维克），他才开始转变。很明显，通力的境况越来越糟、越来越糟了，他们两人中间的一位后来说，如果彼卡不进到里面[1]，整个设想就会成为泡影，到了那个份儿上，什么都将无济于事了。〔*基尔斯蒂·海林*〕

1958年进入通力，负责编制预算和监督经济事务工作的埃洛·科斯基瓦拉说，一个问题冲垮了彼卡的对抗，而那个问题却是他的姐夫随口说出来的。

> 彼卡说过，到时候他自己会到通力工作的。1954年彼卡完成经济学专业的学习，获正式学位，但仍旧负责管理他父亲的农场，即图尔斯维克庄园。但是一天早上，他却身穿工作服，脚踏长筒靴来到了哈巴尼埃米街6号通力公司的办公室，过道里碰上了他的姐夫（明娜米的丈夫）埃洛－彼卡·巴沃拉伊宁副法官[2]。埃洛－彼卡负责公司的法律事务，他向彼卡打招呼，“农场总管可好呀？”当晚彼卡回到家询问他的父亲是否需要他到通力工作。当然需要，就这样，他成了通力的行政经理〔*埃洛·科斯基瓦拉*，

① 指董事会。——译者注
② 副法官是学位。——译者注

*由卡尔-埃里克·米切尔森采访〕*

完全有可能，这个棘手的问题成了一颗有力的跳弹，反弹了过来，尤其在充满家族期待和各方都希望他登上比较重要岗位的压力持续不断地冲着他滚滚而来的时候，促使他行动起来了。人们很容易设想，彼卡脑子里一定在想“就看我的吧！”他的的确确丝毫不差地这样做了。

* * *

彼卡出任通力行政经理时，正值芬兰经济开始走出具有战争赔偿、战后重建以及严格的生产、价格和工资管制特征的时期。几年之后，生活水平提高了，工业生产增长了，国家逐渐由管制经济朝着市场经济转变，但在1958年，没有人能肯定这种趋势一定会继续下去。

两年前，芬兰爆发了1917年独立以来第一次总罢工，1957年芬兰马克对美元贬值了39%。由于贬值在某种程度上改善了芬兰产品的竞争能力，工业生产也出现了稳定强劲增长的时期。〔*统计中心，《芬兰工业生产增长的年份》*〕总体上的不确定性和逐步扩张的可能性成了1950年代的特点。这给了有新思想、羽毛长得越来越丰满的实业家测试自己才能的大好机会。

至于彼卡是怎样利用这段时间的，很少见诸于书面材料，然而间接的证明却是很多的。1958年7月以后，他负责领导通力的全部行政工作，办公室主任、公司律师、人事处长、生产处长和财会处长都直接对他负责。彼卡还间接负责编制预算、跟踪经济形势和通力工业专科学校。毫无疑问，他不能不花费许多时间来学习管理这些事务的知识。

对彼卡来说，另一个重要的方面显然是支持他的父亲，做他的副手和为逐渐成为他的接班人做准备。这段时期里父子之间来往的信件保存下来的非常少，主要是彼卡在父亲去国外出差处理客户关系时向父亲报告公司和图尔斯维克最新情况的信件，以及父亲写给儿子关于谈判进展情况和给他指示的信件。彼卡也逐步地表现出自己的主动性了，他已将自己的经济和计划才能运用到改善通力的工作之中。他在下面的信件中还向父亲提出了建议，而正是这些建议预示了他以后担任通力总裁时将要奉行的路线。

莫斯科

矿业参议海伊基·海林

亲爱的父亲：

这将是我发往莫斯科的最后一封信了。我正在办公室读您写给埃里克森的信。考虑到今年的养老基金份额为1500万芬兰马克，因此按4.5%的利息计算，这与应支付的养老金数额是相符的，倘若我们提高应支付的份额使之与整个养老金相一致，那么就可以向基金转入更多一些资金，并且不致使其资金单纯由于利息而增长了。这也不会有太大的风险，因为利息在计算所得税时是可以扣除的，钱却仍旧留在我们的口袋中。

……

关于凯里公司问题，今天我听说批发合作社不感兴趣，因为担心它的销售能力不足以满足全部产量。原有的客户圈子听说也由于合作社所有制的消息而逐步缩小，关于这些，我已向卡亚拉和蒂莫宁作了通报。我建议认真研究价格协议和提高关税的问题，同时设法增加机器的生产能力。这一条路兴许并不轻松，但可能是唯一可行的，因为除了机器未必会有其他东西能使坦佩雷感兴趣。

……

关于年度报告，我建议将大本本看做是非正式的，董事会只在扼要的总结上签字。现有形式的年度报告对竞争对手或许太有利了，而且税务当局譬如在本身缺乏活动的工作部分中也会找出更多应该纳税的收入。

1958年2月18日于图尔斯维克

〔*通力档案*〕

在1950年代，通力与许多芬兰工业企业一样主要是由工程师们领导的，但彼卡是经济学家。当他在赫尔辛基商学院就读之时，正值现代经济学理论从美国传播到了欧洲遥远的角落。当今工业界非常了解什么叫非生产性资本价格，然而彼卡显然是通力公司中第一位清晰地懂得让公司的资金滚动起来具有多么重大意义的领导人。通力副总裁拉尔斯·埃里克森的态度也许是1900年代中期芬兰工业领导人所持立场的典型范例。

那个时期的情况，用彼卡的话说："如果只会让资金躺在银行里，而想不出为它找到使用路子的办法，那确实是老朽得不中用了"。这句话很令我震惊，我当然不认为自己已经老朽得不中用了，通力董事会成员和银行经理埃洛·哈尔基亚和通力技术经理埃里克·英格瓦尔同样如此。但是因为对我来说这是一个新的思想，它就成了给我以后工作的明确指示。到那时为止，我一直围绕着让工厂运作而奔忙，这需要用钱。如有必要扩充工厂，需要用钱。分红时也需要用钱。如果有了盈余，最好让它"待命备用"。从某种程度上讲，资金应被看做是独立的"生产处"。对此，我现在算是明白了。这是全新的事物。唯一使我得到安慰的是，其他机械工程师没有发现这个方面。〔*彼卡·海林，来自朋友的信件，1992年7月15日"1950—1960年代的同事"，拉尔斯·埃里克森*〕

在金融事务方面，彼卡表现出是一位真正的大师，他先同经济处长埃洛·科斯基瓦拉，后来又与阿尔沃·图奥诺宁一起努力为改善通力的资本产出和将公司的纳税降到最低的程度而工作，同时竭尽全力为争取银行贷款和出口信贷进行谈判。此后不久芬兰开始放宽对金融运行的监督，但在1950年代，处理对外支付以及文件往来、外汇兑换和出口担保等方面还是极其复杂的。1956年通力的出口总值为3.65亿芬兰马克，占营业额的28.5%。〔*1957年3月9日《新芬兰报》和基尔斯蒂·海林的《通力股份公司1910—1960》*〕

通力1918年开始生产、安装和维修自己的电梯，当时它还是芬兰最大电气设备生产商戈特弗里德·斯特勒姆伯格公司的子公司。后来斯特勒姆伯格得到国民股份银行的贷款，用于投资它的主要行业，生产电动机。1924年，斯特勒姆伯格公司濒临破产，因为它没有能力偿还贷款。银行任命彼卡的祖父哈拉尔德·海林重组该公司，并要求任命哈拉尔德出任斯特勒姆伯格公司董事会的主席。哈拉尔德利用这一良机将小小的然而是赢利的通力公司作为条件提了出来。他的100万芬兰马克的报价足够偿付银行的贷款，因而很快就被接受了。从那时起，通力就处在海林家族控制之下了。〔*卡尔-埃里克·米切尔森，暂未发表的手稿*〕

早在1958年，通力的活动已涉及多种行业，但电梯仍是它的支柱。不过从决算中看其他生产部门的作用也是重要的。以1932年为例，那是海伊基·海林升任通力总经理的一年，他已将工业用起重机列入产品行列之中了，3年后又增加了电动升降机。1953年通力收购生产输送机和原木处理设备并拥有自己铸钢厂的拉赫公司。1950年代底1960年代初，在通力营业额中电梯占的份额约为45—55%，起重机约占35—50%，其余则是输送机、铸钢产品和快速增长的纺织设备共占的份额。

通力所以能够跨入纺织行业，源于海伊基·海林与埃洛·卡拉亚的关系。他们是科技学院（现为赫尔辛基科技大学）时期的好朋友。

卡拉亚设计了联合纺纱绉线机，这种机器生产弹力线比当时的其他机器快很多。他特请他的这位老同学帮助，以促进发明创造。通力还与一家主要的织袜厂凯里公司合作制造了一台原型机，并成立了一家名为斯平纳的公司，以生产和销售联合纺纱绉线机。1957年，斯平纳公司、凯里龙公司（生产弹力线）和凯里公司（生产凯里龙线编织的袜子以及商标为阿马尔和阿维克的裤袜）归属通力所有。彼卡集中监督这些企业的发展，但他从来没有亲自领导过其中的任何一家公司。

1959年彼卡受命进入拉赫公司董事会，1962年起任主席。自1959年起，他还坐镇通力电梯维修公司的董事会，这家公司负责为通力的客户提供电梯的保养和维修。

起重机业务一直是彼卡父亲的宠儿。1933年，他不仅开始将起重机投入生产，甚至还亲自参加了设计。他的名下有无数项专利，包括能越过堤坝将沿着河道漂流下来的一捆捆原木输送到锯木厂的起重机。在建筑行业严重衰退，使电梯销售沉入谷底的时候，起重机是通力重要的第二支柱产业。但是，即使像起重机那样在通力历史中如此重要的角色，任何时候彼卡都没有像他的父亲那样热心过。1970年进入通力服务，曾担任公司第六任总裁（1989—1994）的格哈特·温特说：“彼卡只对电梯感兴趣。”

彼卡所以喜欢电梯生意，是因为他欣赏电梯保养工作的可预测性，无论是景气的年份还是不景气的年份它总是有利可图的。按照温特的说法，彼卡所以热爱保养生意，是在于它稳定。起重机、输送机和纺织机械的项目则不同，这些项目往往很大，而且生产时间长，但彼卡“怕做大的生意，痛恨那些大项目”，温特解释道，“他所以总持反对态度，是因为大生意犹如地狱一样危险，一旦发生差错，就会落入其中！”

当他集中精力想要扩展通力时，他首先考虑的总是电梯生意。他深入了解电梯的强处和弱点。他阅读《哈佛商业评论》、有关经济学和企业领导的著作、银行和国家有关芬兰财政和金融政策的出版物以及芬兰报刊中的经济栏目，期望从中找到一些新思维。

1961年彼卡被选入芬兰金属工业雇主联合会的理事会。在他最早提出的建议中，有一条就是工业和公共事业部门应就实现行业增长目标采取什么措施进行研究并提出报告。在彼卡、卡尔洛·拉尔纳（经济研究中心主任）和赫尔辛基大学国民经济学讲师奥拉维·尼塔莫指导下，研究小组写出了一份题为《芬兰国民经济中的金属工业》的报告。该报告预测，在纸浆和造纸工业长期以来占据统治地位的芬兰国民经济中金属工业的重要性将提高。〔*《芬兰国民经济中的金属工业》，经济研究中心，彼卡·海林、卡尔洛·拉尔纳、奥拉维·尼塔莫编，1963年*〕

通力资助的研究计划和由此发表的著作让芬兰企业界看到的彼卡·海林不再是一个备受尊敬的家族中挥金如土的浪荡公子形象了。这也确证了彼卡自己的见解，那就是确切新颖的信息是成功决定的关键。彼卡还热忱地研究战争，他博览群书，多次阅读修昔底德[①]的《伯罗奔尼撒战争史》的某些部分以及托尔斯泰的《战争与和平》和许多研究20世纪战役的论文。在他的一生中，他都努力将军事上的战略和战术应用于商业活动之中。有的时候，他也会请教阿伊莫·巴尤宁将军和扬·克莱伯格海军上将，寻求他们的咨询。彼卡认为，制订一份成功的行动计划一定要知己知彼，既了解敌军的强处和弱点，也了解自己一方的强处和弱点，还要熟悉战场和可能影响战争结局的环境和条件。

彼卡领导下的通力至少在芬兰企业界成了规划和实施预算、设计和后续跟踪方面的先行者。那时候大部分芬兰公司还仅仅满足于他们的下属公司和工作单位提交季度或者甚至只是半年度的工作报告，但是通力已经采用经过详细统计的每月“快速报告”，从中得到的数据与当时技术条件所能做到的完全适应。

---

① 修昔底德（公元前约460—前约395年），古希腊历史学家，《伯罗奔尼撒战争史》是他的代表作，这部著作是在他亲自感受的基础上，依靠敏锐的观察力，发挥了卓越的写作才能之后才完成的。——译者注

作为通力生产委员会的成员，彼卡深知哈巴尼埃米街工厂的场地不足所带来的问题。他极力主张在许温凯兴建新厂，并将新厂的潜在能力与自己关于怎样使通力造福于未来外贸自由化和欧洲一体化做准备的远见联系在一起。

1957年，通力在瑞典开设了它的第一个外贸办事处，名为通力电梯公司。第二个办事处设在英国，叫通力英国公司。埃里克·约翰逊主持的通力电梯公司使通力电梯的出口在瑞典提高到了15%的份额，价格也令人满意。英伦三岛的问题比较大，1960年代末一笔向爱尔兰巴利莫居住区的电梯供货是一个典型的事例，这次供货既大又非常麻烦。格哈特·温特说，在公司的大量采购还没有可能做到的情况下，彼卡赞成谨慎小心地进入市场。

> 他总是对成立这样的小公司非常热情，他说房子是要一块砖一块砖地建造的。在某个时候我们可以在英国遇见各种各样愚蠢的公司，我们也会在美国和法国碰上同样愚蠢的公司。〔格哈特·温特〕

然而他同时正在热血沸腾地为电梯工业合理化进行努力，除了争取与通力国内最大的竞争对手瓦尔曼特合作外，他也考虑与外国竞争者联合或合作，甚至将它们兼并。他清楚地知道，他没有时间单靠组建小的子公司来扩大销售量。他和他的父亲走访了欧洲和北美大大小小的公司，评估可能性，探索和寻找潜在的收购目标。

正如前章所述，1968年突破发生了，通力收购了瑞典电机的电梯业务。彼卡既为公司也给自己准备了10年时间来应对快速地朝着更加自由化和跨国化——尽管还不是全球化——的方向发展所预示的挑战。无论是公司还是彼卡都必须经得起完全不同于海伊基·海林和他的公司在战后恢复年代所面对过的压力。在国内市场上所占的几乎是垄断的地位以及受到特殊的对苏贸易关系缓冲影响的出口，哺育了当时缓慢的然而是稳定的增长。

在这个新的不确定的国际环境中，通力作为一个开拓者所取得的空前的成就，使它成了其他希望将自己的活动扩大到国境之外的芬兰企业的榜样，同时它也将彼卡推向世人的众目之下。生命常常是这样的，故事讲得越长，灯光照得越亮，它投下的影子也会更长，越来越暗淡。

* * *

是当农业家还是做工业家？对彼卡来说选择是艰难的。有时他热情焕发，到通力寻求工作，有时让人觉得他希望在一片宁静的田野上进行耕作。

1959年2月21日，彼卡在乘船前往美国东、西海岸途中向着第一站汉堡进发。他在2月25日到达汉堡时就已经非常想家了。是父亲逼着他踏上旅途的——这是彼卡第一次去美国，他对前景并不那么激动，到了美国，他也并不欣赏。

彼卡从汉堡给他年轻美貌的妻子基尔斯蒂·海林——她在一个月前刚生下他们的第三个孩子伊尔卡·海伊基——发了一封信。在信中，他深深地思考了他们的状况，同时也思索着是不是能够找到一个办法，使他既做一家大公司的所有主和经理，又能承担起一个大农场主的职责。

> 我在船上时间非常充裕，不过亲爱的基尔斯蒂，请你不要猜想我用了其中多少时间在想念你，想你什么时候在做什么事情，想什么是你的烦恼，什么是你的喜悦。我也非常思念近几年里我们共同度过的那种生活。现在我在船上，与在家里经常感觉的一样，也许是你我将来都没有必要做那么多的事。如果我们能将我们孩子的数目控制在现在的3个，看起来这是可能的；如果我们

多放弃一些也许有条件履行的社会义务；再如果我能强迫自己放弃这种双重的生活，想一想我们能够赢得什么，失去什么呢？

我们已有3个孩子，即使再多几个，他们同样会有取得成功的巨大可能，并将丰富他们父母的生活。我不相信，如果放弃拥有更多财富的思想，这对什么人都会是一种牺牲。我丝毫没有向往社会交往——你也是，对吗——尽管这对我们并无大碍。看起来最困难的是要对自己做决定。我甚至不能不问自己，我有选择的可能吗？为了想清楚这个问题，必须将经济条件和精神条件这两个方面相互分隔开来。我在经济上的依赖性将年复一年地消减（我相信），尽管在目前我不可能放弃工资收入，但状况有可能逐渐改变。我是否在精神上也可以准备放弃一些责任和任务，尽管其中相当一部分责任我是应该承担的，那任务从其长远影响来说我是始终无法拒绝的？难道仅仅因为这对我的父亲肯定会是一个非常严重的失望我就不能放弃这些任务了吗？如果我拖延做出决定，难道不会使它变得越来越困难了吗？不晓得我自身是不是有战胜内在抵抗的力量，这种内在抵抗是我的学校教育和培养造成的，就是说那种什么是责任，什么是价值，需要周围人的同意之类的教训，说穿了，我要说，我认为所有这一切都是彻头彻尾的废话。难道我应该冒着风险不将那些肮脏的东西从我自己的身上洗刷干净，而是要等到不可回头的时候，到那时才为你的生命伤心悲痛，在教堂里为错误的决定忏悔。（你肯定耶稣没有在胸前画着十字忏悔过？还是，也许他怀疑那魔鬼想要欺骗他？）

只要没有解决好这个问题，我就不会做像样的事情。一切似乎都是临时的，那种我觉得好像一直在空中飘荡的不定性使这种感觉更加增强，当我们将这种不定性吸入胸腔后，它就会一步一步地毒害我们，使我们甚至无力保卫我们的封建资本主义沉积物，然而这种封建资本主义沉积物却是赖以生存的先决条件。相信退化器官（它很快会被视为无用之物）的作用是羞愧的事，要知道切除阑尾并不会使肌体受损，不管它是发炎的还是没有毛病。从此以后我也就没有需要做决定了。但是难道这不也意味着我们可以不让时间从手中流失，我们必须让自己可以过上有尊严的生活而又不失自尊？**我希望，**我们能有不属于任何其他人的时间，夏天时可以肩并肩地躺在牧场草地上饱览蓝天白云，一起呼吸着春天泥土的芬芳，欣赏金黄色的层层麦浪后略带倦意一同回家，然后乘坐轮船向前驶去——不在乎去往什么地方。

在我考虑了所有这一切之后，似乎觉得不难做出决定了。天平究竟哪一头重，已经清楚不过了。难道就没有一条两边都能走通的道路吗？因为不能否认的是，我们还得过日常的生活。福克纳[①]就说：不能。他说，爱情如此宝贵，犹如我们为之付出的代价。或许他就是没有注意到，这与现代经济学的价值理论是何等的接近。〔*基尔斯蒂档案，来自汉堡的信，1959年2月24—25日*〕

彼卡想把一切烦恼都置于脑后，与自己最亲爱的人肩并肩地躺在牧场草地上，仰望天空，观赏着随风飘动的白云，或者坐着轮船前去未经选择的码头，而这种选择很容易被视作是孩子气的逃避。但是事实并非如此。相反，他是给自己设了一个圈套，他很明白，在他决定不是放弃经济安全和对他将继承的地位应该负起的责任，就是毫无保留地献身给图尔斯维克和通力之前，他没有能力做出任何有价值的事情。

从彼卡的性格和所受教育情况看，无论什么时候，逃避似乎都不可能是他的真正选择。他很难但又并非不可能的是，他专注于农业，同时仅仅担任通力董事会的一名董事。如果他决定选择这条路，通力很可能最终破产，或者将它卖掉，留下来的只有一小部分在他领导下

① 威廉·福克纳（1897—1962），美国作家，美国南方文学流派的代表人物，其作品多以约克纳帕塔法县为背景，称为约克纳帕塔法世系，反映美国南方社会的历史状况，代表作有《喧嚣与骚动》、斯诺普斯三部曲《村子》、《小镇》、《大宅》等等，获1949年诺贝尔文学奖。

所创造的财富。另一方面，他也可能卖掉农场，完全投身于通力。但这意味着他会使他的家族脱离自己的根，背离许许多多对他来说是非常重要的东西。两种选择都将带来比他可能承受的更大的失望和失败。到了最后，他可能接受的最好解决是努力担起作为海伊基·海林的儿子和哈拉尔德的孙子所应承担的责任，但又不放弃继续努力，为自己和家庭创造一个有生存价值的生活。

彼卡牢牢地掌握着图尔斯维克，直至1988年将它交托给他的长子恩蒂·海林。他也紧抓自己作为通力最大股东和董事会主席的地位，直至2003年去世。换句话说，他从来没有这样或那样地解决过是当农业家还是做工业家的问题，他一定要兼收并蓄，两者双赢。结果是，由此产生的一个梦——“也许是你我将来都没有必要做那么多的事”——成了一个名副其实的梦。实际上，随着孩子的增加（从3个到了5个）、农场的扩大（由于购进阿布拉姆斯比而扩大一倍）以及彼卡时期公司的营业额翻了许多番，他和基尔斯蒂的工作负担只是不断地加重。

彼卡兴许在想，只要投身于需要同时处理多种工作任务，压力沉重，他就会摆脱早在1959年从汉堡写信给基尔斯蒂时已在脑中萦绕的抉择的不定性。然而，为了停留在已经到达的地方，也许他只会比过去跑得更快更猛。

# 阿波罗与狄俄尼索斯

自从1964年出任通力总裁直至与瑞典电机签订协议——即自合资公司开始，至通力收购瑞典电机的全部电梯业务——之时，彼卡·海林的工作压力一直在持续不断地增加着。签订瑞典电机协议之后工作压力仍旧没有减轻，因为通力收购的公司一个接着一个。除了新的市场、工厂和技术之外，每一次收购都会随之带来新的语言、新的税收法规、职工会、传统做法、外汇和企业文化，对此一切必须竭尽全力加以适应。收购公司的资金要尽可能多地使用收入积累和股份转让，以使通力的债务负担保持在适度的水平上。另一方面，也出现了使预算指标变成为银行现金的压力。

瑞典电机交易的突破引起了芬兰新闻媒体对彼卡的广泛关注，他那不寻常的作风经常成为人们议论的话题。1968年9月尤哈·坦图在《芬兰画报》上写道：

> 他奔跑迅猛，他说话如此快速以致将字连结到了一起，难以让人分清。他身上潜藏的强壮公羊的顶撞劲儿要比一个男子汉的冲动和进取心还要厉害。早上小憩时，我的许多聊天朋友对海林那种玩闹的作风已经厌倦，将他叫做“丰富多彩的家伙”，这里包含的并不仅仅是积极的评价，但是，通力的出口成就和它的活力却备受称赞。〔*尤哈·坦图，《芬兰画报》，“上去、下来和出去”，1968年9月13日*〕

在芬兰企业界圈内，无论从那一方面讲彼卡只是一个局外人，这绝不是单纯因为他的作风和行为。他的先祖是南芬兰的中产阶级制帽商，既不富庶，也不穷困。虽然海林这个姓听起来像是瑞典的，那也许是由于芬兰一个称作海尔尼埃宁（瑞典语叫海林内斯）的地名〔*海伊基·海林,《先辈和后代列队行进》, 1974年*〕，而并不说明与瑞典地主阶级有什么联系。海林一家人都是坚定的芬兰民族主义者（或许国际主义者阿克塞尔·尼克拉斯除外），从哈拉尔德起，他们同孩子都讲芬兰语。芬兰瑞典族的原有富裕家庭与不断发迹的芬兰族精英之间的鸿沟在第二次大战后大大缩小了，然而，尽管彼卡是“丰富多彩的家伙”，但在1960年代，人们仍旧未必会把他包括在芬兰社会的精英之中。

就如尤哈·坦图说的，许多人称赞彼卡的胆略和不断取得的成就，但他那种飘忽不定，有时让人无法接受的行为，又在他的名字上蒙上了一层阴影。他的行为问题的根子是滥用酒精，年龄越大，问题变得越严重。1950年代了解彼卡的人都说，年轻时他喝酒的确喝得很厉害，但不是酒精中毒者。当询问基尔斯蒂他们结婚时（1954年），当时他们都是21岁彼卡是否已有嗜酒问题，她斩钉截铁地回答道：

> 绝对没有！在那个时候，当然啰，有时候人人都会喝一点儿，譬如新房子上梁或者过“五一”，然而不是的，我或他不是每天晚上都喝酒，吃饭时也不喝。〔*基尔斯蒂·海林*〕

彼卡的赫尔辛基商学院同学和喝酒朋友塞波·约基比原是一位酒精中毒者，据他回忆，彼卡同他一代的许多年青人一样，也是从嗜酒逐渐发展到酗酒的。

> “据说现在的情况有些不一样了，但在那个时候，并不是20—24岁就酗酒的，喝得很多，只是没有酗酒那样地喝。到了后来，进入1960年代后，我看彼卡，他就这么样喝了。”〔*塞波·约基比*〕

从许多方面看，彼卡很像莎士比亚戏剧中年轻的哈尔王子。他反抗严厉的父亲和对他的殷切期望。他本应将时间和精力用在学习上，但他不仅没有这样做，反而浪费在打牌、参加舞会和喝酒上。可是未来的国王亨利五世有意识地“寻欢作乐”，目的在于接近平民百姓，了解他们，以便以后能够更好地统治他们，领导他们。彼卡则不同，在皇冠戴到他的头上之前，他对自己和生活方向一直拿不定主意。在这一阶段，饮酒不再是消磨时光，而是开始依赖了。

* * *

当沃伦伯格和吉科宁1968年5月访问图尔斯维克时，彼卡和基尔斯蒂共有5个孩子，他们分别是：哈娜·基尔斯蒂（1955年出生）、恩蒂·尤哈尼（1956年出生）、伊尔卡·海伊基（1959年出生）、尼克拉斯·库斯塔·哈拉尔德（1963年出生）和玛丽亚·伊洛娜（1965年出生）。老三伊尔卡说，就在瑞典电机的协议敲定那天，家庭生活和父亲的性格开始变坏了。

> 我记得那个开始时的情况，它是从瑞典电机交易开始的。我记得协议签订后，父亲回到家里时已经喝醉了，他兴高采烈地对我们说“北欧国家的电梯生意现在就掌握在这只手中了。”尼克拉斯当时4岁，他问道：“哪只手中？”他可没有看到手中有什么东西呢！
>
> 事情就这样开始了。对老爸来说工作太多了，压根儿他就不该这样工作。〔*伊尔卡·海林*〕

初时哈娜同意她弟弟的看法：

> 我想，是他的公司经理的角色毁坏了他的个性，但是后来我又想，大学生涯或者任何别的什么的都可能同样。〔*哈娜·努尔米宁*〕

彼卡留给后人关于他的思想和感情的书面资料非常少，只有写给他妻子的信、在他们居住图尔斯维克第一年（1958年）中主要就农业问题在与基尔斯蒂共有的日记里所作的简短旁注、1958年环好望角航行旅行日记、一些写给几位亲属和朋友的信以及对报刊所做的采访。一篇值得注意的文稿是彼卡在通力和瑞典电机签约前半年所写的个人1967年成功和失败的清单和一份1968年元旦保证书。这表明他非常清楚地了解，早在与瑞典电机签约之前，滥用酒精和情绪的变化无常已经多么影响他的生活了。

阿波罗神和狄俄尼索斯神力量之间的紧张状态——隔离和算计的倾向与冲动和冒险的对抗——是彼卡·海林一生中不断重复着的主题。它使情绪反复无常的状况越来越严重，以致哈娜会说："他太叫人捉摸不定了，从来没法知道，什么时候他会生气发火。"从另一方面讲，正出于同一个原因，他与所有喜欢他那种能将聪明才智和感情力量非凡地结合起来的人可以很好相处。

彼卡的问题在于，他始终没有能力控制自己的感情，最后他被诊断为患了躁狂抑郁精神病，服用一段时间药物后情绪波动的状况有所缓解。在最好的情况下，他能在抑郁和激动情绪的间歇之间找到某种平衡，然而众所周知，酗酒会干扰对两种截然不同性质的情绪纷乱病情的治疗。他没有力量终止饮酒，以致沿着感情生活的滑行轨道将他一直送到生命的尽头。〔*苏珊·C. 索恩和凯瑟琳·T. 布雷迪《两种截然不同性质的情绪纷乱与酗酒》*〕

* * *

恩蒂不记得，当彼卡夸耀"北欧国家的电梯生意现在就掌握在这只手中了"时他是不是在场。恩蒂认为，他父辈的企业文化对酗酒问题起了极大的副作用，这也导致许多其他芬兰大商人失去了他们应有的地位，但他不相信任何个别的事件会加速他的父亲走下坡路。

Vuoden 1967 voitto- ja tappiotili

Päättyneen vuoden tuloksia voitaneen pitää niin huonoina, että vastaavan kauden voi ehkä löytää vain vuodesta 1962 ja 1955. Ellei tätä varhemminkin olisi näin heikkoja vuosia ~~siihen mennessä~~, olisi tätä auttamattomasti pidettävä ensimmäisenä ikääntymisen oireena. Tulee olemaan vaikeata erottaa syitä ja seurauksia, koska prosessi ilmeisesti on kumulatiivinen luonteeltaan. Tyypillistä vuodelle on ehkä yleinen vieraantuminen elämästä yhtä hyvin konkreettisessa kuin elämän abstraktioihinkin liittyvissä asioissa. Useimmat kontaktit ihmisiin, paremminkin kaikki, ovat höltyneet ja intellektuaalinen vireys on tavannut todellisen aallonpohjan. Samanaikaisesti olen menettänyt työpäiviä krapulaan enemmän kuin koskaan aikaisemmin osittain johtuen frekvenssistä, mutta paremminkin henkisen ja fyysisen ~~kunnon~~ johdosta hitaammin palautuvasta kunnosta. Yleinen velttous, joka on muunmuassa ilmennyt saamattomuutena ja väsymyksenä on estänyt kaikkien uusien ideoiden syntymisen. Taantuma on siis kohdannut sekä apollonista että dionysista elämänpiiriä.

Töiden kannalta vuotta ei voi katsoa täysin hukkaan menneeksi, joskin jälki näkyy ainoastaan parempien vuosien työn tulosten hiomisena ja paikkaamisena, joka kyllä kin on johtunut varsin hyviin tuloksiin. Pidemmällä tähtäimellä tämä ei kuitenkaan riitä.

Lisäksi voitaneen kesän aikana eräitä purjehduksia pitää rakentavina tapahtumina, joskin vanhan porukkani yhtenäisyys ja ~~suvereniteetti~~ osoitti rakoilemisen merkkejä sekin, eikä ole enää sellaisenaan käyttökelpoinen.

Keinoja tilanteen korjaamiseksi on

- syventyminen johonkin ongelmaan, joka on riittävän vaikea ~~riittääkseen~~ intellektuaaliseen mielenkiintoon
- vähempi viinan juonti
- yritys rakentaa virikkeitä antavia suhteita
- paneutuminen töihin tosissaan

### 1967年成功和失败的清单

即将结束的一年的成绩可以被认为是糟糕的，这样的状况也许只在1962年和1955年出现过。如果以往不曾有过如此差劲的年份，那么很自然就会将它视作第一次显现的老化症状。要将成因和后果分开来是困难的，因为就性质来说，显而易见，过程是渐进的、累积的。或许这一年的典型情况是这样的，既在具体的也在比较抽象的事情上疏远了生活。多数——或者更好说是全部——与人的交往是松散的，动脑筋的劲头下沉到了谷底。同时，部分由于体力和精神状况恢复较慢，使我失去的工作时日比过去任何时候都要多，表现为工作效率低下和疲惫的普遍松垮现象使新思想的产生受到了阻碍。换句话说，倒退的力量既赶上了狄俄尼索斯也赶上了阿波罗的生命圈。

从工作角度看，不能认为这一年完全浪费了，尽管成果只能被看做是对较好年份、较好工作成绩的润饰和修补，但是不管怎么说，还是产生了一些很好的结果。当然，从长远角度看，那是不够的。

此外，夏季时的一些航海比赛当被视为建设性的活动，尽管我的老伙计们在配合和一致行动上有点不尽如人意，目前的海员们也不再那么“适应航海”了。

改变情况的方法是：

—深入研究一些很难唤起知识分子兴趣的问题

—少喝酒

—努力开拓激励性的关系

—真正专心工作

**我认为那不单单是因为瑞典电机，当时资金是从俄国获取的，你必须在那里待上很长时间，每当芬兰商人出国时，许多人早在火车上或飞机上就开始大肆喝酒了。在当时苏联，一个不幸的做法是谈生意时一定得大量喝酒，喝得难以令人置信。那肯定是非常不好受的。父亲告诉我，一次主人邀请他到一个房间，摆在桌上的只有伏特加和香槟，每人面前两瓶酒，一样一瓶，不将全部的酒喝下肚，谁就不准离开那房间。一些芬兰人就在这条道路上**

倒下了，所以不仅仅是他一个人，还有许许多多别的人，他们毁了自己的生活，也毁了生意。〔*恩蒂·海林*〕

基尔斯蒂的看法同恩蒂一样，当彼卡在通力领导层中被确立为他父亲得力继承人的时候，对苏联所做几次时间很长的商务旅行对他危害极大。

我特别记得彼卡从莫斯科回来时的情形，莫斯科真的是一个鬼地方。人们喝酒喝得让人感到可怕，他到家时仍旧酩酊大醉，神志不清，那种经历太叫人不快了。〔*基尔斯蒂·海林*〕

通力第一位全职律师图奥莫·埃罗拉说，在国内相应的环境中，通常的——或者至少是可忍受的——行为表现并没有好多少。

早在以前，喝酒就已是这样的了，不幸的是，在20世纪60年代，甚至70年代也是，在芬兰商界中你必须是条硬汉子，晚上还得坐在那里谈判，然后再去某个地方，譬如马尔斯基夜总会，在那里一直坐到清晨二三点，甚至四点，直至早晨上班！情形就是那个样子的。〔*图奥莫·埃罗拉*〕

彼卡和基尔斯蒂的小儿子尼克拉斯承认，他父亲活动的商业环境怂恿人们狂饮作乐，但是傻瓜才会认为，有什么人是“被迫”喝酒的，他说，责任全在个人，全在自己。

事情很简单，要是自己不愿意，没有人能够强迫你喝，是自己将酒倒进自己喉咙的，我自己酗酒这么严重，我知道，那不是被迫的。〔*尼克拉斯·海林*〕

彼卡家族中无论是父亲一边还是母亲一边都有酗酒问题，芬兰嗜酒成性的商业文化肯定不会使患有这种遗传病的商人感到轻松。但在彼卡·海林的事例中，海林家族和奥伊蒂宁（彼卡的母亲）家族中普遍存在的严重抑郁症和其他精神病症问题或许具有同样重要的意义，几起病例不得不进医院治疗，有些则以自杀结束生命。

> 那不是什么健康的家庭，太清楚了，里面有那样的病史。〔*伊尔卡·海伊基*〕
>
> 有病的人太多了，举个例说，当我的父亲向伊尔亚（海伊基·海林的姐妹）求婚时，伊尔亚的母亲说，你是想嫁到有病的家族中去了。〔*伊尔马·凯波拉-西罗拉*〕

恩蒂还提出了另一条在他父亲相互矛盾的性格中遗传可能对阿波罗神和狄俄尼索斯神力量之间的较量会有贡献的途径。

> 祖父是那种雄心勃勃的工程师—科学家—研究员类型的人，而祖母的主要特征就是她的伟大的个性。作为一个牲畜的育种者，我懂得特征是可以用不同的方法结合的。在父亲身上，祖父母双方的特征都很强劲。〔*恩蒂·海林*〕

另一方面，恩蒂与他母亲和兄弟姐妹都持相同的看法，尽管父亲有各种基因的作用，在当今，他的许多问题可以被确诊为是能够治疗的，但不一定是能够治愈的疾病。

> 考虑到三种失衡表现的形式——精神分裂症、两极混乱症和抑郁症，我认为所有这些在父亲身上都有相当强烈的反映。〔*恩蒂·海林*〕

哈娜和基尔斯蒂还在这一单子上增加了自我陶醉性的个性混乱。

> 他的个性的核心，是完全没有表现同情的能力，他敏锐，能极其聪明地看出人们在期望什么。他善于辨认人们，但这不是为了满足他们的需要，相反是为了将他们纳入到自己设计的轨道之中。无疑父亲并没有对人使坏的意图，但有时他却全然不知他的行为会给身边的人产生负面的影响。不管你怎样给他解释，他还是丝毫不能理解。〔*哈娜·努尔米宁*〕

彼卡有一位社会经济背景不同将近40年的老朋友，在他们原本亲密的关系中他也有过一次缺乏同情心的相同经历。

> 后来我总在想那一件事。尽管我们是好朋友，相处得非常好，可是彼卡从来不明白，也不愿意穿一下穷人或者非富裕人的裤子。他看世界的角度总是那样的，“你是不是有钱付清下个月的房租？”虽然他很了解我反对他的态度，但他就是要高高在上地向下看。我们什么都不用说，他就知道我是什么样的人，我的感情什么样，我对他同样如此。根本用不着问:“你怎么了？你怎么郁闷了？”我觉得这是小缺陷，但也不是太小的缺陷。〔*里斯托·霍尔姆斯登*〕

如果在上述成分中再加进酗酒，那就成为非常厉害的毒药了。要是彼卡身上真的汇集了他孩子所说的他性格上的所有纷乱因素，那么我就很难理解他怎能取得那么巨大的成就，让我更难理解的还有，他怎能如此长久地持续得到这么众多同事的信任，又怎能赢得这么众多各阶层人士的友情。

* * *

从非常了解彼卡的人士所介绍的情况中，能够得出的印象是如此矛盾，以致不能不认为他是一个具有多重性格的人。

亲戚："他是一个敏感得令人难以置信的人。"

同事："他是一个顽固得不可思议的人。"

同事的妻子："他是一个以直率得粗鲁但又朴实的态度让人觉得可爱的人。"

官员朋友："他是毫不动摇的岩石。"

竞争对手："他非常坦率、敏捷、有思想。"

狩猎伙伴："是那种从不妥协的人。"

童年朋友："自信，说话喋喋不休。"

同事："他可能是上帝，要不然是什么呢！"

另一位同事："非常腼腆，十分敏感。"

一次，彼卡的小女儿伊洛娜同她的姑妈明娜米一起到赫尔辛基图埃托画廊，为的是看一看一位艺术家给其父亲所画肖像的草图。伊洛娜对姑妈说，所有草图看起来画的是不同的人。"你的父亲至少是10个不同的人"，姑妈回答道，但她没有做更多解释。

彼卡在充当不同角色时的行为表现，为这幅多面的画像增添了自己的特色。他充当的角色有丈夫和父亲、总裁和董事会成员、船长和海员、猎人和捕鱼人、知识分子和哲学家以及农民和牲畜饲养人。前面提到过的"普通的小伙子"，身穿工作服，脚踏长筒胶皮靴，一会儿手握铁铲，一会儿拿着耙子或干草杈。总裁和董事会成员那一幅也没有同公司的工作人员在一起，除了比较亲近的几名下属之外，他与别人始终保持着距离。在商业性的会见中，他要求像斯芬克斯那样安静，直到做出了清楚而且不可改变的决定，解决了问题。知识分子和哲学家的好奇心涉及的事情无比之多，他热情地参加了讨论，平等地同别人交换意见。

就像任何一个力图保持多种类型性格并且经常是相互矛盾的角色的人一样，彼卡也需要一个属于他自己的地方，对他来说，这个地方就是家。他同绝大多数芬兰人一样，认为不与外人谈家务事是不说自明的。当父母中的一方或双方有酗酒的问题时，家庭中的其他成员都会守口如瓶，对外严格保密。

海林家里除了彼卡还有6名其他成员，他们自然各有自己的愿望和需要，但是彼卡的酗酒情况越来越恶化，每当他满身酒气，摇摇晃晃，跌跌撞撞地回家时，家里再也无法过上正常的家庭生活了。他最小的女儿伊洛娜回忆道：

> 父亲回家时就像变成了小小孩，我们必须照顾他，哄他，这种不体面的事还不能给别人讲，我青少年时期的成长也至少因此耽误了10来年。人们兴许会有这样的印象，这里住的是一位神秘的强人，什么事情他都能做到，然而回到家里，他就完全崩溃了，降到了孩童的水平。〔*伊洛娜·海林*〕

彼卡的许多朋友和知己说，他是深深地爱着他的妻子和孩子的，对此没有二话可说，可是这不等于他能同情他们，理解他们或者至少能和他们待在一起，很好地相处。彼卡的假想是一个影响家庭良好关系的严重障碍，他总觉得自己比别人更知道什么东西对他们好，但是其他家庭成员却认为，这样的结果就会是某种家长式的统治，进而被孩子们看做是“精神暴力”。

> 他回来了，每当他回家时他总是喝得醉醺醺的，他坐到厨房的桌边，还要再喝上一瓶或两瓶红葡萄酒，接着就是不停地唠叨

了，没完没了的唠叨，还必须找一个人同他坐在一起，陪着他，这只能从我们中间找一个了，总得有个人在那里嘛！我已不是十几岁的少年了，那是最糟糕的，尽管是不对的，但是我们仍然不得不聆听他那语无伦次的唠叨话，他可能连续说上三四个小时，要是我们不听了，他会感到受伤害，从心底里生气。那时他可能会去找奶奶或者明娜米，在那里继续唠叨。

后来我经历了一件对我来说是非常惊讶的事情，当时是我第一次参加特里奥纳尔（通力的子公司）的管理工作报告会，我突然注意到一个与在家时截然不同的人正坐在会场中，这绝对是一件难以理解的怪异事了。我们从报上全都读到过，知道他是芬兰一位最具超凡魅力的企业领袖，受到人们广泛的赞扬，于是我们也就以此为依据来考虑他在家里的表现了，"啊！一位出色的领袖就该是这样的嘛！"就这样，直到我后来亲眼看到了他正实实在在地做着他日常的领导工作。〔*恩蒂·海林*〕

最后，恩蒂学会把他父亲的性格进行分割了。

我已经……学会承认他们，好像是3个不同的父亲，一个是晚上的父亲，再是休息时的父亲，然后就是这个工作中的父亲。这在他饲养牲畜时已经有所表现了。〔*恩蒂·海林*〕

然而，承认这些相互矛盾的性格并不等于孩子们已经有能力想出足够的办法来应对它们，或者面对父亲朝三暮四的表现，他们已经有能力保护自己了。

* * *

哈娜是最大的孩子，因此她能最清楚地记得酒还没有成为日常问题的日子。她对那些日子有着美好的记忆，譬如父亲怎样教她植物的名称，父亲不仅知道这些植物的芬兰文名称，而且知道它们的拉丁文名称。彼卡知道的植物种类多得惊人，而且知道从什么田野和森林里能够找到它们。另一桩美好的回忆是彼卡带她一起去图尔斯维克取回第一头种牛月光卡莱。哈娜还记得9岁时她的父亲请她到赫尔辛基一家高级饭馆吃午餐，祝贺她考上了著名的芬兰综合学校（哈娜是一名成绩优秀的学生）。哈娜说，在她的童年时代，家庭气氛是温暖的，环境是美好的。

> 这个我记得，我认为我父母的关系是亲密的。我记得，父亲下班时他们常会紧紧地拥抱和亲吻。我记得，开始时我们经常希望父亲能早点回家，冬天时更是这样，每当看到汽车的灯光，我们就会想他正在回家的路上。到了11月，女仆回家了，母亲一个人与3个小小孩一起待在农村家里一定是很孤单的。〔*哈娜·努尔米宁*〕

后来，汽车前灯摇曳的灯光出现在通向我家院子的道路上（彼卡有司机，他在路上再不用保持清醒的头脑了），孩子们的反应完全不同了，尤其最小的更是急得不得了。

> 大家最不喜欢老爸刚刚回家的一刹那，即使他出差在外或在其他什么地方，我们在家都很快活，可是他一回到家，那种气氛就不翼而飞了。
>
> 我记得，在我还是十几岁的少年时，曾在一家妇女杂志上读过一篇关于1972年至1991年担任阿梅尔集团总经理的海伊基·O.萨洛宁家庭的文章。萨洛宁也是饮酒过度的人，与我的老爸一个模样。他的儿子说，父亲工作时间长一些那更好，他不在家里要比他躺在沙发上，没头没脑地唠叨，毫无休止地喝啤酒好。我当时也想，那肯定更好！可惜我爸不是那样，实际上他回家比较早。〔*伊尔卡·海林*〕

我仍有那种“焦虑”的感觉，一种到了下午四五点钟“白天变成夜晚”的痛苦。这种痛苦后来消逝了，但那是可笑的，因为肯定是我的姐妹兄弟，还有母亲帮我分担了，我们都感到害怕，父亲快要回家了。〔*哈娜·努尔米宁*〕

彼卡的病情越来越加重，孩子们处于各自的成长阶段，他们在家里的角色各不相同。哈娜成了监护人，承担着母亲的部分任务，后来她把这些任务交给了小妹妹。恩蒂正经历十几岁少年的逆反年龄期，而伊尔卡则闷声不响，置身一旁。

我是5个孩子中年龄居中的一个，与恩蒂和哈娜有一些距离，比尼克拉斯和伊洛娜又大一点。很多时间我是自己单独过的，因为年龄居中的孩子在大伙中间没有许多特别引人注意的东西。

老爸与我、尼克拉斯和伊洛娜一起玩的时间不是很多。哦，有是有的，当我还是小男孩时，有时他带我们进森林，青少年时我们还一起捕过鱼。这些都是美好的记忆。后来他酗酒越来越严重，就再没有这些事儿了。一次他大发雷霆，我甚至中途离开，不与他一起捕鱼了。〔*伊尔卡·海林*〕

婚后头些年，在精力和时间完全倾注于工作之前，彼卡也积极参与对孩子的抚养和教育，很愿意带他们去户外活动。

我对父亲最早的记忆大概是1959年的事了，当时我刚满3岁，图尔斯维克的庄稼已经收割完毕，我们又到了索卡收割，我在收割机上，坐在父亲怀里，看着麦子被吸到收割机中。太好看了！

母亲讲了一个关于我们的故事，大概是一年左右之前的事，当时我们全家在一起散步，有母亲、父亲，哈娜和我，我是被手推车推着的。父亲为了更好射击，用俯伏姿势准备打一只松鸡。

我觉得一个大人竟然爬在地上太好笑了，于是哈哈地笑了起来，结果把松鸡吓跑了。所以在我很小的时候什么事情我都是有份的。〔*恩蒂·海林*〕

当彼卡想教孩子什么东西时，譬如教他们学游泳，他常常成事不足败事有余。

父亲很想教我们，可是他没有那个本事，不管他怎么想方设法要教我们，我们就是学不好。父亲想教恩蒂和我游泳，使的办法是他自己站在码头上，手拉着系在我们身上的绳子，结果我们害怕了，拼命上下拍动，或者试图想用脚踩到底。后来父亲自己也承认这种方法是错误的。父亲也想教我们认字，由于我们从小就怕父亲，所以总想尽快把那些字猜出来。尽管5岁时我已能认些字了，但我并没有弄明白认字是什么意思。〔*哈娜·努尔米宁*〕

时间年复一年地过去，彼卡在家里度过的时间越来越少了。除了出海航行的时候，他很少有连续的较长时间同孩子们在一起，抚养孩子的责任全由基尔斯蒂承担了。

真的，我们都是由母亲抚养的。父亲白天到蒙基尼埃米庄园工作，在初期，当他30来岁年纪时或者再靠后一些，他工作的时间很长。当我过了10岁后，我对没有足够的机会与他接触感到有些难过。〔*恩蒂·海林*〕

老爸对恩蒂和哈娜的教育方法依旧是相当荒谬的，或许对我们这样的人他根本就没有什么教育方法，尼克拉斯和伊洛娜的情况更是这样。因为对诸如此类的那些事，他更是不感兴趣了。总之，他对我们的教育就是这样的，实际是没有很多的教育。对我影响最大的还是我那年龄居中孩子的地位，这就是为什么我要强调我的年龄

*居中的问题，没有人会对我所做的事情感兴趣。〔伊尔卡·海林〕*

虽然彼卡不太会理解别人的需要，然而他却非常懂得自己的感情。他几乎没有一个能够相信或者愿意相信的人，但在他生命的最后那些年里，彼卡向他的小女儿伊洛娜倾吐了内心的思想。

> 父亲给我讲了一些这样的事情，讲了他一生中感到懊悔或者是感到遗憾的事情。我记得，在20世纪80年末90年代初，我们谈了许多许多。我没有提到自己的缺点，我只是聆听他讲话，同时设法抚慰他。在感情生活中，他的确有表现脆弱的特殊权利。〔*伊洛娜·海林*〕

在有关海林家庭的故事中，这一章节真是太令人痛心了。但从许多方面讲，彼卡的表现与许多同事或者任何一个同代有成就的其他优秀人物并无什么区别。压力、繁忙、抱负和对失败的恐惧——所有这一切都需要家庭生活付出代价。只有一个伟人才有能力应对这一切而不招致损失。鉴于还要加上酗酒和个性上的混乱无序这两个额外的负担，那人就不能不是一个伟人了。

* * *

1927年至1967年，通力的总部设在赫尔辛基舍尔奈伊斯登工业区靠近码头的哈巴尼埃米街工厂里。1966年新厂在许温凯建成，同时准备卖掉旧厂。通力的总部决定留在赫尔辛基市中心附近，无意迁往许温凯。

早在1965年，彼卡已经注意在赫尔辛基西海岸的蒙基尼埃米有一幢破旧的庄园建筑要出售。它正好坐落在从图尔斯维克通往赫尔辛基市中心的公路边，价格也比较适中。主建筑建造于1915年，通力将它买了下来，经过细致的修复工作，从1967年起就成了公司的总部。

总部迁入蒙基尼埃米庄园，导致彼卡的健康受到了致命的影响。哈巴尼埃米街工厂食堂早已过时，对人们没有诱惑力了，然而庄园里却有装潢典雅的游廊餐厅，还可以观赏美丽的花园景色。在这里，彼卡可以陪同客人喝上一两杯红葡萄酒，然后一起进入旁边的大客厅，一面享受用奎宁水调对的杜松子酒，一面开始进行热烈的交谈，到了午夜之前处理完日常工作后，宾客们又会心情愉快地应邀进入高贵的知识分子沙龙，那里摆满了各种各样名酒，供大家品尝畅饮，润滑大家的舌尖。

> 入驻蒙基尼埃米庄园后，午餐也在那里用了，人们“午餐”常常一直坐到晚上，或者就那么随便坐一坐，有彼卡，也有别的人，没有结束的时候。举个例子说，我的大哥阿斯科（于韦斯屈莱大学的人文学教授）来我家，他就喜欢到庄园，坐在那里聊天，还有别的“智者”，如统计中心主任奥拉维·尼塔莫、图尔库商学院经济与统计学教授潘蒂·马拉斯卡、持证工程师马蒂·卡耶、广播公司总经理埃伊诺·莱波和魏林+库斯文学出版公司经理维莱·莱波。后来，作家巴沃·林塔拉也来了，他离家好几天，天知道他去了什么地方。还有许多别的人，如马蒂·库仁沙里，他也是作家，也住在蒙基尼埃米。〔*基尔斯蒂·海林*〕

基尔斯蒂为了限制彼卡工作时喝酒，使他回家时能够稍微像样一些，她挖空心思，想尽了办法。伊洛娜回忆道：

> 我十几岁时喜欢打篮球，每礼拜有两天在蒙基尼埃米附近练球，练习完后父亲的司机5点钟到球场接我去庄园。然后我必须陪着父亲回图尔斯维克。我经常静静地坐等，甚至等上几个小时。
>
> 有时我也会溜进游廊，看看他们什么时候能够结束。我也会给他调对饮料，按照母亲的吩咐，我在调对奎宁水杜松子酒时有意将奎宁水倒得很多，杜松子酒放得很少，另外再加上鲜柠檬。加进柠

檬后会使饮用人感觉不大出酒的浓度了。〔*伊洛娜·海林*〕

彼卡的秘书们总要提醒他按时下班，他们所以这样做，主要由于他们自己在彼卡熄灯离开办公室之前是不准下班的。

后来我们同彼卡的秘书西尔卡·林登商量好，由她客客气气地将他赶回家。西尔卡非常谦和，我认为彼卡觉得有人帮助他也高兴。有时他会说："我哪儿都不去了！"但当笑眯眯的西尔卡非常友好地对他说："是不是现在你该走了？"他会表示同意，说"既然你说了，那么我就走吧。"〔*基尔斯蒂·海林*〕

当基尔斯蒂回想起彼卡大量饮酒和在最后几年中为治疗癌症服用药物的情况，她对丈夫的坚强和毅力极感惊讶。

我想他的脑子一定很出奇，多少脑细胞要受到破坏哪，后来到了晚期，他服用大量药物，根据医生指示，还要服许多片止痛药和安眠药——它同时也是抗抑郁药。尽管如此，他一直顽强地坚持到最后。〔*基尔斯蒂·海林*〕

彼卡是一位伟人，无疑这才使他能有体格上和精神上的坚韧不拔，使他能有惊人的酒量。他的同时代人，同时也是有名的嗜酒人海伊基·塔维拉说：

我不得不承认，我对彼卡的酒量真的相当惊讶。我说过，他是我所认识的唯一能在一天之内大醉两次的伙计，中午大醉一次，晚上又是一次！我至今依然无法理解，这怎么可能呢！〔*海伊基·塔维拉*〕

尽管喝得酩酊大醉，一直喝到深夜，彼卡到了第二天早上仍能正常工作，两个为他长期开车的司机介绍说：

他是特殊的人，工作从不怕劳累，他简直是一个工作迷。我有时想，他一定有一副好得令人难以置信的身子骨。那怕在凌晨他刚从坦佩雷或其他什么地方过来，他仍会随时准备再出发。有时四五点钟才到家，他却说，就多睡一个小时吧。一般我都是7点半去接他的，留给他的没有什么睡觉时间了。但是他的确经常会在车上睡一会儿，或许这对他有些帮助。

如果他在庄园里有客人，工作晚了，有时他会在车上打瞌睡，那么到家时一定要叫醒他，那时基尔斯蒂已在门口等他了。好吧，现在我透露一下，要是彼卡实在太累了，有时基尔斯蒂会摇摇头，但是别的什么都不说。我多次为彼卡的耐力感到惊讶，有时我感到我的力气实在是使尽了，但想到周末时可以睡觉，能够补回来，劲头又来了。〔*彼卡1964年至1986年的司机别格尔·林德霍尔姆*〕

是的，他可以晚上忙到很晚，直到很早的早晨，一年到头，天天如此。在我到他那儿之前，他一定忙得更厉害。是的，他真是有耐力。在所有那些年里，他总是服装整洁，随时准备出发，不在乎几点钟。〔*彼卡1986年至2001年的司机卡里·贝尔托宁*〕

* * *

随着时间的向前推进，酒精对那些与总裁工作关系密切的通力高层领导的时间表产生了制约性的影响。彼卡很早就来工作了。

彼卡早上最迟8点钟上班，这就迫使我们所有人都要忙碌起来了，大家必须在8点钟之前来到班上。这对我们中间的不少人有时有些麻烦。1970年代我们有时需在欧洲某个地方谈判数天，然后于夜间乘坐公司的飞机返回赫尔辛基。我们要在飞机上坐很长时间，打打牌，也喝点用奎宁水调对的杜松子酒，到达赫尔辛基机场时已是凌晨一二点钟，然后还要赶回家。但是，不管大家有多么疲劳，早上8点钟仍需赶到办公室，因为总裁那时已在办公室等着了。〔*图奥莫·埃罗拉*〕

上午，大家忙做工作。彼卡不坐办公室，他先坐在庄园二楼大厅的沙发里，一支接一支地抽着“北国”牌的芬兰香烟，同时翻阅秘书送来的文件。无论是接受采访还是与其下属谈工作、听取子公司经理的工作报告和与客人谈事，他也照样坐在沙发上。

据与他关系密切的同事讲，彼卡上午不喝酒，午餐之前他总是集中精力工作的。

一般地说，彼卡在午餐之前从不喝酒。他是一位经纶满腹、能力超群的人，一位精明的思想家和办事果断的人，因此有半天头脑清醒的工作时间已经绰绰有余！午餐之后彼卡不再做重大的决定，这确是明智之举。上午他就把事情做完了。我们这些下属很快也学会了，只要他愿意谈，愿意给予指示，最好就在上午向他请示。〔*塞波·约基比*〕

在决定日常工作方面，温特的看法是一样的，不过他说，在喝上几杯之前彼卡是不会就难题做决定的，因为重要的决定不会在上午做出，而是在下午早些时候。

他没有能力在不喝酒的情况下做出决定，要不然他会看到各种各样的危险，对他个人的威胁，例如这个人要与那个人联合起来对付他，诸如此类。有关的决定肯定会在3点以前做出，在1—3点之间。他从来不在不喝酒的情况下做决定，至少我是这么认为

的，就是说，那时候他已经超脱了。〔*格哈特·温特*〕

正午之前几分钟，彼卡会下楼进午餐，通常和他的父亲一起进餐，他的父亲在庄园里也设有办公室。接着客人们到了。午餐中间不谈工作，一般就随便闲谈，主题包罗万象。

首先，作为午餐的主人，不管有什么人到场，彼卡总是受人注意的中心人物。他非常健谈，谈什么都行。他知识渊博，无论历史、文化……他无所不知，他曾博览群书。午餐之后开始喝咖啡，进行轻松愉快的交谈。交谈之中他仍是场面上的主人。只要能够把握住自己，无疑他始终是一位讨人喜欢的社交人士。很多人士乐于来庄园做客，原因正在于此。〔*图奥莫·埃罗拉*〕

午餐期间喝葡萄酒，喝了咖啡后再喝奎宁水调兑的杜松子酒或威士忌，然后离开餐桌步入会议室，从丰富的题材活跃地交谈，转向酒后伤感，唯我是从的豪言壮语的倾吐。所有这一切都是在一天之内发生的。不久之后，有失常态的模样开始占了上风。也许说“占了上风”并不正确，因为在许许多多人的眼里，在包括参加午后和夜晚座谈会醉意浓浓的众多仁人眼里，彼卡始终牢牢地把着舵。他的公司欣欣向荣，他的农场一样蒸蒸日上。他有一个美好的家庭。要是说他醉生梦死，那么他的同代人中有多少个芬兰企业领袖不是如此，但是他们能够尽情醉酒，而不损坏自己的事业和生涯。

我们参加过那个时期数不尽次数的活动，所有的主人百分之百地饮酒作乐，什么事情几乎都做。不管你是在游乐场里骑旋转木马玩耍，到夜总会中闲荡，还是出钱买女色服务，舆论一概不管不顾，不作披露或报道。正因为如此，这种状况就没有终结的时候。当然啰，彼卡那种直言不讳，非常强烈甚至攻击性地表达

> 意见的方式，与大吵大闹是有天壤之别的，在许多人看来，那只不过是一种悲痛和哀鸣。〔*约翰内斯·科罗马*〕

彼卡最终没有能够长时间坚持不喝酒，但他也不是那种一杯酒下肚，还要继续不断地往里灌，直至倒下的闹酒作乐之人。阿尔沃·图奥诺宁认为，1963年他来公司那个时候，彼卡喝酒是完全可控的，直到后几年才变成问题的。

> 那是可控的，不是不可控的、自动的，有一段时间确实控制得很好，不是什么碍事的因素。偶尔他还会喝上一杯，但只是为了增加一点热情，轻度的醉意对事还会有些帮助。后来情况完全不一样了，那喝酒啊！〔*阿尔沃·图奥诺宁*〕

即使那个时候，在各种情况下，彼卡还都能表现得体。一些同事曾经陪同他参加有酒招待的活动，他们强调他可以随意喝酒，但他们从来没有见到他喝醉酒。

> 他完全能够自然地活动，我从未见他喝醉酒，尽管他在一小时之内已经喝了4杯杜松子酒，但他没有醉！周围一些同事说，即使在那时，彼卡也比我们乖多了，尽管他醉了，我们是清醒的，他的表现也比我们洒脱。至于他在别处如何表现，我就不得而知了。〔*哈里·马尔姆伯格*〕

恩蒂讲了一段风趣的逸事，它至少支持了马尔姆伯格最后所做的估计。

> 一次我坐出租车从机场回家，当车快到图尔斯维克时司机说，“我也拉过你的父亲到这里”，真的，他是一位精明的伙计，那个

卡伊拉莫也一样，他们上车时已经喝得很醉了，但当我们到达这里时，他们仍旧坐在那个后排，手里抱着一瓶威士忌，嘴里还滔滔不绝地说着一些让人听不明白的古代名言。〔*恩蒂·海林*〕

彼卡传奇式的酒量显然涵盖了一种能力，那就是：即使他将其他人喝得统统钻到了桌子下，他仍能保住一定的界线。每当庄园举行午后酒会时，一般他都会请他的律师坐在身旁。

一个人如果不断地大量喝酒，他就会变成酒精中毒的人，如果你不断地大量喝酒，那肯定会影响工作。我记得那是在1970年代，彼卡经常避免在下午，在喝了3杯杜松子酒或者其他什么酒之后做决定。也可能有这样的情况，在讨论过程中，尽管没有做任何决定，但已经喝了酒，那时他会要我在场，以证明人那种身份说明讨论了什么事情。我知道要坐上好几小时，直至办完事情，所以我也会同他一起喝上一杯杜松子酒，然后我会开车出去工作一会儿，我从市中心回来路程很短，我所以要这样做，为的是可以不必被迫同他一起喝酒，但是我不记得他有明显喝醉了酒的情况，我确实不记得那样的情况了，尽管他的情绪是很高昂。〔*图奥莫·埃罗拉*〕

* * *

格哈特·温特是内圈中的人物，他了解彼卡，也最能理解他。温特与彼卡一样，也是土生土长的赫尔辛基人。他们都是个子高大、魅力超凡的男子汉。在他们的青年时代，偶有发生街头或酒吧吵架打骂的事，他们总是站在一起，并取得最后的胜利。温特与通力许多别的领导人不一样，丝毫不怕彼卡，别的领导人就是不知道怎样对付他们老板那种难以捉摸的表现。相互尊重是彼卡同温特关系中的一个特点，即使分歧严重，甚至动了手，这一关系也不会受到损害。在温特长时间的任职期间，曾多次遭到彼卡“开除”，不过在他的前脚还没有迈出大门之前，又被请回来了。

通力的技术经理阿尔诺·萨拉斯德1970年向彼卡推荐了温特，具体建议让温特担任商业活动计划经理。温特学的是核子物理专业。1972年通力成立起重和移动设备部，温特即任经理。最后，从1989年至1994年期间，温特当了通力的总裁。

> 我与彼卡所以有这么信任的关系，他对我非常了解是一个原因。我们是同样的纨绔子弟，他知道我在想什么，他知道我要做什么，他知道我会瞒着他做什么，他知道我在同他交谈之前不会越过什么界线，他知道什么领域我不会涉足，不会涉足所有权领域，并坚信我在任何谈判中都不会背叛他的家庭。我对他的了解也是绝对的好。〔*格哈特·温特，由卡尔－埃里克·米切尔森采访*〕

格哈特·温特对彼卡的忠诚和感情并没有使他的眼睛模糊不清，相反，他也看到了彼卡的缺点。

> 他是一个充满矛盾的人……他是一个非常敏感，敏感得可怕的人。要是有第三者在场，你绝对不能对他表示反对，要是只有我们两个人，什么反对他的话我都可以说，但是，如果有其他人在场，那就不可以了。他极其腼腆、极其敏感。一个腼腆的人，人们可以将他视作为另一个样子的人，将他看做是天然的，因为他就是这样表现的，那腼腆就是以这样的天然形式出现的。〔*格哈特·温特*〕

同许多敏感和变化不定的人一样，彼卡可能需要酒精来提高他的自信心，至少伊洛娜是这样认为的。

父亲的性格令人可怕，什么事情都要由他控制，农场必须由他领导，通力必须由他管理。然后他就会表现出他最聪明，尽管在学校老师并不这么认为。他的回答就是力量之水！要是他在别人的公司里工作，没有烈酒，也许他就不可能那样了。〔*伊洛娜·海林*〕

伊洛娜还认为，彼卡虽被人们看做是一位意志坚强的企业领袖，然而在他生涯的后期，在需要他做出重要决定时，他却犹豫不决，无能为力。

父亲经常也会觉得很难做出决定，他想来想去，考虑了又考虑，并与所有的人交换意见。人们可能会想，对他来说这太容易了。处在领导人的位子上要懂得会做决定，但是一点不假，对他来说确实非常困难，他想来想去，既不想打扰别人，又要没完没了地同别人谈论这些事，他总在推迟各种决定，尽可能长时间地拖延决定。我就是这么认为的。〔*伊洛娜·海林*〕

温特认为，为了摆脱极其有害的犹豫不决和多疑，彼卡需要喝酒。

阿尔诺·萨拉斯德总说：“那人没有了那水就不成”。我记得，有时候出于某个原因，他也有过短时间的戒酒，但在那种情况下，什么决定都做不成了，他真是一个脆弱的家伙。当我同他一起出国时，他一定要坐在自己房里喝酒，直至上床睡觉，他感到非常害怕。〔*格哈特·温特*〕

* * *

与彼卡关系最密切的同事温特和女儿伊洛娜介绍说，这位伟大的人物几乎是单枪匹马领导着芬兰工业界冲出保护主义壁垒，奔向全球战场的，要是年龄更大，或者，要是他的头脑清醒，他就会没有做此决定的能力了。彼卡作为一个商人的声誉建立在强劲的见解、果断的决策和大胆的行动之上，然而同样是他，晚上需要有人陪着他，与他坐在一起，听他自说自话，直到两眼合拢，睡了过去。这样一个按照上述描绘其内心如此脆弱的人，怎么能取得如此巨大的成就呢？

在彼卡担任总裁和公司大股东期间，通力从相对弱小，经济不稳的国内公司发展到在电梯行业国际大公司的行列中占了一席之地。还应强调的是，在1960年代，芬兰的建筑业并没有达到顶尖的水平，但是通力却以年产50余万台电梯的优异成绩跃升到电梯技术顶尖行列的现实，其受到人们惊讶的程度绝不亚于一家哥斯达黎加公司成为最现代摩托雪橇生产商让人感到惊讶的程度。

除了作为企业主所取得的成就，彼卡还被誉为“全天候芬兰最优秀公海赛艇”的所有主和船长〔*伊尔波·卡乌哈宁*〕，他还利用国际关系引进了最优良牛种的精子和最科学的繁殖方法，营建了获奖赫里福德牛的牧群。有充分的理由相信，因为他的聪明和才智，在他选择的任何行业上，他都有能力攀上最高峰。

当在酗酒和个性紊乱的背景下研究彼卡的成就时，要将处于两个极端的两个相互矛盾的彼卡融合到一起是一项艰巨的任务。一个是躁狂的彼卡，但却得到北欧一些最有影响人士的帮助，于1968年5月收购了瑞典电机的电梯业务。另一个是抑郁的彼卡，1967年底他自己就曾写道，无论是生活在阿波罗神一边还是生活在狄俄尼索斯神一边，他都是会倒退的。那么，这样一个彼卡·海林究竟是怎样消除掉他内心的阴暗面，解决掉不同生活时期严重地困扰着他，简直使他难以正常生活的病魔，而且还能取得纪念碑式的成就呢？

# 充沛的精力

每天早晨，狂躁的彼卡为了将抑郁的彼卡赶下床以便处理一天的工作，他是够坚强的，也是够遵守纪律的。汽车司机和许多朋友都说，彼卡的工作能力是出奇的，即使在很多别的人都已无法坚持的时候，他仍能坚持下去。

彼卡的一些孩子认为，彼卡的问题出在工作压力，然而实际情况恰恰相反，或许他就需要工作的挑战和压力，这样才能使他集中精力去从事建设性的任务，避免受到自毁性倾向的侵扰。关于这一点，彼卡本人在上一章介绍的“1967年成功和失败的清单”中已经提到。“为了改变情况”使1968年比上一年更好，他提了4条改进措施：

- 深入研究一些很难唤起知识分子兴趣的问题
- 少喝酒
- 努力开拓激励性的关系
- 真正专心工作

彼卡从来没能长时间的减少喝酒，但是另外三项目标他一直在竭尽全力地实施着。第一项任务（增强通力的实力，以便在面对奥迪斯、西屋和迅达等公司有吞并它的企图的情况下有能力保护自己）和第四项任务（重新专注于通力总裁的工作）的明确结合对他的努力起了很好的帮助作用。

恩蒂认为，培育他父亲成就的“力量之水”不是酒精，而是一种浓烈的鸡尾酒，它所包含的成分是：（1）高度集中的智慧；（2）无与伦比的个人精力;(3)保障权力和财产，他就是借此实施了他所做出的决定。

> 开初时，他的成就可能建立在被迫的基础之上，因为当时有一种看法，认定他除了这条路没有别的路可走。他看到了这一被迫性，但也施展了他的奇异的力量。更有甚者，尽管要做决定很艰难，但他有做出决定的条件，因为不管怎么说，他是一个始终独立自主，有权做决定，最后拍板定案的人。〔*恩蒂·海林*〕

当彼卡的权力和雄心处于登峰造极之时，他有快速做出决定的能力，也能保证让这些决定得以实施。发挥干劲，避免让官僚主义浪费了时间，使通力在竞争中赢得了优势。

* * *

通力直至1967年底才上市，用彼卡自己的话说，这一天太“糟”了，因为通力为了维系自己的活动不得不从股市弄钱。董事会1967年最后一次会议的记录写道:

> 海林总裁于年底提出了资产负债表，指出：考虑到通力股份公司当前的规模，它自有的资金太少了，为此决定向公司临时大会建议，提高公司的股本总额225万芬兰马克……〔*董事会1967年第290号会议记录，通力档案*〕

早在那个时候，彼卡的眼睛就已盯上了瑞典电机的电梯业务。很明显，影响通力股本总额扩大的除了需要获得足够的资本以维系来年的活动，还期望有机会将通力的股份转成瑞典电机的股份。就是说，这位年仅35岁，尚无足够经验的年轻总裁，在不到3年的时间里领导的是一家其资金甚至不足以维持自己活动的公司，但是他该怎样干呢？为了把公司的生意做得更大他必须继续开足马力。

通力发行的是B股，1967年在赫尔辛基股市上市，每10股有一票表决权，现有的基本股已转成A股，股市上不交易，每一股A股有一票表决权。全部A股由家族控制，海伊基和彼卡掌握通力的决定权，但他们仍旧可以募集资金以扩大活动。

1950年代彼卡进入通力后，解除他的姐夫和妹夫在公司中的工作几乎成了他的第一件事（姐夫和妹夫共三位，其中两位是通力的全日制雇员，另一位则是建筑设计师，在做建筑项目时领取工资）。据传，他们离开公司是彼卡接受通力任务的条件。接着领导层中又进行了许多人事变动，老雇员沃尔特·雅各布森（1916—1957在通力工作）、埃里克·英格瓦尔（1922—1955）和伊萨克·威廉·布奥米（1917—1959）或退休，或故去。马蒂·马丁巴洛（1951—　）、马尔蒂·勒夫（1952—　）和维尔科·维尔卡拉（1951—　）是彼卡仍在上学时已受公司雇用的，但他为加强管理团队的力量又自行聘用了埃洛·科斯基瓦拉（1958—　）、塞波·约基比（1961—　）和阿尔沃·图奥诺宁（1963—　）。1964年彼卡出任总裁时，内圈中留下来的“老前辈”仅有拉尔斯·埃里克森（1942—　）和埃伊诺·卢玛（1940—　）了。

自己的团队一经组建完成，年轻的总裁随即开始腾飞了。1964年，通力宣布在许温凯建造现代化的电梯厂，并将全部生产转移到那里。1966年底工厂建成，需要快速增加订单，以使产量从当时的1300部电梯在一年之内达到生产2000部电梯的指标。

此前瑞典电机已经经营了将近40年，它从不同的瑞典机械加工厂外购电梯部件。当时数据处理和算术运算系统尚未充分开发，因此在1900年代末外购部件并不是有效的解决办法，瑞典电机的外购模式表明是缺乏效力的，也是难于控制和无利可图的。1964年彼卡·海林以总裁身份为《电梯报》撰写的社论中说，“向瑞典的车床操作工、制图员和经理比向相应的芬兰员工多付40—50%的报酬是值得的，原因在

1926年通力买下哈巴尼埃米街工厂，起重机生产于1943年迁出该地，但是电梯生产一直继续到1967年许温凯厂建成。该建筑现为赫尔辛基戏剧学院。

于他们利用时间的效率高，他们的工作方法比较好……”〔*彼卡·海林,《电梯报》1964年第6期，“作为雇主的金属工业”*〕尽管如此，通力在1960年代中期还是成功地向瑞典出口了电梯，并以低于瑞典电机的价格在它自己的国内市场上销售。

1968年通力收购瑞典电机的电梯业务并决定将瑞典电机1700部电梯的年产量全部转移到许温凯电梯厂，虽然这样做的结果超出了新厂的负荷，但随着第二年的扩大生产和将生产集中到一个现代化的工厂，反而造就了瑞典电机的电梯业务扭亏为盈的局面，同时也使通力现有的电梯生产赚得了更多的利润。

目前凡从国外购进子公司时一般都会聘用具有运作有关市场经验——或者至少具有国际经验——的经理，以使子公司能够顺利地与总公司融合到一起。但是，当时的通力仍旧航行在茫茫大海之中，几

1966年，许温凯电梯厂正处于完工阶段。1943年赫尔辛基遭到轰炸后起重机工厂已经迁到了同一块地皮上。图中左即是电梯工厂。

乎所有的芬兰经理都缺乏经验，而芬兰在国外的公司又非常少。在收购瑞典电机电梯业务后的10年时间里，从实际上看，通力派往国外的所有经理必须在当地接受培训。可以设想，在一家公司拟将全部资源用于改造一家刚被收购，经营亏损，又大于自己的企业的情况下，它是不会再去攫取另一只同样大小的猎物的。同样可以设想，这位经验不足的年轻总裁，在迎接新的挑战之前定会集中精力去从这笔瑞典电机的交易中获益。但是这种方式并不符合彼卡的工作风格。他是征服者，不是统治者。他在完成这笔生意后，立即就将瑞典电机的工作领导权交托给了一线的机构，并为扩大帝国的疆域踏上了征服新的地域的征途。在1966年至1971年期间空前的精力大爆发中，彼卡以大无畏的精神进行投资和企业收购的行动改变了通力的面貌。

—兴建许温凯电梯厂（1966年）并投入生产

为自赫尔辛基迁去的工人建造住房

—修缮蒙基尼埃米庄园并投入使用（1966年至1967年）

—收购（1968年）瑞典电机电梯业务（瑞典、挪威和丹麦）

—许温凯电梯厂扩建（1968年至1969年）

—通力（加拿大）有限公司成立（1968年）

—兴建汉科起重机厂并投入使用（1968年至1969年）

—收购埃古伦（西班牙）公司，新厂建在毕尔巴鄂附近（1968年至1970年）

—芬兰凯里龙尼龙厂扩建完工（1969年）

—北卡罗来纳斯宾纳绉纺机厂建成（1969年）

—电梯和起重机发动机厂在许温凯扩建（1970年）

—凯里龙—斯宾纳总部在赫尔辛基附近建成（1970年）

—收购索维奇公司（奥地利）（1970年）

—许温凯起重机厂新建金属薄板大厅建成（1971年）

—新的7层办公大楼在赫尔辛基兴建（1970年至1973年）

—奥利图奥德电子医疗器材厂和办公楼在赫尔辛基附近建成（1971年）

—购进萨得利（2000名员工）的多数股份（1971年）

—诺科（诺基亚和通力）驻莫斯科办事处开张（1971年）

—通力电梯公司（法国）成立（1971年）

含法尔孔在法国的业务

此外，彼卡的海洋赛艇生涯也达到了顶峰：

—海洋赛艇吕盖亚设计并建造（1966年至1967年）

—在波罗的海赛、海军上将杯赛、环哥德兰赛和汉科—桑德哈姆赛艇比赛中取得空前优异的成绩（1967年至1971年）

还请你不要忘记，1966年彼卡和基尔斯蒂已有5个年龄从1岁到11岁的孩子，彼卡正全力以赴地领导着图尔斯维克640公顷土地的农场。同时他还与一些主要的竞争对手就电梯行业可能的合理化问题进行谈判，从事养殖赛马和肉牛，并设计着通力下一步的收购计划。对一个在其“1967年成绩和失败的清单”中曾对表现为“工作效率低下和疲惫”的“普遍松垮现象”表示遗憾的人来说，这些已是非常不错的成绩了。

* * *

1965年，通力的电梯生产是在1927年于买下的赫尔辛基原来一家人造黄油工厂建筑中进行，起重机生产于1943年迁到了许温凯。公司当时共有1643名员工。1966年至1971年期间，通力增加了十几个其面积合计为6万余平方米的生产单位和若干完整的办公用建筑，员工人数扩大近3倍，共计4627人，另外萨得利还有2000名员工。前面提到的6座工厂和两幢办公用建筑都是新建的，由专业的设计师设计，有建筑许可证，并与承包商进行了谈判。仅就电梯业而言，通力从瑞典、挪威、丹麦、西班牙、奥地利、德国和法国都收购过有关企业。每次投资的背后总站立着两个人：一个是父亲，一个是儿子。虽然父亲是董事会主席，他所握有的A股股份比儿子多一倍，但是谁都知道，掌舵的人是儿子。

彼卡骑在他父亲的肩膀上，1934 年摄于图尔斯维克庄园的主建筑前。

明娜米和彼卡深情地凝视着躺在母亲安娜怀里、穿着洗礼长袍的双胞胎妹妹曼莉和丽莎。（1936年）

1947年的库洛沙里综合学校五年级，第二排左三是基尔斯蒂·维库那，彼卡·海林坐在她的后面，身穿笔挺的西装，高领的衬衫，领结打得很认真。

海林家坐落在库洛沙里拉尔斯·松克路的住所。在基尔斯蒂和彼卡整个上学期间，维库那家一直住在离海林家仅仅几百米的地方。

海伊基（桌子左角）和安娜·海林（桌子右角）参加在许温凯举行的道德重整运动的会议。（1939年）

1943年从码头眺望图尔斯维克的主建筑。安娜和海伊基·海林以及他们的孩子就住在这幢房子里。1944年他们被迫撤离图尔斯维克，直至1956年返回。

（自左至右）彼卡、尼洛·萨尔米和恩蒂·林德奎斯特1951年在许吕莱。

1954年5月11日，基尔斯蒂和彼卡在库洛沙里教堂结婚，婚礼在库洛沙里卡西诺餐厅举行。

婚后数月，新婚夫妇基尔斯蒂和彼卡在他们海尔托尼埃米的居住地。（1954年）

这所矮矮的房子是彼卡1957年为他的家建造的。他一直住在这里，直至2003年去世，基尔斯蒂至今依旧住在这里。

彼卡（坐在开沟机上）和他的伙计不得不开掘和整修图尔斯维克在苏联“租借时期”受到破坏和堵塞的沟渠。（翻印自35毫米电影胶片）

海伊基·海林乘风破浪驾驶着通力这条船，不畏艰险地穿越了1930年代的大危机、战争年份、对苏联战争赔偿以及1957年严重的经济萧条和芬兰马克贬值。究竟是彼卡要求将获得决定权作为1964年出任总裁的条件，还是因为海伊基为使公司保持盈利奋斗一生而感到疲倦了，或者就是单纯地想让位给儿子的干劲和雄心壮志，这一点人们不得而知。恩蒂假想，这两个因素都起了作用。

> 我想，从心理上讲，我的祖父会很快松手交权的，但是考虑到我父亲的性格，我认为不难设想，他一定会说，我就开始管事吧，要不然你屁股上的屎就由你自己去擦干净，我去当农民！或许他说的不是这些原话，但是意思没有错。〔*恩蒂·海林*〕

彼卡不是耐心人，当他的父亲在公司陷入困境忙乱不堪的时候，他不会无所事事地站在一边看热闹。他的不耐烦从他的声调中可以感觉出来。1984年他在解释为什么要做出瑞典电机交易的决定时，就流露过这样的不耐烦。

> 确切地说，选择可以有两个：不是收购瑞典电机电梯业务，就是举起白旗投降，卖掉我们自己的电梯工业，别的选择是没有的。
>
> 我们从不认为自己是伟大的战略家，这是简单的道理，日常的事情，不是什么大事。
>
> 我考虑过应该怎样处理此事，我把拉尔斯·埃里克森、阿尔沃·图奥诺宁和马蒂·马丁巴洛请到我这里，告诉他们将要发生什么事。
>
> 他们先是哈哈大笑，瑞典电机电梯集团可是要比我们大两倍呢！但是在我说明理由——我们在瑞典已有一家电梯公司和10%的市场份额，我们了解这个国家，总而言之，我们必须提高我们

的份额——后他们也明白了，的确应该这样做。”〔*马尔蒂·O.霍西亚：芬兰成功的侧面像*〕

彼卡说他不是伟大的战略家，看来就像他在历年多次采访中所表现的那样有些言不由衷了。他在1962年至1968年期间起草了多份详尽的书面说明，分析了芬兰和其他欧洲国家电梯工业的状况。他确切地描画出除了通力之外还有哪些公司可以作为收购的对象。他收购瑞典电机是冒风险的，因为这使通力断了后路。但是另一笔生意的必要性确实难以解释，那就是为什么在通力领导集团1968年6月20日——通力与瑞典电机交易公布后整一个星期——会议议事单上要将“西班牙问题”作为第二项议程列入其中。

“西班牙问题”是一项建议，旨在购买一家名叫埃古伦，现正陷于困难之中的西班牙电梯公司很大部分的股份。该公司总部设在巴斯克地区的毕尔巴鄂。这个紧随瑞典电机交易而来的建议不是一步目的在于把通力从北欧推向南欧大市场的战略棋，它可能只是偶然出现的一次诱人的机会。

由于瑞典电机交易，通力处在备受责难的地位上。通力当时的审计员恩蒂·海莱纽斯写道：

> 1968年通力收购了瑞典电机的电梯业务，它是用自己的股份支付这宗交易的，由此瑞典电机成了通力重要的少数派股东（占43%的表决权）。瑞典电机和通力之间电梯交易协议签字后，瑞典电机的代表对此曾经有些担心（芬兰议会是否会阻挠这笔交易的实施），当时我对他们说，公众是接受这笔交易的。但是后来，我也在各种场合怀疑过瑞典电机的最终目的，或许它是为了控制整个通力。若干年后（1973年），瑞典电机也放弃了它所持的全部通力的股份。〔*彼卡·海林：来自朋友的书信，1992年7月15日*〕

决定收购埃古伦是特别大胆的，因为收购瑞典电机所带来的风险仍旧存在。通过瑞典电机交易，让通力非常谨慎地在自己原来已有多年经验，并握有重要份额的市场上扩充了力量。通力的第二起大收购可被称作是向着陌生之地的跃进。通力在西班牙市场上没有任何经验，既不了解巴斯克的社会状况，也不了解它的政治活动方式。后来接替阿尔沃·图奥诺宁出任通力财务经理的阿伊莫·拉亚赫尔曼于1976年被派往埃古伦通力公司。拉亚赫尔曼在巴斯克待了3年，直至通力卖掉该公司，退出西班牙市场。拉亚赫尔曼认为，彼卡只是抓住了脱手的时机。

> 能够了解一家芬兰公司为什么如此早期就会进入佛朗哥独裁者依旧掌权的奇异国度，是一件非常有趣的事。我听说，曾经有人给我们发来报价，我想可能是太饥渴了，另一方面也太相信自己，或许相信得有点孩子气，我说不清。但是现在没有必要再找原因了，如果你有明确的行动战略，那就难说我就一定不会愿意将它买回来的，只是你一定得投入赌注之中。〔*阿伊莫·拉亚赫尔曼*〕

收购埃古伦后，紧接着在毕尔巴鄂附近的蒙古伊安建造了一座占地1.2万平方米的工厂。1968年初，通力在那里共有1634名员工，其中大部分是芬兰人，讲芬兰话，但到了1970年，那里员工已有2089名了。1971年，承担着9个国家销售、生产以及安装和维修工作任务的还是1967年时那个负责相对较小活动的管理梯队。由于梯队缺乏国际经验，让他们在价格低廉的西班牙市场上吃尽了苦头。蒙古伊安工厂原计划生产北欧水准的电梯，但是价格太昂贵了，在西班牙根本没有竞争能力。

一种品牌为“芬兰颂”的新产品，我们必须设法使它打入新的电梯市场，但是它的价格也太高，只好退了下来。不能不承认，那时候我们还不懂生产成本低、产品价格便宜的电梯，当然也不可以轻视恐怖主义或者埃塔的影响！我们还应该说一说巴斯克的总体形势，那儿喧嚣骚动，示威游行不断，民卫队员几乎每天有被打死的。离我们住地仅一公里之遥，通用电气公司西班牙子公司总经理的两条腿清晨6时就被他们开枪打断了。我们也收到了威胁信，要我们什么事都不可以做，减少工作人员，如此等等，不过我们没有理会这样的威胁，我们从来没有交付过所谓的革命税。〔*阿伊莫·拉亚赫尔曼*〕

拉亚赫尔曼说，关于撤出西班牙（通力于1990年才重新回到西班牙的电梯市场）的决定同关于进入西班牙电梯市场的决定一样，都是通力扩张初期必须付出的代价。拉亚赫尔曼的前任阿尔沃·图奥诺宁说得直截了当，他说：“西班牙是一场失败，幸亏问题不大，我们完全能够将它吞下。”

马尔蒂·O. 霍西亚在谈到“失败”时强调了彼卡·海林让人称赞不已的领导风格，他既能向下属提出高要求，又能将这种高要求与对他们在工作中有时难免犯些错误的理解结合起来。

西班牙事件后，据说海林曾召集通力各方面的负责人一起开会，询问“我们从中应该学习一些什么？”接着海林宣布，关于这件事，以后再不谈了。

不管公司中流传的故事是真是假，研究企业历史的人认为这不重要，重要的在于故事本身，在于通力从错误中吸取了什么教训。

海林说：“错误天天会犯，但是我们只希望能够取得更多的

成功。一个没有信贷拖欠的银行经理，是一个劣等的银行经理。”〔*马尔蒂·O. 霍西亚：芬兰成功的侧面像*〕

彼卡所信任的下属都在讲同一个故事，但表述方式各不相同。哈里·蒂莫宁1969年进入通力领导仪器生产，直到这一部分业务1995年被卖掉。大概他在工作中所做的补充和修正的错误比任何别的人都要多。后来他接受了一项挑战性的任务，负责领导在这家大公司内不被算做是一个独立处的研究高技术电子器件的新单位，这一单位要求在电机精品技术上非常稳定，但是商业行为上却比较保守。蒂莫宁回忆道：

> 我们一头扎进了一场可怕的战争，如果我们有一丁点怀疑做这件事是不是合理，兴许我们就绝对不会去做这件事了。可是决定既已做出，那就不能不往前冲，坚持下去了。后来发现做错了，那就改正过来，这是一个直接的行动……〔*哈里·蒂莫宁*〕

蒂莫宁有声有色地讲到彼卡是多么善于将改正错误作为一个手段，以保证领导人员的忠诚并动员他们为取得更好的成绩努力奋斗。

> 一天（彼卡）打来电话说：“你过来我们聊聊天，那些伙计（指其他领导成员）认为应该把你解雇了，因为你没有管好事”，我们遭受的损失是稍稍多了一些，还耽误了时间。“我则认为，是你犯了错，鬼东西，但你也知道纠正错误！”
>
> 我说：“好的，我去工作，我确切地知道那错出在什么地方。”就是这种一分钟的交谈。后来，我对一切都做了改正，情况就不说自明了。
>
> 这就是典型的彼卡，那种信任，那种公正。当我离开他的办公室时我双眼饱含泪水，心里想：“该死的，真是一个直率的伙

计。”〔*哈里·蒂莫宁，由卡尔-埃里克·米切尔森采访*〕

斯蒂格·古斯塔夫森是起重机部门多年的领导人，在这个部门出售后他成为独立于通力的起重机公司的总经理和董事会主席。古斯塔夫森认为，彼卡所以能够真诚直率地接受错误，并不是因为他的哲学，而是由于他关注如何从事商业活动的结果。

> 通力有一种伟大的精神，那就是我们始终向前看，只在极少的情况下才往后看。我们有一套快速监督系统，能够设法给发生的事故画上句号，从而能让我们继续前进。不能要求什么事情都做。我们告诉彼卡已经做了什么事情，通过了，就可以继续前进了。这是一个基本方式，也是通力不同于其他公司的地方。对人的评价同样要比其他地方中立公平得多。我们每月都会举行一次会议，会上老板将听取你的意见，他讲话，其他同事也讲话，那时候你一定要开诚布公，讲你正在做什么事情，还有什么事情没有做。然后到了月底，一切都过去了。谁都不必担心有什么人在你的背后搞名堂。〔*斯蒂格·古斯塔夫森*〕

彼卡没有长时间盯着你的错误的耐心，这一点也很能说明他的态度。错误是过去的事，彼卡更鼓励向前看。瑞典电机交易协议刚签完字，他就开始与埃古伦进行谈判了。当发现对埃古伦的投资并不成功时，他就开始规划更大更有前景的收购。重要的是从错误中尽可能多捞回一些损失的钱财，并即刻使它继续产出，而不重犯同样的错误，浪费更多的钱财。通力的审计员恩蒂·海莱纽斯后来写道：

> 我回想起1960年代末1970年代初有一个时候，彼卡曾经认真地向我提出了一个设想，称将来通力会成为世界第四或第五大的电梯公司，我闷声不吭，未作任何反应，因为我不希望伤害他，

尽管我觉得他应该脚踏实地，不做空中楼阁之梦。我认为他的想法完全不现实。但是今天我会承认，我的估计完完全全的错了。〔*彼卡·海林：1992年7月15日来自朋友的信件，恩蒂·海莱纽斯，“审计员眼中的彼卡和他一生的工作”*〕

* * *

尽管通力头两项企业收购的成功率仅有50%，但是收购瑞典电机是极其成功的，比较小的埃古伦冒险只是一个例外。

1973年底，通力已使结合到一起的通力—瑞典电机电梯业务盈利了，并且购回了在上次交易中转让给瑞典电机的全部股份。收购自奥地利和德国的企业更使营业额得到了有力的增长，同时为下一个激动人心的行动铺平了道路。通力虽还不在五强之列，但是过不了多久，彼卡的下一个行动就会到来。

面对1973年的石油危机，欧洲的建筑业陷入了停滞不前的境地，然而它却给通力提供了一个意想不到的机会。埃洛·科斯基瓦拉回忆道：

1974年7月，一位美国顾问突然出现在蒙基尼埃米庄园我的办公室中，他说他代表西屋公司，所以来此访问是因为通力表示愿意收购西屋在法国和比利时的子公司。当时正值假期，我是楼内唯一的大头头，也是唯一可以与他进行谈判的人。我们谈了两个小时，他几乎快睡着了。他说，因为时差他必须回饭店了，明早9点再过来。那当然可以，要不然我们倒是可以继续谈下去的。

就这样，第二天早上我们继续谈判，我介绍了通力现状、集团现状、报告制度、本年度和上年度财政安排以及会计制度等，统统过了一遍。后来显然他已觉得材料足够了，说了声“谢谢、再见”，吃过午餐回家了。

彼卡休假回来后我向他作了汇报。11月的一天，西屋宣布通力有资格做收购人。1975年1月，通力正式收购了西屋的法国和比利时公司，同样用股份进行支付。当时我们是这样安排股份的，西屋法国公司的股份换成通力的股份，比利时公司的1/3股份换成通力的股份，剩余部分我们用现金支付，西屋提供我们500万美元的贷款。从钱数上讲，这次收购也要大于通力当时的电梯业务。后来，西屋也把它所持有的通力股份卖给了我们，回到了芬兰。〔*埃洛·科斯基瓦拉，由卡尔–埃里克·米切尔森采访*〕

西屋在法国和比利时地位稳固，通力在法国影响很小，在比利时更是毫无地位。1974年西屋在欧洲的电梯业务营业额约2.045亿芬兰马克，它在尼扎、列日和沙托鲁均建有大型工厂，合计拥有3502名员工。西屋经营的业务中还有其他一些非常吸引通力的项目，诸如高层房屋电梯的生产资源，当时通力经营的国家中真正的高楼十分稀少，为数不多的摩天大楼的电梯生意也均被竞争对手抢走了。如果不能生产这样的摩天大楼电梯，通力就没有可能成为国际大公司，然而要白手开发这一业务，成本是极其高昂的。现在通力有了一拍子打下去就能打死许多只苍蝇的机会，因为通力拥有先进的技术和合格的工人，并在需要增强实力的大市场上有进行工作的建制。

但是，买卖会因价格问题而遇到困难。西屋的欧洲电梯业务正面临着困难，1973年曾受西屋派遣为其欧洲的电梯业务寻找买主，后来成为法国通力电梯公司总经理的雷蒙德·维利尔斯说，西屋1973年亏了20%，1974年又“丢失了大量钱财”。美国跨行业的西屋公司原本想进入法国市场，首先立足于核电业务，正如阿尔沃·图奥诺宁所回忆的那样，公司的领导严重失算了。

西屋混乱了，他们以固定的价格卖掉了核电站和铀。但是铀价猛涨了，他们又不得不后撤。

……当时我们正全神贯注于瑞典电机交易，情况相当好，从这个意义上讲，收购西屋对它来说是自然的继续。这中间还曾有过埃古伦—通力的西班牙插曲。后在1970年代初，我们又买下了德国的海文奈尔与桑德和奥地利的索维奇。对我们来说这都是自然的一步，就好像纽扣进到了扣眼中，可是西屋却像是夹在了石头缝中了，动弹不得。它们不能不出售，但是奥迪斯没有能力买下它们，因为那时会与反竞争法规相碰撞。迅达的情况也一样。实际上我们是唯一有能力收购的足够强大的收购者。不过西屋陷入"任人掠夺"的境地只是一种偶然。我们也曾面临过同样的境况。也许我们也有过这样的恐惧，但是我认为我们是在控制之中的，是一个接受的过程。当然也有可能，这些年份已经深深地印入我的记忆中，但它真的适合我们的情况，该死的好！我们已经进入欧洲，遍布整个北欧。后来，我们对奥迪斯或者迅达来到这里（芬兰），夺取我们小小的国内市场的恐惧渐渐减轻了。现在我们在那里已有生存的可能，如果他们想打一场可怕的价格战，我们也有实力奉陪，并能想方设法毁坏他们的市场地位。〔*阿尔沃·图奥诺宁*〕

1975年通力——是年西屋的交易入了通力的账——的年度报告说，特别由于收购的结果，它的营业额比前一年增加了近一倍（即由5.33亿芬兰马克增至10.12亿芬兰马克），员工人数由前一年的6103人增至1975年底的10511人，增加了72.2%。关于1976年通力电梯业务的前景当时是这样描述的：

尽管1975年底出现了经济逐步复苏的迹象，但在公司目前活动的那些电梯市场上还不能期望真正的增长……由于欧洲电梯市场的衰退，难以期待电梯集团的使用率能够得到充分的发挥。〔*通力1975年年度报告*〕

彼卡再一次面临着“不成则败”的局面，因为在他刚刚收购的公司所有主手里仍旧握着期票和随时可以换取的通力股票。为了支付收购西屋的费用，通力不得不发行52.3万股股票，面值2615万芬兰马克，同时以525万芬兰马克的价格卖掉了整个纺织业务。至1975年底，全部股票均已售出，通力股票总值由2050万芬兰马克增加到了6194万芬兰马克。

由于欧洲建筑市场因为石油危机而衰退，通力不能将计算建立在用市场型的增长来帮助偿还债务的基础之上。但是必须指出，通力从以往的企业收购中已经学到了很多经验，让它重又能够借助于操作上的改良使大于通力自身活动的电梯业务得以健康的发展。

雷蒙德·维利尔斯一本名为《电梯》的著作是对他在电梯行业30年（其中29年为通力服务）生涯不落俗套的总结。如何运用通常的办法来消除困境是书中一个值得重视的事例。

> 芬兰的所有主到来时，公司中还不是一切都已安排定当，会计室里堆满了等待阅读已经等了一年的信件，因为那位负责阅读这些信件的人正休病假。发票横七竖八地到处堆放，因为没有邮寄出去，顾客的账目被视作有意思的古玩。为了解决疑难，老板（维利尔斯）想了一个简单的办法：请拿一副卷尺来，我们已经到了该解决问题的时刻了，我们再无需用铲车运走堆着一摞摞打印好的票据了。开始时这些被尘埃覆盖的材料竟然高达2.1米。
>
> 一个任性但是工作麻利的小伙子（我喜欢他）不停地努力着，整整工作了3年，有时候他的桌子上还摆了一台IBM3电脑（我不知道为什么一定要那种不相匹配的玩意儿）。至少可以肯定，这项投资的成本效应会成为所有人的长期的榜样。事实是，几万个账户很快会带来几千万法郎的收入，省下的18%的投资支出顷

刻之间就能收回用于购置电脑所花去的100万左右的法郎。更有甚者，每一位会计师内在的坚忍不拔精神和永恒感情将使百万个账号转化成为了3000万法郎的硬通货。〔*雷蒙德·维利尔斯：《电梯》*〕

在另一处，维利尔斯比较广泛地评估了尚需进行的工作：

我们必须管理好那些不用眼睛看，不用耳朵听，天天工作，毫无怨言，坚定地维护自己利益的独立工人。

**——必须管理好销售价格**

**——必须管理好技术**

**——必须管理好单据**

——必须管理好能够查证的一切，也要防止可能的错误所产生的不良后果。〔*同上*〕

维利尔斯在他的著作中特别称赞了彼卡的领导才能。他对“主人”极其敬重的描述截然不同于对其他人所使用的开玩笑式的笔调。

他是一个有礼貌、话语不多的人，说话时会有一些踌躇，因此很难理解他……他对奎宁水调兑的杜松子酒的偏爱，弄得别人总想避开在白天较晚的时候与他进行谈判。他手中掌握着大部分有表决权的股份。他的办公室很大，漂亮的镶木地板，中间摆了1张沙发、1张沙发茶几和3把招待客人的椅子。他坐在沙发一头，旁边放了1张小桌子，上面摆了1部电话、1个烟灰缸、3份文件和1盒雪茄烟。办公室空间不小，还陈设了一些现代艺术作品……

彼卡只参加了法国公司董事会的第一次会议，他仔细地听取大家的发言，当我请他讲话时，他高兴地接受了。他发着长长的低沉不清的声音，中间说了一句“**赚钱吧！**”说得清楚易懂，后来他又重复说了一遍。他指示简洁，用不着再做详细的解释。他不是在提建议，而是宣布决定、下命令。企业收购所带来的增长使政策变得不完整了，因此做些澄清是重要的。

……赚钱吧，就是说在新的电梯生意中不能赔钱，也不是靠以后有利可图的保养维修业务再将钱赚回来了。**赚钱，就两个字**，就这样，那是一项长期的政策，股东通过把他的钱与困难的决定捆绑到一起就是履行了自己的职责。〔*雷蒙德·维利尔斯：《电梯》*〕

“赚钱吧”听起来像是不说自明地出自老板之口的指令，但在这一点上，维利尔斯指的却是更深层次的智慧。在电梯行业里，从传统上讲，维修保养业务是赚钱的，新设备的销售则被看做是供货生意，并借此来吸引顾客签订长期的保养协议。由于维利尔斯的团队在激烈的竞争上不能提高价格，它就大胆地减少了新电梯的供货，并将精力集中到维修保养的业务上。这一策略比较快速地改善了盈利的情况，并且由此使这家法国子公司在1980年代中期成为最成功的通力企业之一。

但在1975年，前景看起来似乎不总是乐观的，当时领导通力起重机业务的格哈特·温特说，失败的风险要比收购瑞典电机以来任何时候都大。

西屋正在策划一个扼杀这家公司的阴谋，而且将它同凯里龙搞在一起！彼卡是怎样解决这个问题的，那是一个怪异的故事，是收购萨得利拯救了它。萨得利是从芬兰联合银行总经理米卡·蒂沃拉那里买进的，海林家族不仅管理通力，当时对纺织业务的涉足也已很深，即使通力兴许幸免于难，但家族仍会遭殃，因为当时所有权归属于海林家族的马努塔斯控股公司的全部资金都在里面。蒂沃拉和国民股份银行总经理马蒂·维尔库宁谈妥不向通力提供贷款，而且严格保密，然而彼卡却觉得有关的文件实在太棒了，因为他知道萨得利的金库中正有一笔数额相等的资金，实际上这笔资金他只要可以使用一天就足够了。〔*格哈特·温特*〕

凯里龙和斯宾纳两家公司是1950年代中期归属通力的，1971年又购买了萨得利的多数股份，并将3家公司合并在萨得利的名下。1974年，正值无茎裤袜广受观迎，在凯里龙的有茎裤袜市场面临被挤垮的威胁之际，萨得利却卖给了国有公司凯米拉。

曾使欧洲建筑业陷入萧条境地的石油危机也给大型起重机营造了一个蒸蒸日上的市场，通力已经运行了3年的汉哥厂能够生产大型起重机，并将产品船运出去。格哈特·温特说：

世界各地已经开始建造大型油轮，但是原有的船坞都太小，容纳不了大型的油轮。在当时，100吨油轮已是大的了，由于现在要造巨型油轮，起重机的生意也就上去了。1974年我们与波兰做了一笔关于起重机的大生意，使我们的公司那一年有救了。〔*格哈特·温特*〕

通力起重机1974年销售额比1973年增加了71.4%，但是整个通力公司的营业额利润仍旧低迷，仅达3590万芬兰马克。

* * *

自1975年起，彼卡和通力来了一个大转弯。1964年彼卡不得不开始背水一战，没有退路，他驾着通力这条大船，通过冒着极大风险收购下大于自己的竞争对手的企业，驶向稳定和盈利的时期。但在1974年，当通力刚刚买回1968年转给瑞典电机的股份之后仅仅几个月，彼卡又一次收购下一家大于自己的电梯公司，使通力再次负债。

毋庸置疑，彼卡做此决定给自己招惹了无比巨大的压力。哈娜、伊尔卡和伊洛娜都认为这些压力加剧了他们父亲的酒瘾，也许不无道理。恩蒂的说法看起来似乎也正确，他说，他父亲狂躁时的冲动表现更增加了情绪抑郁时本已沉重的压力。但是，彼卡那种无比充沛的精力和胜利欲，引导他的力量去为发展通力的建设性工作进行努力，从而避免了双向性情绪混乱潜在的破坏性上下波动。

彼卡需要艰难的挑战、鼓舞人心的人际关系和做不完的工作。他给自己的生活划定了一个框框，一定要据此为上述三个方面做出尽可能多的奉献。通过专心致志地为通力的事业工作，彼卡也能为他的家庭和祖国服务，同时还使自己成为一个公众人物，成为人人皆知的芬兰企业世界的开拓者彼卡·海林。

在1964年至西屋原法国和比利时公司开始赢利的1978年期间，空前的胆略和创造性成了彼卡工作的特点。通力实现了彼卡的目标，它已强大到了足以击退企业兼并者的攻击，同时证明审计员恩蒂·海莱纽斯关于通力进入世界五大电梯公司行列不过是一个不可能实现的梦的估计是毫无根据的。事实上，早在1980年代，通力已经上升到了第三的位子（当时日本的电梯公司主要仍在国内市场），这个位子一直保持到了泰森收购多弗电梯公司的1999年。通力是芬兰第一家真正意义上的多国公司（在“全球”这个字眼成为时尚之前，人们一直使用“多国”这个字眼），在世纪交替之时，通力机构中已有许多拥有在公司工作25—30年经验的非芬兰籍经理。1998年至2004年期间，首先担任通力总裁的是一位法国人让-皮埃尔·肖瓦里（1998—2001），其后则是一位德国人曼弗雷德·艾登（2001—2004）。他们两人都是从公司机构内部提升到这一顶级职位的。所有这些发展都可以追溯到彼卡所做的三项开拓性的决定，它们就是：1964年兴建许温凯工厂的决定、1968年收购瑞典电机和1974年收购西屋的欧洲电梯业务。

然而，即便是彼卡，他也是难以无休止地坚持如此冷酷无情的速度的。当了解到西屋交易已经获得成功的时候，彼卡的劲头开始下滑了。格哈特·温特说：

> 当这一切过去后，大约在1978年，彼卡活跃的想象力也开始减退了。记得我当时坐在他那儿，我们是在图尔斯维克，差不多喝了半箱阿尔及利亚红葡萄酒，我问他现在真的还能做什么，那时他向我供认说，他不知道究竟还想做什么，燃气已经烧尽了。〔*格哈特·温特*〕

# 童 年

基尔斯蒂对她未来配偶的记忆开始于她还是一个小女孩的时候，当时她在库洛沙里现今的格伦菲尔特路和拉尔斯·松克路交岔路口彼卡家附近，她站在山坡边，兴趣浓浓地看着彼卡骑自行车，看他一会儿上坡，一会儿下坡。那是1938年的事情，基尔斯蒂和彼卡都刚满6岁。

毫不奇怪，正是彼卡那股忙乎劲儿给基尔斯蒂留下了难忘的印象。彼卡的妹妹曼莉是这样描绘她的哥哥的：

> 彼卡是一个非常喧闹的孩子，他在田野中也总是大喊大叫，父亲说他喊叫起来就像一个海魔，叫他别喊了，说没有什么好乱喊乱叫的。彼卡非常敏感，他常用这种方式来表现自己，因为他的感情既丰富又强烈。
>
> 母亲说，她和父亲都觉得彼卡是错换来的孩子。他对牛奶过敏，皮肤发疹时会烦躁不安，肯定是很痒。
>
> 他的感情十分强烈，但能不表露在外，当然这是战时留下来的某种影响。有时候他会突然爆发。但他能出奇地抑制自己。〔*曼莉·勃勒伯格*〕

彼卡出生时海林家住在赫尔辛基端勒地区的托拜柳斯街。同年，也即1932年，他的父亲出任通力总经理。彼卡的母亲安娜·奥伊蒂宁因被雇用照料彼卡85岁的祖母哈娜·海林而遇上了海伊基·海林。随着时间的推移，海伊基开始被人们视作地地道道的绅士了，但在青年时期，显然由于他的绅士风度而犯过错，他曾与两个女人生下了3个非婚生的儿子。这两个女人中，其中一个竟是家里的女佣。让父母感到莫大宽慰的是，海伊基终于与安娜成了亲，建立了自己的家庭。

海伊基和安娜的第一个孩子明娜·密尔亚米出生于1931年4月15日，大家都叫她明娜米。上学时她一直是一个优秀生，后来获得政治学硕士学位，还完成了护理学的学业。密尔亚米也是一位受人敬重的艺术博物馆管理员和艺术中介人。

安娜的第二个孩子出生后，她需要有人帮助做家务事。

> 我们家有一位名叫希尔玛的保姆，她对彼卡特别亲，她是彼卡出生时来我们家的，她为我们全家炒菜做饭，有一手好厨艺。对我们来说她几乎也是一个妈妈，对彼卡更是，他一直把她看做母亲。但是托拜柳斯街的交通繁忙，因此需要另找一个非常清静的住处。〔*曼莉·勃勒伯格*〕

海林家在1938年双胞胎姐妹曼莉和丽莎2岁时搬到了库洛沙里。与其他地方相比，库洛沙里是一个宁静的居住区。由于1905年发生的政治动乱持续不断，一些比较富裕的赫尔辛基人为了远离赫尔辛基市中心纷纷向库洛沙里搬迁。库洛沙里最早的居民中间有一些著名的建筑师，诸如奥斯卡·波曼森、伯尔特尔·荣、卡尔·林达尔、阿尔马斯·林德格伦和拉尔斯·森克，他们为库洛沙里规划了出色的小区环境。直至芬兰独立后的1919年才有桥梁将库洛沙里与赫尔辛基连结了起来，此前居民去市中心必须乘坐渡船。

海伊基·海林原本打算在库洛沙里教堂附近的一块地皮上建造房子的，但觉得离主路太近，安娜更希望有一幢现成的房子，离有轨电车路稍远一些，因为这对孩子更安全。后来安娜的确找到了一幢坐落在拉尔斯·松克路14号面积400平方米的比较合适的房子，并竭力劝说海伊基将它买了下来。

当他们还在端勒地区居住时，安娜就想让几个大一点的孩子上幼儿园了。不过据基尔斯蒂讲，这个插曲持续的时间很短，她说：“彼卡和明娜米被送进了位于赫尔辛基莱拜苏奥地区的一所幼儿园，但他们在那儿只待了一天后就说以后再也不去了。”

他们的家搬迁到库洛沙里后彼卡上了库洛沙里预备学校，那是一所为上中学做准备的三年制男女混合学校（替代人民学校的四年制）。学校设在一幢名叫道姆斯的4层居民楼中，一年级的学生中除彼卡外只有5个孩子，其中有1个叫基尔斯蒂·维库那的女孩。学校开学后仅仅几个月，冬战[①]爆发了，海伊基·海林将他的家搬到了相对安全的图尔斯维克。

> 冬战期间，我们经常听见轰炸机飞越上空，它们是从爱沙尼亚过来的，飞得很低，然后突然出现在赫尔辛基的上空。〔*曼莉·勃勒伯格*〕

战争爆发时拉格纳尔·巴克斯特勒姆一家住在图尔斯维克农庄，但是战争开始时他还在上学，住在赫尔辛基，在海林的孩子到来后，他的父母也将他接回到了农庄。巴克斯特勒姆回忆彼卡道：

> 冬战期间的一天，苏联飞机对一辆停靠在马萨拉车站上的火车发起了攻击，这些飞机后来一直拐到了图尔斯维克，当时我们几个，彼卡、我的妹妹多拉和我正在滑雪，一场杂技表演就此开始了。我们居住的地方附近有一株枝叶茂盛的云杉树，那是一株非常高大的云杉，我们急忙滑到那株云杉树下躲藏。到了树下我们当然不紧张了，因为那些飞机看不到我们。我们对它们也不感

① 1939—1940年芬兰和苏联之间爆发战争，俗称“冬战”，芬兰战败，两国于1940年3月12日签订芬兰和约（《莫斯科和约》），芬兰被迫将包括维堡在内的整个卡累利亚地峡、维堡湾西部沿海、萨拉地区和芬兰湾的大部分岛屿割让给了苏联。——译者注

兴趣，但是戏剧性的事情发生了，传来了很响的嗡嗡声，还有远处的枪击声，我记得有几架双翼轰炸机，它们就这样在攻击。马萨拉在6公里之外，与我们直线距离要近得多。我记得彼卡曾经询问：“我应该向哪儿看？”因为他显然很不喜欢所看到的情形。我不知道该给他出个什么主意，于是随口说道：“向地上看！”当时我们正躺在枝叶茂盛的云杉下面的雪地上，就这样，一切都过去了，我们什么事情都没有。〔*拉格纳尔·巴格斯特勒姆*〕

据巴克斯特勒姆记忆，当彼卡还是小男孩时，“按他的年龄讲他已经非常有主见，我一直记得这一点，我们两人非常要好。”

1940年3月中旬，《莫斯科和约》签字后，彼卡家搬回到了库洛沙里，孩子们也回到了学校，但是洛塔[①]把他们的教室当做办公室了，因此彼卡所在的班级只能借用瑞典语的预备学校，到原班级的学生上完课后在晚上上课。基尔斯蒂和她的同学塔尔亚·库尔基-苏奥尼奥形容这一学年“混乱不堪”。〔*基尔斯蒂·海林和塔尔亚·库尔基-苏奥尼奥*〕

在彼卡和基尔斯蒂上三年级时芬兰再一次卷进了战争。

三年级老师莱姆比·阿伦科是一位非常优秀的老师，她对学生要求高，也许就因此被他们视为太严厉的老师了。但是每当回忆这段时间时，留在大家脑海中的总是愉快轻松的记忆，有家庭气息，比较自由，教室也是小小的，有家庭味儿。那时候我们共有9个同学，全都坐在老师身边。续战[②]刚刚开始，老师的丈夫，还有我们学生的一些父亲都上了前线，每当谈到这些问题时，大

① 洛塔，芬兰的妇女辅助组织，成立于1919年，致力于在军事行动中帮助男人们。——译者注

② 1941年7月，芬兰和苏联之间再次爆发战争，俗称“续战”，1944年9月签订停战协议，除了以前割让的领土外，芬兰又被迫放弃其通往北冰洋的唯一通道“贝察莫”走廊，将距离赫尔辛基仅32公里的波卡拉军事基地租借给了苏联。——译者注

家总是满怀希望，因为那是收复卡累利亚，甚至可能收复更多地方的时机。战斗力十足的阿伦科老师，在授课之余还为她的丈夫和不知名的战士编织袜子。〔*基尔斯蒂·海林和塔尔亚·库尔基-苏奥尼奥*〕

不久之后，赫尔辛基重又遭到了轰炸，孩子们又被送往农村，离开城市逃难去了。

* * *

库洛沙里原来的大部分居民讲瑞典语，维库那和海林两家的入住增大了讲芬兰语居民的比重，最后讲芬兰语的居民比重超过了讲瑞典语的，在岛上占据了统治地位。

其后不久，库洛沙里兴办了一所瑞典语和芬兰语的双语混合学校，但是岛上没有芬兰语的学校，基尔斯蒂的大哥阿斯科回忆道：

库洛沙里一头低一头高，这完全是从地形角度上讲的。靠近赫尔辛基的一头低，那儿是瑞典族人居住的地区。（海林家住在高的一头，维库那家也于1947年从低的一头向前迁移了大约150米后到了那一边。）实际上我们维库那家所以要迁往库洛沙里就因为那儿居住的芬兰族人太少，伊尔马里·图尔亚来我们家里时说，那儿需要迅速增加讲芬兰语的居民，以便创办一所学校。〔*阿斯科·维库那*〕

1939年，海伊基·海林、库斯塔·维库那、卡乌科·库奥巴麦基和伊尔马里·图尔亚着手工作了，与当地的教学专家E. A. 萨里马和J. W. 卡希卢奥托进行了会晤和商谈，经过他们的努力，库洛沙里芬兰语综合学校终于在1940年开学了。1942年秋季，基尔斯蒂和彼卡进了三年级。由于芬兰语学生的人数不足以成立自己的班级，因此又从附近的城区招收了孩子。随着学生人数的增加，在这个有趣的社会等级观念严重的岛上，微妙的语言问题总算得到了解决。彼卡小时候的伙伴马蒂·萨乌里奥回忆道：

这样的结合地区还有海尔托尼埃米，也就是几年后彼卡和基尔斯蒂居住过的地方。这个地区曾被人们起了一个别名，叫做“贫困山”，所以给它起这样的别名，是因为那儿的居民建造的是兵营房[1]，他们贫困得犹如教堂里的耗子。这种情况也影响到了来自那种贫困地区，他们的孩子上了库洛沙里综合学校的社会集团。这些孩子有从海尔托尼埃米来的，也有从瓦尔蒂奥屈莱、曼伦屈莱来的，尤其是还有从圣塔哈米纳来的军官们的子女。〔*马蒂·萨乌里奥*〕

当勤快的家长们在田园景色的海岛环境中开会时，他们的儿子们却展开了原始的打斗，语言成了分界线。

彼卡好斗，在库洛沙里，讲芬兰语和讲瑞典语的学生之间打斗起来了，为了语言问题，男孩子之间打斗得很厉害，甚至相互扔石头块！〔*曼莉·勃勒伯格*〕

阿斯科·维库那回忆道，语言争执后来发展到上街了。

讲芬兰语的大约有10家，比讲瑞典语的少许多。因为是双语地区，我们争吵得很厉害。我们常同彼卡一起将路牌换了，就是说将瑞典语的路牌换成芬兰语的，我们总要将瑞典语的路牌倒置

---

① 也就是简易房。——译者注

过来。一次我们把瑞典人弄火了，因为他们违反规定将路牌颠倒了方向，那时彼卡和我硬是强迫那些瑞典族人把路牌颠倒过来，真的，这是我们之间的第一次大争吵。〔*阿斯科·维库那*〕

那样的打斗是小男孩之间的事，等到后来长大了，懂得严肃地相互对待的时候，也就没有那种事了。

这种语言上的纠纷到了1942年再不多见了，但是像阿斯科和彼卡那样的大男孩对我说，他们只是相互瞪瞪眼了！我问他们，你们真的与那些瑞典人殴斗了，他们说，嗬，那当然了，有时候还会打得嘴唇破裂、鼻子出血的。〔*马蒂·萨乌里奥*〕

* * *

明娜米上学时比彼卡和基尔斯蒂高一年级，正常情况下彼卡是很难拿到他姐姐那么高分数的，冬战和续战期间的辍学当然比过去更加影响了他的学业。

基尔斯蒂绝对认为，彼卡学习上的许多困难是由于别人没有觉察到的学习障碍，他的困难同许多与学校不适应的其他聪明学生是一样的。

彼卡能够非常快速地说出自己的见解，无需先做提示。一般来说他能提出很好的意见，他懂的事情总的讲要比别的人多，他确实能把事情说清楚。

学习障碍当然影响很大，考试时他得的分数差，有时甚至只拿到4分，但是谁都不知道影响他学习的是什么障碍，大家都觉得他有些笨，太奇怪了，明娜米可不是那样，所有科目她都得10分或9分，她什么都懂，我们的数学老师虽然很差，彼卡却学得很好，可

是他没有任何表现这方面才能的机会。〔*基尔斯蒂·海林*〕

彼卡是非常活跃、敏感的孩子，在现今的学校环境中可能会认为他有思想不集中的毛病。基尔斯蒂和塔尔亚·库尔基-苏奥尼奥回忆早年学校生活时写道："基尔斯蒂和塔尔亚特别佩服彼卡同学，他能毫无困难地顺着墙壁爬越希辛格书店的窗户。"〔*基尔斯蒂·海林和塔尔亚·库尔基-苏奥尼奥："两个乖女孩的回忆录"*〕到了高年级，老师们再不能容忍这样胡闹的学生了，有的老师甚至完全失去了耐心。

他从不服从，因为他是学校里的麻烦生。情况发展得越来越严重，以致后来英语老师一进教室总会毫无例外地说："海林，出去！"因此当时他没有好好学习英语。那位埃洛·瓦伊尼奥老师同样德行，彼卡同他根本合不来。结果彼卡的德文课不及格，也需要补考。〔*曼莉·勃勒伯格*〕

彼卡·海林的名字在库洛沙里综合学校的处分簿上出现了30多次。一些章节中提到"3级记入日志警告"，意思是屡犯错误，但是小错。受到3次警告处分的学生星期六必须留校，其他同学则可以回家过周末。彼卡所受的几次警告是因为打架。最后几个学年中犯的错误令人略感诧异，其中一个违纪行为是"未经许可待在室内以及课间在楼梯上玩象棋。"基尔斯蒂说，彼卡经常夸耀自己所受的处分比校内任何一个学生都多，但这并不符合事实。他受到了特殊的待遇，因为他的父亲是学校创办人，也是最主要的赞助人之一。

看起来的确会是这样的，如果别的人像彼卡那样表现，他一定会立即被开除出校，或者留级，他还会受到更多的警告。好几位老师都挠头透了，他们实在受不了彼卡的拙劣行为，他们更希望彼卡留级，但是他们办不到。〔*基尔斯蒂·海林*〕

在整个预备学校和中学时期，彼卡每学期的平均成绩最高为7.87分，最低为6.87分，中学8年级时累计的平均成绩为7.26分，就是说属中等。但是这样的水平绝非他那要求高的父亲所能为之感到骄傲的。彼卡最好的成绩是其母语、动物学、植物学、历史和数学。外语课的成绩一直比较差，体育、图画和作文同样如此。彼卡不得不进行许多课目的补考，但从来没有留过级。〔彼卡·海林学习成绩证明，*库洛沙里综合学校档案*〕

塔尔亚·库尔基–苏奥尼奥是全班第一名，学习成绩最好，她的日记中一而再再而三地表达了对彼卡学习成绩的担忧。

> 我的日记是这样写的，当时是中学4年级，我们都是13岁，“彼卡还是不做功课，”然而他仍是一个成绩相当不错的学生，特别是化学、植物学和数学。我一直担心彼卡不好好念书。早在预备学校时我已经写过，“要是彼卡能好好念书，他一定会是非常优秀的学生”。不好好念书，语言上自然最能反映出来，中学时他的德文和英文非常差，中学时有两个暑期他需补习，都是这些语言课。我们紧张极了，怕他升不了级。〔*塔尔亚·库尔基–苏奥尼奥*〕

无论是基尔斯蒂还是曼莉都认为，海伊基和安娜·海林一点不关心他们的儿子是不是念书。基尔斯蒂回忆道：

> 一次在我们家里彼卡感到非常惊讶，恩蒂和他的孩子也在，当时一个孩子要求到外面去玩，恩蒂问他：“你做功课了没有？”彼卡听了后非常惊讶地说，从来没有人这样问过他。据我记得，后来彼卡想了一个点子，上学去时他只带上几页教科书，反正课本是散架的，他在书包里只装要做作业的几页。〔*基尔斯蒂·海林*〕

曼莉证明，海伊基和安娜对教育的态度既不严格，也不始终如一。

我们在家里非常自由，我们各有自己的房间，女孩子住楼上，彼卡在楼下，我们受的教育非常自由，可以随意跑来跑去。丽莎年纪大了一些后还一直为所受到的自由教育感到骄傲，因为这样没有压力。

彼卡是那种喜欢热闹的人，每当父母去了许温凯的夏季别墅或冬季别墅，不在家，彼卡总会邀请许多男孩儿和女孩儿，将一楼挤得满满的，他们兴高采烈，玩得非常痛快，姐妹们则待在楼上，感到害怕，接着父母回来了，楼下又安静了。〔*曼莉·勃勒伯格*〕

然而曼莉继续说，他们所受的“自由教育”并不允许对父母的意见持反对的态度。

真的应该让人表达一些意见，不应该不让我们有自己的意见，对人总应该有自己的看法，譬如区别不同的人，谁傻谁聪明一些总有一个看法的嘛，但是从总体上讲所有的人都是傻的，聪明的人是很少见的！这是逐步学会的，是从爷爷奶奶的时代传承下来的，当时他们刚成为庄园主。〔*曼莉·勃勒伯格*〕

塔尔亚·库尔基-苏奥尼奥则认为，从彼卡身上可以找到受过良好教育的所有特征，他们13岁时塔尔亚·库尔基-苏奥尼奥曾在她的日记中写道，彼卡是“班上最乖的男孩儿和是典范型的绅士”。她后来解释道：

对那个“最乖的男孩儿”的词儿，一个解释大概是，他是一位绅士——这是我们当时的口头禅。我们同基尔斯蒂谈过，为什么他会是那个样儿，是的，肯定那是家庭教育的结果。他为女孩子开门。差不多在整个学校时期我确实钦佩他，要问原因在哪里，其一是他的绅士风度，其二是他的睿智。我非常敬重聪明人。

另一方面，尽管我钦佩彼卡，但是我还有点儿害怕说出些什么傻话，因为这会招来彼卡的批评。要是有人说了傻话，当然啰，尤其女孩子会那样，他可能会轻轻地笑出声来，对他我就这样紧张。现在作为成年人，我想这是很有教育意义的。另一方面，有这种怕挨批评的恐惧，也是好事，所以后来我学会说话谨慎了。

当彼卡慢慢地当上班长后，也许是5年级那时候，要同他持不同的意见就不容易了。不过当你提出不同意见时，他是听的。我不经常有不同的意见，但是有时候有。〔*塔尔亚·库尔基–苏奥尼奥*〕

以后了解彼卡的人证实了塔尔亚·库尔基–苏奥尼奥描画的许多特征。彼卡绝对是聪明的，在他成人后，他还当上了比库洛沙里综合学校班级大得多、方面广泛得多的团体的领导人。除了通力和家族其他公司的总经理和董事会成员的职务，他还在芬兰雇主中央联合会和芬兰金属工业雇主联合会的理事会中任过职。

彼卡也可以十分可爱魅人，他惯于对妇女表现出关注，这让她们感到是在同绅士打交道。蒙基尼埃米庄园的女职员们说，他既尊重人又合情合理。拉伊亚·瓦伊尼奥塔洛是一位受海林家族委托，在庄园里负责安全贸易公司和马努塔斯控股公司的女职员，每当她描述她的老上级时一开口几乎总先称他为“绅士”。

彼卡对妇女非常有分寸，每当妇女走进他的办公室，他总会站立起来，说话口气也很有分寸，他不发号施令，如果他要什么东西，他肯定会表示请求，还有让我兴奋不已的是，你只说了几个字

他就明白所有的事情了，用不着解释。〔*拉伊亚·瓦伊尼奥塔洛*〕

西尔卡·林登在1970和80年代大部分时间里担任彼卡的秘书，直到她因病退休。

与他相处我只有愉快的经历，我没有任何负面的话好说。总之一句话，他太好了，尽管他在表述上有些困难，但是他的思想无比清晰，他从来没有说过难听的话，是的，他也可能发火，但对我从来没有特别的，他总是能够控制自己。〔*西尔卡·林登*〕

英凯利·莱波与彼卡和他的家庭没有任何工作上的关系。莱波的父亲是海伊基·海林的同学，但英凯利直到1963年经她的丈夫，魏林+库斯文学出版公司经理维莱·莱波介绍，在埃伊诺·雷诺协会[①]组织的波兰之行时才与彼卡和基尔斯蒂相识的，从而使英凯利·莱波有了深入了解处于巅峰时期的彼卡和已经不在人世的彼卡的可能。

我肯定见过彼卡和基尔斯蒂，不是在埃伊诺（维莱的兄弟芬兰广播公司总经理埃伊诺·莱波）和爱瓦那里，就在某一次有很多人参加的场合上。彼卡非常有礼貌，他十分清楚地表达了对别人的尊重。他早就认识维莱，他们曾经多次见面。我想，嗬，太好了，他们还是一些绅士！我们之间，我要说，就此产生了这样的相互尊重，随着年份的增加，这幅图景的色彩变得更加艳丽，使它既有尊重也有争执。

是呀，但是怎么说呢，后来某种程度上成了那种了解，成了对我现在所处的那种状况的理解，后来当那种状况不再处于必须对局面采取立场的主宰地位之时，图景发生了很大变化，变得更

---

① 埃伊诺·雷诺（1878—1926），被认为是芬兰20世纪最伟大的诗人，他同时也是一位天才的作家、翻译家和杰出的杂文和文学评论家。——译者注

加丰富多彩了，有时会给人留下非常深刻的印象，有时令人恐惧。〔*英凯利·莱波*〕

后来基尔斯蒂也碰到过同样的糟糕情况，这种情况曼莉·勃勒伯格在她父母的身上发现过，塔尔亚·库尔基–苏奥尼奥说她在彼卡身上也发觉过。在危急情况下，彼卡会期望他的妻子站在他的一边，而不顾妻子自己是什么意见。

彼卡的父亲和母亲是性格截然不同的人，父亲有理性，母亲则是多愁善感、尽心尽力地保护着自己孩子的人。母亲与彼卡的关系非常密切，彼卡的父亲去世后，他们的关系非常亲密，要好。

彼卡视他的父亲为竞争对手。有时我们四个人在一起，当彼卡与他父亲之间产生分歧意见时，他会反复要求我从团结出发必须同他保持一致。我的婆婆，也就是彼卡的母亲，一样必须同彼卡持同样的意见。但是我没法为了团结始终同他保持一致，我有我自己的见解嘛！这够让人累的，不过这样的情况并不经常发生。也有不同的情况出现，在某些问题上公公和我考虑得比较合理，但他们想的却更富有感情。我很容易同公公意见一致，但我不参与争论，我只对彼卡说，我的想法同你不一样。〔*基尔斯蒂·海林*〕

* * *

在学校，马蒂·萨乌里奥低好几班，基尔斯蒂记得，脑门亮得可爱的萨乌里奥总是虔诚地追随他的大同学，最后他们有了共同的航海兴趣，萨乌里奥成了彼卡第一艘“阿乌拉”号海洋赛艇的成员。

要说对彼卡的印象，我说他极其聪明、极其有主见、极其自

信，他直率、骄傲，概括起来说是一个领袖人物，早在小时候就已如此。〔*马蒂·萨乌里奥*〕

萨乌里奥说，彼卡非常懂得在紧急情况下做出迅速的反应，库洛沙里基督教男青年会组织的拍卖会即是一例。

拍卖活动很受欢迎，什么人都可以送去一件物品，诸如一件玩具、一本书等等，通常情况下，俱乐部会得到分红的，但有一次拍卖活动给马蒂·萨乌里奥留下了深刻的印象，拍卖人坚持要拿全部收益。彼卡·海林当时忘了带东西，但他去了大门口从运动衫上拉下了基督教男青年会的三角形的别针，加以拍卖。马蒂一直希望能有这样的别针——不知道什么原因这样的别针当时很难得到——很想将它买过来。当然啰，他是不会成功的，因为彼卡早已以非常低廉的价格将它拍买回来了！〔*阿尔奈·格伦隆德、米高·努波宁、约尔玛·埃克霍尔姆、图奥马斯·维库那和马蒂·曼西拉的回忆录*〕

基尔斯蒂的哥哥阿斯科比彼卡大3岁，他记得他们干过小男孩爱干的典型的恶作剧。

彼卡和我有一个共同的爱好，喜欢在冰上冒险，不过面对刚刚结成的冰层，我们还是有些胆怯的。有时候我们会坐在冰块上“航行”。我们还有另一个共同的兴趣，那就是破坏预防苹果小偷的警报器，那时候库洛沙里有很多偷苹果的小偷，我和彼卡竞相破坏那种警报器。一次我们进到格伦费尔特的苹果园，想看看那儿有什么警报装置可以拆除的。我们蹑手蹑脚地进入苹果园后，我惊慌地说：“站住，彼卡！”我们听到了一阵阵喘气声，那边有一个很大的狗屋，里面的一条大狗正怒冲冲地向着我们发出低沉

彼卡在图尔斯维克岸边玩“诺尔纳”号玩具船，那是祖父哈拉尔德送给他的礼物，撤退时收藏起来了，后被人偷走。

的轻吼声，我们吓坏了，于是急忙回头逃了出来。〔*阿斯科·维库那*〕

几年后，彼卡和基尔斯蒂前往瓦尔曼特和奈斯特[1]公司总经理雅科·伊哈莫蒂拉的库洛沙里家看望他和他的夫人时，我们还饶有兴趣地回忆当年偷摘苹果的青年时代。伊哈莫蒂拉说：

① 芬兰石油公司。——译者注

我们的大儿子因为偷摘苹果被人捉住了，那地方的一幢房子没人居住，但仍有苹果树，我的妻子觉得奇怪，随即询问彼卡怎么会这样呢，但彼卡却干脆地说："你应该为有这样的儿子感到高兴"，儿子继承偷摘苹果现在已成为库洛沙里的传统了！〔*雅科·伊哈莫蒂拉*〕

埃里克·S. 伯纳在库洛沙里是海林家的邻居，他是芬兰著名网球运动员乔金·伯纳的父亲，1950—1964年曾任芬兰戴维斯杯队的队长。彼卡家距离库洛沙里网球场仅数步之遥，但伯纳说，他一次都没有看到过彼卡在那里打网球。

海林家族压根儿不爱运动，只有航海、骑马和打猎是例外，或许这些项目的本意在于满足生活的基本需要，而不是休闲。恩蒂则道出了海伊基·海林为什么不支持他的儿子资助库洛沙里网球场的原因。

图尔斯维克院子里有一个旧网球场，海伊基爷爷说他小时候要做很多事，他劳动时总能看到堂兄弟们在那里打网球，因此在它遭到俄国人破坏后他再不考虑整修了，现在那里是一片草地，还长起了很高的树。〔*恩蒂·海林*〕

基尔斯蒂说，尽管彼卡不很关心团体项目和球类比赛，但他年轻时身体是很棒的。

库洛沙里住了一位名叫卡洛尼厄斯的制模工，他是艺术界无人不知的艺术制模工，为雕塑浇铸模子。彼卡和他是好朋友，他们还一起举重，因为雕塑艺术家必须体格强壮，那可是他们的本钱，他们时不时都要展示一下自己的肌肉。〔*基尔斯蒂·海林*〕

库洛沙里综合学校学生会（*彼卡担任该会主席，基尔斯蒂担任秘书*）、游艇协会（当时参加该会的都是瑞典族人）和基督教男青年会是年轻的彼卡很少几个感兴趣的团体。不过他至少还参加过一次童子军夏令营，基尔斯蒂回忆他曾就此讲过下面这样的一个故事：

> 他在夏令营待烦了，所有的孩子天天必须写明信片，但他不知道怎么写，于是从口袋中掏出最后几个盆尼[①]，请别的孩子代写，但是当他从夏令营回到赫尔辛基市中心时，口袋里连坐电车的钱都没有了，于是他不得不徒步走回库洛沙里的家中，走了足足5公里多的路。不过他确实及时寄出了明信片。〔*基尔斯蒂·海林*〕

战争带来的混乱和城市与农村之间来回的搬迁，给彼卡参加有组织的活动确实造成了困难，但结果是，他已不在乎去寻求团体的帮助，而是更愿意走自己的路了。

当然这绝对不是说他不要与人交往了，恰恰相反，在这一点上，他却是非常坚持的，他的同学塞赛·萨拉亚（后来姓科伊维斯托）在她的日记中曾经多次提到了彼卡。从下面几段节录中可以推断出，可爱魅人、做领袖人物的能力和叛逆精神已在彼卡身上结合到一块了，从而使他常常成为人们注意的焦点。

> （1946年6月4日参观马蒂·萨乌里奥的“高级游艇”时他们都是14岁）
>
> 彼卡是一个讨厌的家伙，他要我们玩牌，但一直糊弄人，我当然成了“老处女”，意思是我输了，彼卡自始至终在偷看我的牌。

---

① 芬兰当时使用的货币是芬兰马克，盆尼是马克下面的货币单位，1马克等于100盆尼。——译者注

（1946年11月26日星期六晚上相聚在一起）

上星期六太让人难以置信了，全班一起为潘蒂·萨伊库过生日……我们先是玩一会儿集体游戏（轮船卸货），我因违规被罚与彼卡跳一次华尔兹舞。我的面孔一会儿红，一会儿又发白，我毕竟是头一次与一个男孩儿跳舞！过去我只同别的女孩儿或父亲跳舞的。彼卡因为他的鞋子太大，踩了我脚好几次，不过基尔斯蒂和塔尔亚说我跳得好。塔尔亚同彼卡一起跳新波尔卡舞跳得棒极了……我们回家时已是12点差10分，我们是徒步回家的，真的，那天晚上睡得非常香。

（1947年1月24日抵制物理课抽试）

哈哈，今天物理课抽试，我们决定不参加，老师说，如果你们不参加考试，物理课的成绩就降3分，后来绝大部分人还是参加了，没有信守诺言，我也是其中之一，只有彼卡和另外几个男生没参加，尤西被撵出课堂，彼卡骂我们不守信用，是丑陋可怕的女人，我虽然没有许诺不参加考试，但即使如此我还是背信了。我不想扣分，因为别的女生都参加了，如果全班都抵制那就好了，那就表现了团结精神，彼卡是真正的英雄，他本来能够考出好的成绩（物理9分），但他不失信。

彼卡青年时代有一个讨人喜欢的爱好，这与他被人们叫做大吵大闹的孩子、麻烦的学生和好斗的家伙的形象水火不相容。他是一个十足的书呆子。如果他真像基尔斯蒂和曼莉说的那样有阅读障碍，就更难理解他对书本的兴趣了。但是早在他年轻的时候已有证据证明，越是难懂的书他越是喜欢啃。曼莉回忆道：

我们全家，包括我们女孩子和彼卡，看书都看到很晚，我们说话都有一点结巴，包括学习成绩一直很好的明娜米，她学习朗读也非常困难，她晚上看书也看到很晚。

据我记忆，彼卡早在年轻时就已读了很多书，他喜欢读书，他读文学作品，包括陀思妥耶夫斯基和莎士比亚等古典著作。在我们家，我们的祖母安娜·海林维系着读书的传统，父亲和母亲不行。安娜·海林是芬兰早期的女大学生。〔*曼莉·勃勒伯格*〕

从表面上看，彼卡读书比较慢，也有些困难，但他的记性好得出奇，很快就把知识掌握了。阿斯科·维库那说："他一读就懂，他读得慢，但很仔细，他理解所读的东西，明白书中的内容。"

彼卡挑选书本有他自己的特点。看起来他一辈子读书与其说是从学习的角度考虑，倒不如说是为了消遣。他在青年时期就已阅读古希腊哲学（柏拉图）和当代哲学（伯特兰·罗素、埃洛·凯拉、乔治·亨里克·冯·赖特）。在图尔斯维克海林家的图书室中，有大量有关旅行和航海的书籍（亨里克·拉姆齐、阿道夫·埃里克·诺登斯科德、戈兰·希尔德），有关战争史和战略的书籍（修昔底德、孙子、克劳塞维茨、朱可夫、毛泽东）以及有关农业和农业发展史的著作。在长篇小说中，《战争与和平》给彼卡的印象很深，为他一生受用。他甚至带着他的孩子去莫斯科博物馆参观波罗底诺战役的模型。

* * *

在彼卡时代的人看来，海林家的生活过得相当俭朴，看得出彼卡也不乱花钱。

青年时代他没有钱，他也绝不是那种大手大脚的人，他的生活很俭朴。〔*马蒂·萨乌里奥*〕

但是海林家有一幢大房子和一辆汽车，在当时汽车还是奢侈品，绝大多数赫尔辛基人（尽管库洛沙里人不完全如此）住得仍很拥挤。据基尔斯蒂的大哥说，每天早晨彼卡在进入校园之前就及时离开了海伊基的汽车，避免让人觉得他在炫耀自己。

> 彼卡上学总是乘坐他父亲的汽车，但到了山顶上就停车了，然后他再走一段路，以便没人能说他是坐着汽车上学的，事实上确实是没有人注意到这一情况，学校里也从来没有人觉得彼卡有什么特殊，比别人富裕。〔*阿斯科·维库那*〕

尽管阿斯科这么说，基尔斯蒂和别的孩子还是觉察到自己的水平与海林家是有区别的，战时和战后更是如此，因为当时物资短缺，天天实施配给。

> 彼卡和他家吃的确比我认识的其他人要强得多，班上同学清楚记得他带的午饭是什么样的，彼卡的面包上抹了厚厚的一层黄油，中间还夹了一大块背脊肥肉，我觉得那大肥肉够令人作呕的，但是彼卡喜欢。我们的面包上面只抹了一点点人造黄油，再没有别的了。〔*基尔斯蒂·海林*〕

失去卡累利亚地区后，大房屋都被用来安置从那儿撤回来的难民们，海林家的房子不仅成了难民的住家，也成了其他人的临时住处。这些人中间有的与主人相处比较好，有的则差一些。1939年，海林家收养了12岁的奥利斯·米卡埃尔·科伊伏西尔塔。科伊伏西尔塔服完兵役后自立了，先是进到毕岱耶麦基的斯特勒姆伯格公司工作，同时上了赫尔辛基技术学校夜校，学完电机装配师的专业后他于1957年进入通力公司，在电梯控制板部工作，直至退休。

奥利斯·米卡埃尔·科伊伏西尔塔出生在临近坦佩雷的康阿萨拉，他很小就成了孤儿。根据他的大儿子约尔马介绍，奥利斯从不知道自己有什么亲戚，他前后被安置在图尔库、奥卢、伊马特拉和汉科等地的保育院中，直至来到库洛沙里的海林家。海林家是他结识的第一个家庭，他在那里得到了非常好的照顾。约尔马·科伊伏西尔塔记得很清楚，在1960年代夏天，他们家总会到图尔斯维克过暑假，同海林的孩子们一起玩。

奥利斯来彼卡家时彼卡7岁，过去他只有自己的姐妹们给他做伴。奥利斯参军时彼卡差不多13岁了，奥利斯比彼卡大5岁，很容易想象，有这样的年龄差距，彼卡很自然会把奥利斯当做大哥哥了。但是，关于他们之间的关系，除了一起在图尔斯维克干农活之外，没有得到更多的信息。海伊基和安娜·海林去世前一直给奥利斯家发圣诞贺卡，奥利斯子女的印象是，他们的父亲从心底里感激海林家的抚养和支持。

科伊伏西尔塔并不是唯一来到海林家的年轻人，彼卡结束在军队的服役后还曾安排埃洛·海克利（后来海克利出任凯里龙公司的经理）和基尔斯蒂的堂兄弟约乌科·维库那住在他家的楼下。

> 彼卡在军队服役时结识了埃洛·海克利，后来又与我的堂兄弟约乌科·维库那成了非常要好的朋友。当时在库洛沙里的大公寓楼房中是可以租到住房的，但是彼卡要埃洛·海克利和爱称为约塞的我的堂兄弟约乌科住到他那里，有他们在那里，对彼卡家绝对是一件好事。〔*基尔斯蒂·海林*〕

彼卡的第一辆汽车是旧福特。自明娜米开始攻读护理专业后，海伊基分别送给他们一人一辆大众甲壳虫小车。彼卡曾在不同时期驾驶过不同牌子的汽车，诸如沃克斯豪尔、标致、凯旋TR4、美洲豹、沃尔沃以及各种吉普车和路虎越野车，后来他觉得应该乘坐更舒服的大车了，于是买了一辆克莱斯勒纽约人。通力还拥有一辆海鸥牌高级豪华轿车，那是尼基塔·赫鲁晓夫最宠爱的牌子，那辆汽车主要用于1985年签订芬苏双边贸易协定的庆典活动。

彼卡（左前一）年轻时在图尔斯维克每天不能不工作很长的时间，因为绝大部分青壮年男人都上了前线。前排穿横条园领衫的女孩是彼卡的姐姐明娜米。（1943年）

* * *

彼卡和基尔斯蒂都是在福音派路德教会影响下成长起来的。基尔斯蒂的家族背景涵盖了信仰复兴精神和她父亲所受基础教育中诸如独立、自给自足和自由等被视为是重要的价值观的强大影响〔*伊尔卡·海林*〕。彼卡家族中第一个使用海林姓氏的先辈中是小儿子阿克塞尔·海林，他是一位牧师。〔*海伊基·海林,《先辈和后代列队行进》, 1974年*〕。海伊基·海林在做家族史研究时，从家族的不同支系中还找到了多位其他的教会人士，最早的一位名叫格雷戈里厄斯·法沃里努斯，他在1638—1642年期间曾任皮基厄教会的牧师，并是圣经芬兰语全译本的编辑小组成员。〔*同上*〕

海林和维库那两家迁入库洛沙里后，他们都加入了当地的教会，定期上教堂。但是基尔斯蒂说，彼卡年轻时早有一种倾向，他上教堂与其说是为了接受神的启示，倒不如说他对教义心有疑问。

> 在这一意义上说，我们受的是同样的教育。教堂总是要上的，只是彼卡上得少一些，我频繁一些。晚祈祷是固定的，但很小时彼卡就反对了，譬如讲到永生，他认为那是可怕的想法，很小时他就问他的父亲，人生永存是不是真的，还说那怎么可能呢。爷爷曾经安慰彼卡，说是的，是的，别担心，永生是真的。正因为这一点，彼卡觉得太可怕了，他认为永生的思想确实太可怕了。他不要什么永生，我认为问题就是这样开始的。〔*基尔斯蒂·海林*〕

如果不是埃尔基·康萨阿霍做工作，彼卡或许早已脱离教会了。1945年当康萨阿霍来到库洛沙里综合学校任教时，他早是一位牧师了。他教历史和教会史，在屈利基·斯托尔伯格（芬兰第一任总统卡尔洛·尤霍·斯托尔伯格的小女儿）辞职后还接任了校长的职务。康萨阿霍成了彼卡和基尔斯蒂的好朋友，他为他们主持了婚礼，也曾为他们的第一个孩子哈娜洗礼。

我们有这么一位既是校长又是学生会名誉会长的埃尔基·康萨阿霍，我同彼卡一起与他就有很多交往了。他是一位出色的老师，即使到了今天，他教我们的许多东西我还记得，他对我们太重要了。

那时候，当我们上坚信礼课时，我们都是16岁，比正常的年龄大1岁。这16岁现在是什么年龄，你想想看。彼卡不信上帝，但他还是同意上坚信礼课了，因为别的人都上了。现在这已成为惯例。康萨阿霍不特别重视坚信礼课，也不教我们什么特别的道理。

就这样我们上了坚信礼课。当时彼卡非常清楚地告诉我，在大家同声朗读教义的时刻，你只要张张嘴，什么都用不着说，后来我们就照彼卡讲的做了，我不知道别人怎么样，至少我是的。就那么回事嘛！但是他想得很多，我知道他还去了康萨阿霍家里，同他讨论宗教问题。〔*基尔斯蒂·海林*〕

彼卡和基尔斯蒂迁居到图尔斯维克后，彼卡脱离了教会，交了这么长时间的教会税，却不信上帝，也不参加教会的活动，太叫人难以理解了。基尔斯蒂一直参加教会，因此他们家依旧有权享受教会的服务。

我们搬到基尔科努米居住后彼卡脱离教会了，从那时开始我们也就很少谈论教会了。我始终参加教会的活动，因为我退出教会会让我的父母太震惊。所有的孩子都按基督教的方式洗礼，但他们有脱离教会的自由，他们中间许多人确实这样做了。我不能不经常上教堂，但我也从来没有由此而醒悟。〔*基尔斯蒂·海林*〕

如果不是因为彼卡的父母对道德重整运动如此感兴趣，关于彼卡与信仰的关系未必能有更多可写的了。道德重整运动是以教派之间运动的形式开始的，由美国牧师弗兰克·布克曼1929年在大不列颠牛津发起，最初被称为牛津小组的思想于1938年取名道德重整运动。

1936年，布克曼参加了柏林奥林匹克运动会，并以国家社会主义工人党领导人海因里希·希姆莱的客人的名义参加了在纽伦堡举行的国家社会主义工人党①党代会。布克曼称他向希姆莱宣达了看法。从德国返回后。他在接受《纽约世界电信报》的采访时说："我感激上天赐予像阿道夫·希特勒这样的人，是他筑起了一条对抗反基督的共产主义的防线。自然我并不接受纳粹的全部行为。反犹太主义？那当然是错误的。我想希特勒在每一个犹太人身上看到了卡尔·马克思……但是请你想一想，如果希特勒投降了，让上帝来进行领导，这对世界会意味着什么呢？或者投降的是墨索里尼，或者是任何其他一个独裁者。通过这样的人上帝就有可能在一夜之间控制一个国家，解决最后的难题。"〔*《执行神明评论》，2006年9月22日*〕

道德重整运动建立在4个"绝对"之上。这4个"绝对"是：绝对纯洁、绝对无私、绝对诚实和绝对的爱。承认罪孽是道德重整运动的核心，当1935年运动的一些成员创建嗜酒者互诫协会时，它也处在核心地位之中。协会的总部设在瑞士的科克斯，在印度、日本、非洲、美国和拉丁美洲等国家和地区设有分部。

安娜·海林于1934年还是1935年参加了道德重整运动，她是易动感情的人，显然是运动的口号——世界的改变始于个人的改变——激起了她的反响。欧洲各地动荡不安，并在一些小国不断蔓延，而这些小国在大战爆发后很可能会被踩在铁蹄之下。在1930年代中期，关于自由资本主义、共产主义和法西斯主义价值观之间越演越烈的争执和不断增加的战争威胁，让人们恐惧不已。安娜开始频繁地参加道德重

---

① 即纳粹党。——译者注

整运动的会议，最后还于1937年说服她的丈夫一起出席。海伊基改变信仰，成为道德重整运动的支持者后，他表现得异常热心，他还开始劝说他人，就如海伊基·A. 雷佩教授在第二次世界大战之前遇见老海林时所经历的那样。

> 我与海伊基·海林的第一次谈话正是在他决定找我谈话的时候进行的，他说我的前途一方面决定于我是否参加他的牛津运动，另一方面还决定于我是否在国外开始做些工作。他表现轻松，满腔热情地推销这些思想，还能给年青人提出非常明确、其本身通常是积极的建议。他就是用这种方式对其周围施展影响的。战争期间我不曾见到他，因为我上了战场。滑稽的是，战争结束后，我们在去瑞士的旅途中见面了，当时他正去牛津运动总部，他几乎用了整整两天两夜的时间高强度地对我进行了劝说工作。
>
> 战后，在芬兰社会生活中双语越来越普及，芬兰语和瑞典语代替了单一的瑞典语，高层次的社会阶层参与了很多慈善活动，红十字会之类的各种盛会层出不穷。海林夫妇参加这类活动十分积极。这是一种向外展现魅力辉煌的形式，显示自己的社会地位。然而在较小的内圈中，参加的只有若干芬兰的瑞典族家庭和芬兰族家庭，后来虽有诸多的大学教授等人士加入其中，但却见不到海林家的人。这究竟是什么原因呢？原因在于像奈瓦林纳和埃洛·凯拉等哲学家那样的内圈人物不接受海伊基·海林所宣扬的道德重整运动的思想。他被人们看做是一个略微有些古怪的人、特别的人，但是另一方面又承认他推行的是一种其本身是完全可以的社会思想。〔*海伊基·A. 雷佩*〕

许多人认为，尤其在战后，道德重整运动对纳粹分子的宽容是令人作呕的，因为芬兰也有许多人站在德国一边，同他们一起打仗，并将苏联看做是更大的威胁。基尔斯蒂说，彼卡所以反对这一运动，主要在于它的基本原则的欺骗性，还因为它的领导人的政治倾向。

> 彼卡认为道德重整运动从一开始就是荒谬的。正因为这一点，我认为，他才特别提到他的父亲相当愚蠢。“愚蠢”，这是丑陋的字眼，但它适用于道德重整运动，适用于那种没有理智的行当！这是一条分水岭，从此以后他有些瞧不起他的父亲了。〔*基尔斯蒂·海林*〕

* * *

综合以上全部记忆，这个男孩子和年轻人给人的印象是：他体格健壮，但不像一个运动员；他聪颖而且富有好奇心，但不本分；他既有领袖人物的材质，又有一股叛逆精神。下面请读一读彼卡的表姐妹伊尔马·凯波拉–西罗拉对他的回忆：

> 早在孩提之时，叛逆已是他很强的个性了，他的身上有那么一种抗争精神，而且非常厉害。在他还很年轻时他已非常独立有主见，同样非常强烈。他自信，认为自己总是对的。他的身上确也存在某种妒忌心，我不知道他在妒忌什么，兴许是命运。他是一个积极向上的人，相信可能性总是有的。〔*伊尔马·凯波拉–西罗拉*〕

看起来彼卡好像从他祖父哈拉尔德·海林身上接受了好冒险的进攻性和坚定的独立性的遗传。但是，彼卡的性格和举止与海伊基·海林肯定是冲突的，因为海伊基追求的是循规蹈矩和社会地位。正如基尔斯蒂说的，父亲和儿子之间好像在进行竞争。

但是，在彼卡对抗他父亲的资产阶级目标的同时，一种对家里唯一男孩的无声期待正在扩张发展。图尔斯维克期待着他，通力期待着他。犹如他在1959年给基尔斯蒂写信时说的，想要放弃自己的经济利益是比较容易的，但是存在于彼卡身上的叛逆精神令他难以放下王冠继承人应该承担的职责，因为他深知自己对父亲、祖先，甚至祖国的责任。

# 寻觅自我

1952年4月初，基尔斯蒂·维库那乘坐轮船去了英国，目的地是牛津。她在那里将和他们家的朋友埃特林格家一家一起住到7月底。她读了很多书，练习了英语的口语能力。基尔斯蒂和彼卡是一年后才订婚的，但那时他们早已定期约会了。

彼卡留在芬兰直至5月底，然后同姐姐明娜米、明娜米的朋友皮尔科·科诺宁和基尔斯蒂的堂兄弟约乌科·维库那一起驾车到欧洲大陆进行一个月的巡回旅行。他原打算返程时在比利时与他们分手，自己乘渡船跨过英吉利海峡前去大不列颠，到伦敦后入住道德重整运动饭店，并在那里与基尔斯蒂取得联系。

那一年的夏天彼卡刚满20岁，他深深地爱着基尔斯蒂。彼卡是第一次恋爱，这对一个外表倔强粗犷，但内部性格却极其敏感脆弱的年轻人来说，既是兴奋激动，又是折磨人的经历。每星期彼卡给基尔斯蒂写几次信，显然基尔斯蒂也是那样。彼卡因为担心他们的关系是否经受得住分居两地的考验而感到烦恼，至少他在几封信中是这样表述的。他的情绪变幻莫测，每当他向基尔斯蒂表达爱慕之情时他就会热血沸腾、情绪高昂；如果他怀疑基尔斯蒂的感情有一点点动摇，他就会醋意发作、大发雷霆。但事后他又会后悔不已，说他是感情冲动时写的信，还说应该在平静以后再写。从这里可以推断出来，彼卡的确受够了感情的折磨。

下面是基尔斯蒂保存的他们数十封恋爱信中的一封，也许它是基尔斯蒂去英国后彼卡写给她的第二封信，它揭示了彼卡内心的不安，同时也反映出他会像孩子似的尽最大的努力，强行控制自己。

亲爱的：

我刚从山里回来，身体很好，我相信一些新朋友的明智的言语使我充实了，但是我也不能接受他们所说的全部。

我上床后又读了一遍你的来信（谢谢，但我希望它的简短不是因为你的态度变了，而是由于时间太少），可是你不让我进入梦乡，我得立刻给你写信……

我爱你爱得疯了，以致我的感情会有怪异的表现，就像上一次给你写信时那样的爆发。第二天早晨，当我恢复平静，能够正常思考问题后，我立即后悔了，不管有多少理由，我都没有权利进行这样低级的责骂，而这是我过去从来不曾有过的。但是，如果你仍如我希望的那样地爱我，我希望你理解，并把它忘了。

亲爱的基尔斯蒂，尽管你对这封信可能已经不感兴趣，但我希望你仍能将它读完。

我觉得需要有更高的道德标准而不是糟糕的利己主义和享乐主义已有一段时间了。对一个欧洲人来说，这比山里布道时说的关于爱和忠诚为先，纯洁和无私是帮衬的训诫更合乎情理。按照我的思想方法，后两项只是为使前两项具体化。山里的基督教徒说，要实现这些训诫只有一条路可走，那就是他们的路，但是我进行了反驳，而且还在继续这样做，因为据我理解，它不适合于我的精神义务。但是，当我看到我要为你和我的亲人所做的一切只能遵照这些指导原则的时候，我就想设法找到一条有别于他们描绘的道路了。说到底，问题只在于从什么地方能够得到实现崇高目标的力量，而别无其他。如果基督教（要是你相信他们，那我就祝福你！）信念能够给我这份力量，那么我不会再从别处去找了。我认为，我的力量的源泉是对你的爱以及对你也同样爱我的了解。它已经给了我许多次帮助了。亲爱的，请你千万不要怀疑我感情的纯洁性，因为这是对我努力的打击，而我的这一努力你肯定也会支持的。根据我的理解，实现自我的必要性只有在这样的情况下才能使它赢得道义上的合理性。如果我们能够相互考虑对方，并持之以恒（我们是这样做的），我们的相互信任和友谊就会更接近，从而为我们的关系比两性吸引创建更为牢固的基础。关于这一点以前我想过很多次，但我无力做到，因为问题的核心在于我从来没能弄清楚，我要寻找的目标和寻找目标的方法都太遥远了，远在天边。

如此简短的表述不足以说清问题，许多方面还会是模糊不清的，然而我相信你明白我想对你说什么。你是了解我的！

基尔斯蒂，你仍会像在芬兰时那样爱我的是吧？我愿意这样相信，因为千言万语汇总起来只有一句话，那就是能爱你基尔斯蒂我感到多么的心醉（听起来大概不女人气吧）。

你下次写信时一定要写得很多很长，这对你肯定要比我容易。如果你尚未回我上一封信，那就不要回了，只要你能爱我，就行了。

……

彼卡希望着

永远爱基尔斯蒂的彼卡，希望你永不变心。

又及：我永远爱你。

再及：让我们很快同去拉普兰，爱得非常强烈。

〔*基尔斯蒂·海林档案，一封自库洛沙里发往牛津的信，1952年4月10日*〕

从这些信件中，在彼卡身上已能看到后来被哈娜和基尔斯蒂称作为自我陶醉的迹象，他将基尔斯蒂的爱情当做自己行为的准则，而不是基督教道德标准的要求，可以将其理解为他在对基尔斯蒂进行精神讹诈。彼卡认为基尔斯蒂绝对不会让他有理由怀疑她的爱情，因为这是对他实现自我努力的打击。尽管彼卡将自己的爱情需要与建立牢固的相互关系和为基尔斯蒂服务的能力联系在一起，但基础却是彼卡变化不定的感情。

猜忌和烦躁是彼卡写给基尔斯蒂许多封信中的特征。前一封信发出刚3天，他又写信了，说他碰到了一个学生，她的男朋友春天时在斯德哥尔摩见到了基尔斯蒂。本来这是一次偶然的见面，并不能说明任何其他问题，但彼卡却因为这位年轻人笼统地讲到了这次见面而醋劲十足。

基尔斯蒂·维库那：

尽管由于显而易见的原因我没能听到你的任何信息，我还是写了这封信。大概你一切都还好吧。在这里，无论是人，是天气，还是大自然都不错，在这种情况下我本来是可以不给你写信的，但是我写了，因为两个伙计就要从这儿去罗瓦尼米。猜忌是我的弱点，最近我同一个伙计（他不知道我们的关系）交谈，他说他的一个商学院同学春天时在斯德哥尔摩与维库那的一个女儿进行了接触，我希望你们的关系是不值得一提的，我还想以后某个时候你可以谈谈（如在信中）你的看法，当然这件事对我是很恼人的，因为我讲到了你（没有提到名字），讲了你对我的意义。我还说，我会是忠诚的，大概你也一样。在他讲完之后我还提高了嗓门，说那就是你，但是我接着悔恨了，撒谎说夏天时你已写信给我，说了这件事，为的是让我们共同的羞愧，或者只是我的羞愧减轻一些。

现在我像是进了地狱，我在愤怒（对什么人？对我自己？对告诉情况的年轻人？还是对你？）消退之前就给你写信是极其错误的，请原谅我。如果你没有太大变化，大概你是不会做别的事的，要不然一封信就够了，无论如何我希望你不会。假如吃醋是爱情的某种表现形式，那么从根本上说，在过去2小时中我的感情没有变化。

要是你乐意，你愿意，那就赶紧写信吧。

彼卡

1952年4月13日于奥拉山

〔*基尔斯蒂·海林档案*〕

彼卡完全清楚，他的猜疑常常是毫无根据的，但是可以看得出来，他没有力量控制住过于强烈的反应。在动身去意大利前两星期，彼卡给基尔斯蒂这样写道：

猜疑是人类最乏味的特性之一，但是我承认，我常会坠入最阴暗的假想之中，而其中的绝大多数情况可能是没有根据的。事后想一想，我这样用猜疑的态度对待你的话真让自己难受。但是每当我想清楚了以后，我对你的信任就会超过对任何其他的一切。这样的肯定可能只是无知的结果，然而即使如此，在这光明的时刻我也不想放弃它，因为损失太大了。我同样虔诚地希望，我对你的真诚的设想不是空中楼阁，希望我出现猜疑的时刻越来越少，直至永远消失。请立即写信吧，否则我要发疯了。〔*基尔斯蒂·海林档案，来自库洛沙里的信，1952年4月28日*〕

接着，彼卡调转汽车的方向，朝着意大利开去。明娜米和皮尔科·科诺宁（后改姓斯内尔曼）坐在大众甲壳虫汽车的后排，有时候明娜米会轻轻地拍拍她弟弟的肩膀，提醒他不要开得太猛太快。约乌科·维库那坐在前排。皮尔科说，全程都是彼卡开的车，直到回程的半路上他离开大家时为止。从旅行一开始，彼卡就成了团队的领队。

彼卡知道要驾驶多少路程，如何带领大家。我们其他人谁都没有开车。彼卡是这样的人，一旦他决定了他开车，那就由他了。有时他可能一天开几百公里，因为需要完成一段路程，有时我们会对明娜来说，兴许用不着开这么长的路，但是我们怎么说都无济于事，只好叹口气了事，彼卡决定了的，要怎么干就会怎么干的。

我觉得彼卡一生就是这样的人。他能控制全局，他有能力决定问题，他是一位非常强有力的人物。我觉得他很有意思，完全不同于我，但是骨子里，在他的僵硬、狂暴和实力，或者说，我不知正确与否，在他的权威的领导方法背后，也潜藏着一种说不完道不尽的动人的东西。对这样柔和而又不同于众的人物能够有更多的了解，一定是别有滋味的。〔*皮尔科·斯内尔曼*〕

那位在感情的山地道路上滑行的暴烈的年轻人，究竟要消失在何处呢？不停地做事——集中精力开车，物色旅馆和饭店之类的具体事务——对彼卡是分内的差事，它们能够帮助他暂时将恐惧和猜疑置于脑后。旅行的第一站是道德重整运动的总部——瑞士的科克斯。皮尔科非常喜欢这个地方：

对我来说，科克斯是一个神奇的童话世界，无论从哪个方面说，留在我脑海中的是一个美得出奇的地方，大自然、他们的那些花园、那房子，还有人们，统统如此。这个国际性的炫耀之地，对我既新鲜又奇妙，能够看到它真的太重要了。〔*皮尔科·斯内尔曼*〕

下一站落脚的地方是威尼斯，彼卡在这里给基尔斯蒂写了一封信。

昨天我们游览了这座运河城，观赏了它的夜景。昨天我们没有在月光下的运河上游船，但看到别的人在尽情地享受。现在要讲感想是太简单的事情了（可能吧）。以后我还要到这个国家和它的城镇来玩，那时候我们大概会在一起了吧？肯定你也会喜欢这样游山玩水的。

昨天当我们到达准备过夜的地方时，约乌科询问厕所在什么地方，女店主人打开窗子（4层楼），指一指外面说："在那儿，在那儿。"我可不想夜里到我们窗底下的广场上去。这里有更干净的地方，但这一家价格便宜，和你同来时我们一定要住真正的饭店。〔*基尔斯蒂·海林档案，来自威尼斯的信，1952年5月21日*〕

离开威尼斯后，我们继续前往罗马的旅程，并去卡普里岛旅游。1952年那时极少有芬兰年轻人到南欧度假，更少有驾车旅行的可能性，我们4人团队能够上路是享受特权了，不过我们仍然不能不按照有限的预算选择旅店、饭店和娱乐场所。基尔斯蒂收到了下面这封彼卡从法国发出的来信：

你对我们这么大清早就到了法国也许会感到惊讶，这本来不在计划之中，但是花光了意大利钱倒帮了我们的忙，我们离开卡普里时连饭钱都没有了，剩下的钱只够加汽油。从上述地点到法国边境差不多1000公里还略多一点点，我们不停地向前开车，我不吃饭不睡觉，连续开了22个小时，累死人了。〔*基尔斯蒂·海林档案，来自巴黎的信，1952年5月31日*〕

* * *

6月，彼卡到了伦敦，基尔斯蒂就在不到2小时车程之外的牛津，但他们不能如彼卡希望的那样经常见面，于是醋意浓浓的猜疑又一次折磨了彼卡，他们见面时有时他会表现得很恶劣。

亲爱的基尔斯蒂：

你离去后我与魔鬼进行了长时间的交谈，那并不愉快，到了今天早晨我还没有恢复常态。我又一次决定，想立即出发去看你，可以同你谈一谈，因为我觉得什么事情都不到位，但是我又改变了主意。难道这只是一个梦？我不知道。我只知道把事情闷在肚子里不将它说出来，那是不好的，我知道这都是我的假想，但是我的猜忌如此强烈，我无法将它从头脑中排挤出去，当然你会认为我孩子气，然而这不能说明任何东西，因为那是我的感受，我所想的，我的实际情况。

兴许所有这一切都是没有真正理由的，只有两个字要说……在你离开之前。然而这两个字足以丧失我赖以生活下去的尊严。你爱我犹如妈妈爱孩子的感情，呵护，教诲，更了解我该做什么又不该做什么，几乎使我发病了。

我怀着这样的心情徘徊沉思，遇见了阿尼塔·曼纳利。我答应今天晚上同她一起出去，大约在一小时之后。

我所以要立刻告诉你这件事，为的是让你决定对此事的态度。我不想去了，可是我已答应。如果你认为这是不忠并将据此采取行动，我将感到遗憾。如果这一田园景色受到损坏，那是令人悲痛的。

我发出这封信可能犯了一个错误，也许你已有自己够多的烦恼了，但在你考虑第二遍之前什么事情都请不要做，你在此后采取的行动肯定会是正确的。

这个夜晚也只是属于你的，你就写吧，好让我知道将来。

彼卡

〔*基尔斯蒂·海林档案，来自伦敦的信，1952年6月24日*〕

彼卡冲动的行动让基尔斯蒂太为难了，但是更加为难的还是他自己。正如他自己前面承认的，他让自己过度活跃的想象力和孩子气膨胀得太过分了，并且引发出毫无意义的事情。从某种程度上说，这种表现可以被解释是童年时代遗留下来的，但是后来带给他的亲属很多痛苦的自残倾向也已开始露头，这对人际关系是严重的危险，而人际关系对彼卡比对任何其他人都要更加宝贵。下面是从彼卡自伦敦发往牛津的一封信中的一段，从中可以看出他的精神是多么的不平衡，情绪又是何等的不稳定……抑或他夸大其词只是为了达到影响基尔斯蒂的目的？

> 我刚从电影院回到家，是一个人。当我在皮卡迪利用手帕裹紧右手的拳头，两眼气势汹汹地盯着美国兵，期望以此激起他们的愤怒，与我进行争斗的时候，我都为自己的粗暴感到惊讶。然而我现在待在家中，完好无损，即使到了明天也不会有人因为我去清洗他的伤痕。但你是不是还能承认深爱这样一个不开化的人吗？就为了你，我将努力净化我的性格。你在意吗？〔*基尔斯蒂·海林档案，来自伦敦的信，1952年8月5日*〕

* * *

1950年，彼卡和基尔斯蒂从库洛沙里综合学校毕业了，成了大学生，基尔斯蒂成绩优秀，彼卡勉强毕业。1952年夏季，他们到英国度假，当时彼卡已完成在军队的服役，并在赫尔辛基商学院读完了一年级。基尔斯蒂在赫尔辛基大学攻读芬兰文学。他们仍旧住在各自的家中，并努力为自己的生活寻找方向。

高中最后两年彼卡特别努力，暑假时他还咬紧牙关补习德语和英语，希望能够升级。基尔斯蒂在波赫雅玛过暑假，当时彼卡给她写信说：

> 潘蒂·萨伊库说他将顺便来这儿，但是计划吹了，就像拿撒

> 拉[1]的豪华，因为他的乡下堂（表）兄弟要到他那里做客。太丢脸了，他还打算给我讲我们上英语课的事儿呢。能够知道是不错，因为离考试只有几天了。这一回我也是绝对考不好的，但它会给8月底的冲刺打下一个基础……明年似乎不会太差了，尽管仍有可能留级，但想到你们全将毕业离校而我还得待在那里，太不是滋味了。我想到时我大概会习惯的，有朝一日毕业时我将更喜悦。卡伊莎和帕里也将毕业。真见鬼，为什么我就学不好德语？还有英语？〔*基尔斯蒂·海林档案，自博德发往拉帕湖的信，1949年7月27日*〕[2]

彼卡终于毕业了，他没有留级，人人皆知，这中间基尔斯蒂起了多么重要的作用，她将彼卡因被赶出教室而留在课桌上的书本背回家，课余时间里帮助他学习有困难的科目。基尔斯蒂完全有理由为彼卡的成绩骄傲，但她同彼卡一样也为他的父母没有参加毕业典礼而失望。

> 明娜米高中毕业时，彼卡的父母不惜生命危险乘坐一架私人小飞机前来参加庆典，但在我们，彼卡和我毕业时，他们，彼卡的父母和明娜米却在美国，他们没有见证这个伟大的日子。太可怕了，我们受到了伤害，绝对的。他们发来电报，在庆典上宣读了，彼卡两眼饱含泪水，当然这决不是彼卡那种时候的风格。〔*基尔斯蒂·海林*〕

虽然彼卡总的学习成绩比较差，但他的物理和数学成绩始终很好，他完全可以考上他的父亲和祖父曾经就读的学校赫尔辛基高等科技学校（即现在的科技大学）的，然而他却决定报考赫尔辛基商学院，不知道这里是不是有家庭关系的作用，方便了他的录取，不过他在高中

---

① 巴勒斯坦北部的古城。

② 请参见“童年”一章中的“海林，出去”。

毕业后确实是有上学地方的。同他的绝大多数同班同学一样，他在进大学学习之前就到军队服役了，他是1950年春天报名入伍的。

* * *

彼卡于1950年5月14日开始服役，与他同一天入伍的还有尼洛·萨尔米。萨尔米回忆道：

> 彼卡高中一毕业就立即参军了，他比我小两岁，当时还不满18岁。从那时起我们就成了朋友和伙伴，我们一起从事许多项目。我们是春天来到许吕莱第二野战炮兵团的，一直在同一连队中。彼卡非常爱国，工作起来情绪饱满，从来不同领导对抗。我们还一起上了哈米纳军官学校，上的是第70班。〔*尼洛·萨尔米*〕

萨尔米是在曼采莱附近的一个农场里度过童年的。他同彼卡一样很不习惯军队中死板的纪律，但是他们总能竭尽全力、努力适应。

> 那时候军队的纪律非常严厉，我和彼卡对这种状况觉得实在无法理解，后来我们虽然适应了，但要说理解还是办不到，譬如进餐时不让出一点声音，又譬如军官学校里用真正的餐具，那里的伙食也与连队中不同。总而言之，必须安静，静到连针掉到地上的声音都能听得见。我确实注意到了，这让彼卡非常头痛。〔*尼洛·萨尔米*〕

属于我们同一小组的新兵中还有拉伊莫·伊拉斯基维，他曾几次当选国会议员，1980—1991年还当过赫尔辛基市市长。伊拉斯基维是这样回忆彼卡的：

（自左至右）潘蒂·萨伊库、彼卡和尤哈·瓦拉斯在库洛沙里综合学校“往日”纪念活动开始前合影。（1949年）

可以说，彼卡和我是完全不同类型的人，也许我要稍微平和一些，我能设法适应周围环境，而彼卡早在那个时候就已十分惹人注意了，譬如那种自我，后来明明白白地表现出来的他的基本形象。但是无论从那一方面讲，他都是非常正直的。他有自己坚定的主见，决不退让，但是也可以同他略持少许不同的意见，但不能太多了，以避免因此与他发生争执。〔*拉伊莫·伊拉斯基维*〕

伊拉斯基维与萨尔米的意见是一致的，认为彼卡在军队中会批评很多事情，但他绝对不会叛逆。

无论上课还是观摩野外演习，他的脑子总爱开小差，好像根本不把事情放在心上。有时他会说："没有问题，那些东西我都懂。"这倒不是因为他不想学，也许是因为对他太容易了。兴许他还会想，"这些东西可能我比教官还懂得多呢！"在当时，我不能不说，担任教官的不一定都是优秀的，他们确实是职业军人，但只是一些没有授给军衔的军官，他们没有受过专门的培训，他们所以能够佩戴一条杠或者两条杠，只是因为他们服役的时间长了些。

不过彼卡并不叛逆！所谓叛逆，意思是说对军队的整个活动持这样或那样的怀疑态度。彼卡不是那样的，就是批评稍稍多了一些。可是一个人总有自己的一些小意见嘛。他的社会价值观是非常明确的，那是从他的家庭继承下来的，谁都否定不了。〔*拉伊莫·伊拉斯基维*〕

彼卡结交朋友十分谨慎。伊拉斯基维说，彼卡本来就是一个受欢迎的人，但他所以特别受人喜欢，还因为他有一辆汽车。

大约有四五个人同彼卡很合得来，后来我们摸清了底细，因为在那时是很难买到汽车的，汽车是配给的，除了俄国车，普通老百姓是没有可能涉足汽车买卖的。彼卡所以能将一辆小汽车开到许吕莱而且还在那里放上一些时间，显然是利用了他在通力的地位。后来我们还在晚上休息时坐着他的汽车去赫尔辛基兜过风。应该说，彼卡开车开得非常棒，但太猛了，有时我会想，开得稍慢一些吧，去许吕莱的路弯道太多了。

这里顺便讲一个小故事。一次彼卡对我说，我问你，你有没有驾照？我说没有，但退伍后想学开车。他说，那么你听着，现在我就开始教你，就这样彼卡成了我的第一个驾车老师，非常有意思。

实际上你很容易看出他的鲜明的态度，他要么全盘肯定一个人，要么将他全盘否定了，就是说，我也说不清为什么，我属于他喜欢与之交往的人。我对彼卡同样如此，我觉得他很热情，但是他的态度，我要说，又可以急剧地转向反面。说真的，我实在不想看到有时候彼卡对待他所不愿接受的人的态度，那不是执行纪律，因为我们不能用这样的方式执行纪律，尽管你可以不接受某个人。〔*拉伊莫·伊拉斯基维*〕

但是到了军营之外休假，情况就变了。在军纪束缚下彼卡不能“惩罚”他不接受的人，一旦摆脱了束缚，他一定会向对抗他的人逞威风了。尼洛·萨尔米回忆道：

只要没有任务，如果有人提出我们出去吧，彼卡肯定支持。彼卡性格倔强，总是寸步不让的。如果有人向我们挑衅，我们必定应战。彼卡年轻时很有力气，他动作快，果敢坚决。彼卡能撂倒两三个人，一点没有问题。如果对方来了10个人，我们就对付不了了。我记得有两次很紧张，尽管我们设法控制局面，但是不成功，不过我们运气好，有人救了我们。面对实力上的差距，就没有什么办法了。〔*尼洛·萨尔米*〕

彼卡自军队写给基尔斯蒂的信，除了讲他又长高了和常希望回家几天外很少提到他的军营生活，然而其中一封信却流露出他在机会到来时想要顶撞一下他们上司的打算，不过这一行动不致反对总的体制。

大概你还记得我在上一封信里讲到曾因咳嗽去看了医生。他们给我做了电子顺磁共振检查，测试结果为80毫米，高得不可理解。由于前天的步兵活动表上写着要进行野地演习，我又去了一趟医务室，当时我量的体温是38度，我还告诉医官，我当时电子顺磁共振的检查结果高，医生要我卧床休息，第二天早晨复查。我感觉一切都像是肺炎的症状，可是我现在躺着打青霉素点滴，却只是因为轻微的咳嗽。我和约乌科一起待在吸烟室里过得挺自在，既然有机会呆在这里，时间是很容易消磨的。但是我无意在这里再待下去了，因为我想到库洛沙里去，看看你是不是仍旧认识我。〔*基尔斯蒂·海林档案，来自哈米纳的信，1950年9月22日*〕

度过备受呵护的童年后，彼卡在军队里必须同来自全国各地、家庭出身各异的年轻人打交道。彼卡身上伴随他一生的典型特征显露出来了，虽然他认为许多他所相识的人并不值得重视，但另一方面他又尊重个性的某些特征和坚强的性格而不在乎所受的教育或社会阶层。

现在躺在我旁边的是一个可爱的年轻人，他正发低烧，他同我一样也是新兵。如果我理解正确的话，我觉得他有点像你喜欢的那种类型：卷曲的头发、让人听了愉快的声调、宽宽的肩膀、匀称的脸蛋、身高大约1.75米。但是这些特征长在他的身上我并无兴趣，相反他的求知欲和进取心以及他所掌握的广泛甚至深奥的知识是我们班上许多同学应该为之感到光荣的，他深深激起了我对他的敬重。他是在于韦斯屈莱念的中学，后来搞测绘，目前（11月4日）在第二野战炮兵团服务。他那种文质彬彬的交往和谈话神态使消逝本已快速的时光飞驰得更加迅疾了。〔*基尔斯蒂·海林档案，来自许吕莱的信，1950年6月9日*〕

结束基础训练后彼卡进了哈米纳的预备军官学校。令他失望的是，他发现，这里的管理其专制程度与许吕莱没有丝毫区别。

对于此时此刻的气氛，只能自我安慰地说，就像是上绞刑架，最初的时刻是最难熬的。星期日早上5点，我们随着军乐队的乐曲声来到这里，一切就由此开始了。领取钢盔的程序设计得非常狡猾，分配装备都用这个办法。办法虽是新的，但以往仅仅用过两次。分配的程序是这样的：90名学员在走廊里排成一长队，然后将一顶钢盔交给排头的第一人，此人随即戴上钢盔跑到楼外，沿着房子绕一圈，再从房子另一头回到楼内进入自己的营房，分发装备统统沿用这种方法。我们每领一次装备就要跑一圈，共发50—60件装备，每圈150米，合起来我们就得跑上很多路。钢盔戴在头，"不能跌跤，不然会把它摔坏的。"到现在为止，一切都是这样干的，不过我猜想，这种欺侮人的花样，两星期后就会结束的。〔*基尔斯蒂·海林档案，来自哈米纳的信，1950年9月12日*〕

彼卡虽然摆脱了那场折腾，但这件事显然使他十分气愤。

昨天我收到了你的来信，它来得非常适时，因为我的火气又上来了，需要降降温……

一星期前我还想，我无意因为没有给我打招呼而去刺激什么人，可是今天，当我到了外边的时候，我决定要对每一个不向我打招呼的士兵或士官发泄一下了，很凑巧，我碰见了一个没有脱帽给我打招呼的士官，于是他就光荣地成了我的第一个牺牲品。

〔*基尔斯蒂·海林档案，来自哈米纳的信，1950年9月17日*〕

11月底基尔斯蒂到哈米纳看望彼卡后，彼卡在信中以“亲爱的基尔斯蒂”称呼她了，他决定先用“MRS”（我爱你），后又改用MRSA（我永远爱你）的缩写，这表明他们的关系已经发展到了一个新的阶段。

我从来没有想过谁能对我如此重要，以致一个晚上看不到你的照片就会让我无比忧伤。现在的情况正是这样。明晚我们有演习，我不能带上你的照片了。

亲爱的基尔斯蒂，快像我那样赶紧回信吧！

爱你的彼卡

〔*基尔斯蒂·海林档案，自哈米纳发往库洛沙里的信，1950年11月29日*〕

1951年4月中，彼卡以中尉军衔完成现役，后来他只参加过一次现役军人的预备演习，但他关注让通力继续有力地支持战时的老兵。自从开始在通力的职业生涯后，他就避免与军方继续进行交往，对参加原所在部队的聚会或为企业领导人组织的国防培训的活动他也不感兴趣。

在军队服役期间，彼卡交了两个好朋友，他们分别是尼洛·萨尔米和约乌科·维库那（他虽是基尔斯蒂的堂兄，但结交彼卡却是在预备军官学校）。彼卡遇上莱奥·哈伊科宁是在当列兵的时候，哈伊科宁后来曾任通力的律师许多年。

总而言之，军队对彼卡大概就像对很多别的人一样产生了影响，它考验了他的忍耐力和自制能力，最早给了他在家庭之外生活的经验，并让他有机会接触到许许多多同龄人，如果没有服役期间平等相待的影响，他是永远接触不到他们的。结束一年兵役后，彼卡回到了家，开始进行学习。

* * *

据一些材料介绍，彼卡回家后并没有专心学习，而是沉浸在吃喝玩乐之中，三年的课程他有两年没有去听课。赫尔辛基商学院正在成为国际水平的高等学府，多数学生都在按部就班地为取得学位而努力。

凡伊诺·海伊斯卡拉是在伊马特拉高中毕业后考到赫尔辛基商学院的，与彼卡同一年入学，住在学生宿舍中。海伊斯卡拉清楚地记得第一次见到彼卡的情形，当时彼卡走到学院食堂海伊斯卡拉所坐的桌子边，他没做介绍就问道：

> 你有驾照吗？
>
> 我说有啊。
>
> 你喝醉了吗？
>
> 我说没有。
>
> 他又问我是否可以替他开一会儿车。
>
> 我说可以的，我反正没有什么特别的事需要做。
>
> 我们就这样出去了，后来又来了两个人，一个叫于尔基·拉伊奈，与我们同一专业，另一人好像叫曼采莱什么的，也是与我们同一专业。选择的路线怪滑稽的，我们先是驱车去了码头，也许那是因为于尔基·拉伊奈1952年夏天在那儿当过海关检查员。接着买了一些廉价烈酒后朝着桑塔哈米纳驶去，彼卡在那里有一个朋友，是中尉，彼卡说那是一个非常好的伙计，去看看他。彼

卡的汽车是大众牌的，小伙子们一边开车一边把酒喝了。我不知道是什么原因，车子出了毛病。彼卡坐在旁边，将手闸拉上了。他说让他开，他知道什么地方出了毛病。我当然遵命，但是车子照样一动不动。

我们又一次查找原因，突然响起了很大的杂音。当时我们在军事地区，对面过来了一个军士，他问这是怎么了？彼卡正在汽车下面，便冲着他喊道："军士，立正，我是中尉！"军士"哦"了一声就离开了。接着一队街道巡逻兵走了过来，我看了一下，说道，小伙子们，现在不行了，赶快离开这里。但是我发现巡逻兵行列中有一个与我同村的家伙，他是警察的儿子，于是我对彼卡说，把车钥匙交给这个小伙子吧，兴许他能修。彼卡回答道，好吧，那就交给他吧。我对那个小伙子说，听着，把这辆车修理一下，但别开得太多了。还好，巡逻兵还没有全部集中，可能他们刚从驻地走出来。我说，现在赶紧离开吧，要不然等他们的主力来了会招来麻烦的。我们开始向前走去，他们就跟随在我们后面，但是我们稍稍加快了前进的步伐，越过桥梁，到了公共汽车站。〔*凡伊诺·海伊斯卡拉*〕

海伊斯卡拉和彼卡时不时地会在食堂碰面，但毕业以后他们分道扬镳了。几年后，海伊斯卡拉因为原来工作的公司倒闭了，需要寻找新的工作，他与老同学联系后，彼卡给他安排了通力许温凯工厂采购部经理的职位。海伊斯卡拉在那里一直工作到1992年退休。还有塞波·约基比也是在商学院与彼卡相识的，后来约基比在通力和海林家族所属的其他公司里担任过众多职务，不过在学生年代他同他后来的老板一起干过许许多多的冒险事。

我们是同时开始在赫尔辛基商学院学习的，尽管彼卡比我小，但是我们还是同时开始的，我有几个同时入院的同学，不过彼卡几乎是最早与我交上朋友的，从那时开始，我们一起度过很多时光，尤其是晚上和周末。

同彼卡一起过周末，有时还有晚上，时间总是消逝得很快的。我们常去学生俱乐部，我家乡的学生会也在那儿活动。彼卡有很多关系，基尔斯蒂和彼卡未来的姐夫妹夫也是俱乐部的。所有那个年龄段的人——至少过去是那样——都喜欢参加社交聚会活动。在俱乐部里，时间过得出奇的快。〔*塞波·约基比*〕

不久后约基比也经历了尼洛·萨尔米一年前曾经有过的感受：如果你同彼卡一起前去参加晚上的聚会，你就得准备回家时迈不开脚步。

每当夜晚同彼卡一起出去玩，你必须知道这既要花时间又会非常快活。他不是善于说笑话的人，但很会讲故事，要是叫他讲讲过去的冒险事，肯定他会讲得活灵活现、有声有色。

然而我要坦率地指出的是，尴尬的局面确实可能经常发生，因为在有些喝醉酒的情况下，彼卡很容易同别人吵架。如果某个夜晚你想同彼卡一起出去玩，你必须有思想准备，准备他打架，在这个方面他可是一位能手！〔*塞波·约基比*〕

埃洛·科斯基瓦拉也在通力工作了很久，他在商学院上学时比彼卡、约基比和海伊斯卡拉高两届。科斯基瓦拉说，甚至高年级的学生都知晓彼卡的名声。

关于彼卡当时的胡闹情况，我当然不可能没有耳闻目睹，他的性格容易冲动，我们都知道，他爱喝烈酒，喜欢打架是出了名的。〔*埃洛·科斯基瓦拉*〕

在头两个学年中，彼卡玩牌的时间要比听课多得多。

彼卡热衷于玩扑克牌，至少年轻时是那样，不晓得后来的情况怎么样。我记得早在商学院读书时，我们班上有五六个家伙玩扑克，他们不上课，而是坐在一间空房间里一小时又一小时地打扑克。彼卡的的确确是一个十足的牌迷。〔*塞波·约基比*〕

头一年的3章经济学课程彼卡只学完了1章。第二年的情况稍微好一些，但是按照3年内必须完成的课程，他依然落后。1953年夏季，彼卡决心下工夫学习了，9月完成商法、商业化学和商品学等课程，并于年底通过了经济发展史、商业管理学、经济学和商业会计学的考试，这很能说明问题。

我知道他是怎么考虑的，应该说他是正确的，他觉得商学院中所学的那些课程对以后工作并不是关键性的，它们是有帮助，但不是决定性的。开始时彼卡并不十分介意，但是后来，当最后的学年开始时，他认为必须认真学习了，以便大体上能够体体面面地走出学校，获得像样的证件。最后一年彼卡动真格了，他学得非常努力，并令人敬佩地完成了商学院的学业，光荣毕业。〔*塞波·约基比*〕

彼卡进行的经济学和英语两门课程的附加考试成绩也提高了，这说明他在最后阶段的学习是何等的认真努力。雷伊约·卢奥斯塔里宁教授还指出，彼卡非常聪明地挑选了最优秀老师教授的挑战性的课目。

他选经济学为主修课程，同时将政治社会学作为另一个主修课程。他对广泛的社会问题有着浓厚的兴趣，而当时的传统却是，学生们一般会选学会计和商业管理，有时也可能选学商法。也许这在某种程度上反映出他的视野要略微宽阔一些。他的政治社会学课也得了相当不错的6分，就是说及格了。

彼卡的经济金融学课老师是费迪·瓦伊维奥教授。瓦伊维奥教授后来当了校长，最后出任教务长，他仍健在。一次他对我说，彼卡是一个很有意思的学生，他有自己明确而坚定的见解，商学院里有个习惯，新生被叫做“海象”，他们必须向老生交“份子”钱，彼卡非常不愿意这样做，后来瓦伊维奥教授把他请到办公室，对他说：“彼卡，你听着，现在这已成为惯例了，为的是能够接受新生们参加商学院的学生会。每人都得过这一关，你不也是吗？照此办理比你硬顶要好得多。”彼卡终于改变了态度，他做了所有该做的事，从此以后一切都步入正常的轨道了。

彼卡对金融学非常感兴趣，他决定选它作为自己的一门主修课。他向费迪·瓦伊维奥教授递交了一份题为“芬兰国家税收制度的发展”的论文，观点新颖独特，它不同于老套套，视野开阔得多，兴趣也广泛得多。绝大部分学生一般就讲一些某家公司的内部问题，诸如投资战略或者内外投资的收益对比等等，彼卡挑选的主题则是广泛辽阔的，他完成了费迪·瓦伊维奥交付的任务，并在正常的3年内学完了经济学家应学的课程。〔*雷伊约·卢奥斯塔里宁*〕

尽管塞波·约基比有他自己的看法，但是人们有充分的理由确信，求知的欲望对彼卡后来的成就起了决定性的作用。真切的爱好和好奇心使他能够将视似不可统一的知识与领导企业的理论融合到了一起，并且形成了他自己的见解。在进入通力的头几年里，他在财经事务、国内和国际战略的规划以及体制改革等方面的贡献尤其突出。可以清楚地看出，因为彼卡对这些方面做了深入的研究，才使他在将通力从一家传统的工业企业改变成为现代化企业的努力中为应对形形色色的挑战做好了准备。作为一家现代化的企业，它不仅要密切注意电梯钢板的厚薄度或者吊绳的长度，它还必须关注资金、同行竞争者的活动信息以及国家所奉行的商贸政策等问题。

* * *

1954年5月，彼卡从赫尔辛基商学院毕业后仅仅过了3个星期，他就与基尔斯蒂结了婚，并开始在通力做全日工作了。虽然基尔斯蒂说当时彼卡仍在考虑继续攻读历史，但是实际上他已在贯穿其一生的事业中迈出了决定性的头几步。

虽然彼卡是一个容易感情冲动和让人难以捉摸的人，但有必要强调的是，他的生活的主题是始终不渝的，那就是：通力、家庭、农业和航海。他与同一个女人美满婚姻49年，他们在同一幢房子里居住了47年，整个一生他们共同运作了同一家公司。他也曾考虑过，如果他全身心地投入农业，而不是同时承担起大规模改造图尔斯维克和通力的责任，他的生活会是什么样子的问题，但是他觉得，实际上他没有选择的余地。祖父的遗产，父亲的期待，压力是沉重的，他还要抚养一个快速扩大着的家庭。

哈娜是基尔斯蒂和彼卡结婚一年后出生的，恩蒂出世比哈娜晚一年，是在收复图尔斯维克后不久。1956年11月，当彼卡因酒后驾车发生撞车事故服刑4个月后自凯拉瓦回到家里时，他面对的是时间和资源上的沉重压力。如果他是一个脆弱的人，他一定会垮掉的。但他恰恰相反，他精力旺盛，反而使他在挑战中得到了享受，犹如他全神贯注地驾驶着大众甲壳虫汽车自赫尔辛基直驰罗马，使他的心境得以平静，使他性格中快活和温柔的一面得以激发一样，让他能够同时管理图尔斯维克和通力双重角色的体力和精神上的负担，对他或许是只有好处。上班，晚上家庭团聚，同时审核农场计划以及全家共度周末，使他再没有时间去泡酒吧和夜总会了。基尔斯蒂回忆道，那是他们婚后和一生中最最幸福的年份。

彼卡每次因公出差时照常给基尔斯蒂写信，不过内容不同于过去了，中间再没有妒忌和缺乏自信的苦恼，信中写的全是有关旅行的趣闻轶事以及对基尔斯蒂和孩子们的想念和对他们健康的关切。下面刊载的是彼卡1958年第二次参加预备役军人演习时从营地写给他4岁女儿哈娜的信。大概这一封信最能真切地显现出，在没有工作压力和摆脱了因对自己的价值和婚姻关系的不确定性的烦恼之后彼卡温柔和对人体贴的一面。

亲爱的哈娜：

现在我从拉普兰的大森林和高地旷野向爸爸的小哈娜问好。爸爸生活的地方有许许多多顶帐篷，每顶帐篷里住了15人，此外还有97匹马，那马之多哈娜是想象不出来的，每6匹马牵引一门大炮，顺着道路，跨越沼泽地，进入森林之中。爸爸和40名叔叔一起住在营房里，我们始终睡双层床，爸爸睡下铺。院里有许多驯鹿，自由自在地走来走去，其中一头驯鹿的角很像恩蒂明信片中的。

昨天是星期天，爸爸与一位中尉朋友去圣山玩了。那山像是很大烟桑拿浴室顶上的石头堆，但它的上面有一间小屋，屋子小得还没有图尔斯维克的水泵房大呢！屋里住了两个阿姨，她们的任务就是时刻察看四周无人居住的大森林，别的什么事都不用做，如果发现森林冒烟着火了，她们必须立即打电话报告消防队。

那座高山脚下有一幢小房子，里面住的是一位叔叔、一位婶婶和他们的三个孩子，另外还有一条狗。去年冬天那位叔叔找到了熊窝，并从那儿抱回一只小熊仔，现在熊仔长大了，体重达到35公斤，要是它用两条腿站起来，比哈娜还高呢！它非常贪玩，喜欢咬着爸爸的裤腿玩耍，但从来没有咬过人。它的名字叫纳莱，爸爸将它抱在怀里，它非常高兴。孩子们捕鱼回家给它吃一条鱼，它几口就把鱼吃完了。纳莱太可爱了，爸爸过去从来没有看到过这样讨人喜欢的小动物。

爸爸还要感谢哈娜写来的信，你一定要做妈妈、奶奶和恩蒂的乖姑娘。请转告我对恩蒂的问候，还请你将我在这封信中所写的事情告诉他，因为这一回我没有时间给他写信了，很可能我也不给妈妈写了。

向哈娜、恩蒂、奶奶和妈妈致以很多很多的问候。

爸爸

〔*基尔斯蒂·海林档案，来自基埃里尤波的信，1958年8月11日*〕

1955年至1958年期间，彼卡努力协调好了他自己和家庭的需要与作为豪门独生儿子所要承担的义务之间的关系。可以说，1950年代后半期是暴风雨前的平静时期，当时海伊基·海林身体依然很好，仍旧有力地领导着通力，彼卡和基尔斯蒂的关系稳定了，彼卡已经战胜高中年代的困难，并且显示出有能力在学识上与自己同代人的未来企业领导者进行竞争。农场里有许多事情可以做，使他足以摆脱烦恼。他们有了好几个健康的孩子，让他喜悦和满足。

彼卡更加成熟了，他已能更好地控制自己的行为举止，避免感情冲动，他给基尔斯蒂表述感情问题时比过去任何时候都显得更为客观和轻松。这里摘录了彼卡1959年从纽约发给基尔斯蒂一封信的一些段落，如果将它与他过去的信件相比较，你定会看到，你面前的那个年轻人对事态和周围环境的最初反应与往时经常是相同的，但是处理问题的能力却大有长进。

从本质上说，这座城市无论如何不能不让人们对它的繁荣热闹、对它规模的宏大和小商品的琳琅满目留下印象，不过说真的，我在这里待得却很不对劲。当我孤单一人在伦敦时，我对大城市就有一种厌恶感。与那儿的情况完全一样，当我在这儿“作为局外人”沿着街道行走时，我会两手插在口袋里，紧握拳头……昨天我是很晚离开教堂回家的，我不知不觉地走过了两个街区，脑子里想的就是怎样用我的背包砸向企图找我说话的人。我走得都快要睡着了，不过请你不要误会，以为我真会用背包去砸人，我当然完全有能力控制自己……

我希望能够看看农村，兴许对它我会采取更为积极的态度。不管怎样，如果我能同你一起在这里，我相信我就会认为这座城市不那么肮脏了。也许我的激动的内心将升华为能量，让你兴奋。但是我能确信，这样的生活维持不了太久。然而，我多少还是愿意再一次感受这样的气氛，因为它可以证明，我在家里，在图尔斯维克，同你和孩子们在一起，我是何等的幸福。尽管表面上看起来好像是自己自愿地舍弃了自由，但是它表明，我的世界的大小与你的个头正好完全相一致。你是真实存在的，是我永恒的目标，唯一的目标、我有赖于你，永远不要离开我……

请你不要以为我在这里受苦受累了，你也不要认为我自私，尽管我现在这样给你写信确实是自私的。我在这里俱乐部的房间里，完全与你生活在一起，我仰面躺在那张床上，闭上眼睛，倾听你和孩子们的声音，我闻到了你身上的香味，几乎还能抚摸你。可是为什么一定要相隔这么遥远而又如此强烈地感受呢？

虽然我这样写信，但我深知你的负担是很沉重的。

〔*基尔斯蒂·海林档案，来自纽约的信，1959年3月14日*〕

没过多久，彼卡随即投身在通力巨大的改革事业之中，但不幸的是，他的健康出了问题，全家因之受到了无比巨大的压力。就在这个时期，在20世纪的后半期，芬兰还没有任何一个企业领导人有像他那样强有力地促进和增强了芬兰工业的竞争能力。

# 领导风格和创建体制

自1967年开始直至20世纪末，彼卡通常都是在蒙基尼埃米庄园楼上度过他每天上午的。他坐在1张绿色4人座沙发的左端，右手搁在沙发靠背上。他的前面放了1张木制长桌，对面是3把宽大的同为绿色布料面的扶手椅。长桌也是他的办公桌，上面一般不摆任何文件。烟灰缸中的1支香烟正冒着一缕缕白烟，缭绕在长桌的上方，它的旁边还放了几只玻璃杯和几瓶矿泉水。他的右肩上方挂着1幅阿克赛尔·奥古斯特·哈特曼题为“凯米厄的景色”的画作，彼卡假想这幅宁静的风景画能使他的谈判对手心境平静。彼卡去世后，恩蒂在这幅画的位置上换上了阿克塞利·卡伦-卡莱拉题为“大狗鱼”的画作，这是一幅展现刚健强壮的油画，画中的主人公凡伊奈摩伊宁准备用猎刀剖开大狗鱼的肚子，并用它的颌骨制作出第一把康泰琴[①]。祖父哈拉尔德·海林从悬挂在对面墙壁上的画像中注视着彼卡。

楼下的客厅是午餐后彼卡召开董事会会议的地方。他坐在沙发上，沙发的靠背紧贴着墙壁。在他右肩上方的墙上有一个召人铃，他可以不转动脑袋就触到它，然后做一下手势叫人替他和客人添加饮料。低矮的咖啡桌上摆着香烟、装在银盘中的法采尔绿色果冻和一条条印有通力标记的巧克力。彼卡坐位的左边另有一张沙发，在他沙发对面的桌子后面还有一把属于同一套家具的扶手椅。墙上陈列着海伦·施耶夫贝克、阿伊莫·卡奈尔瓦和马克·查格尔等画家温和素雅的艺术作品。

在1966年至1975年期间，索伊莉·卡耶担任彼卡的秘书，她为怎

① 康泰琴是芬兰古代民间乐器，五弦，用手指拨弹。——译者注

样在蒙基尼埃米庄园度过一个典型的上午做了细致的描述。就如彼卡领导的各国际公司中人们习惯称呼他的那样，她也称呼她的老板为PH（即彼卡·海林芬兰文姓和名的第一个字母）。

每天都是从我向厨房预订了咖啡之后开始的。我坐在PH办公室桌子的尽头，PH坐在沙发角上。PH的办公室里从来不摆办公桌，是PH指示将它抬走的，因为他不想坐在办公桌边上。

如果前一天的邮件还有一些没有处理完，当然这是常有的事，早上的工作就从处理这些邮件开始。邮件厚厚一摞，此外还有各种报纸以及通力的内部通讯和传真件。我会将全部邮件做好分类，按照轻重缓急放入文件盒，急件和要件放在面上，一部分邮件我当即清理了。PH从不单独看邮件，他要求向他介绍，立刻清理掉相当大一部分不重要的或将其转给有关部门。这些材料中公司内部的备忘录和出差报告占了很大的部分。PH经常要求我先过一遍，然后用10句话归纳一下里面讲的是些什么内容。有些文件他会留下来，他要进一步研究。再就是有一些对他个人是重要的事情，诸如航海和打猎，有关这方面的材料是不可丢失的，必须做到能够随时提供。

上午经常讨论日历上记下的事情，也研究开会和出差的时间。我们两人都有自己的台历，我还有一本专门用于记载PH日程、时刻带在我身边的小日历。PH也有他自己的装在口袋里的小日历，因为他常会在外面开会，有可能约定一些会见的时间，两人的日程表必须相互沟通、保持一致，因为有时也会发生差错，那时就得设法核查清楚哪个时间是已商定的，哪个时间已经取消了，或者忘掉了所作的更改。PH对他的日程表并不特别严格认真。

通力内部通报会等短会是经常不断的，所谓的“紧急会议”就是这一类的。事先与阿尔沃·图奥诺宁和各部门负责人商定了整个秋季和春季的通报短会，各部门（电梯、起重机等）负责人和财务经理轮流来到PH的办公室，报告他们的成果和图表。他们的报告时间是限定好的，不许超时。谁要是超过了时间，闹钟就会闹起来的。〔*索伊莉·卡耶，由卡尔–埃里克·米切尔森采访*〕

收购西屋后一直负责通力法国业务的雷蒙德·维利尔斯于1995年退休，对于庄园里的午餐程序他是这样描述的：

一次典型的上午会议正在蒙基尼埃米庄园中举行，彼卡（右二）坐在沙发里，听取各部门负责人汇报他们的工作。从左至右：马蒂·马丁巴洛、格哈特·温特、卡尔·H. 朗塔、奥斯莫·伊文托、塞波·约基比、约翰·霍莱利和维尔科·维尔卡拉。

时间：12点，在彼卡的餐厅进午餐

请务必记住，当你进入餐厅后，在主席先生坐到长桌一头之前几分钟你与他握手致意，你作为客人可以坐在他的左手，这样美丽的花园景色将会展现在你的前面。他的两三位属下将同我们坐在一起共进午餐，如果有人哪怕是迟到了一分钟，他将受到评论……招待员先端上一盆汤，接着会上一道地道的芬兰菜，同时会伴有一瓶波尔多红葡萄酒。这瓶红酒的生产年份表明彼卡·海林对葡萄酒是极其在行的，我作为一名法国人完全有资格做此评价。然后会就政治形势和你们国家经济状况进行低声的交谈，但不谈生意，也不说笑话。

12点30分午餐结束，全体人员回到客厅，坐到柔软的扶手椅里，围着沙发桌喝咖啡。生意问题可以一直谈到2点钟。

我在公司里工作了18年，这套程序丝毫不曾改变。

〔*来自彼卡·海林的朋友，“时间和礼节的重要性”雷蒙德·维利尔斯*〕

这样的记忆说明彼卡——尽管他好感情冲动——是他自己习性的奴隶。他曾期望自己的生活有某种程度的冒险和竞争，但他却不能容忍脱离每天的常规。这些程序给了他的领袖地位以某种模式，而这倒使人们与这位不可捉摸的人士打交道时得到了方便。

* * *

彼卡·海林到底是一位什么样的领导人物？目前正坐在他父亲宝座上的恩蒂用下面简短的一段话刻画了他父亲既是成功的赛艇船长，又是拥有大量财富，才力超群的企业领袖的特性。

卡里·米林马是1960年代一位成功的龙骨式艇船员，他也是

> "吕盖亚"（彼卡的赛艇名）参加此次环哥德兰比赛的组成人员之一，他认为所以能够赢得胜利原因有两个，首先彼卡是一位具有超凡魅力的领导，他能让每一个人发挥出超常的才能；其次他的策略和战术十全十美，无懈可击，他不让发生哪怕是一秒钟的偏差。〔*伊尔波·卡乌哈宁*〕

伊洛娜强调，她的父亲也很了解与日常的工作保持足够距离的重要性，彼卡负责森林管理工作向别人支付管理树木的费用，一次伊洛娜对她父亲说，你成天坐在蒙基尼埃米经常好像无事可做，彼卡回答说："领导人的日程应该宽松一些，一旦有了紧急情况，他就能有全身心投入的时间了。"

阿伊莫·拉亚赫尔曼是1976年进入通力工作的，并且一步步地晋升到了财务经理的岗位，他对他的前老板的看法与米林马几乎没有丝毫区别。

> 他是什么样的领导人？是一位优秀的领导人？一位优秀的领导人或许首先应该对要做的事情有一个看法，这方面彼卡有，他有立即付出现金的冒险才能，并有充分准备。作为领导人或者团队的带头人，现在不能称他为有同情心的人了，但他具有超凡的魅力，那是让人确信无疑的！一位具有超凡魅力的人，是不能像一位没有超凡魅力的人那样做领导的，没有超凡魅力的人必须另找途径。或许我稍微有些不明白，但是我对彼卡·海林作为企业领袖和伟大的预见家的敬仰之心在不断增加，他能目标明确，有时也许稍稍会背离惯例并用自己的方式把事情办成做好了。〔*阿伊莫·拉亚赫尔曼*〕

如前所述，彼卡·海林对通力前途的看法建立在这样的基础之上，那就是公司必须快速发展，增强力量，不然就让竞争者吃掉。"必须拼着命向前快速奔跑，使自己在最远的点上才停下！”最初的目标是年生产电梯2000台，并保证能就这些电梯的绝大部分列入到保养协议之中，因为对电梯行业来说，保养协议犹如每天的面包和黄油。这一优先权一开始就建立在多大规模的企业能在一体化的市场中生存下去的计算之上。但是不久后情况清楚了，通力机构的发展将会带来战略上的好处，彼卡·海林1973年接受《经济生活》杂志采访时揭示了生产发展和工人满意与否之间的关系。

> 海林总裁也从企业活动的社会责任角度强调了发展的意义，如果企业不发展，它就没有能力向工人提供有保障的收入。彼卡认为目标应该是，全体员工能从企业的发展中得到好处，企业必须竭尽全力使工人的生活条件得以改善，使他们感到生活有保障，达到对工作满意的程度。——如果我们不能表现出团结的愿望，那么我们就不能要求员工相应地表现出这样的愿望。海林总裁强调说，当然并不是任何企业都是能够起到模范作用的，但是应该通过人事政策和有意识的支持和扶植使企业向着这一方向努力。〔*雷约·尼埃米，《经济生活》，1973年12月21日，“通过收购通力发展成为国际公司了”*〕

两年后，彼卡在谈到维持强有力的机构时又一次强调了发展的意义。必须保障优秀工人能够鼓励他们留在公司之中的机会，使他们的热情得以维护。在固定的企业中，能干的年轻工人经常会在工作初期“头碰墙壁”，并为改善提升的条件而改换工作。在不断发展的机构中，应有在公司内部提供新的机会和挑战的可能性，并为吸引很大一部分有前途的年轻工人留下来继续为本公司服务创造条件。

> 对我们来说，发展已成为一种生活方式……在某种情况下，它已是我们企业哲学的一个部分。〔*尤哈尼·阿罗麦基，《赫尔辛*

*基新闻》，1975年8月24日*〕

早在收购瑞典电机—格雷厄姆引起新闻媒体关注之前，彼卡·海林在几次采访中就已认为，让工人觉得他们能有所成就，他们所做的工作是有价值的、有味道的，那是很重要的。

> 让员工心情舒畅对企业的成功来说是重大的事情，他们必须有真正能够有所成就，并让个人得到满足的感觉。在这项工作中，企业的领导责任重大，领导安排工作，应该注意使工人自己对工作本身和它的成果产生兴趣。〔*雅科·伯格奎斯特，《效益》，1967年第1期。*〕

如果你想从这些评论中找到传统的解决办法那是枉费心机的，所谓的传统解决办法，就是想用金钱和其他物质利益来赢得工人的满意。在这一问题上，彼卡采取了强硬的立场。下面转载了同一次采访的摘录：

> 我认为企业的义务是十分清晰的，它必须负责尽可能有效地利用投资其中的生产资料。企业必须是一个好的雇主，在我们这里就是说一定要尽最大所能为员工提供可能性。现在，许多有关社会保障的问题已经诉诸于法律，这也就减少了自然经济时期遗留下来的家长式统治的义务。〔*同上*〕

谈到工资水平问题时，通力公司工人的看法是这样的：

> 一位领导：在我的同龄人中间，为彼卡干活的未见有人富了起来，这一点谁都否认不了。
>
> 一位工人协商代表：彼卡的问题在于，当他需要支付所有人

的工资时，他总是吝啬的。

回想通力初期，付给我们的工资是不高的，明显低于芬兰的平均水平，但总会找理由解释，说公司一直在发展，我们在里面工作，情况会越来越好，职位会越来越高的，工资也许是中间偏下，但它会不断增加的。这是考虑周到的哲学，确实有用。彼卡采用这样的手段，就像地主老爷，心里在想，不可以花太多钱财，不要付给雇工太多工钱。〔*人事经理乌尔波·卡乌拉奈*〕

彼卡·海林非常欣赏他作为公司主要股东持有人所采取的强硬立场。

你干活我乐于付钱给你，要是你就坐着不干活，一分钱我都不会付给你。〔*埃伊拉·奈瓦拉伊宁，《经济生活》，1983年第32期*〕

恩蒂回忆了一个反映他父亲态度的小故事，当时他到通力工作还没有多长时间。

父亲说，1956年大罢工时他的大众汽车被游行队伍团团围住了，游行示威者的情绪很激烈，其中还有人高喊："要是汽油用光了，你这小子还能干什么？"当时人们听到了一声回答，那是："在我用完汽油之前，你的稀粥早已喝光了。"〔*恩蒂·海林*〕

彼卡可以不费吹灰之力就能找到应对这种挑衅者的办法。

君主根本用不着讳避一个吝啬鬼的称谓，因为只要稍加节约他就能过上很好的生活而不去抢掠属下的财物，他有能力保卫自己以免沦为一个贫困卑贱的人，他也不必给自己戴上一顶贪得无厌的统治者的帽子。〔*马基雅弗利的《君主论》*〕

一位受访者写道："想从彼卡言谈中找到软弱的自卫那是枉费心机的。"〔*埃伊拉·奈瓦拉伊宁,《经济生活》,1983年第32期*〕譬如在工地民主的说法风行之时，彼卡却一针见血地说，那是彻头彻尾不现实的。

> 我认为（工地民主）是纯粹的空话，因为在竞争经济中要快速做出决定是不能完全按照民主程序进行的，原因在于：许多决策人要获得信息需要很长的时间，同时也会减少说明决定所赋予的责任的可能性。决定公司"民主"的是消费者和确定公司活动范围的立法人。〔*雅科·伯格奎斯特,《效益》,1967年第1期*〕

在这种强硬态度的背后，却可以看到彼卡·海林的一个信念，那就是雇主的首要职责是为工人提供稳定而长期的工作岗位，作为回报，工人的职责就是要全心全意地做好工作。作为老板和总裁的彼卡·海林，采取了可以被称为牢固的劳资关系的明确立场。工资适度但有保障的工作，对各方来说比工资较高但不能持续下去的工作更加有利。彼卡·海林的任务是让公司保证有利可图，到了明天仍能付给工人今天那样的适度工资，至于他是不是老板和总裁，那并不重要。

* * *

对海林家族是否能从投资中获得巨大的回报来说，低工资和低成本当然不是无关紧要的，通力富裕了，家族也就有钱了。但是芬兰高昂的所得税和海林家族相对比较俭约的生活方式（帆船几乎是彼卡唯一可见的奢侈品）导致到绝大部分利润重又进行了投资，从而使家族的财富集中在通力的股份值中，而很大部分的股份也是家族掌握的。

彼卡·海林扩展公司的长期战略，受到他为收购公司进行大量投资的愿望的支撑。这样的扩展犹如喂食，个子长起来了，肚子鼓了，机体就必须汲取更多的食物，以满足充饥和营养的需要。电梯业也可以采取内部增长的办法，但它要求迅速扩大市场（如21世纪头10年在中国和印度），或者在成熟的市场拥有足够的电梯数量，以支持生产性的保养业务和实施旧电梯的现代化。在1960年代和1970年代，通力都没有这样的条件。为了能将通力发展成为一家有利可图的电梯公司，彼卡·海林不能不继续打开公司的钱包以投资大规模的收购活动。通力平均每两年收购一家大型或中型的公司，至于每年收购的小公司平均为每月两家，甚至更多。

为了将收购来的一般属于亏损的企业改造成为有活力能赢利的公司，彼卡·海林在收购之后还得继续对这些公司注入资金。

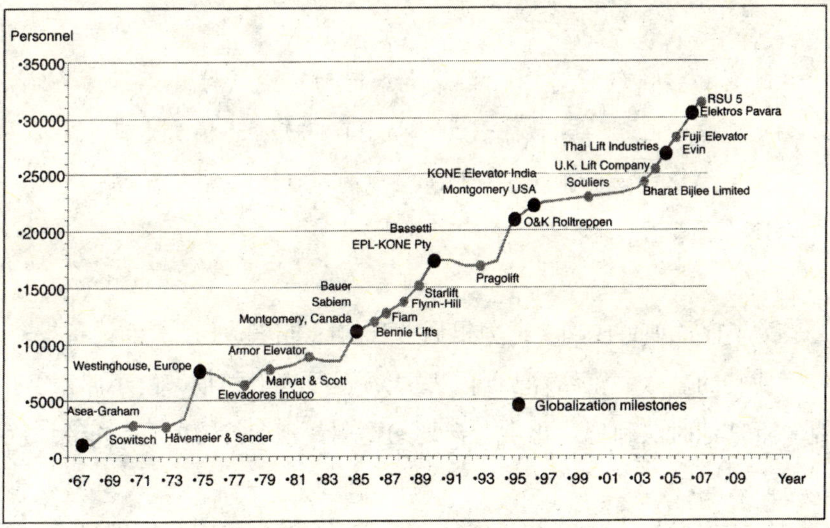


这是一张关于通力扩张情况的图表。

他密切跟踪集团内部的投资项目，甚至会问属下是否需要购置某种具体的设备。为了保持对最大的全球性公司的竞争能力，通力对生产设施、技术、产品开发以及对领导层和基层工人的培训做了大量的投资。通力成了一家以其工人和领导人员受到最优良设施和体制支持著称的公司。

彼卡·海林在事业初期所做的三件事表明，他作为通力的领导人说话是算数的。这三件事是：（一）代表国际顶级水平的电梯工厂1966年在许温凯建成；（二）在同一个10年中开拓性地采用了计算机；（三）自1970年代初起在时间和钱财上对培训领导人员进行了意义重大的投资。

许温凯工厂从一开始就配置了代表最先进科技水平的设备，诸如数控（使用打孔带）机器，1970年安装了欧洲第一批日本的牧野（Makino）—MCP操作中心。后任通力电梯集团经理，在55年后成为通力首位非海林家族成员总裁（1987年）的通力原生产部经理马蒂·马丁巴洛，是这样评述许温凯工厂项目的：

> 运用现代生产设计，目的是为了加速生产程序、缩短储存时间和按照供货时间表指导生产活动，使它持续不断、畅通无阻。取代旧时的劳动计划之所以不可避免，还因为借助于弗雷德里克·泰勒计时法（MTM）所实现的节约不致消耗殆尽……〔*马蒂·马丁巴洛，《电梯报》，1966年第5期*〕

为了保证项目成功，通力根据自身的标准进行了巨大的设备投资，一度使它的盈亏一览结算触到了底线，但是人们相信，由于弗雷德里克·泰勒计时法和现代化生产计划的作用，生产能力的提高定会变亏为盈。

早在许温凯厂建成前，通力已置身于最早为采用计算机进行大量投资的芬兰公司行列之中。彼卡·海林责成阿尔沃·图奥诺宁主持通力自动化系统的开发工作。

> 首先对如何开展这一自动化工作进行了分析研究，然后订购了第一台计算机，那是一台IBM 360型计算机，大约在1967年的某个时候。但此前已对使用这一系统做了非常广泛的计划。工作

做得要比表面深入得多，就是说不光是做些仓库簿记之类的事情，涉及到的是真正的控制功能，诸如仓库的控制系统、生产计划以及工资核算等日常事务。我认为，当我们开始这项工作时，这是意义非凡的一步。〔*阿尔沃·图奥诺宁，由卡尔-埃里克·米切尔森采访*〕

随着通力对开拓性PBC系统（计划、预算和管理）的开发，上述基本功能的应用其作用也就迅速消减了。彼卡·海林坚信最新信息的意义，并责成组建一个系统小组，研究如何在实际中实施所获得的信息。

我们组建了一个系统小组，参加小组的除了米卡·雅赫努卡伊宁外，后来还有电梯厂的潘蒂·海伊基莱和来自诺基亚的二三人以及其他几位通力的人。诺基亚当时也搞计算机。〔*阿尔沃·图奥诺宁，由卡尔-埃里克·米切尔森采访*〕

系统小组并不仅仅局限于分析研究企业领域的资料，就像赫尔辛基商学院雷伊约·卢奥斯塔里宁教授下面举例说明的那样：

我从中想起了一件有趣的事情。我们曾经考虑是否能从军人那里学到一些什么东西，于是决定邀请总参谋部的阿伊莫·巴尤宁中将来这里洗桑拿浴，探讨军事战略和企业战略之间的差异和共同点，我们是否可以相互学习。我记得第一次结论颇有意思，相当清晰，认为两者目标相同，那就是赢得胜利。第二次的结论更有意思了，我们真的从中学到了东西。彼卡都说，在这一方面我们是有罪孽的，因为那是搞情报。阿伊莫·巴尤宁说，当我们派出一个师或者任何规模的部队穿越前线之前，当然要弄清楚在另一边等待我们的是什么情况，要探听，要侦察，这甚至可能让人丧命，然而牺牲一人比损失一千人或者一百人总要好。在军事

战略上，侦察是非常重要的，是重中之重。可以说，商业世界从中能够学到很多东西。〔*雷伊约·卢奥斯塔里宁*〕

1977年，海莱娜·德尔霍离开诺基亚的电缆厂，转任通力的信息服务部专家。她说，商界同样是要非常积极地收集相关的情报：

彼卡·海林说，公司需要了解外面的情况，公司在外面一定要有触角，从公司外边收集情报是一种手段。从某种程度上讲，他是从曾在加利福尼亚的卡塞铝业公司工作过的马蒂·卡耶那儿获得这门学说和思想，并将它带了回来的。

彼卡·海林还有一个习惯，他从不愿听冗长的介绍，如果有人给他送去一大摞文件，那将是他被召见的最后一次了。给彼卡谈事一定得简短，要精选，或者就是对某个问题或某件事情的答复，信息无需面面俱到，包罗万象，他只要一条线索，抓住要害。〔*海莱娜·德尔霍*〕

但是，对本国军队的规模、驻扎情况及其强项和短处，做到心中有数，甚至比了解敌方的情况和地形还重要。1970年代初，通力实施了一种汇报制度，规定每一收益单位必须在每月5日前递交每月快速报告，其中要有与预算数字和已实现的数字，甚至与前一年的数字相比较的图表。财务经理会在每月一次的所谓快速监督会议上向彼卡·海林提交这些图表。彼卡·海林在1981年的一次采访中说道：

我的领导工具就是那些能够借以及时了解我们各单位每月状况的图表。我一定要以图表的形式分析趋向，要是我弄不明白，我就请人画图，或者请他用弯铁丝的办法表达出来——我的方法就是这样的。〔*尤西·亚尔卡宁和劳里·海尔凡，《赫尔辛基新闻》，周二经济栏目，1981年11月24日*〕

两年后，这种形式主义的做法被取消了，替代它的是一个实事求是的观点，那就是在公司的领导工作中，掌握最新的信息是最最重要的。

彼卡·海林说："当公司的盈亏出了问题时就得完善信息系统，必须知道应该抓什么问题。""那时候最重要的是把事情安排好，不需要杂乱无章的信息，而是要用可行的方法去获取那种能够用于确定什么是好什么是坏的原因的情报……"

当我询问……上个月我们在新加坡是怎样工作的时候，我一定要拿到经济成果，成本结构，如此等等，不然的话我就无法掌握局面了。〔*埃伊拉·奈瓦拉伊宁，《经济生活》，1983年第32期*〕

汇报会上彼卡也会涉及具体细节问题并对它们进行分析，这让所有与会者十分紧张，忙碌不堪。当时担任通力财务监管经理和财务经理的《美国体育》副总经理和财务总监（CFO）彼卡·巴拉奈极其清楚地记得这些每月一次的汇报会。

那汇报制度、那些图表做成像大电视屏幕那么大，我事后回想，过去从来没有这样的做法，先以通力电梯公司总裁为例，也就是约翰·霍莱利，一般他会讲业务是如何运行的，他总从观察经济状况开始，也用数字进行分析。接下来，当然他也能讲一些数字背后的真实情况，但这些真实情况也是通过数字提供的。譬如先拿一张大的图表，它里面有各种曲线，表示销售、订货、利润率和人（不仅是人，而是"头头"）的情况，非常粗略地看一看，笼统地说上几句，诸如订货情况是这样的呀，比预算高出了5%，等等。

实质性的讨论很快会转到各单位的工作情况，始终根据同一张图表按地域进行介绍，除非某个单位有特殊的问题需要讨论。讨论就这样进行着，彼卡·海林一直聚精会神地静坐聆听。由于这是一场以数字为中心的会议，难免让人觉得它是一个财务经理的论坛了。“我说一说这家公司是怎样运行的”，每当我开始思考的时候，太令人紧张了！因为是数字性的资料，如此具体，加上又是我们所做的表述，总经理们一般没有掌握有关情况的能力，那么有关责任就强制性地压到财务经理的肩上了。我必须能够讲出数字，而且还必须懂得这些数字的背景，实际上，我不可避免地成了唱独角戏的人，我发了言，将情况说了一遍。我向彼卡·海林汇报，他可能询问非常具体的问题，但他一般只会问：“这个数字在预算下怎么会有这么多呢？”对此我必须回答，因为除了说我不知道之外实际上是别无他法了。〔*彼卡·巴拉奈*〕

当时领导通力起重机部的斯蒂格·古斯塔夫森回忆了反映彼卡·海林特有的分析能力和直观思维的一件事。

他积累各种各样短小的信息以便在决定问题时使用，他是将这样的信息连结起来的能手，有时候他做决定凭感情，我的意思是不太认真，然而如此循环往复，他却能不经深入的分析而命中正确的结论。有时候我掌握的信息与他相同，然而他能将大量周围的信息归拢到一起，通盘考虑，进而迅速得出结论，他并不是经过特别的安排才这样做的。

我记得有一次活动，上午很早开始，好像是10点钟，彼卡还没有清醒过来，很快他又打瞌睡了。格哈特给我们打招呼，我们又继续介绍情况，一刻钟后彼卡苏醒了，看了一下数字，说：“这个数字不可能正确。”这个数字真是错的。他并没有计算，但他就是明白。这个数字的的确确是不对的。〔*斯蒂格·古斯塔夫森*〕

培训是彼卡·海林在公司内部第三项最大的投资项目。通力早已办了一所职业学校，1950年代彼卡就是该校董事会的成员。管理人员的真正的培训始于1970年，从工业业务领导学院（现称“领导技能学院”）为通力聘请了乌尔波·卡乌拉奈之后，当时所以采取这一行动，是因为考虑到国际活动快速发展的需要。卡乌拉奈在担任通力人事经理期间（1970年至1995年），一直负责制定全公司内部管理人员的培训计划。

> 彼卡·海林为开发这一现代化的管理人员培训方法所作的投资比任何一个芬兰人都要多，在整个欧洲也是名列前茅的。他知道，这一方面他是可以取得成果的。同阿尔沃·图奥诺宁一样，他也深知，在计划和监督体制方面他们可以比许多别的芬兰公司早有作为，与许多别的国际公司相比，我们也早已真正地做到了。我认为这里重要的几个字是：“真正地”。
>
> 早期我们曾说，公司没有从外部引进大量人才的财力，但我们一定要有自己的精英集团，这就得从普通的人员中去挑选，犹如从航海团队中挑选突出的干将。从某种程度上说，从普通人员中挑选要比在其他某个地方用某种其他的方法能够挑选出更多优秀的人才。〔*乌尔波·卡乌拉奈*〕

开发人员管理，为的是提高通力的竞争优势。卡乌拉奈受到彼卡·海林大力支持的努力，对通力的顾问、美国本特利学院的杰里迈亚·奥康奈尔教授产生了强烈的影响。出席1972年通力第一届国际管理开发研讨会的除了主讲人、范德比尔特大学管理系创始人艾弋尔·安索夫教授外，还有许多国际企业管理和企业领袖培训领域的顶级人士。通力从此开始赢得了优秀管理人员培养者的名声。这些管理人员经常成为其他芬兰公司争夺的对象，为的是加强它们领导层的力量。按照雷伊约·卢奥斯塔里宁的说法，通力不仅是芬兰大学的合作伙伴，而且实际上它本身就是一所大学。

> 在芬兰，通力是一家不同寻常的企业，通过系统小组它将大学人士和实际工作者结合了起来，进行了成果卓绝的合作。如果说通力在大学领域创造了最伟大的成就，那么我要旗帜鲜明地将它提升到第一的位置上，而且远远地领先于第二。
>
> 有时候人们会说，通力是一所实践水平的大学，要是某个人来自通力股份公司，那么任何一家芬兰公司都会向他敞开大门，因为通力的内部培训使他进到任何一家芬兰公司后都会是最高级的、最过硬的。〔*雷伊约·卢奥斯塔里宁*〕

在通力，因为存在获得培训和提拔的可能性，人员流动很少。许多在国际化早期就参与“建设”通力的人士，为公司服务一生，直至退休。那些“根据才干有可能得到提拔”，或者因为真正取得卓越成就而应该获取更高报酬的人士，他们或许会改换岗位，得到晋升。

* * *

彼卡·海林一方面努力将总部只在很低程度上干预公司大部分活动的本国公司组建成了跨国公司，但在另一方面它仍保持着通力的工作特点，因而让人感觉它更多像是一家家庭企业，而不是大公司。正是由于这样的双重性，自然而然地造成作为多数选票持有人的彼卡·海林完全可以由他自己做出最终的决定。

> 有一次我曾与彼卡·海林谈到在许多欧洲国家反对家庭企业已成主流的形势下如何发展家庭企业的问题。我说：“看起来你领导的通力就像是一家家庭企业”，他听了只是笑了一笑。〔*杰里迈亚·奥康奈尔*〕

彼卡·海林在企业收购谈判中的实力不仅由于他策略高超，还因为他坐在谈判桌上只代表自己。一般说来，竞争对手必须将每一项反建议递交给他们的董事会进行研究，然而彼卡·海林只需决定是否要从口袋中掏出更多钞票。许多卖主同他一样也是他们所代表的公司创始人的后裔，他们从他身上看到了一种同源的精神，正是这种精神有可能比他们那种急于为股份谋求更大红利的董事会更加爱护和珍重他们所继承的遗产。彼卡目的明确，为了尽可能长久地维持协议，他会竭尽全力。

……有时候……会出现不能不做“好人”这样的情况，这在电梯行业中，从某种意义上说，可以理解为每个国家至少都应该生产一些。〔*阿尔沃·图奥诺宁*〕

正如图奥诺宁暗示的那样，做“好人”所带来的一个后果将是设施和人员负担的加重，使自身的经济利益很可能因为通力主要竞争对手所实施的整个公司的合理化而受到损害。同时也很难估计有几家卖家会选定通力作为买家，这主要因为他们不相信彼卡会很快清算他们家族已经经营数十年的公司的资产。此外，忠诚于自己企业的员工们，对工厂关闭和失去工作是无比忧伤，难以忍受的。

彼卡·海林究竟是一只将卖家诱骗到蛮不讲理的长时间等待之中的狼，还是在夕阳经济越来越经受沉重压力的世界上，力图保持家庭企业的企业主兄弟会中忠诚的一员？从任何方面推断，他是两者兼而有之。长期以来，通力一直想将部件生产分配给它所收购的企业的工厂，结果形成了蜘蛛网一般的生产和分配系统，既昂贵又不便操作，当最终需要实施大规模合理化时，3/4的生产设施不得不关闭。看起来彼卡·海林许下的某些诺言也无法兑现。但是世界改变了，甚至像通力那样的“好人”也只好随之改变而别无他法。

# 早晨、中午和晚上

当聆听同事、朋友、亲戚和知己讲述关于彼卡·海林的故事时，就像瞎子摸象：一位说，它像树干；另一位说，它像消防水龙带；第三位则把它比做长把扫帚……对彼卡的评价常常是言过其实的，但是他们看法上的差别非常之大，从责骂到谄媚，难道真的可能这样看待同一个人吗？

有一个研究这位极其复杂、善变人物的方法，是透过三棱镜的折射观察他的早晨、中午和晚上的区别。所有活到一定年长的人某种程度上都会经历一个相同的阶段，就像索福克勒斯[①]剧作《俄狄浦斯王》的主人公俄狄浦斯在他解开了斯芬克斯[②]的谜语（什么东西早上用4条腿，中午用2条腿，晚上用3条腿行走）后所弄明白的那样。彼卡非常清楚而有序地经历了3个时期，它们分别是：青年时期的活力和成长；成年时期的成就；老年和患病时期的疲惫和抑郁。因此，在1960年代和1970年代彼卡精力旺盛时的同事，同1990年代当他健康衰退、精力不支时与他共事的人，对他的评价是有天壤之别的。

早晨精力充沛之时和夜晚意志消沉之时的文字表述是截然不同的，这从1949年彼卡写给基尔斯蒂的信中可以看得出来，当时他们都是17岁略多一点。看起来当时彼卡已经患上了折磨他一生的狂郁症。7月底，他自海林家从利拉·博多租用的夏季别墅给基尔斯蒂写了一封信。利拉·博多离彼卡深爱的，但仍处在苏联占领之下的图尔斯维克很近。

---

① 索福克勒斯（公元前496年？—前406年），古希腊三大悲剧作家之一，一生共写了123部剧本，传世剧作有《埃阿斯》、《安提戈涅》、《俄狄浦斯王》等7部。——译者注

② 斯芬克斯，希腊神，带翼的狮身女怪，据说常叫过路人猜谜，猜不出谜者即遭杀害。——译者注

他的情绪由于漫长的暑期补习班、同基尔斯蒂不在一起和早秋的天气而消沉郁闷。

基尔斯蒂！

谢谢你的明信片，尤其是你的来信，得知你们夏天过得愉快，我很高兴。夏天似乎即将消逝，秋天已在眼前，至少在这儿岛上是这样的。兴许还会再暖和一下，但现在很难说，因为外面黑漆一片，夜间的秋风越刮越厉害。

我刚给船只放松缆绳回来，阴黑的海洋和护罩的嘎吱声让我感到很不舒服，心里比爬盘转楼梯还要压抑。风吹护罩发出的嘘嘘声一直传到屋里。如果我的情绪不好请你不要紧张，只有在这样的夜晚我才会如此，即使我的周围出现危急的情势，一般情况下，我也不会有这么严重的感觉，昨天是一个例外。但这是题外话，我的本意绝不是为了描绘精神失常的症状。

确实令人感到怪异，早晨时我总想我会升级，可是到了夜晚却觉得更可能会留级。

……

或许这是一封有些（悲观的信），如果这封信是早晨写的，可能会是另外一个样子了，但是尽管如此，还得请你原谅，从事实出发吧……

祝你和你的朋友暑假继续愉快！

你的“老朋友”彼卡

〔*基尔斯蒂·海林档案，自利拉·博多发往拉帕湖的信，1949年7月27日*〕

三年后彼卡给夏天在英国牛津读书的基尔斯蒂发去一封信，信的末尾他加写了下面一段附言：

难道你也不信我早晨给你写信要比夜晚这个时候更有才智？你可以深信我心灵的健康。

〔*基尔斯蒂·海林档案，自库洛沙里发往牛津的信，1952年4月28日*〕

随着彼卡酗酒状况越来越严重，他的乐观和悲观情绪在早晨、中午和晚上之间的关联反映得比过去更加明显了。总的讲，他的表现是变化的。在早晨，或许仍有一些遗留物的影响，但与午后相比较，他的头脑是清醒的。午餐时他会喝些红酒，餐后为了放松自己，他会再喝上几杯杜松子酒。接近傍晚时分，情况就不同了，他经常自己喝酒，喝得烂醉，与具有不可思议性格的彼卡打交道就更困难了。当然这要看他酒醉的程度，无人知晓他在不同情况下将如何表现。

说彼卡早晨平静，深谋熟虑，傍晚令人难以捉摸，或者早晨优柔寡断，怕担风险，到了黑天就成赌徒，这是过于简单了。他是一个感情容易冲动的人，但当自己需要时，他却能出奇地进行自控。至于生意问题，最好请记住，他比他的大多数同事不可思议地握有大得多的行动自由权。他既是最大的股东（70%以上的表决权），又是总裁，实际上任何时候他都不用向任何人请示汇报，通力董事会会自动地批准他的决定，一年一度的公司大会也没有权力否决他的决定。

在通力，董事会从来不起作用，彼卡是这样安排的，董事会开会前他总先去他父亲的办公室，向父亲通报有关情况。这已是传统做法了，无人不知。会议前一小时他去父亲那里，说明了情况，这样父亲知道了要决定的是什么事，怎样决定。〔格哈特·温特〕

有一点情况给我留下了特别深刻的印象，他们谈论公司大会，似乎彼卡会赶不及准时到会，于是他说："我可能会晚到一会儿，但是等我来了，就可以做决议了。"不管有没有董事会，这无关

紧要，因为他是非常特殊、与众不同的人；因为他强大，有权有势。〔*博·耶尔特*〕

如果彼卡不乐意，或者不甚乐意，他无需对他所做的事情进行解释。这种地位给了他无限的自由和权力。他可以独断专行地行事，只有在法律和自己的良心前面才承担义务。然而另一方面，这给他决定了一个孤家寡人的命运，使他不得不单独一人对自己的决定承担责任和风险。

我的几千个最贫贱的人民
正在这时候酣睡熟睡！睡眠啊！柔和的睡眠啊！
大自然的温情的保姆，我怎样惊吓了你，
你才不愿再替我闭上我的眼皮，
把我的感觉沉浸在忘河之中？
……
啊，偏心的睡眠！你能够在那样惊险的时候，
把你的安息给予一个风吹浪打的水手，
可是在最宁静安谧的晚间，
最温暖舒适的环境之中，
你却不让一个国王享受你的厚惠吗？那么，幸福的卑贱者啊，安睡吧！
戴王冠的头是不能安于他的枕席的。

〔*莎士比亚，《亨利四世》第二部，1597年*〕

* * *

有时候彼卡不能不头顶通力这顶沉重的王冠，但是基尔斯蒂说，他并未因此而彻夜不眠。

他的心理素质非常好，即使心里烦恼……他仍能睡得很好。我认为这一点救了他的命，譬如当年为奥迪斯问题发愁懊恼，时间又拖得那么久，但他睡觉仍是出奇的好。他洗了桑拿浴，就能很快入睡。〔*基尔斯蒂·海林*〕

彼卡虽然能够睡得很香，但他还是“烦躁不安”的，为了坚持自己的兴趣，保持精力旺盛，他总在不停地寻找新的事情，就连他所领导的那么复杂多头的公司，都难以满足他持续不断的挑战欲望。他不是集中精力于通力的核心业务，而是动用很多时间和精力进行“下午”和“晚上”的活动。

**早晨**——彼卡·海林的上午是在处理生意的过程中度过的，尤其在1960年代和1970年代，他非常认真细致地准备要做的决定，孜孜不倦地研究市场，分析竞争对手和收购企业的可能性。在这一时间段中，他两次收购了大于通力本身的电梯业务，但总是避免了想象不到的巨大风险。

彼卡·海林经常会下大赌注，在局外人看来那是险棋，但是公司内部否定了这种意见。早在做出决定之前已就这个问题进行了深入的考虑。

“赌徒？不是那么回事……我的确采取了也许别人不会采取的冒险行动，这不是冒险的赌注，至少也不是轮盘赌，钱投到了那儿，要看一看它怎样产子，”彼卡如此说。

做这样的事总是要冒险的，业务做得越大，风险也就越大。如果对公司有危险，那样的事就不该做。〔*尤哈尼·阿罗麦基，《赫尔辛基新闻》，1975年8月24日*〕

在彼卡的整个总裁任期中几乎一直担任通力行政、财务经理的阿尔沃·图奥诺宁表述得更加明确、更加断然，他说：

如果谈的是业务，一般是指电梯业务，我认为我们没有一天是紧张的。压力当然总是有的，尽管我们的资产负债表是充足的，我们产品的技术鉴定是强有力的，但在我的记忆中从来未曾有过我们遭遇了困境或者感到惊慌的印象，我也没有这样的思考。〔*阿尔沃·图奥诺宁*〕

换句话说，彼卡在做电梯和起重机生意时考虑得相当细致周到，每一笔决定要做的生意，旁人看来觉得轻而易举，就像赌博时掷骰子，但他却会出奇地认真，事前进行仔细的准备。尤其在1964—1975年期间，正值通力别无他法只能抓紧每一机遇的时候，尤其如此。收购瑞典机电—格雷厄姆和西屋欧洲业务的情势是不稳定的，因为要吃的对象其实力一直大于自己，这不能不冒着很大的风险。另一方面，在不长的回转时间中使被收购的企业重新盈利并且赎回了用于投资收购的股票，表明所做的计划是有充分根据的。

西屋1974年的亏损比通力集团的利润还要大，当时的计划是三四年内必须实现盈亏平衡。盈亏平衡1978年就做到了。〔*托尔-埃里克·桑德林*〕

图奥诺宁认为，通力“早晨生意”的成功建立在四块基石之上，它们分别是：可靠的技术、先进的生产方法、健全的投资模式和可信的报告和财务监督制度。他说在第一块基石方面海伊基·海林做出的贡献最大。

通力的实力很大程度上是在科技信息和技能之中。很明显，至少我是这么认为的，海伊基有信誉。当然啰，他那边大概有拉塞·埃里克森，还有彼特里尔（通力1912—1932年的总经理是洛伦茨·彼特里尔）们和其他人。但是说实在的，如果当时没有使用这些科技，公司的情况就难有如此程度了。因此我说，科技是在其基础上进行建设的基石之一。如果没有它，未必能有人这样成功地进军世界了。〔*阿尔沃·图奥诺宁，由卡尔-埃里克·米切尔森采访*〕

随着许温凯工厂1967年开始运转，先进的生产力得到了保证。1968年以来，通力所依赖的投资模式由两个部分组成，一是用于企业收购，另一是用于现有的企业活动。由于通力在银行里没有足够的资金可以用于大规模的企业收购，要收购就必须借贷。埃洛·科斯基瓦拉介绍说，为了支付收购瑞典机电电梯业务的资金，彼卡首先向国民股份银行申请贷款。

五月瑞典电机的问题明朗了，彼卡·海林当然先找自家的银行，国民股份银行总经理马蒂·维尔库宁见了他。彼卡说明了来由，但是马蒂·维尔库宁说："彼卡，你听着，你做这样的事是不行的，我们不能贷款！"〔*埃洛·科斯基瓦拉，由卡尔-埃里克·米切尔森采访*〕

彼卡是不会轻易退让的，但要找到投资的资金很困难。他不再按照原先的路子行事了，他决定将视线转向更高的层次。

彼卡邀请芬兰银行的董事贝维厄·海旦麦基和阿莱·西莫宁共进午餐，因为其他董事都在休假。彼卡提出了他的问题，并说："为了保证我们不被吃掉，经核算，我们需要1500万芬兰马克。"西莫宁说："是不是可以同意由芬兰独立庆典基金会分两阶段提供那笔资金，今年付1000万，明年再付500万，你是不是同意偿还期为10年，利息4.5%？”当时的利息是9%。海旦麦基说：“我们现在能做这样的决定吗？”西莫宁说：“我们就这样取得一致了还是怎么的？”两位都是董事，就这样定了。“把文件送交给我们！”〔*埃洛·科斯基瓦拉，由卡尔–埃里克·米切尔森采访*〕

国家的贷款加上付给瑞典电机的股份为通力的头一笔大生意奠定了基础，从此以后，通力只需要证明有能力偿还贷款和赎回股份就行了。通力资信卓著，也就便利了它获取银行的贷款。每一次新的企业收购都会源源不断地增加进行支付的资金。

由于有电梯的保养业务，使电梯生意变得相对稳定了。在电梯生意中，保养业务占了很大部分，当时约占一半以上，现在肯定还要多。在以后的岁月中，当我代表通力与投资人和投资公司谈事时，经常有人问我，我们的30—35%的总财产值是不是太低了？我答道，我没有问题，晚上睡得非常好。由于这笔生意的性质，就像我刚才说的，它丝毫不曾让我担心过。电梯的保养、现代化和配件的销售是平稳的，生意好做，几乎不会押上太多的资金。〔*阿尔沃·图奥诺宁，由卡尔–埃里克·米切尔森采访*〕

如果没有彼卡的创造力和眼光——加上科斯基瓦拉和图奥诺宁出色的具体帮助，小小的通力无论如何是不可能找到它的发展所需要的资源的。由于取得的成功，早期的创造性努力逐步发展成为一种可靠的、藉以实施企业收购和将新的企业融入到主公司之中的活动模式了。在1980年代和1990年代，彼卡决定问题时很可能会不参加调查研究的过程——这项工作由他的下属去做，不过那时的工作规模是不同的，通力现在大多了，而企业收购却比较小了。彼卡·海林甚至还会为收购某家企业开个玩笑，因为他从未到过那家企业所在的国家。法律事务和企业收购经理克劳斯·卡文说：

> 举个例说，南非有笔小生意，公司内部相互踢皮球，谁都不愿承担责任，最后的结果是，我不知道怎么会那样，我不得不报告彼卡。我去报告了，审计员罗伯特·格兰霍姆与我同行，我对他说，一定要把文件准备全了，你必须记熟全部数字，回答一切提问。我们进了彼卡办公室，我先介绍了南非的情况。彼卡问我："你去过那儿吗？""是的，我去过。""那国家美吗？""很美，邀请方还请我们参观了一天野生动物园，值得去那儿看一看，那国家太美了！"接着我准备介绍业务了，但彼卡只向周围环视了一下。我介绍了营业额后说："罗伯特，你是不是可以先提供一些数字。"我讲了目前的营业额后，彼卡说："喔，那就不必了，那些数字总是不确切的！你说那是一个很美的国家，我从未到过那里，这笔生意就做了吧！如果那是一个很美的国家，那么它将是在非洲可以做这些事情的唯一地方。""定了！""请你告知那里的老板，如果生意做成了，一月份我去访问！"另有几笔生意也是在这样的情形下做成的。〔*克劳斯·卡文*〕

但是人事经理（1970—1995）乌尔波·卡乌拉奈提醒说，他认为彼卡·海林直观下所做的决定缺乏足够的信息做依据，或者说考虑不充分。

> 至少在年轻时，彼卡决定问题常常十分仓促，然而，看起来决定似乎做得很突然，但也绝非毫无根据。彼卡掌握的信息网络要有多少背景信息就有多少背景信息，既有隐蔽的，也有公开的，过硬的，所以他所做的决定会建立在广泛深入了解的基础之上，尽管在做决定前的最后阶段也许是有确定所走方向的直观因素。〔*乌尔波·卡乌拉奈，由卡尔-埃里克·米切尔森采访*〕

1989年，通力面前出现了收购西屋美国电梯业务的机遇，但是彼卡认为价格太高，风险太大。难道这不是一笔尚属比较年轻的他有可能做到的、使整个行业发生变革的生意？这是可能的，通力完全可能替代迅达的地位成为世界第二大的电梯公司。但在通力内部有些人认为，还是等到蒙哥马利电梯公司出售之后（于1994年出售）收购更加明智。1980年代初，海伊莫·麦基宁负责向通力的子公司阿莫尔电梯转让技术，当通力1994年买下蒙哥马利电梯公司后他即被指定领导该公司了。

当然做事后诸葛亮是容易的，当我在阿莫尔工作的时候已能清楚地看到美国的西屋境况真的很糟糕。他们要卖掉电梯业务，向我们报了价，但贵得吓人。我确实相信彼卡的看法大概——这只是我现在的猜测——是，总有一天我们会买下蒙哥马利的，它足够大，足够可以了，尽管它同多弗或者奥迪斯和西屋相比不在一个档次之上，但是老实讲，西屋的风险是同一档次的，就像从下往外看。〔*海伊莫·麦基宁*〕

虽然彼卡不是怕担风险的人，但他绝对不会无谓地行事，尤其当涉及的是通力核心业务的时候。绝大部分战略性的讨论是在上午进行的，随着彼卡·海林年岁的增长和冒险热情的减退，这方面的讨论变得越来越谨慎了。

我认为，在某个阶段，彼卡接受冒险的能力或愿望已经减退，我感觉他再不希望看到不佳的情况了，他会反复地论证！收购荷兰的星星电梯公司就是一例。伊尔卡·瓦蒂阿伊宁坐在庄园里力图说服彼卡说一声“好吧”，最后他才含含糊糊地说了“好吧”。今天，星星已是通力集团中最出色的公司之一。〔*海伊莫·麦基宁，卡尔-埃里克·米切尔森采访*〕

* * *

**中午**——彼卡·海林的电梯业务做得越大，他的冒险欲望也就越加强烈了。这一方面也许可做这样的解释，就是在内心，他将电梯生意与从先辈手里继承的遗产结合在一起了，他想他必须将它捍卫好、维护好，而且要更好地传给下一代。但是，他同时可能还想创办完全是自己的事业，这样他就无需欠父亲什么了。

彼卡·海林早在学生时代就参与了数家初创的公司，当时他曾同他的朋友约乌科·维库那和埃洛·海克利一起组建了一家生产小木屋桑拿浴的公司，1950年代他又是一家生产汽车弹簧公司的股东，1960年代，海伊基·塔维拉请他参加了一家名为曼里卡的用波罗的海鲱鱼加工成各种食品的公司。长期担任《新芬兰报》总编辑以及工业和雇主中央联合会秘书长的约翰内斯·科罗马回忆道：

> 曼里卡公司原想生产波罗的海鲱鱼香肠的。我们家的朋友塞波·约基比也参与了，对于要做的事想得当然是非常美好的、最棒的，但是最后还要看结果。记得当时我还是一名记者，一次我问彼卡，如果近期中我们的公司音讯杳无了，那该怎么办？他答道，它不再归我所有了。我接着又问，那些股份转给什么人了？于是他兜了个圈子回答说，它们一定在他忘在早市广场咖啡店的公文包中了。〔*约翰内斯·科罗马*〕

1960年代，彼卡还通过凯里、凯里龙和斯宾纳等企业积极参与了纺织生意。那些原先由他的父亲投资的企业于1974年变卖了，因为通力要收购西屋的欧洲电梯业务需要资金。另一家海伊基·海林时期收购的企业，则成为彼卡在与相对稳定的电梯业务同时存在之时所开展的一项比较重要的其他业务。彼卡来到通力后，海林家的马努塔斯控股公司已经收购了一家名为奥利图奥德的公司，该公司主要生产牧场的电子围栏和装有闪光灯的交通警示屏障。

彼卡·海林需要有人管理奥利图奥德。经哈里·蒂莫宁推荐，他聘用了海伊基·塔维拉。海伊基·塔维拉乐观热情，他毫不犹豫地接受了彼卡的聘请。

> 彼卡同我谈话时问我是不是害怕技术，我别无可答，只是直截了当地说，我什么都不怕，哪怕是我一无所知的东西！然而令我惊讶的是，大概在一个月之后，我接到了第一个任务，彼卡对我说："你去察看一下赫尔辛基高等技术学校西边我们的那块工业用地，看一看那里是不是值得搞电子，奥利图奥德做得很不错，是不是可以投点钱进去，让它生产电子产品！"

彼卡通过他在工业业务上的接触知道诺基亚做了许多电子产

海伊基·海林的同学埃洛·卡拉亚（右）、彼卡（中）和凯里龙的埃洛·海克利在芬兰托尔尼奥市斯宾纳公司生产的第一台绉布机前。斯宾纳1974年出卖之前一直是通力的子公司。（1962年）

品。卡里·卡伊拉莫是他的好友，我想，或许从此以后，我们的集团也该稍稍介入这个行当了！

信息技术（IT）犹如旭日东升，它正在到来，可是谁都不能确切知道哪儿需要它。我们开始调研什么地方可能需要它，不久之后情况清楚了，在今天和将来，医院是使用电子设备非常诱人的地方。

在很长时间里，无论在技术上还是在产品或市场方面它与通力集团没有关联，那有很多可资学习的东西，可以进行试验而不使基本业务承担风险。〔哈里·蒂莫宁〕

奥利图奥德1977年更名为通力仪器集团，从商业角度考虑它似乎一开始就注定会遭受毁灭的。它的主要产品是医学实验室使用的化学分析仪器以及主要用于公立医院和公费实验室的患者监察仪表。芬兰的小公司任何时候都难有真正的可能将它的产品打进到德国、法国、英国和美国那类希望保护本国年青电子工业的大市场。虽然如此，通力还是跻身到了最早使用微控操纵电梯的公司的行列之中。这一技术是运用仪器集团的工程师为医学所开发的仪表和程序制作出来的。处于边缘的仪器集团，战胜众多困难，为主公司所赢得的科技价值很长时期来比它所产生的亏损要大得多，因为通力能够借此为公司的电梯业务开发出重大的技术。

这种风险中等，然而潜力巨大的试验都烙有彼卡“中午时分”计划的烙印。业务不断发展，一直延伸到了1980年代，包括用“钥匙在手”原则操作的码头装备、纸浆和造纸工业的木材处理设备、海上油污回收船、从矿石捣碎到传输的整套开矿设备、造船和近岸市场高压管道系统、仓库自动系统、旋转舞台和布景储存系统以及货轮的滑梯和舱盖。正式归属于通力的新的业务部门有通力木材部、海外和海洋技术部，或者以独立的公司面目出现，诸如高压管道和铸钢厂。

部分收购被说得天花乱坠，悬乎极了。1981年彼卡·海林买下纳维尔货运轮船公司，当时有谣传说，他所作的投资几个星期之内就收回了。

> 彼卡与创建纳维尔公司的雷纳·肖斯特罗姆很熟悉，控制该公司的赫尔辛基股份银行想把它甩了，觉得它太烫手，不惜做出牺牲。我记得彼卡当时很快就掌握了形势，说现在应该立即出手！我获知此事时正在远东，于是迅速赶回芬兰以便进行商谈。阿尔沃·图奥诺宁已在那里了，由他出头。事情办得非常快，很容易，因为彼卡知道他要的是什么。的确我们将家庭作业做得相当好。那是一笔出色的买卖。两年后我与我们的主要竞争对手麦格雷戈进行接触，很了解他了，甚至到了可以很容易与他交往，好做买卖的程度。两家公司合并了。〔*约翰·霍莱利*〕

收购纳维尔货运轮船公司无疑是彼卡·海林效益最好的收购企业之一，但是它被电梯业务的阴影遮挡住了。1993年纳维尔被变卖了，因为当时正开始股权强制过户的浪潮，通力重又集中精力作为单纯生产电梯和自动扶梯的公司从事它的主业了。按照他的顾问朋友博·耶尔特的说法，彼卡·海林准备承担这些“中午”项目的风险，不妨看一看情况会是怎么样的：

> 一次彼卡与一家小的风险投资公司联系，它的领导人叫克拉斯·厄马克。他说：“真的我并不在乎是盈利还是亏本，我所以要参加进来为的是学习一些这一行的技巧。”彼卡同他们一起做了一笔风险投资，但我不觉得有什么大的收获……
>
> 有一次彼卡说，我考虑怎样扩大我们的地域基础，我觉得我有意买进一个技术领域的网络或者一家在亚洲或者南美有子公司的科技贸易公司，因为它们熟悉科技产品，我相信能将它们改造成为我们产品的维修保养机构。于是我开始物色对象，走访了48

家公司。彼卡接着说："让我们出发吧！"于是他带上阿尔沃·图奥诺宁和凡伊诺·海伊斯卡拉。我们乘坐的通力小飞机升空了。

我挑选了9家可以进一步了解的公司，其中3家条件较好，可是没有一家能让彼卡感兴趣的。返家途中彼卡向阿尔沃提出了一个关键性的问题：

"你懂不懂怎样监督进出口公司的财务？"

阿尔沃回答道："我不懂。"

"好了"，彼卡说："这是有意思的一天，我们学到了一些新东西。"

就是这些了。

半年时间里我调查研究了这么多家公司，从中挑选了9家供进一步选择，当然决定要由彼卡来做。他有创造性的思想，并进行实际试验，如果觉得不对劲，他会立即加以否定。他明白，尽管人们也说，有了好的领导就会有好的公司，使公司兴旺发达起来，但是这种说法并不确切。这里就是他的智慧所在之处。〔*博·耶尔特*〕

有时候彼卡·海林好感情冲动，但是一般来说他能严格控制这一毛病。

当总公司连续不断地赚钱时，为什么就不能尝试一下各种新的冒险呢，可以将它们掌握在适度的规模之中，看一看能有什么样的产出。这些行动不一定总要一而再再而三地深入思考的。但是，如果得不出结果，他绝对不会长时间紧抓不放的。〔*乌尔波·卡乌拉奈*〕

彼卡·海林是一定意义上的赌徒，但有那么几次他真的做好了，他做了倾家荡产的准备。一次是收购瑞典电机—格雷厄姆，当时他认为已经到了别无选择的地步。另一次则是西屋交易，这笔生意给通力戴上了跨国大公司的桂冠。有了这么两个成功的事例，显然难免彼卡以后会不再进行相应的冒险了。

但是也有彼卡既不能自我克制又缺乏明智思考的生意，那是“晚上”的冒险，这些行动不仅给他自己，有时候还带给他的亲人很多忧伤和悲痛。

* * *

**晚上**——作为年轻人，彼卡难免会同当局发生一些麻烦。除了因为酗酒在凯拉瓦监狱被关了4个月外，还分别在莫斯科、巴黎、赫尔辛基和奥兰群岛的玛丽亚港被关了一晚监狱。1967年，彼卡的好友奥拉维·尼塔莫从美国加利福尼亚州的伯克利写信对他说，学生中的激进分子占领了加州大学的校园，彼卡复信道：

> 你知道，总的讲我不喜欢警察，因为我在巴黎的经历，我尤其不喜欢抗暴警察……镇压校园是（警察的）羞耻。可以颇具感慨地说，在芬兰，即使为了平息最激进的学生，连交通警察都不需要动用。〔*通力档案，给奥拉维·尼塔莫的信，1967年1月4日*〕

1970年代，在后来转变为抱持比较保守的观点之前，彼卡是同情文化激进主义的。随着年龄越来越大，他就尽力适应总裁的角色了，但在工作中时不时的还会显现出一个轻率粗浮的年青人的痕迹。

> 彼卡的生活中有一个古怪的特点，他总有那么一些后来犯了严重罪行的伙伴。〔*基尔斯蒂·海林*〕

这些人中间最突出的是一个名叫图奥马斯·塔巴拉的男人。

彼卡库洛沙里时的同学潘蒂·萨伊库后来成了斯宾纳公司的总经理，我记得他是政治学硕士，他介绍彼卡认识了另一位名叫图奥马斯·塔巴拉的政治学硕士，这人还有一个叫做“公牛”的绰号。塔巴拉或许是芬兰第一个经济罪犯，他组建了数家公司，将一家公司的资产转到另一家户头中，从而使一家公司破产，进而导致纳税人和很多其他债权人身无分文，一无所有。

塔巴拉在他的团伙中特别受欢迎，他掌控宫廷，当君主。他有非常非常多的生意经，其中一些想法肯定是有益的。我听说过一个传奇性的传闻，说他曾去芝加哥了解黑手党的商业活动，因而知道黑手党所干的许多事情，什么弹球机和地滚球等等。后来他向彼卡介绍这些情况，彼卡认为这些事情非常棒，他用提供资金的形式参与进去了，但是那些事情都是塔巴拉自己干的。〔*图奥莫·埃罗拉*〕

塔巴拉成立了一家名为诺达托尔公司的企业，做进口生意，进口的货物中包括投币洗衣机、投币自动电唱机和地滚球自动服务机等。地滚球那玩意儿是1970年代初在芬兰风行起来的。塔巴拉发现芬兰只有两家公司有生产地滚设施的潜在能力，它们叫布伦斯威克和AMF公司，于是他操作了一场诺达托尔和奥利图奥德之间的假竞争，它们进口的牌子一家比一家有名，然后将价格抬得高高的，等待人们前来订货。

在一桩涉及塔巴拉与彼卡·海林关系的官司中，塞波·约基比不得不出面为奥利图奥德辩护。约基比说：

塔巴拉是一个无赖，我感到惊讶，怎么彼卡会与这样的家伙合作，他真的不讲道德，具有罪犯的品格，但是他有手段，可以说他有智慧，敢冒险，这在某种程度上吸引了彼卡，从他身上看到了某种魅力。与塔巴拉交往越深，大概越认识不到他是一个什么样的货色了。也许时间过得越久，他的邪恶、犯罪的行为也就越来越严重了。

这一切不知道都是怎样开始的，我觉得不可思议。在这座城市里，无人不知塔巴拉是彼卡的好朋友，这让塔巴拉从中得到了很大的好处。当涉及有关通力的问题时，彼卡是谨慎的，他从不容许塔巴拉掺和通力的业务。不过他个人同塔巴拉是有交道的，把我担任总经理的奥利图奥德卷进去了，因此让我的处境十分尴尬。

有一位非常聪明、才华横溢的律师，相当经常地参与他们的活动，他对彼卡与塔巴拉之间的交往也许负有部分的责任，这位律师与塔巴拉一起做生意直至最后。他的名字叫利奥·哈伊科宁。〔*塞波·约基比*〕

彼卡和利奥·哈伊科宁曾一起在军队中服役，同在炮兵，同住一个营房，一个睡上铺，一个睡下铺。利奥·哈伊科宁在国民股份银行工作，十分能干，曾经传说他这么年轻就有可能接替马蒂·维尔库宁成为国民股份银行的总经理。但是他太急躁了，也太聪明、太强硬了，居然做了几笔诸如不经董事会同意就出售森林或者购进森林和其他物品的生意，结果导致他只好靠边站，成了律师。不管怎么说，彼卡用他很多，如在进行瑞典电机那笔交易时，他也曾参与协助。〔*图奥莫·埃罗拉*〕

塔巴拉是一个具有超凡感人魅力和才智过人的骗子，他诱骗彼卡·海林坠入了灰色商业网，越陷越深，芬兰湾通力（它与通力公司没有任何关系）破产案成了一件特大的丑闻。

芬兰湾通力的老板和创办人叫阿尔内·曼蒂拉。这家公司生产钢架活动房和弧形顶棚，向前苏联出口。它干这一行已经许多年，需求很旺，生意非常好。

芬兰警察当局与俄国同行的关系发展了，访问了莫斯科，但当俄方回访芬兰时他们没有招待的资金，于是曼蒂拉招待了他们，因为他同前苏联有关系。塔巴拉则从中做了手脚，搞了鬼。

1974年彼卡买下了芬兰湾通力，肯定那是根据利奥·哈伊科宁向彼卡提出的建议。后来我从文件中读到，几个月来，利奥·哈伊科宁天天都在芬兰湾通力的办公室曼蒂拉那里上班。这一回他虽以通力律师的名义参加这笔生意的谈判，然而实际上他却在为对方，也就是为曼蒂拉做事。

芬兰湾通力发生了经济困难，我不知道那笔钱到底去了什么地方，因为从原则上讲那本来是一笔好生意。实际上就是这位曼蒂拉从奥卢的阿特拉斯银行为芬兰湾通力借了钱，而且或许也为他自己借了钱。后来事情越搞越乱了，老鼠屎落到了汤锅中，因为图奥马斯·塔巴拉把他所欠奥利图奥德的债务转到了芬兰湾通力的账户中，就是说他将本来属于彼卡公司的钱财偷偷地变成了芬兰湾通力的钱财了。哈伊科宁所以要这样做，兴许是为了找到一个让彼卡·海林收购芬兰湾通力的业务以及有关财产的借口。

彼卡买下芬兰湾通力后，当然也就买下了他自己的奥利图奥德的信贷。这是一件至今仍然令人置疑的事情。但在这笔交易中收购价格是核心问题，价格太高，虽然这笔交易确实包括了当时苏联的订货以及一些不动产，但是价格仍是高的。起诉书控告彼卡似乎在用低价进行收购，为的是帮助犯了破产罪的阿尔内·曼蒂拉。然而价格并不是太低，而是恰恰相反，它实在是太高了，就是说那份诉状根本不合情理。通力的审计员恩蒂·海莱纽斯在法庭上作了证。这桩对彼卡的诉讼案最终以失败告终。〔*图奥英·埃罗拉*〕

尽管法庭撤销了对彼卡及其通力同事的控诉，但是海林和通力的名字在黑色的泥潭中几乎深陷了整5年，彼卡和塔巴拉的关系变得恶劣透顶了。《帮助》杂志在其长达6页的揭露文章中充满了诸如勒索行为和黑手党雇用的职业杀手等的责骂。

在1978年3月的一次讯问中，彼卡还要求警察调查“所说的勒索的背后是不是图奥马斯·塔巴拉。”

提出这项要求的根据是，在谈判结束后，塔巴拉和海林的朋友潘蒂·萨伊库硕士将以260万芬兰马克的报价出售塔巴拉控制的一块土地。

根据彼卡判断，这一报价明显夸大了，将价格定为200万芬兰马克都太高。

当时在场的阿尔沃·图奥诺宁在接受调查时出示了萨伊库和海林会见时的备忘录：

当我走进房间时彼卡说，塔巴拉企图通过萨伊库敲诈他，并要求萨伊库重复一下建议。

我们同海林一起问道，如果我们做了这笔生意，结果会是什么样？萨伊库说，塔巴拉方面停止迫害了，他说他自己只是转达塔巴拉提出的建议。

我们说这是敲诈，他只重复说他是转达建议。

**关于职业杀手的说法：**

当塔巴拉听说潘蒂·萨伊库于1977年11月10日前去海林处谈判后，他当即将萨伊库出售土地的建议否定了。

塔巴拉所以将它否定，是因为他曾听警察司令N-O.舍德尔特罗姆说，有人拟用10万芬兰马克从意大利雇用一名职业杀手来解决芬兰湾通力的破产问题……据塔巴拉记忆，他向萨伊库说过他不想同杀手进行谈判。〔*潘蒂·萨伊尼奥和汉努-彼卡·拉伊霍，《帮助》第23期，1979年6月8日，“芬兰最错综复杂的一场官司”*〕

早在官司结束前，彼卡·海林已经断绝与塔巴拉的一切联系，但塔巴拉仍旧拖欠着彼卡的债。

> 彼卡从来没有忘记，也从来没有给予宽恕。因此那些与彼卡曾有纠葛或在彼卡眼中对他曾经做过错事的人，后半辈子他再不会与之交往了。〔*塞波·约基比*〕

最终塔巴拉又因另外一宗诈骗案而受到起诉，但在开庭之前他去世了。彼卡在公众之中的名声也非常糟糕，于是他为改善和提高自己和通力的形象做了很大的努力，终于成功地将自己造就成为芬兰企业界的一根台柱。1982年彼卡50岁，他开始将塔巴拉之事完全置之脑后了。

* * *

塔巴拉去世时他正被控告为犯了倒闭诈骗罪。彼卡·海林不仅在官司——他的忠实的下属约基比、蒂莫宁、图奥诺宁和埃罗拉等也受到了牵连——中赢回了尊严，而且还在第二年当选为芬兰金属工业中央联合会的理事会主席。如果不是同事们坚信，彼卡虽然犯了与塔巴拉那种不法商人交往的错误，但他绝不会做严重违法乱纪的事情，那么他也就登不上这个主席的宝座了，而这个重要的职位也就没有更好的人选了。

看来彼卡已从塔巴拉事件中接受了教训。尽管在1980年代他对冒险性的生意仍可能有些热情，但注意将它控制在“中午”的范畴内，不再拖到“晚上”。无论是做生意还是交朋友，他变得比较保守稳重了。

事后很难确定彼卡将他的商业活动建立在什么样的道德基础之上，他的律师、审计员和财会经理都倾向这样的观点，即：在可能招致法律性麻烦的问题上彼卡采取重实的立场；他信赖那种站在可接受和不可接受的界线上瞪大眼睛注意细致观察的人的意见。

通力的律师：他确实希望站在正确的一边。他也特别了解通力是一家上市公司，但那时却没有内部规定，一点都没有，以致当时只要对情况有所了解就可以做生意，彼卡肯定利用了这一点。对此人人皆知。有传言说，彼卡故意不听取我的意见，而是听其他人的。这样的情况确实有过，但是，如果他问我意见，我从不反对。〔*图奥莫·埃罗拉*〕

通力的审计员：我的意见是，彼卡是遵守已有规定的，对此没有很多的话可以说。当谈到竞争问题时，那种与纳税稍微有关的事情一定会出现，那时候我们也总要想办法悄悄地踢上别人几脚的。

鉴于那些公司（瑞典电机—格雷厄姆、挪威的瑞典电机—格雷厄姆和特里格—泰坦电梯）都是从北欧收购的，于是当时在瑞士专门成立了一家公司，让它拥有专利权，并能付给它适量的专利费。这是税收计划的一个范例。不过这种做法引起了瑞典税务当局的注意，它发现瑞典通力公司在向瑞士交纳专利费。《赫尔辛基新闻》曾就此发表了一篇报道，还登了一张照片。我自然详细了解有关的情况，因为我看过有关付费的协议，还去瑞士那家公司考察过那些钱是怎样使用的。尽管钱在瑞士，但没有一分钱被用于私人目的。

案件到了法庭，那里作了调查研究。几个月过去了，瑞典通力公司致函税务局问，根据协议，本月底我们必须再一次向那边付款了，现在我们该怎么办？得到的答复是：可以付款。没有留下任何后果，最后的结论是没有任何差错。〔*恩蒂·海莱纽斯，由卡尔-埃里克·米切尔森采访*〕

通力的律师：彼卡尊重法律，但他与底线总会离得很近，然而又不跨越法律，除非他认为那法律的文字有错误，那时可能会轻微地跨越一些。从总体上讲，他是遵守法律的，在任何情况下他都没有蓄意破坏法律的意思。但是，如果能够做得巧妙，那就应该巧妙，要是法律制订人没能堵住漏洞，那就要尽可能地利用这一漏洞，这在道义上并没有什么错。〔*克劳斯·卡文*〕

当彼卡·海林听取专家建议时，他知道什么时候不该提问。他交纳税收会看时机，以使通力交纳的税款降到最低的程度。他尊重法律的文字，但又会利用漏洞和灰色地带，为的是尽可能多地争取有利的竞争条件。换言之，他的行事方式与对手全然相同。他是个好冲动的人，有时甚至会冲动得过头，但他又会在越过法律行为的界线之前迅速止步，向后撤退，他的原则是置身于法律的范围之内，但如果有了“踢别人一脚”的机会，他定会紧紧抓住，首要的是“如果能够做得巧妙，那就应该巧妙。”

# 根

教堂墓地北边紧靠哈图拉老教堂的地方原是阿蒙达的宅基，附近一块中间凹陷的巨大献祭石，即使不再经常供摆祭品，看来这样的石头也是不大可能消失的。1774年9月25日，一个男孩在这栋房子中诞生了，洗礼仪式上他被命名为恩蒂。不过家用大型《圣经》所附空白页上记载的出生日期是9月15日。在教堂名录中，他当时的姓名是安德斯·约翰逊，直至世纪更迭期间才改姓海林。

海林这个姓氏很可能出自阿蒙达所租赁的农场主建筑所在的地名海尼埃伊宁（瑞典语为海林内斯）……

这第一代海林的祖先已在胡尔塔拉村，也即哈图拉教堂村居住了很多代。〔*海伊基·海林,《先辈和后代列队行进》，1974年*〕

上面这些段落是从海伊基·海林发表的家族史研究著作头几页中摘录下来的。据他介绍，安德斯·约翰逊（1774—1849）10岁时先被送往哈图拉牧师家受教育，接着于13岁时又被送到海门林纳，当制帽师傅伊曼纽尔·莫勒的徒弟。1802年，这位已经成为制帽匠的年青人在楠塔利与玛丽亚·雅科的女儿图赫卡拉结了婚，据教会名录记载，他的姓名叫安德斯·海林。〔*海伊基·海林,《先辈和后代列队行进》，1974年*〕

安德斯的小儿子阿克塞尔·海林（1807—1839）曾任楠塔利教会的牧师，他于31岁去世，留下了妻子、1个女儿和3个儿子。大儿子古斯塔夫·艾伯特（1834—1890）19岁离家，先在图尔库，后又到赫尔辛基的许多家商店中工作，1861年与约哈娜·“哈娜”·韦克塞尔结婚。

约哈娜的父亲是图尔库很有名气的制帽师傅。古斯塔夫·艾伯特夫妇一共生了10个孩子，他们都长大成人了，老七生于1874年，叫布罗尔·哈拉尔德·海林，也就是彼卡·海林的祖父。

艾伯特1885年迁居到赫尔辛基后，他的家庭和他的孩子们的家庭在赫尔辛基一直定居到1912年春天，尽管其间住址时有变动。艾伯特1890年去世后，哈娜·海林将她丈夫的绝大部分企业变卖了，仅仅保留一家位于亚历山大街的玩具商店，店名叫“哈娜·海林玩具店。”孩子们放学后经常帮助他们的妈妈。

哈拉尔德或哈里，人们也叫他布罗尔·哈拉尔德，1885年在赫尔辛基科技学院（现为赫尔辛基科技大学）完成了工程师的学业。毕业后他得到的第一份工作是参加劳马附近建设的一条铁路的设计。后来他当上了赫尔辛基市建筑局的副工程师。1900年哈拉尔德与明娜·韦斯特隆德结婚。明娜的父亲是弗雷德里克博士，1874—1906年任地区医师，巡回于芬兰南部各地。后来他出任芬兰中央医疗局顾问，直至1911年退休。瑞典语是海林家族前几代的母语，但是哈拉尔德和明娜同他们的孩子说芬兰语。

哈拉尔德是工程师，他原本是想学商的。1900年当他从赫尔辛基建设局转到自来水管道局（后称“水管局”）工作后，他发现赫尔辛基的迅速发展给商业活动提供了机会——1812年时芬兰还是一个仅有4000人口的村庄，是在沙皇命令之下才使它成为芬兰首都的。在任职水管局期间，他注意到不断发展的城市需要安装很多管道，但是这一行业的企业远不能满足需要。

1904年，差不多在哈拉尔德·海林30岁生日那个时候，他辞去了水管局的工作，并与他的朋友托伊沃·索赫尔伯格和奈斯托里·埃斯科拉一起创办了水管公司。作为水管公司的经理，他的工程师技能大大派上了用场，但是公司的成功很大程度上还在于他的干劲和商业意识以及市场的快速成长和发展。1914年该公司已拥有差不多250名工人，除了赫尔辛基，公司的生意也扩展到了图尔库、坦佩雷、库俄皮俄、科特加和维堡。

两年前，正当水管公司成绩斐然，赫尔辛基持续发展之际，哈拉尔德·海林已经为不断扩张的私人财富寻找安全的投资之地了。这样的机会终于降临了，因为土地所有主费奥多·特里乔夫面临严重的经济困难，他已开始出卖不动产了，其中包括350公顷位于埃斯波湾旁，赫尔辛基西面约25公里处基尔科努米的图尔斯维克农场。1912年，哈拉尔德·海林终以20.1万芬兰马克的拍卖价买下了这个农场。〔*卡尔-埃里克·米切尔森，暂未发表的手稿*〕

图尔斯维克好像就是给哈拉尔德·海林准备的，他真真切切地爱好农业，而图尔斯维克就有80多公顷农田。农场主建造的庄园坐落在海边，哈拉尔德感到格外倾心，因为他是热心的航海者。图尔斯维克离赫尔辛基也很近，去市中心处理业务只要几个小时就够了。海伊基强调，图尔斯维克对他的家族意义太大了。

> 作为哈拉尔德·海林所关爱的东西，作为他整个家庭生活的指路人和内涵的赋予者，图尔斯维克的意义是巨大的、决定性的，因此需要单列一章来描绘它的各个发展阶段。〔*海伊基·海林，《先辈和后代列队行进》，1974年*〕

据说哈拉尔德的儿子海伊基也曾想尝试一下农业生产（请参阅本书“是当农业家还是做工业家？”），但是他的希望破灭了，首先因为他的父亲要他管理通力，其次由于一部分图尔斯维克所在的基尔科努米地区1944—1956年期间被苏联占领了。图尔斯维克的恢复重建和农耕工作是彼卡于1956年进行的，并不是海伊基。

* * *

许多亲朋好友说，彼卡像他的祖父，完全不同于他的父亲。恩蒂

1962年，海林家族四代人：墙上是哈拉尔德·海林（1874—1941）的肖像；站立者（从左至右）哈拉尔德之子海伊基（1901—1989）和孙子彼卡（1932—2003）；前排是曾孙子伊尔卡（1959— ）和恩蒂（1956— ）。

认为，“父亲有那么一种成见，他一点儿不尊重他的父亲，不过祖父是一个非常好的人。与彼卡一样，哈拉尔德是企业家，喜欢航海，搞农业和养马，并总有一点冒险精神。1941年，哈拉尔德去世，因此他没有经历3年后失去图尔斯维克的沉重悲痛。相反，彼卡倒是承受了这一沉痛的损失。当他最后终于回到他那曾经失去的天堂时，他即刻全身心地投入到了恢复和振兴图尔斯维克的工作之中。”

另一方面，绝对不应忘记的是，彼卡回到图尔斯维克的时候，他的生活中出现了另一个强有力的父亲般人物，他就是基尔斯蒂的父亲库斯塔·维库那。

> 父亲喜欢母亲娘家那边的人，就是维库那他们，至少有一件事拉近了他与维库那他们的距离，海林家的人常常自鸣得意，谄上欺下，而维库那家的人则实事求是，直言不讳。〔*恩蒂·海林*〕

维库那家来自中波赫雅玛地区的尼瓦拉，伊尔卡·海林的论文研究了他的外祖父长期从事公务的经历。他说，1935年，库斯塔·维库那的曾祖父埃弗雷姆·卡伦带着他的妻子和作为嫁妆的一头奶牛和两只羊羔来到村子北头耕地与森林接壤的地方，当时路德教的虔诚派正向这个大部分居民收入微薄的地区传播，复兴倾向与酗酒、饥饿和暴力在那里同时并存。

库斯塔·维库那的祖父习惯被人们叫做维尔库-库斯蒂，他是埃弗雷姆的二儿子。埃弗雷姆的一生既代表了波赫雅拉路德教虔诚派文化不开化的一面，也代表了严守规则纪律的一面。

> ……在青年时代，他会把短上衣往墙角一扔，什么坏事情都做得出来，后来他却成了比较坚定的虔诚派信徒，至少会尊重教会宣扬的美德，并将它们运用到日常生活之中。由于他工作能力强，更善于实干，于是他的家庭在他管理下逐步发展成为全教堂

村最富裕的家庭之一。〔*伊尔卡·海林*〕

维尔库–库斯蒂是一位严谨勤劳的农民，他“开发农业耕作使之达到了当时技术所能达到的程度。”他专心致志地将技术用于农业，同时注意不因自己年青而考虑不周，由此使他保持了传统，而这种传统也正是过了90年以后彼卡所代表的。

维尔库–库斯蒂的4个儿子中，包括基尔斯蒂的祖父奥古斯特在内的3个儿子后来成了传道士。按照伊尔卡的说法，奥古斯特·维库那发现自己像是被夹在两块大石头的夹缝中，一边是波赫雅拉路德教虔诚派的传统，另一边则是现代性和不断膨胀的雄心。

> 奥古斯特·维库那的生活受到了3个矛盾的左右。首先，他的宗教信念与促使他采取多种行动的雄心无法协调，而雄心的表现形式与他所生活的路德教虔诚派环境也难以协调。
>
> 第二，路德教虔诚派的信念转变为社会和政治信念，不断给他带来了问题，其中还加进了家长式等级社会的崩溃，并被阶级社会所代替。在很多情况下，这种现象在尼瓦拉的维库那家族中也是可以见到的。
>
> 第三，技术的发展将农场管理改变成了一个全新的职业。〔*同上*〕

基尔斯蒂的父亲库斯塔·吉迪恩·维库那1902年出生在尼瓦拉，他的右手童年时永久性脱臼，因此不能从事农业劳动，也不能服兵役。在此情况下，他转而踏上了学术研究的路途。1927年，他考入赫尔辛基大学，专攻芬兰语，1936年获民族学博士学位。不久后，由于对社会机构和社区价值深感兴趣，他投身政府部门担任了公职。续战期间，他出任了芬兰战时监督和新闻审查局局长。他在大学里结识了乌尔霍·吉科宁，后在吉科宁长时间的总理和总统任期中一直是一位备受信赖的顾问。除此之外，库斯塔·维库那还是赫尔辛基大学（自1950年起）一名成绩卓绝的民族学教授和芬兰科学院院士（自1959年起）。

彼卡·海林年轻时与他父亲的关系确实不很密切。海伊基要求严格，从某种程度上讲与孩子们的距离比较疏远。彼卡与基尔斯蒂·维库那的朋友关系发展了，他们开始谈恋爱直到后来结婚，由此他与基尔斯蒂的父亲也就是他的岳父建立了亲密的关系，这在一定程度上弥补了他们不协调的父子关系所遗留下来的缺口。

库斯塔·维库那离开以打猎、捕鱼和务农为生的尼瓦拉，进入城市，走上了学术研究的路途，彼卡走的却是相反的方向，他从城市来到图尔斯维克的农村，打猎、捕鱼和务农成为他的物质和精神支柱，与他城市生活中的商业需求相对立。他所爱好的这些事物需要有深深扎根于芬兰历史的技能，需要在严酷的寒冬和在不长的生长期条件下经历艰苦的奋斗。（但是彼卡太喜欢农业了，对他来说，那已经不是什么爱好，用他的话说，那是生意。）彼卡阅读了库斯塔·维库那的全部著作，诸如介绍传统种植方法的《祖先的劳动：土地和水的粮食》（1943年）和《凯米河及其邻近地区大马哈鱼捕捉史》（1974年）。从下面那封信中可以看到，岳父的教诲和榜样其意义是何等的重大。维库那去世后，彼卡曾经写信给吉科宁总统说：

塔米尼埃米

共和国总统乌尔霍·吉科宁

亲爱的兄弟：

复活节那天，我敬重钦佩的岳父库斯塔与世长辞了，他犹如一个农民脚上穿着靴子从马厩走向牛栏，从那以后我一直想给您写信，但我没有做到，因为我不知道，也不清楚在您所了解和公众舆论（《赫尔辛基报》除外）所介绍的以外我还有什么可以补充的。

岳父库斯塔是脚上穿着靴子去世的。直到他尚有知觉的最后时刻，他仍是清醒的，知道周围，并用平和的口气谈论当前和未来的事情。与死亡的搏斗仅仅用了几十秒钟时间。他离开人间舞台的方式是美妙的。那不仅是农民的方式，而且是农民之王的方式。

我知道，失去几十年的朋友绝对是无法接受的。在我们对库斯塔的离世早已心有准备的家庭范围内，我要尽力提出的不仅是他的科学成就或他对芬兰社会的了解，而且还有他的工作方法。如果说我有什么了解的话，那就是他的工作方法，那种标志着路德教虔诚派的勤奋和责任感、撒马利亚人时刻准备助人的精神和芬兰农民没有丝毫自吹自擂的自信的工作方法。

谨致敬意

彼卡

1980年4月21日于赫尔辛基

〔*总统乌尔霍·吉科宁档案*〕

关于维库那的政治关系人们写得很多，无疑这对他的女婿和通力是有好处的。不过很明显，作为私人顾问和老师，维库那对彼卡生活的影响是最大的。道德重整运动将海伊基和安娜·海林夫妇带到了它的活动之中，彼卡认为这一活动是“相当愚蠢的”，从而让他觉得有必要从其他地方去寻找领路人。相反，库斯塔·维库那的人生观扎根于坚实的农民传统之中，它的基础是勤奋的劳动和农民的智慧。彼卡的父母亲迷恋于用道德重整运动的4个“绝对”——纯洁、无私、诚实和爱——的抽象思想来改造世界，而维库那却崇敬与土地关系亲密的生活方式。波赫雅玛人高度信奉上帝，然而他们更相信自己。毫无疑问，独立自主和自力更生正在感染着这一位自登上公司领导岗位以来一直在一片赞扬声中开始游泳的年轻总裁。

* * *

**图尔斯维克**——对很多土地所有者来说，有了庄园主的名分就已心满意足了，彼卡却不然，他要自己管理农场，亲自参加播种、收割、打场和养殖牲畜。在1950年代拍摄的照片和8毫米电影片中，他把袖子卷得高高的，靴子沾满了泥巴，当时看他是多么的幸福和轻松。

> 父亲对种植小麦非常热心。图尔斯维克原先的耕地不是太好，那是黏土似的土地，结成疙瘩的土地，但是就在这块土地上能够种出芬兰所种植的任何东西。
>
> 在蒂娜和我的婚礼上，父亲发表了一篇高水平的讲话，他讲到农民的劳动，也说了教师的工作（蒂娜是教师），说那些工作都是世界上最最重要的。兴许这是吸引他倾心于世上最重要工作的第一因素。〔*恩蒂·海林*〕

开始时，彼卡和基尔斯蒂集中精力于种植粮食作物（燕麦）和饲草（三叶草），1958年他们买了第一头种牛，取名月光卡莱，另外还买了几头奶牛。不久后彼卡又开始养猪了。彼卡还将商业上的经营思想用于牲畜的饲养工作之中，核算初期成本和可以使用的资源。正如恩蒂所说：

> 耕地连片，可是那上面什么都不长，那里只有疯长的杂草，因为那块土地已有12年没有耕作了。在这里铁丝网无处不见，因此用不着采购做围栏的材料，什么别的东西都不需要，只要将奶牛赶到牧场就可以了，也许这就是所谓的“底线”！〔*恩蒂·海林*〕

伊洛娜也说，她的父亲曾经提到，农场里的土地几乎都不适合耕作。

他对我说，图尔斯维克有相当大量的所谓荒地，它们没有利用价值，诸如岸边地、小块的草场等。尽管如此，奶牛还是可以从那儿找到吃的，让它们长膘产奶。〔*伊洛娜·海林*〕

不久后基尔斯蒂和彼卡开始试验养猪，但是没过多长时间就放弃了，因为很难找到能干可靠的饲养工。后来他们又着手养殖比赛用的马匹。

在图尔斯维克12年前落入苏联控制之前，哈拉尔德·海林饲养过阿登马，那是一种能干重活的马种，由于市场上出现了效益良好的拖拉机，对干活的马的需求一落千丈，再养殖这种马匹既费力气又不赚钱。彼卡也是爱马的人，1960年代他试着养殖过赛马。他挑选了俄罗斯温血马的品种，但在芬兰市场上竞争不过美国的赛马，于是他放弃了养马，转而养殖食用的牲畜了。1975年，他从瑞典买了2头种牛和34头小母牛。彼卡相信，在农业和畜牧业协调地结合到一起后，一定能把图尔斯维克办成一个稳定而有利可图的农场。他的好朋友尼洛·萨尔米——他也是一个农民——清楚地记得彼卡在努力创建一个有活力的农场之时所表现出的那股热情和周密思考。

除了通力，彼卡当时对畜牧问题和农业问题同样满腔热情，尽管在这些方面基尔斯蒂做了许多工作。他对那些赫里福德牛[①]特别感兴趣。最早彼卡养猪，后来他说养猪得不偿失，放弃不干了。养马是租的马厩，因为吉科宁的那匹白马也在那里。不过在畜牧业和农业方面他确实非常会精打细算，他能仔细地思考前进的方向。后来，通力的业务做得越来越大，彼卡就不再干畜牧业和管农业的事了。〔*尼洛·萨尔米*〕

① 赫里福德牛是英格兰食用牛种，体红色，脸部白色。——译者注

彼卡决定集中精力做菜牛生意在今天听来似乎不是一步大胆的棋，但从商业角度讲它可以提供很少有人想得到的可能性。在芬兰，传统畜牧业的重心是饲养奶牛，饲养小母牛为的是生产牛奶，而不是牛肉。1950年，芬兰人一年每人平均只吃28.8公斤牛肉（2004年的数字是72.8公斤，明显低于89.9公斤的欧洲平均水平）〔*塔尔亚·哈拉，《农村前途报》，2007年3月16日*〕，当时上芬兰餐桌的肉主要是多脂肪的猪肉。

养殖菜牛被视作是富裕土地所有主的偏爱，专养奶牛的农户对此很不满意，他们希望仍能保持得到丰厚补贴的做法。但是时代在变迁，尽管国家尽其所能仍在支持小农，然而在农业不断机械化和竞争日益加剧的情况下，很少有人有力量能为成功地维持奶牛养殖进行投资了。随着国内对牛肉的需求开始缓慢地然而是稳定的增长，奶牛的饲养数量下降了，这给为数不多的菜牛养殖户提供了冲击奶牛养殖户所树建的壁垒的机会，彼卡当然要利用这样的挑战。

玛丽亚娜·冯林伯格·斯蒂勒姆先于海林家开始养殖赫里福德牛，她在彼卡·海林60寿辰庆祝文集中写道：

> 早在1961年赫里福德牛已经引进芬兰，但是增长缓慢，1970年初还在为是否要开发菜牛问题争论不休，奶业人士反对，对新的生产形式持怀疑的态度，但是屠宰场从一开始就表示支持，因为人们知道，随着奶牛的减少就需要用真正的菜牛肉来弥补牛肉生产的不足了。
>
> ……彼卡将商人的思维教给了我们这些菜牛的饲养者，他说："如果没有市场，那就必须设法营造"……彼卡和基尔斯蒂加入赫里福德牛饲养者的行列，肯定也有助于改变人们对菜牛生产是不是有利可图所持的猜疑态度。"……要是得不到好处，这样精明的生意人大概不会饲养赫里福德牛了……"彼卡用语言和行动表

明，赫里福德牛在图尔斯维克是为了生产，而不是兴趣。〔*玛丽亚娜·冯林伯格·斯蒂勒姆，1992年*〕

尽管彼卡起步时用的是这种最低程度的“低线”评估，很快他就以自己独有的方式既精力充沛，又以理智的好奇态度投身于工作之中了。

彼卡很快就清楚了，芬兰有限的牲畜数量限制了加工业的快速发展。加工材料和加工知识都来自美国，饲养赫里福德牛在那里已有200多年的历史，“应该从牛的头数多于本国居民的国家去找牛。”

1978年冬天，彼卡的大儿子恩蒂前往美国。早在这一年春天，赫里福德牛的养殖户就已听说有一种脂肪较少的赫里福德牛新品种，它与原先我们熟悉的完全不同。〔*同上*〕

恩蒂的调研以及彼卡的支付能力和支付准备，对这一可能是最优良的品种是有利的。备受尊敬的美国艾奥瓦养牛场主人吉恩·威斯给了他们理论和实际的帮助。威斯是恩蒂1978年认识的，威斯让恩蒂住在他的家里，帮助他在艾奥瓦州立大学攻读农业专业，威斯和海林两家就此交上了朋友，多年来他们一直保持着密切的关系。

格兰德·斯莱姆是我们得过奖的种牛之一，在美国很出名。1978年我们储存了它的精子，并将其送到了图尔斯维克。格兰德·斯莱姆的后代在芬兰很成功。就如我在访问图尔斯维克所确证的，彼卡在开发工作中走在了最前头。

我注意到农场的管理方式与众不同，还有彼卡的两面性我觉得非常有趣。鉴于我们都是干牲畜饲养一行的，因此也愿意观察行内人，考虑遗传问题，看一看别人为什么要那样做。1981年我曾在蒙基尼埃米庄园与彼卡一起共进午餐，我看他忙极了，但当我们到了图尔斯维克农庄，他完全是另一个人了，我觉得他的心境更加平和。

图尔斯维克给人的感觉是美好的，一切有条不紊，管理良好，没有任何做得过分的迹象，农庄笼罩在既成功又谦逊的气氛中。如果没有对事物先做充分的考虑，这样的境界是不可能达到的。当你处在什么都可以做到的条件之下，你完全可能建设过多，扩张过度，炫耀过分。然而我清楚地记得，图尔斯维克协调地融入在周围的环境中，对此我钦佩不已。我知道这主要是彼卡的功劳，但是肯定也有基尔斯蒂的贡献。〔*吉恩·威斯*〕

恩蒂一篇谈到近年内图尔斯维克的菜牛屠宰重量快速增长的文章，曾为人们广泛引用。

1980年代，210公斤屠宰重量已是一个很高的数字了，但是我们农庄的屠宰重量当时几乎已达到了400公斤。〔*托米·皮德纽斯，2008年*〕

图尔斯维克培养了很多头芬兰冠军牲畜，诸如1982年出生的莫娜·丽莎，她曾荣获最优良品种第一美小母牛的称号。恩蒂成了庄园主后也创造过成长纪录（即一头牛的年度增长重量）。1987年出生的图尔斯维克德波，一岁时创造了595公斤的新纪录，这项纪录直到两年后才被它的后代以600公斤的纪录打破。

* * *

后来彼卡又顽固地继续管理了图尔斯维克很长时间，直到通力繁忙的工作使他既无时间也无精力投身农庄的工作。

恩蒂从美国回来后，彼卡根本没有考虑让他接管图尔维斯克，彼卡还想自己继续管理很长的时间。他虽然偶尔想过由谁担当这个角色的问题，但又非常干脆地将恩蒂排除在外，因此，恩蒂移居到了巴拉伊宁。〔*基尔斯蒂·海林*〕

据恩蒂回忆，起初彼卡坚持仍要由他自己继续管理农庄，对此恩蒂不同意，因此恩蒂和蒂娜于1983年迁居到他们购置的巴拉伊宁农场去了。这一农场位于图尔库东南约25公里的地方。恩蒂离开时与他父亲的关系非常紧张，其中一个分歧就是管理图尔斯维克农庄的问题。

我们去了巴拉伊宁后，父亲依旧坚持认为他是农庄的总管。但是图尔维斯克的管理很不顺畅，因为农场作为一个生产单位不能没有人时刻在场，实际上牲畜的管理需要很多关注，譬如对牲口都需一头一头地加以识别。

人们不少谈论他是何等的“嗜好”农业，纳税人如何交纳税款，这让他感到烦恼。无疑这在一定程度上是正确的，但他不认为少交税款就因为亏损。确实让他最感头痛的是未能做成一笔好生意。他做的所有事情总会变成好生意，唯独农业就是不成功。

在这一点上电梯生意和农业是一码事，只要老板待在旁边，那就有帮助。在农场，如果你想做好生意，那么你就应该待在那里，干活，看着别人在怎样忙碌，或许这是最伟大的成功秘诀，因为农业的赚头是微薄的。

除此之外，大家当然都知道芬兰的植物生长季节短，我们是世界上最北的国家，农耕对食物生产意义重大，成长期必须最大限度地加以利用，每消失有热量或有雨水和阳光的一天，它就永远不会回来了。必须倍加严格，要利用好每时每刻努力工作，不能譬如像我们的澳大利亚朋友那样坐等。如果今天天好，必须抓紧时间将饲草晒了，明天照样如此。在我们芬兰，一定得有严格的纪律，还要会自我约束，以便一有良好时机，随即就能开始工作。〔*恩蒂·海林*〕

随着通力越来越需要彼卡投入更多的时间，给予更多的关注，图尔斯维克具体事务的管理经常交给基尔斯蒂去做了。

我管理图尔斯维克的簿记，与长工们谈话也成了我的任务，他们都是很好的男孩子，但他们是壮汉子，一点儿不听女主人的话，真是太让人感到遗憾了！后来进来的长工们年轻一些，都是恩蒂的年龄或者略大一些，他们终于明白究竟是怎么一回事了，应该同什么人谈事。〔*基尔斯蒂·海林*〕

初期彼卡聘用了有能力的农场管理人员，诸如他非常喜欢能同其紧密合作的马尔蒂·西卡拉和劳里·奥亚拉。但是彼卡的生活状况发生了变化，他开始每晚很迟才回到图尔斯维克，再也不像过去那样能够充分提供实际的指导和反馈，进而导致很难物色懂得专业的农场管理人员了。恩蒂说：

每当那些管理人员与父亲讨论农场事务时，很多情况下我都在场。他们经常会感到不快，因为会议总是开始得很晚，而且父亲的脑子不清醒。

我相信，如果与农场的所有主没有合情合理的接触，肯定是难以顺利地进行工作的。这样的讨论可能最终还会拘泥于令人发笑的小事情之中。因此当他（在1980年代初）建议由我接管图尔斯维克但他仍当农场主的时候，我断然拒绝了。我看到了他是怎样对待他们的，我认为他的想法绝对不可行。〔*恩蒂·海林*〕

当恩蒂居住在巴拉伊宁的那几年里，图尔斯维克无论在内部秩序还是生产效率方面就像吉恩·威斯1980年初访问那里时所观察到的那样，开始走下坡路了。彼卡终于将图尔斯维克交给恩蒂管理了，他自己也清楚地知道，在通力继续发展的情况下，他再没有精力成功地同时既领导公司又管理农场了。他最终决定将图尔斯维克转给恩蒂，但是由于这一转让的结果，孩子们必须对部分财产分家了。

> 1988年秋天对一部分财产进行了分配。伊尔卡、尼克拉斯和伊洛娜拿股份，哈娜将她所得的股份转到了通力基金会。我只对农业感兴趣，我得到了图尔斯维克和少量股份。当时父亲已是那种大概要他做什么就可以做什么，就是不要求进行投资的农场主了。在我们眼里，一切都很糟，一切情况都在朝着越来越坏的方向发展。〔*恩蒂·海林*〕

二儿子伊尔卡回忆道：

> 家产的分配开始时老爸只是简单地宣布说，恩蒂现在当农民了，得到图尔斯维克，他再没有更多问我们。但是说句老实话，我当时已经看到，在这件事情上恩蒂和老爸是亏了，因为我们得到的那一份更值钱、更宝贵。然而恩蒂很满意，因为他说过："我只要图尔斯维克，任何别的我都不想谈"，就这样！〔*伊尔卡·海林*〕

恩蒂掌管图尔斯维克后，牲畜头数上升到了500余头（后来由于粮食种植面积扩大，这一数字大大缩小了）。现在恩蒂和他的家庭住在图尔斯维克的主建筑内，也就是他的祖父母和曾祖父母居住过的同一幢房子。基尔斯蒂依旧住在几百米外1950年代由她和彼卡为他们自己建造的房子里。

直到最后，彼卡都认为图尔斯维克是待着最舒适的地方。

父亲年事越高，他越不愿离开这里了，他只想待在那里，坐在大厅中看书，对他来说这是安静的地方。〔*恩蒂·海林*〕

2003年4月4日星期五，彼卡躺在他的床上与世长辞了，享年70年。

* * *

彼卡总说，办农场是商业行为，但是对他来说图尔斯维克是庇护所和休闲地。本书的“引领人”一章中谈到他热爱航海，不过他热爱的还有打猎和捕鱼。

彼卡最乐意与尼洛·萨尔米一起打猎，他们是老朋友，因为是同时服役的。

我们第一次一起出去打猎是在1959年8月20日的打野鸭开禁日，当时彼卡已到通力工作，这座庄园也已回到了他们自己的手中。

无论是来复枪还是猎枪，彼卡都打得很棒。我们兴奋得同小孩子一般，因为图尔斯维克留有一些俄国人的电话线，上面挂着玻璃绝缘子。彼卡说，把那个家伙干下来。好的，我当然开枪了，我不记得是不是打中了，但接着又开了几枪。彼卡打下的更多，他比赛胜利了。彼卡几乎总是那样，他猛开枪，总有收获的。

如果他在某个地方打中了一只猎物，他一定能将它找到并带回家。他重视被他打中的猎物，也非常重视保护环境。如果打猎时必须在埋伏处隐蔽很久，彼卡就会不耐烦，我们谈好了，在这种情况下他可以稍加活动，可以走出来。要是有很多客人，彼卡不喜欢集体打猎，他喜欢自由自在，如有正式的打猎活动，他当然不能不参加，不过他不很欣赏。吉科宁常与我们一起打猎。这是另一位坐在埋伏处就会咒骂的人，然而有时候他又不能不钻到里面去。在这一方面他很像彼卡，更喜欢自由自在。〔*尼洛·萨尔米*〕

萨尔米强调，彼卡重视他所打到的猎物，然而彼卡的孩子们认为，他们的父亲譬如在涉及捕鱼权的问题上有时大大超出了萨尔米所讲的重视。尽管在芬兰“人人”“有权”进入森林和水域，但在私人区域内打猎和用网捕鱼是被禁止的。他坚决保护自己的财产和土地所有主的权利，但当他身处别人的土地上时，却不总是遵守法律的。

如果有人非法进入图尔斯维克水域，偷偷捕鱼，老爸一定会大发雷霆，他会叫唤我们登上他的小船，帮他一起追逐贼船，向前来偷盗的捕鱼人发起攻击。有时候还打上了官司……我也被人起诉过，但是从来没有被判有罪，倒是老爸挨过那些捕鱼人的打。〔*伊尔卡·海林*〕

关于他的父亲，恩蒂说：“他有自己一套规则，他自己可以做的事，别人不可以做。”据小弟尼克拉斯回忆，一次他们出海捕鱼，父亲说的话犹如法律，别人必须遵守，但他自己却可以例外。

一次我们坐船出海，带了渔网，他下了渔网，说是玩一玩，实际上那是违法的，用网捕鱼当时仍旧受到严格管制。他当然没有捕鱼许可证，除非某些腐败的官僚对他说过，你干吧，那管不了你。不过他大概不至于愚蠢到会认为自己与众不同，可以特殊！〔*尼克拉斯·海林*〕

尼洛·萨尔米对他朋友打猎时的表现看法要肯定得多，他强调通过一起打猎让他学会了解和敬重彼卡了。

在打猎、夜晚共度时光和一起洗桑拿浴的环境和情况下，确实能够很好了解一个人。关于彼卡，我要说，从某种程度上讲彼卡有两个。对他来说，家庭是重要的，他十分热情，感情丰富，但当他变成另一个彼卡时，他就会喊叫："听着孩子们，你们干吧，要么成果辉煌，要么一事无成！"

尤其在我们打猎的时候，他会对他的儿子反复强调，要让生活富裕不是一件容易的事儿，一定要努力工作。他总是这样教育他的儿子，锻炼他们。这一点千真万确。〔*尼洛·萨尔米*〕

彼卡常常领着孩子们进森林打猎，下海捕鱼。恩蒂讲了一个打猎的故事，当时他还很小。

有人告诉我说，那年我两岁，当尼洛·萨尔米向着驼鹿开了一枪的时候我也在一起，一枪之后那只鹿在惊慌中直冲我们跑了过来，于是尼洛开了第二枪，那鹿就在离我们一米的地方倒下了。〔*恩蒂·海林*〕

打猎和捕鱼是图尔斯维克生活不可分割的一部分，它们不单纯是消遣和休闲，而是涵盖了更重大的意义，它们是彼卡所说的与土地亲近的生活方式的核心。库斯塔·维库那在其题为《祖先的劳动》一书的前言中写道：

我们当代人两眼只是死盯着新时代的巨大科技成就和各领域的合理化生活方式，使我们自己变得如此盲目，以至于很难理解和珍视先辈们天天笃守的生活方式和支撑着这一生活方式的因素，也就是真正农民文化的一切古老传统。〔*库斯塔·维库那和埃伊*

*诺·麦基宁，《祖先的劳动》2000年第12版〕*

尽管彼卡对最新科技成就的了解胜过他那时代的任何其他人，但他始终忠实于农村文化和他岳父在其著作中详细阐述的价值观，这一点从彼卡对捕鱼的热情中最能清楚地看出来。

* * *

彼卡的捕鱼生涯，在他被任命为通力董事会主席的1964年，其前进的步伐越迈越大了，他同作家巴沃·林塔拉和即将出任芬兰统计中心主任的奥拉维·E.尼塔莫合作共同创办了格尔达三文鱼捕捞辛迪加，不久后，是年成为芬兰广播公司总经理的埃伊诺·S.莱波和他的兄弟，魏林+库斯文学出版公司经理维莱·莱波、建筑设计师雅科·拉波蒂和彼卡·拉乌里拉以及作家恩蒂·许吕和巴沃·哈维科也参加进来了。他们还按芬兰前总统里斯托·吕蒂夫人的名字将船命名为“格尔达”。这条船的建造原本就是为了在波罗的海捕捉三文鱼的。

人们坐在“格尔达”的甲板上，将钓线放入海中，当鱼咬钩时他们就会拉起钩绳，将鱼拉上甲板。彼卡对航海和水上活动极其细心，一丝不苟。他不能容忍外行人在船上碍手碍脚。1960年代末，他放弃“格尔达”了，但仍继续在埃斯波湾用渔网、鱼钩和钓线捕捉鲷鱼、狗鱼和鳕鱼，直到晚年拖不动腿了，他才停顿下来。维莱·莱波说：

> 但是我们仍在继续一起捕鱼，只是换了一个形式，我们把它叫做家庭捕鱼。
>
> 家庭捕鱼早在1960年代末就已开始了，除了其中有两年例外，它一直持续到了去年（1991年）冬天。我们在图尔斯维克庄园埃斯波湾的水域中演练捕鱼。开始时只有彼卡和我在基尔斯蒂和英凯利（维莱·莱波的妻子）陪同下参加。我们并不想什么天

气都请妻子们参加，譬如阴雾天，或者在泥泞路滑或者寒冷刺骨的日子里，我们就会不让她们同行。但是几年来她们在海林家的厨房里忙着解渔网的乱结，取出大量捕获物，尤其是那些偌大的狗鱼、鳕鱼和鲷鱼，她们是专家，她们的贡献任何人都替代不了，让我们轻松无比。

两家的孩子当然从一开始就都参与了。后来捕鱼的队伍越来越大，外甥、女婿都参加了，慢慢地甚至还有第三代的孩子也加入进来了。我相信，那些在冰上度过的阳光灿烂的冬日以及用神秘的手段从冰层底下一条一条地拖出鲷鱼、众多狗鱼和长相丑陋的鳕鱼的童年记忆，会永远留在那两代人的脑海之中。〔*彼卡·海林：来自朋友的信息，1992年7月15日，维莱·莱波，1992年*〕

收起渔网，再将其放回到冰层底下，成了图尔斯维克冬季一周一次的仪式。为了拉网，彼卡用斧子在冰上凿了两个很大的窟窿。因为没有其他渔网顶替已被拉起的渔网，他们不得不用冻僵了的手指将又湿又冷的网子解下来，然后重新把它放入海中。捕鱼人回屋后，基尔斯蒂会将捕获物十分仔细地登记到本子里，还注明送往各家的是什么鱼以及捕获的日期。下面是莱波讲的发生在某一天的一个冒险故事：

我钓到一条大狗鱼好像是在1980年1月19日……彼卡的儿子伊尔卡也来了，他经常同我们在一起，他把钓钩捆扎在后面的渔网上，并用非常平和的口气说：这儿大概会有戏。

被他说中了，从起网的冰窟窿里即刻拉上了一条重4.8公斤的大家伙，紧接着又上了一条5.5公斤的。伊尔卡走过来看提钩，他似乎很不满意。我从渔网上取出捕获物，瞧了一眼后又将它们扔到冰窟窿里去了。我看到了一件希奇的东西，我说：“现在拉过来的是一只美国登陆靴！”

1987年一个星期日早晨，彼卡（右）在埃斯波湾捕鱼。与他一起的是他的老搭档维莱·莱波（左），远处者是维莱·莱波的女婿马尔库·阿赫尔贝克（他手执可将渔网拉回到冰层底下的拉绳）。

这一回没说对，那是一条狗鱼的口鼻部位。我朝着冰窟窿冲了过去，狗鱼离我越来越近了，到了可以抓住它的时候，我立刻用手从水下托住了它，将它托到冰面上，托到尽可能远离冰窟窿的地方，使它无法跃进海里。袖子湿透了，但那有什么可以在乎的！——伊尔卡说，这一点是我难以想象的，那条大鱼一过磅，

太让人惊讶了，它净重竟有11公斤半。〔*彼卡·海林：来自朋友的信息，1992年7月15日，维莱·莱波，1992年*〕

维莱·莱波的女婿马尔库·阿赫尔贝克是1970年代每周一次捕鱼团队的固定成员，他说，他们中间没有一人不知道这项活动对彼卡的意义是何等重大。

尽管那只是业余消遣和捕鱼，但对彼卡来说那可是最最珍贵的几个小时，他忙了整整一个星期的生意，整天从早到晚连轴转，好不容易到了星期日早晨10点钟，你想想他怎么不想享受一点儿清静的时光呢！他需要休闲和消遣，那不是他必须全神贯注、发号施令的场合，而是一定要充分享受这个早晨、这个时刻，因为那不单单是到冰上走一走，捕捕鱼，实际上，那全过程，就是一个持续很长时间的典礼。〔*马尔库·阿赫尔贝克*〕

彼卡的年龄越来越大，1980年代他开始出现思想不集中的征象，捕鱼那套程序对他显得更加重要了。马尔库·阿赫尔贝克关于一次冬日捕鱼之旅的描述，打开了彼卡一般从不对外的家庭生活的窗户。那个故事发生在图尔斯维克年代，当时彼卡好像60岁刚出点头。

这套程序从我们进到厨房开始，用不着按门铃，径直进去就可以了，如果见到人，就说一声早上好，然后将靴子脱掉。走进厨房后，经常情况下基尔斯蒂已在那里了，彼卡可能到得晚一点，那时通常他还光着脚。

开始时总是按照同样的方式，维莱和彼卡先要交谈一个半小时，我要说这整个过程非常重要，他们俩既闲聊，也谈政治和书卷，品头论足，其他人都不必参与其中，这是他们俩之间的私事。生意上的事根本不谈。他们喝一瓶啤酒或者一杯咖啡，抽很多烟，他们坐的位子从来不变。

基尔斯蒂热情地请我们其他人喝咖啡，外加香喷喷的饼干。然后我们会去锅炉房取来上周末从冰层下拉出来的渔网，并在他们厨房中进行整理。有时彼卡也会抓起钓线，解解乱结，不过他不是大事小事都抓的人，他的性格蕴含着这样的成分，他无意对什么都要关心，无心对什么都要干预，他不想心烦意乱。

渔网整理停当后随即装入箩筐，这是即将出发的信号。他的孩子们可能会来厨房表示问候或者吃早饭，或者穿过厨房去林子里捉兔子。很快我们就会有6个人了，甚至8个人，这要看我们两家的孩子来几个。随后我们会去过厅穿衣服，一身冬装，暖暖和和。彼卡知道我会取来四轮自行车停放在门厅外，他有时坐车，有时步行，一般情况下，去时他会坐车，回来时在冰上步行。他总要比别人走得稍稍前头一些，为的是多活动活动。

接着他会先去他父母住所旁边的泊船库，检查一下岸边的冰是否破裂，四轮自行车是否过得去。有时冰裂，渗水太多，我们就没有胆量坐车穿行了，为了免将自己弄湿，只好用雪橇从雪地迂回，因为我们带了很多东西，诸如冰斧、冰锯和手钻以及一只装鱼用的空箩筐和满满一筐备用的渔网。除此之外，还有转盘渔线、各种渔网回收木栓和其他材料。这些工具都是极其重要的，我们或用双手或用四轮自行车将它们拖到捕鱼的冰窟窿旁。

一旦到了现场，任何人都会知道应该做一些什么事情了。如果雪厚半米，你必须首先挖开积雪直到看见冰层，有时这个过程进展神速，要是没有捕到什么东西，渔网就用不着更换，这样的话，事情就好办了，但我依旧不信我们能在两小时之内离开那里。如果箩筐中有鱼，渔网就必须更换，还需用雪重新将冰窟窿掩盖起来，以免严重结冰，将渔网封在冰下。我们信心十足，按H字母形布下8张网，就是说中端挖2个冰窟窿，上端和下端打上桩，然后我们或在中端2个冰窟窿之间的H横道上或在H字形的外方布下挂有总共200枚捕捉鳕鱼的鱼钩。

彼卡非常乐意把渔网拖上来，但他也同样愿意跑到外边的窟窿把网拉入水中，大家都按指令工作，有时也难免碰到麻烦，譬如渔网乱成一团，最严重时还会出现拉线上的一个结子松开了，导致一边的渔网全部脱落，这意味着有时会让我们多干2—3个小时的工作。真的，有时候你不得不在阴暗的冬天在冰面上艰苦工作4—5个小时，汗流浃背，这在刺骨的寒风中确实让人难以忍受。

做完这些工作后，收起各种捕鱼工具，我们就向厨房返回了。我们常会在客厅里坐一会儿，喝上一杯啤酒。

当时有一条带卵的鳕鱼，我们用基尔斯蒂的磅秤将它仔细地秤了秤，我记得我们捕获的最大一条带卵鳕鱼的鱼子重达1.5公斤。我们将它掏出来后，过了磅，分成几份。至于鲷鱼，彼卡会说，统统弄走，他不想看到它们。不过我还是会在屋后将那些鲷鱼与别的鱼种存放在一起的。狗鱼最美味，然而有些人却说狗鱼的肉质像木头，其实海里的狗鱼与河湖里的狗鱼差别大得很。当你从一条6公斤重的狗鱼身上切下里脊和大块鱼片，快速在煎锅中过一下，然后将它们盛入焙盘，再在上面稍微浇上一点儿白酒，放一些奶油，一道美味可口的菜肴就此完成了，至少我们的孩子非常爱吃这道菜。

最后再说几句捕鱼之旅，做完事情后的交谈也是重要的。我们并不是匆匆忙忙地进屋，仓促地奔向冰野，也不是做完了事就急于各自回家，整个过程会持续好几个钟点。结束工作时常会出现某种惊喜的事情，例如海林家开始准备晚餐，或者一起去某个地方，然后又会静静地、轻松愉快地从那儿离开。〔*马尔库·阿赫尔贝克*〕

* * *

吉恩·威斯看到了彼卡在蒙基尼埃米庄园和在图尔斯维克举止上的明显差别，这一差别象征着他企图运用相互冲突的手法来享受他的两个世界——工业家的世界和农业家的世界——中最美好的东西。但是由于他的“要么拥有一切要么一无所有”的性格，致使这一努力从一开始就会注定失败。两个角色之间持续的紧张关系，某种意义上可以理解为代表着海林家族的现代化、竞争精神和以科学技术主导的价值观与维库那家族传统的、集体的手工业者——农民价值观之间的反差。

恩蒂·海林将海伊基·海林领导通力的风格定性为绅士型的。但他是家长式的老板，他借钱给工人，资助员工建造住房，甚至为通力员工的孩子们举办夏令营。他满腔热情地支持公司组织庆祝圣诞节和仲夏节等传统节日，赞助通力体育队参加比赛。彼卡则认为，在芬兰这样的福利国家没有必要提供资助，因而多种项目被他中止了。彼卡主张公正合理，但无意给自己留下慷慨大方的名声。通力向芬兰现代艺术博物馆（基阿斯玛）和芬兰室内乐团等机构提供了大笔赞助，但彼卡始终主张这件事情要做得不留姓名，或者低调处理。多年来，通力基金会在哈娜·努尔米宁领导下不动声色地支持着人文科学、社会科学和环保事业的研究而不谋求名扬天下。

许多事例表明，从性格上来说，彼卡似乎更像他的岳父，而不是像他的父亲。恩蒂说，他从他父亲身上最早学到的东西是，判断一个人不要看他能做什么，而是要看他能做得多好。这样的见解肯定更多可以从彼卡的岳父库斯塔·维库那身上而不是从他的父亲或祖父身上找到反响。吉恩·威斯提出了以下的看法：

彼卡是一个很喜欢听别人说话的人，不知道这是不是因为他的口才差一些，不过我觉得他更乐于在别人说话时提问题，然后再听别人讲话，提出更深层次的问题，继而再听。他不仅对我而且对我向他介绍的人都一样。我似乎有一种感觉，他要从一切可能的地方为自己获取知识。我记得我们这里曾经有一位年老的牧人，他见多识广，几乎无所不知，他从经验中学到了一切。他是老资格的土地之子。彼卡犹如炮轰一般连续向他提出问题，很清楚他对这位老人无比敬重，与我完全相同。〔*吉恩·威斯*〕

彼卡曾经有意无意地仿效库斯塔·维库那前去芬兰农村和波罗的海沿岸各国进行考察访问，收集有关农业、渔业、房屋建筑、工具制作以及其他传统技能的知识。不过在其他方面，他却可能本能地表现出是一个真正海林家的人。例如许多家庭成员都说他好指责人，还认为一些人能力超群，但视另一些人愚蠢透顶。这一情况与当年的哈拉尔德和明娜·海林以及海伊基和安娜·海林一模一样。他对一个人的看法不是根据他的工作如何而定，如果感情一冲动，他对这个人甚至可以不看一眼，根本不予置理。

说彼卡·海林在通力是哈拉尔德·海林的继承人，在图尔斯维克则是库斯塔·维库那人生观的信徒，也有些过分简单。但概括起来说，这里面的确潜藏着一个真理的种子。在生意场上，彼卡是野心勃勃的马基雅弗利，为了取得胜利他向前横冲直撞。但是作为务农者、打猎人和渔民，彼卡深知大自然的威力对人类努力的制约。每当人间的相互作用诱发出他内在的敌对意识时，图尔斯维克的生活会起到平衡的作用。

然而，正如伊洛娜·海林指出的，在她父亲的生活方式天平上，最终是向着压力和敌对意识倾斜的。谈到她父亲与图尔斯维克的关系时伊洛娜说了下面一段话：

至少根据我的父亲曾经向我说的，他因波卡拉租借给苏联而被迫离开图尔斯维克是他生活中最最恐怖的时刻。另一方面，当他们重新返回后，他就是坐在桌子的一头，闷头喝酒，不知道应该怎样享受和快乐，这是他悔恨一生的事情，因为不懂得怎样生活在这个环境中。〔*伊洛娜·海林*〕

请注意，伊洛娜没有讲她的父亲时间不足或者缺乏意愿，她只说彼卡“不懂得怎样生活在这一环境中。”彼卡的两条根某种程度上是相互冲突的，任何情况下他都没有能力将它们协调到一块儿。说到底，在他的一生中，悲剧的要害可能就在这里，任何时候他都无力在城市生活和农村生活之间进行选择，接受一个，遗弃另一个。最终他开始感受到了，尽管成就斐然，但他将生活中许多最为宝贵的东西搞乱了，其中最最重要的当然是家庭。

# 决策者和执行者

组织机构平展，缺乏层次，责任范围重于职位，这是芬兰公司的典型情况。至少可以说，通力在彼卡·海林的时期是这样的。绝大多数直接向总裁进行请示汇报的领导层高官直至1980年代仍被称作主任或经理，因此在1990年代开始使用执行副总裁的头衔时，整个公司都惊诧不已。在彼卡·海林时期，公司总部的职员人数十分有限，例如销售、安全和质量之类的中心任务只由一个领导人处理，他必须协调全球2万余名员工的活动。总裁高高坐在机构的顶端，活像中世纪的一个君主，帮他统治国家的只有寥寥无几的数位亲信和顾问。

只有领导层拥有才华出众、有志做出奉献的人士，这样的格局才能运作。彼卡·海林周围有一个出色的团队，其中马蒂·马丁巴洛、阿尔沃·图奥诺宁和格哈特·温特等三位他的亲近属下是优秀的榜样。他们还各自物色了一些有才干、有胆略的工程师和经济师协助自己。

彼卡·海林本人也始终睁大眼睛，关注潜在的能手。他认为招募人才的最好办法不是发给高工资，而是提供有趣的挑战机会。对考虑进入通力工作的许多人来说，最大的吸引力是让他们有机会能在最大程度上独立地计划和实施自己的项目。公司的领导常说，他们希望下属能够表现出主动性，但又要管教好他们，并在重大问题上将决定权掌握在自己手中。另方面，彼卡·海林还要求他们做好自己的工作，做好他们所管辖部门的工作，要求他们在自己的领域中像独立企业主那样进行大量工作。1981年当彼卡·海林被选入最优秀企业领导人之列时，《赫尔辛基新闻》曾以“我不会打扰部队”的标题对他作了如下的描述：

> 彼卡说，他用两个方法进行领导。他说，他从托尔斯泰长篇小说《战争与和平》中打赢波罗底诺战役的库图佐夫将军身上学到了很多东西。“他让部队去赢得胜利，不去干扰他们战斗，在我们这里情况是相同的，优秀的员工可以尽情工作，我不会干扰他们。”
>
> 海林另一个基本的管理思想是严格的监督制度，每月要对公司各收益中心的状况进行一次审查，与过去的情况和预算作一比较，预测未来的发展。海林说：“一旦发现差错，立即就要采取改正措施。”〔*尤西·亚尔卡宁和劳里·海尔凡，《赫尔辛基新闻》周二经济栏，1981年11月24日，“卡伊拉莫、海林、哈乌希阿，最优秀的企业领导人”*〕

彼卡·海林出任总裁初期，他的力量主要用于确定为解决企业的发展方向和实现目标所需要的战略。彼卡希望将通力办成为本行业（电梯和起重机）中世界一流的企业。他的战略首先是通过企业收购——这些收购经常表现为先在新兴市场上做些小规模购进或兴办合资企业——来实现发展的。对子公司，他以半自主的收益单位的形式加以领导，在它们向母公司交付利润后，公司总部将不干预它们的活动。

通力的内部报纸曾于1990年发表社论，对这一关系做了说明：

> 成功的（通力子公司）在决定问题方面一般会有很大的活动余地，但是效益不佳的子公司则需答复公司总部关于如何改善状况的提问。如果当地公司无力自行解决困难的局面，它是可以得到帮助的。〔*《通力新闻和见解》，1990年第4期*〕

同一篇文章还说，通力1989年的年度报告登载了79家芬兰境外子公司的名单。在这些子公司中只有9家的总经理是芬兰人，但是绝大部分财务经理由芬兰人担任。当地的公司领导人拥有广泛的活动自由，不过要受忠实于总公司的一个小组严格监督。这一安排在彼卡·海林健在的年代中基本保持不变。

在创建和运作这一工作模式的过程中，彼卡·海林起了中心的作用，然而当通力帝国从蒙基尼埃米庄园向外扩张得越来越大，他个人亲自参与实施战略的情况自然减少了。在他的父亲还是通力名义上的董事会主席时，彼卡·海林开始担任的不仅是公司领导，而且实际上已是董事会的执行主席了，他可以批准和推翻下面的建议或将责任交托给别的人。由于他的下属领导着公司内部的各大单位，他们在确定和修订公司战略中的作用无可避免地也就增大了。1966—1975年期间担任彼卡·海林秘书的索伊莉·卡耶说：

> 汇报制度开始运作，新的经理们选定之后不久，彼卡·海林已在一定程度上退居一旁了。〔*索伊莉·卡耶，由卡尔-埃里克·米切尔森采访*〕

电梯集团经理马蒂·马丁巴洛、财务经理阿尔沃·图奥诺宁以及起重和移动设备集团经理格哈特·温特承担的工作任务越来越多了。他们与彼卡年龄上最多相差4岁，但是他们相互之间很不相同。另一方面，他们却又有共同之处，那就是聪敏过人，对自己的老板十分忠诚。

马蒂·马丁巴洛是一位典型的工程师，他出生在现在归属于芬兰中部于韦斯屈莱的瓦亚科斯基小县城。1953年服完兵役后马丁巴洛来到通力，任生产方法工程师，1965年负责领导许温凯新建工厂的计划小组，1971年任电梯部（后为电梯集团）经理，1987年任通力总裁。马丁巴洛被人们亲切地称为“电梯先生”，是一位颇受人喜欢的上司。

> 马蒂是工作顽强的人，含蓄克制，有点孤僻，但知识渊博，对下属也十分热情。〔*戈兰·林德尔，由卡尔-埃里克·米切尔*

*森采访*〕

马丁巴洛是很好的经理，他很有眼力。尽管他很有魅力，但允许别人与他接近。马丁巴洛的周围聚集着一批渴望成功的年青人，他们为每一个新取得的成果，每一个新采取的步骤，每一件新的产品感到骄傲，并为之努力奋斗。〔*阿伊莫·拉亚赫尔曼*〕

阿尔沃·图奥诺宁是经济学家，从芬兰糖业公司转到通力，最后成为通力的行政和财务经理。图奥诺宁就像一条斗牛狗[①]，勇猛顽强，很大程度上因为通力各公司在保养合同签订之初就能收取费用，使他得以成功地将通力的营运资金从正数转变成了负数。

阿尔沃·图奥诺宁聪明过人，但也不是左右逢源、溜须拍马的那种人，只是他同彼卡·海林一样说话咕咕哝哝。不过他们之间工作关系很好。图奥诺宁常去彼卡·海林那里坐着聊天，他们谈的可能正是战略大事。〔*索伊莉·卡耶，由卡尔－埃里克·米切尔森采访*〕

作为上司，阿尔沃与马蒂完全是两种人。他相当傲慢，好出点子，善于想象可能会怎样向前发展，为什么一定会这样发展。举例说，阿尔沃对通力建立每月汇报制度起了很大的作用，而所做的每一件事件件都与这一制度有关，但我从不认为他适合做具体的生产领导工作，让他管理有很多部门经理和大量工人的电梯集团，肯定是不合适的。〔*戈兰·林德尔，由卡尔－埃里克·米切尔森采访*〕

格哈特·温特是1970年从罗森吕公司转到通力的。他的专业是核物理，1972年起负责领导起重和移动设备集团，1989年被任命为通力

① 一种头大毛短、身体结实的猛犬。——译者注

总裁。在几乎整个时期中，在他领导下的各单位的销售量是马丁巴洛所领导的各单位销售量的1/3或1/2，而员工的人数却是1∶4。马丁巴洛和图奥诺宁与彼卡·海林的工作关系都很密切，但温特与他们共同老板的关系无疑又是最最紧密的。

格哈特·温特和彼卡的智商属于同一水平，在这一方面，马丁巴洛完全是另一种情况。马蒂绝对是彼卡所信任的人，他是一个投入全部精力的执行人，一个善解人意、和蔼可亲的人，一个能将工作带动起来的人。不过很明显，他是彼卡的下手。但是格哈特在自己管辖的范围内可以极其独立地干事。〔*斯蒂格·古斯塔夫森，由卡尔-埃里克·米切尔森采访*〕

格哈特是受彼卡敬重的那种人，我不知道到底有多少人能够受到他的敬重，不过至少格哈特是的。〔*克劳斯·卡文*〕

许多因为工作关系密切，可以观察到这个三人小集团的工作情况的人认为，他们相互之间的关系并不特别融洽。尤西·伊丹沃里是一位了解内情的人，1982—2001年期间他曾任通力电梯公司和集团的人事经理，后调往巴黎的埃达斯公司，从事同类工作。

是不是通力从来就有一个领导集团？的确有一群对（通力的）发展发挥作用的人，一群才华横溢，创造财富，并能很好地一起工作的个人，但我压根儿不认为它是一个团队。初期时他们也许可以相互容忍，然而至少到了15年后的今天，这一状况已经不复存在。〔*尤西·伊丹沃里*〕

对通力的发展起到重大作用，在1960年代至1980年代各个时期直接向彼卡·海林请示汇报的最高领导层的人士中还有：图奥莫·埃罗拉（法律事务）、塞波·约基比（新闻情报部）、马尔蒂·勒夫（许温凯工厂行政管理）、乌尔波·卡乌拉奈（人事）、埃洛·科斯基瓦拉（财政）、卡尔·H. 朗达（科技）、阿尔诺·萨拉斯德（生产）、哈里·蒂莫宁（奥利图奥德）、雷蒙德·维利尔斯（东欧）和维尔科·维尔卡拉（产品开发）等。随着公司快速发展，机构的图表也在不断的变化，因此某些姓名肯定会没有提到。

以上各位部门领导人的职权均由彼卡直接授给，只有这一关系才具有实质性的意义。

> 彼卡认为，同他关系非常密切的下属应该是他可以信赖，做起事来无需他详细解释的那种人，这一点很重要。我们必须听了他几句话就能明白事由，并能像他那样考虑问题。要是有不同看法，他认为重要的是要敢于把话说出来。〔*马尔蒂·勒夫，由卡尔－埃里克·米切尔森采访*〕

彼卡从根本上不支持他的下属相互合作，他更倾向于激励他们相互竞争。

> 彼卡的领导方法中肯定有那种分而治之的特征。我还记得马蒂仍当电梯集团经理时有关格哈特的故事。格哈特的大型起重机生意做得非常出色，有时候卖价也很好，从而使他的集团营业额巨大，收入喜人。格哈特还拿自己的集团与电梯生意做比较，明目张胆挑斗马蒂，说看是谁对谁了。不过格哈特有时也有抱怨，心里不平衡，因为每当他的集团发展到与电梯集团的水平旗鼓相当时，彼卡就会站过去，替马蒂收购一家新的子公司！〔*乌尔波·卡乌拉奈，由卡尔－埃里克·米切尔森采访*〕

彼卡所以要采用“分而治之”的领导手法，原因之一是他不能毫无保留地信任一个人。

彼卡（左四）同乌尔霍·吉科宁总统（左二）一起在芬兰北部拉普兰地区滑雪。其他参加者有（自左至右）：芬兰广播公司总经理埃伊诺·莱波、吉科宁之子马蒂·吉科宁、国务参议马尔蒂·米图宁、吉科宁的副官K. O. 雷诺宁和经济参议于尔约·阿拉鲁伊卡。（1963年）

他的内心充满恐惧，他怀疑一切，怀疑所有的人都可能背叛他，事情就是这样。〔*格哈特·温特*〕

许多既认识彼卡又认识吉科宁总统的人将他们两人做了对比，认为至少在这一方面他们俩是相似的。彼卡·海林的朋友埃伊诺·莱波和维莱·莱波在他们的合著《元首》中对吉科宁作了下面那样的描述：

总而言之，吉科宁从心底里不信任何人，他几乎怀疑所有人，对别人进行审查，尽管有人说他有知心好友，但根据图尤宁的体会，为了避开某件事，他常会说，别将这件事或那件事告诉那个人。任何情况下他都不会完全相信一个人。〔*埃伊诺·莱波和维莱·莱波，《元首》，1985年*〕

这一描述同样适用于彼卡。恩蒂说：

父亲的妄想症是这样的，他总是无时无刻地怀疑所有人。〔*恩蒂·海林*〕

《元首》的作者在其著作中将政治家和商人的行为举止作了对比，把话说得更加明朗、透彻：

O. E. 尼塔莫认为，吉科宁与工业家彼卡·海林有着相同的特性，那就是当他装模作样够了，与从不同角度看问题的人交谈够了，下面就不会仅仅限于早报上的那些新闻上了。〔*埃伊诺·莱波和维莱·莱波，《元首》，1985年*〕

* * *

彼卡·海林的通力从很多方面讲都像是封建时代的一个王国，它"征服"（收购）了比较弱小的对手，他们的税收由公司总部交纳，当地的商业活动几乎可以与以往一样继续进行，唯独芬兰财务经理的到来才告诉人们老板已经改变。被收购的公司经常可以沿用原来的名称，或者只在原来名称的后面加上通力的名称，以此强调在公司所在的国家中传统意义重于老板的改变。这种低姿态的做法完全有别于奥迪斯。根据奥迪斯的历史经验，在1960年代，"深刻的集中"是公司活动的特征。与西屋的区别也是明显的，它登陆欧洲时带了一个排的美国经理和厚达“2.2万页的公司章程”〔*雷蒙德·维利尔斯，《电梯》，2003年*〕，通力人事经理（1970—1975）乌尔波·卡乌拉奈解释了这一侵占色彩不太强烈的思想。

> 马蒂·克林根曾经写过一本小册子，名叫《我们古代的海洋国家》。在这本书里，他也使用了陆地国家和海洋国家那样的分类法。一次我同彼卡谈到这件事，他说，我们绝对应该是那样的海洋国家，就像威尼斯。我们需要快速移动，覆盖大片土地，因为我们在新进去的地方没有原材料。有时候我们谈到公司全球化问题，谈到我们不可能占领世界，因为我们资源不足，但是我们应该有类似军队总动员那样的计划，如果我们在什么地方需要更多资源，我们就应该牢记招募优秀人才，以便需要时将他们派送过去。〔*乌尔波·卡乌拉奈*〕

彼卡·海林的通力练就了这个封建式的“多地方”模式，并坚持运用，直到1990年代。但是，正如马基雅弗利450多年前在其名为《君主论》的著作中提及的，处理类似独立的封地并不是一件容易的事情。

> 由于被攻克的地区在语言、风俗和法律等方面各不相同，那时必定会碰到困难，控制这样的地区需要好的运气和大量的工作。〔*马基雅弗利，《君主论》*〕

彼卡阅读《君主论》已经多遍，试图接受马基雅弗利为洛朗佐、迪·皮耶罗、德梅代奇起草的教诲。有时他会奉行马基雅弗利的教诲，两眼闪闪发光。举一例子说，马基雅弗利曾经建议君主发布命令，要求大臣们只讲坏消息，并将好消息保留下来，备作向君主报告。当时正值彼卡有将雅科·拉西拉排除出通力董事会的机会，恩蒂就提议让芬兰前财政部长伊罗·维纳宁接替这一职位。彼卡听后说："好建议，""你就告诉雅斯卡（即雅科），伊罗那边由我谈。"

有人认为，彼卡对马基雅弗利思想的理解是因为受到了第二次世界大战期间芬兰所经历的苏联和德国的暴力行为以及海林家族在战争结束不久被迫迁离图尔斯维克的遭遇的影响，这未免过于牵强附会了。如果上天、自然法则和法理都提供不了什么保护，那么还有什么教训能从这些经验中吸取呢？只有至高无上的权力和使用这一权力的意愿，才能提供真正的保护。

> 如果我们对事物进行深入的研究，我们定能发现那种貌似美好，但却可能将人们引向毁灭的东西，而另一些东西虽然貌似邪恶，但却可能将人们带向安全和幸福。〔*马基雅弗利，《君主论》*〕

至于彼卡，有一点很重要，那就是必须牢记，现在实施马基雅弗利学说的是一位20世纪的工业领袖，他已握有相当大的像15世纪君主那样使用权力的可能性。

> 彼卡是一位好交往的人，他可亲、聪明。这一点是大家很容易注意到的。当然他也胆大，或者几乎莽撞。那时候没有很多既是老板又是经理，像他那样独立自主的人，他几乎可以一人单独决定任何事情。或许现在深挖一下也有可能找到类似的情况，但以规模巨大的公司讲，那数目不会超过一只手的手指数。〔*卡西米尔·埃恩鲁特*〕

如同他的姐妹和妻子指出的那样，彼卡不会从别人的角度思考问题，要是有一点的话，那也极其有限。到通力后的头几年，在那么大的机构里，他有很多东西尚需学习，他的那些毛病即使加到一起，对一些重大问题的影响也只是局部的、间接的。阿尔沃·图奥诺宁回忆道：

他可能比什么都凶狠！我有时想，彼卡对某些人的态度如此恶劣，就像是从不饶人的大自然，如果你乘坐的是一条破旧的小船，顶着狂风逆行，对此你将毫无办法，难有作为！大自然是没有知觉的，它只做它所做的。换句话说，他就是那样的。

当我来到哈巴尼埃米街工厂工作时，当时那里有一位会计，一次他计算出了一些错，于是发生了争执，大吵了一阵，结果那位会计爬上楼梯，冲进档案室，上吊自尽了。实在太不可思议了！听说彼卡的态度还挺硬！彼卡当时的一位秘书，是女的，我不记得她的名字了，她吓坏了，从窗口跳了出去，幸亏没有丧命。〔*阿尔沃·图奥诺宁*〕

彼卡·海林太聪明了，他知道，如果他限制了与那些对他的批评不会做出强烈反应的下属的互动，他的领导技能将会产生更好的成果。于是他开始在自己周围组织起一支顽强、可靠的助手队伍，以便向战斗在前线的士兵们下达并解释他的命令。

在他周围聚集了一群能够忍受他的粗暴态度的强硬分子，很清楚，他是凭借他的智慧将他们拢在一起的。〔*尤哈尼·阿罗麦基，《赫尔辛基新闻》，1975年8月24日*〕

* * *

彼卡·海林不怕将聪明能干的人汇集到自己的四周，这是他的一张王牌。自格哈特·温特1970年进公司，直到1989年马蒂·马丁巴洛和1991年阿尔沃·图奥诺宁分别退休，通力的主要业务彼卡·海林都是仗赖这一忠诚的三驾马车和他们的部下操作的。

> 对一位君主来说，挑选身边的下属绝非无足轻重之事，下属的好坏始终取决于君主的智慧，评价一位君主的才智首先就看他周围的人是什么样儿的，如果他们能干忠诚，那么这位君主一定贤明，因为他能看到他们的才能，让他们保持忠诚。〔*马基雅弗利，《君主论》*〕

在1960年代，他昂首阔步走在最前头，率领着他的部队，他那老板兼经理的角色伴随着巨大成功的欲望和对通力目标的清晰幻想。领导集团的任务在于实现他的幻想并能在相信自己决断能力的情况下夺取那块自己希望夺取的地方。正是由于经理们的睿智和奉献，才让彼卡·海林有条件处理更重大的问题，并将公司的日常领导事务交由他们处理。

> 我认为，这种深刻的思想是他得以在一定程度上洞察社会和瞻望未来的一个重要因素，当然他的博览群书的习惯也是起了作用的。他的同事中间没有一人读过的书像他那样广泛，什么历史、政治，总之他无所不读。通常他还会在小范围的议论中提出一些想法，介绍一些书本供大家阅读，这些书本一般都会与战略思想之类有关。〔*乌尔波·卡乌拉奈*〕

彼卡·海林的好友奥拉维·尼塔莫似将彼卡视作自己做一名优秀决策人的榜样，他曾写道：

> 优秀的决策人必须发掘并能有效地将经济学家、律师、工程师和自动化专家当做自己的专业顾问，这些顾问的职责是要尽可能实事求是地测定影响各种可能决定的因素、决定的后果以及环境的反作用和制约。

当然决策人自己首先应该是“现实主义的直观者”，在这一崇高的决策艺术中他必须有能力直觉出目标和希望的差别。就是说，什么是真有可能实现的，什么在实际中是实现不了的，因为风险太大。

……勇气在现实中与众多的参考数据相对比总是有矛盾的，一位领导人最重要的基本素质是：基于健康自信的影响力和需要，从本质上讲，应比取悦于他人的需要更加坚强有力。〔*奥拉维·尼塔莫，《经济生活》，1982年第17期*〕

彼卡的实力寓于分析能力、创造性的直观和自己走自己的路的意志，但是他也明显地短缺一位领导人所应具备的某些重要素质。

在这一机构形式中，我认为他是一位无比优秀的领导人。是他将它演变成为今天的模式，创建了它的业务全局，并建成了这个组织结构，按着他所希望的方向发展着、改变了，其中包含了他的目标，经过他长期努力才得以实现的目标。从这个意义上说，他是一位优秀的领导人。

但是作为一个领导人，彼卡过于喜怒无常了，他采取极端的方法，不是黑就是白。不过他的周围都是与他共事多年、了解他性格的人，他相信他们会按照他的愿望将他的思想向前推进，他们会竭尽全力，使我们到达梦寐以求的目的地，他们起到了缓冲的作用。〔*乌尔波·卡乌拉奈*〕

彼卡是不给回馈的，但通力里面颇有一些有理解能力的人，他们是锻炼出来的，不过彼卡自己不会出来说：“该死的！”或者“穿上你的鞋袜，滚出去！”〔*杰里迈亚·奥康奈尔*〕

海伊基·海林习惯在哈巴尼埃米街的工厂区散步，并向领导人员和工人们打招呼问好，他的领导风格后来被汤姆·彼得斯和罗伯特·沃特曼叫做“散步管理法”。彼卡除了陪同官方客人参观外很少前去生产企业或工地，他高高在上，推崇被瑞典人称之为芬兰式的“魔鬼管理法”。[①]

尽管彼卡很少下工厂，到办公室或工地走走看看，即使去了，他的羞怯的心理也会妨碍他与员工进行自然的接触。

> 1968年夏季的一天，我一个人坐在许温凯电梯厂的实验室里，别的人都去莫斯科出差校准电梯了，突然从门外进来一个我不认识的人，于是我就说话了，我的第一反应就是走过去对他说：喂，你看见没有，那边写着“闲人免进”，在那门上，这是研究单位，是任何人都不准进入的。还算运气，这人身上的某种东西让我没有冲动。他走到自动门的样品那里，那门应该是能开关的，但它没有动。他看了一下门，问：“这门怎么不动？”我没有丝毫反应，因它不是我主管的事情，后来我不晓得说了些什么，他也咕哝了几句，就离去了。事后我才弄明白，他是彼卡。〔*海伊莫·麦基宁*〕

彼卡很少与别人接触，到了蒙基尼埃米庄园后他更加与人隔绝了。尤西·伊丹沃里曾对彼卡·海林说，他不露面某种程度上有好处。

> “领导”这种概念建立在个人的基础之上，人格化体现在领导的身上是重要的，但在通力这却是难以置信的。实际上，人格化了的人说到底绝大多数的群众从来没有见到过，他深居庄园，他的周围就这么几个人。在1980年代，我们能为彼卡工作实在感到骄傲，尽管我们没有一个人见过他。一个神话就这样产生了，它不是蓄意编造出来的，可是它广泛地传播着。〔*尤西·伊丹沃里*〕

---

① 以快速、权威和苛刻的手段做出决定。——引自本书英文版注

从1980年代开始，通力业务经营的战略改革任务落到了彼卡·海林领导团队的肩上。电梯、起重机和移动设备、仪器等集团作为半独立的企业运作，它们所属收益单位的自主权还可以更高一级。由于由忠诚的“大臣们”组成的核心内圈在这一十年的末期开始解体，彼卡·海林不得不面对众多的难题，其中一个绝非最无关紧要的难题是：他的5个孩子中谁愿意并有能力在他之后担当起领导通力的重任？

* * *

对彼卡·海林作为企业领袖所取得的成功来说，不仅核心内圈人物重要，在公司外边对他的思想产生同样影响，甚至更大影响的也大有人在，这也同样重要。

> 与吉科宁模式共同的另一个特点，如果我记得不错的话，莱波兄弟在他们的著作《元首》中曾经提到过。我想他们可能在用这一图景比做大量小花瓣相互分离的雏菊。彼卡与方方面面、各种各样的人接触广泛，他还与他们常常分别见面，以此方式收集各种材料。〔*乌尔波·卡乌拉奈，由卡尔-埃里克·米切尔森采访*〕

彼卡一般只喜欢邀请他们个别或少数几个人到蒙基尼埃米庄园共进午餐，这种活动与18世纪法国的沙龙十分相似。彼卡·海林从中获取了大量珍贵的信息。恩蒂说，他的父亲用这一办法统辖了三类相互之间明显不同的人群：1960年代和1970年代的文化激进主义者；1970年代和1980年代的未来主义者和1980年代和1990年代的工业家和企业领袖。彼卡·海林不仅吸引了如此多样的思想家和有影响人士，而且在与他们思想交锋时还能稳住自己的阵脚，这也足以说明他的知识的广度和深度。

各类人物的组成是变化的，但他们都有能够反映自己特性的核心。文化激进主义者集团开始时人数很少，它有出版工作者维莱·莱波以及代表学术界的阿斯科·维库那（基尔斯蒂·海林的哥哥）、奥拉维·尼塔莫和潘蒂·马拉斯卡。

> 据奥拉维·尼塔莫说，（发起沙龙的）想法是在1968年所谓大学生占领赫尔辛基大学老学生会那个时候产生的。我记得彼卡当时曾说："该死的，我也真想在那儿呢！"我说："我也是"。〔*彼卡·海林：来自朋友的信件，1992年7月15日，维莱·莱波，《彼卡·海林是一个形容词》*〕

少数的几个人逐步地发展成为一个较大的团体了，一些艺术家、作家、思想家和学术界人士也参加进来了，其中有画家翁托·科伊斯蒂宁、环保专家贝尔蒂·赛伊斯卡里、作家巴沃·林塔拉、马蒂·库仁沙里、巴沃·哈维科和恩蒂·许吕以及通力的马蒂·卡耶。

> 在彼卡周围的这批人中，有人数众多的作家和艺术家，这是一批典型的年轻人，思想开放，没有偏见。这个集团当时被看做是激进分子，尽管事实并非如此。可以说它是文化上的激进运动，但是绝对不在政治方面。〔*海伊基·A.雷佩*〕

他们讨论的题材非常广泛，犹如参与者的兴趣和想象力。这对彼卡来说是不可多得的资源，他正热情满腔地既与他的"激进"朋友，也与他的顾问和商界专家们一起试验他的商业理论，以便也能像从《战争与和平》和《哈佛商业评论》中轻易地得出结论一样为企业活动做出重大的结论。维莱·莱波对1960年一次典型的聚会作了如下的描述：

> 彼卡的沙龙活动是有某种程序的。先是在有明媚阳光照射的

游廊里吃上一顿清淡美味的午餐，席间喝的是高级葡萄酒。午餐结束后大家应邀进入会客厅，就坐在沙发和扶手椅中，常客都有自己的固定座位，彼卡坐在沙发左角，电话和呼叫铃的旁边……

我们坐定后，主人按了一下呼叫铃，一位招待员随即走了进来，我们各自向他要了咖啡或酒类饮料。咖啡和饮料上来后，开始介绍情况，并用投影机或活动图表相辅。除非需要对某些方面做解释，情况介绍一般会连续进行，中间不做任何停顿。

介绍结束后，报告人回到主人旁边的沙发，开始就所介绍的情况进行讨论。讨论很活跃，有时还很紧张。介绍人通常为这场活动预备了两三小时，结束后他即离去。但是我们的讨论并不就此停了下来，我们还要就当前的一些问题交换意见，包括芬兰的政治、对东方政策，有时还会东拉西扯，闲聊一通，拖了很长时间。也有这样的情况，由于吃得太饱，喝了太多，发困了，说话没有劲了，那时尼塔莫会说：我认为现在该是停止交换情况的时候了，我要回家啰！

想起那些活动，难免让我有点感伤，它们能够帮我头脑清醒、精神振作。〔*彼卡·海林：来自朋友信件，1992年7月15日，维莱·莱波，《彼卡·海林是一个形容词》*〕

从1970年代初起，蒙基尼埃米庄园的文化激进主义阶段开始向着未来主义演变了，彼卡·海林同潘蒂·马拉斯卡一起为《技术协会报》的最后一期撰写了题为“未来的挑战”的社论。彼卡对信息技术的兴趣早在通力开始投资于信息技术系统之时已经充分表现出来了。通力的维尔科·维尔卡拉和阿尔沃·图奥诺宁参加了未来小组的讨论会，阿尔科[1]的彼卡·库西、巴尔特克的萨卡里·T. 莱赫托和芬兰银行董事会的成员贝维厄·海丹麦基等企业领袖也经常前来参加。后被任命

① 芬兰酒业专卖公司。——译者注

为图尔库商学院未来科学研究中心教授的潘蒂·马拉斯卡回忆当年参加讨论会的情景时说：

> 对我个人来说，通力蒙基尼埃米这个小组是非常非常重要的，讨论的主题由彼卡提出，他是一个很有创造性的人，他考虑的问题很多，并能就这些问题提出自己的想法，他还希望有人谈一谈他的看法，如果小组里没有人能这样做，那会从外面请一个进来。
>
> 彼卡为了开拓自己的思想，懂得提出切题的问题，他知道从某个人的身上可以获取什么样的信息，为了得到信息他会全力以赴，一旦对方给予答复，他的知识就增加了。我认为，这是他的本事。
>
> 他决不会系统地去收集信息，他考虑，只要有了一个想法，他才会激动起来，产生灵感。彼卡身上就有那种特殊的性格，没有什么人会是彼卡那种矛盾的人，他的身上充满了矛盾，但到了社会上，他不会将这些矛盾表露出来，而是将它们隐藏在心底。他可以持这一看法，也可以持完全相反的看法，让它们撕裂自己的心灵，对于这一点，人们能够清楚地看出来，然而他就是那种愿意将矛盾压在心底里的人。〔*潘蒂·马拉斯卡*〕

在马蒂·卡耶建议下，这个小组的注意力于1972年转到了罗马俱乐部，就是说转到了关注全球性的问题。1968年成立罗马俱乐部，是为了“表示建设性地关注人口的增长会导致粮食短缺的问题”。“系统地研究无法控制的人口膨胀对地球这条面积有限的宇宙飞船的压力”是该俱乐部的第一项倡议。〔*“东京报告书”，罗马俱乐部科技研讨会，1974年*〕

1972年2月20日，在蒙基尼埃米庄园里举行了一次会议，宣布成立“芬兰罗马俱乐部”，出席会议的有彼卡·海林、潘蒂·马拉斯卡、阿斯科·维库那、维莱·莱波、奥拉维·尼塔莫、马蒂·卡耶、国家计划局的埃尔基·拉托和芬兰经济研究所的卡尔洛·拉尔纳。〔*芬兰罗马俱尔部成立大会记录，1972年2月20日，通力档案*〕令人奇怪的是，以奉行进攻性国际扩张政策闻名的彼卡·海林，在宣传支持零增长机构的思想方面，却起了中心的作用。尽管这不是彼卡行为中表现出来的唯一的矛盾，但他同样可能遵循马基雅弗利和阿伊莫·巴尤宁的见解，尽可能多地去获取有关敌人和战场上的情报。了解增长的限度也许能为他应对通力扩张过程中所遇到的障碍做好更妥善的准备。无论如何，正如马拉斯卡所指出的那样，彼卡在一个时间里“既可以持这一看法，也可能持完全相反的看法。”

后来接替尼塔莫担任芬兰统计局局长的蒂莫·莱朗德尔，在罗马俱乐部的集会上第一次见到了彼卡·海林，两人的交谈是马拉松式的，十分投机。

> 海林对与未来学有关的事情非常感兴趣，两人第一次见面时一直谈到凌晨4点钟。次日晨，芬兰经济研究学会在储蓄银行学院举行研讨会，9点开始，我记得当时由我主持会议，彼卡第一个做报告，报告的题目是：“企业目标的定位。”
>
> 当他来到位于埃斯波的储蓄银行学院时，先是喝了两杯啤酒，我记得是喝了两杯，接着开始做报告。大家都很疲劳，我、马拉斯卡和尼塔莫都很疲劳，因为此前我们只睡了两三个小时。彼卡报告的内容如下：企业目标的定位应该这样进行：乘坐一架私人小飞机，飞向印度，找到一堵最高的围墙，从地上拾起一块干牛粪，将它抛向天空，要抛得尽可能的高，说那儿就是我们企业的目标，然后再乘飞机返回芬兰，开始实施目标。这就是他所做报告的核心内容。〔*蒂莫·莱朗德尔*〕

1973年的能源危机，就像罗马俱乐部所预测的那样，似将导致全球经济体系的崩溃。但在1974年底，彼卡·海林的注意力越来越集中在收购西屋欧洲电梯业务的挑战上。蒙基尼埃米沙龙的未来主义阶段不仅没有如他自己所期望的那样向前发展，相反却接近枯竭了，集会变得越来越少。

就在同一时候，另一个变化发生了，通力又一次以小吃大收购了西屋，并使它的生意仅在数年之内由亏转盈了。这一景况增强了彼卡的地位，人们再不能说他的成就只是偶然事件了，尽管心里不乐意，企业界的精英们已经不得不接受他加入他们的行列之中。

> 去年冬天，新闻媒体曾经哀叹工业界再不会有一位传统的巨头了。有人提到过海林，大家清楚记得，他是在整20年前成为通力新董事长的，当时他刚30岁出头，但以他不装模作样和不落俗套的姿态无意与老资格大公司阔佬们挤在同一张桌子上，但是现在通力的分量已经足够巨大，以致在挑选工业社团的主席人选时无法将这位总裁排斥在一边了。〔*马蒂·伊朗托、里斯托·科普和彼卡·瓦罗马，《明镜》杂志，1984年第4期*〕

1970年代后半期，彼卡·海林开始收到芬兰工业中央联合会和对外贸易联盟参加各种代表团和履行代表任务的邀请。1980年当选为金属工业中央联合会的主席。1980年代，在彼卡·海林的沙龙中，学术界人士、艺术家和激进的思想家逐渐受到了企业领袖们的排挤。雅科·伊哈莫蒂拉就这些集会和彼卡在中间的作用回忆道：

> 诺基亚的卡里·卡伊拉莫、北极建筑公司的哈里·辛蒂卡、我和彼卡，我们定期碰头，这样一直延续到1980年代。其间工商部的卡莱尔沃·汉蒂莱、魏基兰造船公司的登克马尔·霍恩、阿伊莫·巴尤宁中将和扬内·克伦伯格海军上将等也均参加。后经彼卡动议，还成立了H俱乐部，参加的也是扬内·克伦伯格、哈里·辛蒂卡、奥托昆普公司的贝尔蒂·沃蒂拉伊宁、诺基亚的巴

沃·朗塔宁和本人，后来《赫尔辛基新闻》的专栏作家奥利·基维宁也参加进来了。

至少我认为，那些活动非常有趣。彼卡·海林也积极参与了讨论，不过他从来不将自己的想法强加给别人，开始时他更愿意听别人讲话。他是那种类型的性格，他听别人说话听得极其认真，在场的人都会注意到，他总在仔细聆听，说话时用词严谨。他确实是一位中心人物，即便一言不发。

我当然无法知道彼卡究竟想从这些会见中得到一些什么，但我认为他希望与外界保持接触，然而他又不愿意同什么人都接触，在那种情况下，他会待在一边，无动于衷的样子。另方面，如果遇上对劲的人，谈得来的人，他会像在家里一样，非常自然，十分自在。〔*雅科·伊哈莫蒂拉*〕

彼卡关于“对劲的人”的说法显然是从他的文化激进时期遗留下来的，至少这同在工业精英们眼里彼卡从一只丑小鸭变成了华丽的天鹅同等重要。

关于彼卡还想补充一句，他从来不要什么头衔，当然什么时候他都可以是矿业参议，但很明显，他不要那玩意儿。有一次我向恩蒂提到此事，他说解释是很自然的，他就要不同于他的父亲。〔*雅科·伊哈莫蒂拉*〕

安徒生关于一个笨手笨脚然而充满自信的孩子怎样成长为通情达理，事业有成的人的童话，只在一定程度上可以同彼卡从旁观者成为金属工业中央联合会主席和芬兰工业核心成员的经历相对比。在被人们接受之前，他曾经有过20年的勤奋劳动、没有节制的喝酒以及周围沉重的压力。当他最终成为社交界备受敬重的一员时，他已疲惫不堪，显然他已不像年轻时那样愿意冒险了。

1980年左右，彼卡的变化非常大。在此之前，他为表现自己而努力奋斗，他曾经像是一个处在社会之外不被接受的人。但后来，他从凯里龙地狱逃了出来，摆脱了破产的威胁，富裕起来了。当他同时成为金属工业中央联合会的主席和被社会接受之后，他变得保守了，他决心不再冒险。就在这一时候，由于库斯塔·维库那去世，促使他彻底保守了。是维库那帮他置身于社会的中心，但他现在成了严重的保守主义者。对通力来说，20世纪80年代不是一个吉利的十年，它的发展速度减缓了，开始陷入困境，成为发展缓慢、没有作为的传统性企业。这是我的感觉。〔*格哈特·温特*〕

1980年登上金属工业中央联合会主席宝座时，彼卡·海林还只有48岁。他那种蜡烛两头点的状况已经多年，不过他的身体相对健康——对一个一天不少于抽两盒烟的酗酒者来说至少是这样——使他能继续维持了差不多15年。作为企业领袖的他，再没有精力像年轻时组建家庭，重建图尔斯维克和将通力办成行业顶尖企业那样来处理不断增加的任务了。

如果1980年代对通力真是一个不利的十年，其原因除了彼卡造成的财富、健康和心态三者综合性的衰退之外，无疑还有许多别的原因。世界发生了急剧的变化，通力已经庞大到笨重难行，分散的结构使公司总部已经无法进行快速的变革。芬兰保护主义的经济尽管并非自己所愿，但是还是不得不向外开放了，欧洲市场的一体化开始加快速度。温特说的通力的发展正在变得越来越缓慢，越来越保守，这在当时对通力只有百害而无一利。

现在需要有人重新激发起曾于1960年代和1970年代赋予通力发展动力的劲头。如果彼卡·海林实在没有力气以足够的速度向前奔跑，那么就得另有一人接替他的位子。但是彼卡既是所有主又是总裁和董

彼卡热爱捕鱼，这是一条在靠近图尔斯维克的埃斯波湾捕捉到的狗鱼。( 1957 年 )

1958年，彼卡和基尔斯蒂同通力生产委员会一起前往列宁格勒。

基尔斯蒂和彼卡带着刚出生的女儿哈娜在彼卡父母亲位于尼彭达斯的夏天休闲地。（1955年）

哈娜和父亲一起坐在图尔斯维克田野的马背上。（1956年）

彼卡（坐在长条桌的尽头）很少到哈巴尼埃米工厂的食堂，但年轻的经理在通力的节庆活动中必须露面。（1950年代底）

1960年代，生产工业用电梯和起重机的哈巴尼埃米老工厂太拥挤了。（摄于1932年）

彼卡在图尔斯维克练习场上驾驭马车。彼卡爱马，当发现饲养马匹的生意不好做时他放弃了。( 1961 年 )

彼卡（中）同他的父亲一起参观莫斯科附近的养马场，他与一匹名叫里奥的种马交上了朋友。（1962年）

1965年，通力向南芬兰兄弟会购买了蒙基尼埃米庄园。该建筑需要彻底翻修。（1966年）

经通力努力，蒙基尼埃米庄园恢复了原先的光辉。庄园已有200年历史，1967年起成为通力的总部。

一只名叫埃玛的小麋鹿掉进了图尔斯维克的排水沟，治好伤后它驯服了。图中埃玛在向海伊基·海林（着浅色风雨衣）、彼卡（海伊基右面）、彼卡的妹妹丽莎（后面）和客人们表示友好。（1959年）

一只装着基尔斯蒂和家里3个大孩子照片的信封，信封上彼卡用难以辨认的草书写道："照片伴我行，生活真甜美。"

年轻基尔斯蒂的浪漫照，这张照片也装在彼卡随身携带的信封中。

哈娜、恩蒂和伊尔卡在一起，尼克拉斯和伊洛娜不在照片中。

摄于图尔斯维克庄园客厅中的海林家族合影（1971年）：后排站立者（自左至右）：哈娜·海林、埃洛–彼卡·巴沃拉伊宁（明娜米的丈夫）、安娜·海林、奥利·勃勒伯格、维尔霍·勃勒伯格（曼莉的丈夫）和拉伊莫·基维凯斯（丽莎的丈夫）；中排就坐者：彼卡·海林、恩蒂·海林、基尔斯蒂·海林、马尔库斯·巴沃拉伊宁、明娜米·海林·巴沃拉伊宁、尼娜·巴沃拉伊宁、海伊基·海林、曼莉·海林·勃勒伯格、丽莎·海林·基维凯斯和埃莉莎·基维凯斯；

前排地毯上（自左至右）：伊洛娜·海林、尼克拉斯·海林、卡罗琳娜·勃勒伯格、罗莎利·基维凯斯和保利·基维凯斯。伊尔卡·海林和玛丽亚娜·巴沃拉伊宁因去赛马场，未在合影中。（摄影师：莱奥·拉乌尼奥）

恩蒂和彼卡在图尔斯维克前去打猎。（1966年）

彼卡与他的岳父库斯塔·维库那一起在拉帕湖维库那家的夏季休闲地。（1969年）

彼卡与大女儿哈娜和小女儿伊洛娜一起在图尔斯维克海滨小径采蘑菇。（1969年）

彼卡正掌舵，驾驶着“吕盖亚”号游艇。彼卡是一位魅力超凡的船长，谋略出色，但是船员们又认为，他缺乏耐心。

“吕盖亚”号船长总喜欢全家都在船上。从左至右：彼卡、哈娜、伊洛娜、尼克拉斯和伊尔卡。恩蒂正在掌舵，基尔斯蒂不在镜头之中。（1972年）

事会主席的地位，实际上公司里面没有一个人能够接替他的工作。只有彼卡将权交给他的一个孩子，才是唯一的解决方法。但是他的大孩子（哈娜）不想干通力的事，老二（恩蒂）是全日制的农民和牲畜饲养人，其他三个小的还在上学。在任何一个孩子能够掌管公司，让他安安心心地退居到图尔斯维克之前，彼卡·海林还得亲自管理通力很多年。

# 引领人

彼卡·海林表姐伊尔马·凯波拉-西罗拉的儿子，作家哈里·西罗拉1983年发表了一部名为《安娜回来了》的长篇小说，彼卡成了小说中一个人物的原型。格鲁米·福克斯·约翰逊是一位工业巨头，又酷爱航海，他得了无法救治的癌症，因此决定在大海里结束自己的一生。西罗拉得意地对彼卡说，他已将他当做格鲁米·福克斯·约翰逊的原型，但他又不好意思地补充说，希望彼卡不因为他用了作家的自由权将主人公写成了黑皮肤而受到伤害。下面转载的一小段摘录中，作家正在观察约翰逊在地中海上驾着帆船与狂风暴雨进行搏斗的情景。

> 我们到了船尾，我几乎是爬着前进的，仔细地扎紧身上的安全绳，用敬畏的神情看了一下无边无际波涛汹涌的大海、被狂风吹得鼓胀起来的风帆和约翰逊。尽管努力试图加以掩饰，但是稚气的微笑还是淡淡地显露在他的嘴唇上，这是深知自己有能力，感到骄傲，近乎是兴高采烈的微笑。约翰逊指令福伊尔科尔改变大三角帆的方向，我们以空前的高速向前航行，测速仪一直显示着每小时10海里的极限值，当时刮的是8蒲福级风。约翰逊用快速而柔和的动作操作着船舵，一会儿我们的船活像一只玻璃纤维的小划艇被大浪推到浪尖上，我们就像在空中，有时我们在上面待的时间长得出奇，然后又如冲浪一般向下直冲，一旦从浪顶跌落下来，又会冲向新浪，一个接着一个，直到重新出现先前那样的情景。风在不停地怒号，呼啸，长鸣……就是最轻微的错误也可能导致大三角帆被前支索团团缠绕，将风帆撕成碎条，不过约

翰逊没有出过错……帆船严重倾斜，甲板上进了水，大三角帆几乎触到水面。约翰逊大声喊叫：现在，要精确，不能差不多。福伊尔科尔松了一下风帆，大三角帆驰直了，在它飘动一小会儿后，舵轮恢复到了常位，船也竖立起来了，约翰逊又可以返回到正常的方向，而福伊尔科尔呢，也可以将风帆转向朝里，让大三角帆重新鼓胀起来，继续顺着波浪急剧地向下冲去。约翰逊呼吸急促，上气不接下气，但脸上却露出了更多的笑容。〔*哈里·西罗拉，《安娜回来了》，1983年*〕

彼卡·海林无疑是芬兰最有魅力和最成功的海洋帆船比赛者中间的一位，但据那些非常了解他的水手们说，要当一个真正优秀的舵手，他太急躁了。哈里·西罗拉的小说就是小说，那是虚构。

你可以说，彼卡是一个蹩脚的舵手，他掌舵通常是为了比赛，在那种情况下他有某种狂热激动的特征，是疯狂和激情推动着他。该死的，他非常知道帆船拥有什么权利，如何坚守这些权利，他同样懂得别人，别的赛艇也必须遵守和尊重这些权利。但从总体上说，在比赛情况下，彼卡不是一名很好的舵手。〔*于尔约·维海尔海伊莫*〕

无论在航海知识、领导技能和胆量方面，还是在力争赢得每一次比赛的强烈欲望方面，很少有人能够与彼卡相比。于尔约·维海尔海伊莫和里斯托·霍尔姆斯登是彼卡“吕盖亚”号海员中的核心成员，在他们共同努力之下，1960年代末为“吕盖亚”号夺得了波罗的海最出色最有成就的赛艇的荣誉。维海尔海伊莫和霍尔姆斯登是彼卡最好的朋友，当彼卡像格鲁米·福克斯·约翰逊那样得了癌症，在他生命的最后日子里，他们是在被允许前去看望他的为数很少的人们之中。

维海尔海伊莫1963年开始与彼卡一起航海，是年彼卡请求他将一条12.4米长，新造好的“阿乌拉”号航海帆船从图尔库送到赫尔辛基。

1963年我在萨尔凯的航海家造船厂工作，当马蒂·巴纳萨洛的助手。一天早上马蒂来到大棚，他对我说：“于尔约，一个年青人刚来电话，要我们将船从图尔库送到赫尔辛基，你愿意去吗？”我回答说原则上可以，你是老板，只要你同意，我就去。他是个什么人？是哪一条船？马蒂说，他叫彼卡·海林，他有一条新造的船，“阿乌拉”号。

第二天早晨，一辆长长的黑色苏联轿车前来接我，他敲了敲我的门，还帮我拿了我的旅行包。我坐在后排柔软的沙发上，伸长双腿，汽车向着图尔库直驰而去。彼卡、基尔斯蒂、哈娜、恩蒂、伊尔卡以及一个12岁的夏季帮工小姑娘和一条长毛的猎犬正在那里等着我……

第二天，我们先是在微微的西北风中航行，直到快到汉科。后来起雾了，从西通向汉科的航道很难航行，既狭窄又弯曲。船上的大三角帆一直是升起的，当我们进入航道的弯曲段落时彼卡问我要不要落下大三角帆，我说我认为没有必要，但从这里开始我可以将前甲板的三角帆松开，让它随风飘着。雾层够厚的，能见度兴许只有50米，当时船上只有指南针和航海图，彼卡还有一块怀表，用以掌握从一个标识到另一个标识之间航行的时间。我们一个标识接着一个标识地向前航行，我心里想，好家伙，这彼卡真是一个优秀的人才，同他一起航海一定很有趣。尽管地方有些窄，弯道距离太近，随时都会发生情况，我们的处境很艰难，但他从不吭声。〔*于尔约·维海尔海伊莫*〕

贾尔·林德布洛姆原本是为休闲的目的设计“阿乌拉”的，但是彼卡无悔无恨，却把它用于参加比赛了。

参加公海比赛时“阿乌拉”被定为RORC II级[①]。“阿乌拉”航行状况良好，是一条出类拔萃的赛艇，它的风帆的面积因主帆的吊杆截短而缩小了一半。所以采取这一措施，目的是为了获得比较有利的分级。由于风帆的面积大，船体的吃水线既长又窄，最后导致“阿乌拉”得到的反而是不利的条件，据此计算结果，尽管比赛中它的速度最快，但计分牌上反映出来的成绩却不很理想。〔*伊尔波·卡乌哈宁，《造船师埃伊诺·恩丁奥亚：造船就是为胜利》，2004年*〕

彼卡无法接受由于记分上的不平等使他输给了速度慢于自己的赛艇。虽然最终对“阿乌拉”的装配做了一些改变，但是仍因比赛的级别而继续遭受失败。在弄清楚他已不可能为“阿乌拉”获得较低的RORC级别后，彼卡开始计划建造一条新的帆船了。就此维海尔海伊莫回忆道：

1966年夏天，我们参加了丹麦的斯科比赛。在斯卡格拉克海峡，我们还是同一条船，“阿乌拉”号，风刮得大起来了，下一个拐弯的标识在挪威船的南端，我们知道，我们一定要用大约100海里的速度，顶着猛烈的逆风，朝向挪威船航行。“阿乌拉”原来是作为在群岛间快速航行的赛艇设计的，它没有任何适应海洋条件的意向。如果我没有记错的话，右舷的纵向撑木失灵了，我们被迫中止航行。撑木总算保住了，但这种中途中止航行的情况我们极少碰上。傍晚，在发生意外之前，是我在掌舵，天变得越来越黑，很快就要全黑了，从下风方向突然上来了一条船，它比我们快了一两节，高10度。它顺着下风超越了我们，于是我对彼卡说，该死的，就是那种玩意儿你应该弄一条，它是英国“燃烧的木头”号，是当前最顶尖的。它赶上来了，超越了我们，紧接着

① 皇家海洋赛艇俱乐部二级。

消失在地平线的背后。我在想，要能驾驶这样的赛艇真的让人太美了。我们终于到了终点线：斯卡恩，我估计那天夜里彼卡已经下了决心，只凭现有的装备我们永远不可能取胜，一定要有高水平的。〔*于尔约·维海尔海伊莫*〕

“燃烧的木头”是美国传奇式斯帕克曼与斯蒂芬斯船只设计事务所的奥林·斯蒂芬斯设计的，并由同样有名气，位于怀特岛考斯的克莱尔·拉罗造船厂建造。据罗德·斯蒂芬斯（奥林·斯蒂芬斯的兄弟）说，“燃烧的木头”的建成对美国公海航海比赛来说是一个转折点。〔*伊尔波·卡乌哈宁，《造船师埃伊诺·恩丁奥亚：造船就是为胜利》，2004年*〕

埃伊诺·恩丁奥亚在芬兰航海界享有成功造船师的很高声誉，他对彼卡挑选路德维格·怀尔纽斯承建“阿乌拉”号感到失望，不过现在他也有机会了。就在“燃烧的木头”参加斯科比赛的同一时候，恩

只要能够驾着“阿乌拉”（1963年至1967年彼卡的船）乘风航行，不管雨淋日晒，对引领人来说都是享受。

丁奥亚自己的船因船员患病退出了比赛。

> 返家途中，我们在瑞典的卡尔马停了一下，我登了岸。那是我熟悉的码头。恰巧“阿乌拉”号也在那里，那天夜里“阿乌拉”来了一个人找我，说彼卡有话对我讲，好呀，我就去了“阿乌拉”。彼卡认为现在该由我为他建造一条新船了。我们就这样定了下来，秋天立即开工，同时商量了如何工作的问题。我了解彼卡对船大小的想法，因此我考虑了“燃烧的木头”的方方面面。在这一方面，我们正好不谋而合。〔*埃伊诺·恩丁奥亚*〕

彼卡与奥林·斯蒂芬斯进行了联系，预订了新船的建筑图纸。斯蒂芬斯将“燃烧的木头”当做开始的起点，但与彼卡商谈后做了一些修改，设计出一条长12.8米的船让恩丁奥亚建造。这条新船被命名为“吕盖亚”号，于1967年6月下水。

在“吕盖亚”建造过程中，彼卡要做的重要事情就是招募优秀的海员了。他先是给我打了电话。

> 彼卡打来电话问我，你能来一趟蒙基尼埃米庄园谈谈人员问题吗？如行的话立刻就来。那有什么不可以的，我即刻跳上一辆电车，到那里去了。看来新船的大小同“燃烧的木头”差不离，8个人总是要的。我说，现在先给里斯托·霍尔姆斯登打一个电话，他是老水手、老赛手了，他看得准，有干劲，有魄力。大概还不到半个钟点，里斯托也到了蒙基尼埃米。先是喝了几小杯酒，彼卡当时还抽着北国牌香烟。里斯托说：恩德罗·维赫马怎么样，他可是一名星级海员呢！当即给恩德罗通了电话，棒极了，没过多久，恩德罗也同我们坐在一起了。接着我们又给芬兰小划艇比赛冠军哈塞·哈格斯特勒姆、阿尔奈·勃莱萨尔、居厄斯蒂·沃尔和图奥马斯·萨尔米宁通了电话。〔*于尔约·维海尔海伊莫*〕

新组成的海员队伍没有时间在参加比赛之前对赛艇进行了解，所有的测试不能不在前去比赛地的途中进行。最糟糕的事情还是彼卡得了肺炎，出发的日期越来越近，但他依旧躺在医院里。

1967年仲夏节前夕，“吕盖亚”在赫尔辛基耶特凯岛下水了，当时彼卡因为肺炎住在赫尔辛基大学中心医院里。船被送到塞尔凯彼卡航海俱乐部的驻地，装备、试验以及一切尚需安排妥善的工作在那里继续进行，以便让它能在仲夏节或次日启航驶往汉科，参加在那里进行的希内布里科夫杯环赛。时间太紧迫了，彼卡还在医院里，赛艇尚未完全准备就绪，试验根本没有进行，风帆没有绞起，如此等等。彼卡偷偷地离开医院来到船上，但是一头扎到了他的睡铺上，他穿着羊绒长内裤和毛线套衫，懒懒散散地钻进了被子。基尔斯蒂当然非常不放心，这个样子在这儿怎么办！

就这样，我们从赫尔辛基出发了，驶向汉科，我们的人员全部上了船。我们各试了一次风帆，试了全部艏钭帆和顺风帆，调整了帆装，尽我们所能使其达到最大的程度。但对我们每一个人来说它是一条新船，按其当时的级别来说，“吕盖亚”是一条很大的船，在后来的希内布里科夫杯环赛中，我们主要在与尼派·法采尔的“法格尔·布兰”号和奥克·金德伯格的“康康三世”号竞争。

后来是汉科—桑德哈姆赛，接着则是环哥德兰赛的第一阶段，那是一场真正的三强拼搏，一个从阿尔马格伦德，向北直冲瑞典比约恩30—40海里的赛程，风力肯定高于每秒25米以上，完全顺风，我们使出了全部的劲儿，这是一场与‘法格尔·布兰’进行的激烈搏斗，那是一群洋溢着青春活力的芬兰瑞典族海员，他们是真正高端的赛艇队员。

“吕盖亚”从阿尔马格伦德至瑞典比约恩的赛程是振奋人心

的，里斯托和我转动着舵轮，这是恰到好处的一步，精确地操舵。正常情况下掌舵换班至少在1个小时之后，现在改成为20分钟一班，从那以后我们开始汗流浃背，精疲力竭了，但没有发生任何不幸的事。掌舵人坚守岗位，水沫一直喷洒到他的后背。我不记得计程仪做了什么记录，但知道速度非常快，心里特别快活，整个团队对赛艇的信心无比高涨。〔*于尔约·维海尔海伊莫*〕

引领人此刻在干什么？他正躺在他的铺位上，两腿伸得笔直。维海尔海伊莫说，尽管这一指挥姿势很特别，然而彼卡却能看到驾驶台，从仪表上看到航速、风向以及其他重要的数据，他也能听见、感觉到“吕盖亚”是怎样在水上行进的。在庆贺彼卡·海林60寿辰的著作中，维海尔海伊莫用海员之间互相沟通用的丰富多彩的赫尔辛基航海俚语描画了彼卡的船长风格。

……彼卡总会在他的船舱里核查一切。一次我们商量好怎样出海航行，他就急匆匆地跳上他的铺位，因为从那里他可以进行观察，看到罗经仪、视风角仪、测速仪以及其他各种航海辅助设备和仪器。

他可能在那里躺上几个小时，好像已经死去，已经不复存在，然而他却想象着我们会在甲板上干什么，我猜想他已经注意到或者觉察到所发生的一切以及我们每个人都在做什么。他总知道谁在掌舵，是否干得十分认真严密。他能感觉出阵阵来风以及船在海上是怎样行进的。他知道舵手是否已经成为船的一部分或者那船成了他的一部分，两者连成了一体，就像做爱中的男人和女人。无论是逆风而行，还是遇上侧风或者一路顺风，这都无关紧要，他会坐在铺上随船起伏摇荡，同时注意着船的移动状况、哪怕是最轻微的声音、气味、节奏以及从船舷两边传来的划破海浪的啪啪声，对此一切，他都要分析，进行研究。

我们掌舵的一般每小时换一次班，如果风向转了，过了一小会儿左舷后铺那边没有发出什么叫嚷声，说明已经过关了。不过情况并不总是那样的。掌舵的方法人与人之间是不同的，立即就能听出来。他会猛敲甲板下面，询问是谁在掌舵，实际上他很清楚，但想知道，我的天哪，为什么顺风时风帆这么低，或者为什么将风眼推得那么高，为什么船只在原地摆动，等等等等。在此情况下，除了调整风帆的迎风角度，拉紧艏钭帆吊索之外别无其他办法了。各种各样诸如此类的事情，一般我们都会很快处理好的。一点不错，他知道各人都有各人自己掌舵和航海的小窍门。经过这样或那样小小的调整，赛艇又会像火车一样向前直驰而去。〔*彼卡·海林：来自朋友的信件，1992年7月15日，于尔约·维海尔海伊莫翻译*〕

里斯托·霍尔姆斯登说，彼卡的航行知识和领导技能在于他的可靠的本能和直觉，但他作为引领人的主导特性却是强烈的竞争欲。

彼卡能出奇地了解人，尽管一开始你不会发觉这一点，接着他会很快提出要求。

每当你参与竞赛时，你就必须付出一切。他会提出许多要求，而这是其他引领人所不会做的。举例说，他并不强迫但会让你明白，如果你能在海上完成一项哪怕是危险的任务，就很好。有时候我们会做出非常危险的事情，幸亏上天保佑我们没有什么意外。在夜里也一样，一阵阵大风越刮越猛，小伙子们却在甲板上来回走动，身上不穿救生衣，也没有任何其他防护设施。彼卡总说："上帝啊，你们必须呆在舱里！"要是掉下去了，那可是你自己的过错！〔*里斯托·霍尔姆斯登*〕

阿尔奈·勃莱萨尔是在库洛沙里长大的。他曾在那里的芬兰语和瑞典语混合学校上学，他的哥哥亨利与彼卡和基尔斯蒂上的是同一所芬兰语学校，尽管他的年纪要小一岁。

> 当我第一次进到船上时，彼卡说，好啊，我知道你是什么人，因为你是讲瑞典语的人，我们没有什么共同的东西。他有点儿挖苦人，但只是同我开玩笑！我们之间的友谊就这样开始了。〔*阿尔奈·勃莱萨尔*〕

勃莱萨尔对彼卡作为航海人和船长的描绘，与通力现在和过去领导人员对彼卡·海林作为企业领袖的观察没有分毫之别。

> 彼卡是一位聪明过人的船长。我们没有严格的分工，从来没有谁是船长的问题。他是一个野心勃勃的人，他的目的就是取胜，因此我们总是不停地工作。第一次比赛也许稍稍有些特别，因为一部分海员是新手，没有经验，船又是新的，我们比赛得也太猛了，风帆给弄破了，那风实在大，帆展得太开，唉，破裂了。彼卡大声喊道："将另一张风帆拉起来！"
>
> 这是由于用瑞典语喊"敢于胜利"这句口号喊得太厉害了，我们大家，尤其是彼卡，他非常主张，既然要争取胜利，就该有些小冒险，当时开始时我们不就是第一的嘛。后来他在驾驶上下了工夫，航行中运用策略，对路线做出了合理的选择。
>
> 船员们是一群非常棒的小伙子，不知道什么叫疲劳，因为他们全是喜欢努力工作的人，真的让人感到非常快活。他们的精神面貌始终积极向上。我觉得，这里彼卡那种能够团结人的品格起了非常大的作用。任何时候他都能做好船长的榜样，大家也会照他说的去做，从来没有什么口角或争吵。我们有相当明确的分工，每人都知道自己的责任，做好自己该做的事，而且一个比一个做得更出色。各人的特长都能得到充分的发挥，譬如有人掌舵技能

“吕盖亚”号在英国南安普敦前的索伦特海峡，正参加1967年英国海军上将杯比赛。背后是“美利坚”号客轮，它当时仍保持着横跨大西洋速度最快记录的客轮。伊尔波·卡乌哈宁对“吕盖亚”的评价是：“她有充分理由被称为芬兰最出色的参加公海比赛的帆船。”

高，他可以多干一会儿这个行当；有人力气大，那就让他去做需要大力气的工作；某个人经验不足，还不适应工作，那么现在可以不让他驾船，安排他做合适的工作。〔*阿尔奈·勃莱萨尔*〕

恩德罗·维赫马补充道：

彼卡相当实事求是，他对事物的态度真的是细致周到，同他一起航海心情舒畅，因为他从不想当然，而且知道该做什么不该做什么，怎么说呢，这是他极好的一面。

彼卡是船的灵魂，但他不是那种独断专行的人，说必须做这个，必须做那个的，遇事他愿意进行讨论。他不干预别人的工作，认为我们自己知道应该怎样行事。一次他在瑞典桑德哈门时曾说，我一人管理不了像通力那样的康采恩，所以他聘用了有实际经验的人。他真是这样说的！〔*恩德罗·维赫马*〕

取胜的强烈愿望、极有性格魅力的领导艺术、充分细致的准备工作、始终有明确的分工和集体精神的优秀团队、相辅相成的实用主义和敢于冒险的意愿以及善于运用战术的赛手，这是勃莱萨尔和维赫马对“吕盖亚”、它的船长和船员评价的概述，但这也完全适用于通力、它的总裁和管理团队。

* * *

尽管彼卡的个性同样既反映在他的赛艇比赛风格中，也反映在他的企业领袖管理手段中，但对彼卡来说，航海绝对不是工作的继续，相反，航海是一种与压力保持距离的办法，而这种压力是他在营造跨国公司时与芬兰商业界的传统和习惯以及失败的可能性进行斗争的过程中所经受到的。与工作环境的日常牵累保持距离、人类对自然的本能性的对抗、时不时地在危险的状况下控制快速航行中的船只的挑战，所有这一切使他暂时性地从对工作计划和失败风险的思考中解放了出来。他坐在船上对这一时刻可能全神贯注，而不使自己沉溺于酒瓶之中，在陆地上，他从来没有这样的奢华。

> 在船上，他不想谈生意，他希望解脱，因为他要放松。他一定摆脱了，我确信。〔*里斯托·霍尔姆斯登*〕

有时候彼卡会逃避工作，但是躲避不开他自己强烈的好胜欲望的性格。

> 把绝大部分人看做是敌人，这在父亲的生活中大概占据了中心的地位。在海上，他也把其他船只视为敌人，他总要更快、超过别人！〔*伊洛娜·海林*〕

彼卡经常大喊大叫着进入码头，尽管他完全可以做得文明一些，声音轻一些。

> 每当码头上刮起大风，他总要亲自驾船。但当稍出一些差错时，他又会失去控制，那时我们别的人必须高度警觉，注意他是不是撞坏了别人的船只。我们从来不敢对彼卡说，通过困难的地段进入码头时让其他人驾船。虽然发动机仍在转动，但他还会全速向前开去，或者向后倒车，情况就是那样。要是岸边拥挤，没有停船的位子，他会蛮干，硬是往里挤。如果有人感到惊讶，问他，先生您要干什么？那时他准定会说："闭上你的嘴！"〔*里斯托·霍尔姆斯登*〕

停靠码头的野蛮行为，让他在奥兰群岛的玛丽港坐了一个晚上牢房。恩蒂讲了一个他父亲告诉他的非常有趣的故事：

环哥德兰比赛结束后，当时考虑，如果不做家庭旅行的话，那就去别的地方转一转，于是决定到玛丽港拐一下。当“吕盖亚”进港时，埃伊诺·恩丁奥亚刚巧坐着他自己的船也在那里。埃伊诺说，把船开到这个夹缝中来。那地方非常狭小，但把别的船推到一边后还可以挤得下，当时隔壁船上的瑞典船手很不高兴，大声抱怨，还想上岸解开船缆。当时候父亲开始火了，一跃跳上了岸。当时父亲还年轻，是一个100公斤的壮汉，他还跟埃利斯·阿斯基学过拳击。他握紧拳头给了那人狠狠一击，嘴里还喊着“这里是我的国家”（奥兰群岛的居民讲瑞典话，但是芬兰的一个自治省），那个瑞典人被打倒在风帆上。

“吕盖亚”的船员们稳住那船后，瑞典人才从风帆下面爬了出来。接着几个伙计去奥兰岛的一家小餐馆进餐，没过多少时间，警察来了，那位挨打者的妻子指着我爸说：“就是他！”由于我爸不肯讲瑞典语，把事情搞得更糟了。他只讲芬兰语，因为他认为在芬兰就应该讲芬兰语。

最后的结果是，据他后来讲，只讲芬兰语成了他的最后一个错误，让他特别挠头的是，原本可以在早上6时出牢房，但由于酒精的作用，他到了9时才被放出来。〔*恩蒂·海林*〕

当时伊尔卡·海林也在船上，他目睹了一切，他的介绍更有文学味道：

我们到达那里时，没有一个人不是喝得醉醺醺、东倒西歪的，后来埃伊诺·恩丁奥亚也到了这个码头，他大声喊道：嗨，到我这边来，这里有空档。我们过去了，可是那里并没有太大的空地方，一边是一条瑞典人的船。我们将缆绳扔到岸上，用绞车将船拖到其他船的夹缝中，但是那个瑞典人认为他的船被挤压了，于是提高嗓门，喊了起来。由此发生了争吵，父亲跳上码头，用手掌轻轻地拍了他一下，当时他根本没有跌倒，那只是轻轻拍了一下，当然比拍一下肩膀稍微重了一些，但是他们又将警察叫来了，父亲又一次被带走，不过这一回于尔约·维海尔海伊莫也同我的老爸一起去了牢房。〔*伊尔卡·海林*〕

关于彼卡的冒险行为有许多版本，有长一些的，也有短一点的。据尼克拉斯讲，彼卡自己还很乐意做修订补充。

关于彼卡·海林的这些故事贯穿了他的一生，我虽然没在奥兰群岛和桑德哈姆的冒险现场，但我就听见过好几个版本。重要的是，父亲喜欢这些传说，就是说他自己喜欢这些故事，喜欢各种版本，还亲自用自己的语言对它们进行修订补充。〔*尼克拉斯·海林*〕

尽管彼卡粗野、冲动的性格曾经多次让他陷入尴尬的境地，然而从某种程度上说，也因此使他赢得了船员们的尊敬和信任。霍尔姆斯登和勃莱萨尔都曾说，可以清楚地看到，所以使彼卡·海林在航海中取得如此众多的成功，正是源于使他在商业生活中赢得胜利的同样的品质和特性。

如果你在溜须拍马，阿谀奉承，他立刻就能觉察出来，这样的手法绝对不可能得逞。彼卡喜欢爽直、诚实的关系，丝毫不能容忍装腔作势和虚夸。

有时候彼卡也会犯错误，但在喝下几杯壮胆酒后，他的嘴唇就会灵活起来，他会开始批评彼卡，也就是他自己。说你所犯的错误使我们损失巨大，这会使他永远受到愤怒的咒骂。不过他忍受不了持续的批评，后来他会平静下来，在这种事情上他不会气愤长久，怨恨不止。的确他会原谅很多事情，因为什么人都是会犯错误的，即使做了最大的努力，错误仍会在所难免，因为那是人。

每当我回想起，我曾数次（不是在比赛）驾驶“吕盖亚”时由于我的疏忽大意触礁了，碰得挺厉害的，他从来没有冲着我喊什么“上帝啊，你把我的船撞烂了”之类的话，他只是冷静地站着，笑着说，好了，就这么回事了！很多有这种游艇的人，都会开着开着触礁的，那又怎么样呢，就是我的船撞成了碎片，天也塌不下来。触礁时有时颇有一些有趣的场景，为了把船从搁浅的地方拖出来，我们得奋斗两三个钟头。彼卡就是坐在船上，时不时的呷几口威士忌，抽着切斯特菲尔德烟，我们想方设法要把船拖出来，他就是看着，也不走开。直到领航艇来了，把我们拖了出来。〔*里斯托·霍尔姆斯登*〕

在彼卡严肃认真地参加比赛的时候，喝酒还没有像后来那样给他带来如此多的麻烦和不快，航海比赛时是不喝酒的。

他在1960年代参加比赛时，从来不会将酒带上船，尽管小伙子们或多或少都有嗜酒的倾向。所有的人都坚持不喝酒。但到了后来情况发生了一些变化。〔*里斯托·霍尔姆斯登*〕

结束比赛后，情况会是另一个样子了。“吕盖亚”的船员们无论在弯弯曲曲的小巷还是在热闹非凡的庆祝活动中，都会受到钦佩和敬重。这个声誉产生了许许多多的传说。其中一个故事说，他们把庆祝1967年环哥德兰比赛胜利的会场砸得稀巴烂。2001年《赫尔辛基新闻》曾经写道：

1967年，海林的船员们在桑德哈姆受到了皇家般的欢迎，他们一登岸，即刻在码头受到瑞典国王热情的接待，向他们敬了荷兰杜松子酒，接着又前往市内一家大酒店的宴会厅继续庆祝活动。

庆祝芬兰胜利的活动结束后，宴会厅需要重新粉刷装修，海林答应装修费用由他负担，但有一个条件，那就是将宴会厅的名称改为“吕盖亚”。〔*贝特里·斯约布洛姆,《赫尔辛基新闻》, 2001年7月3日*〕

关于这个故事，当时在场的阿尔奈讲的完全是另外一个版本，对此，其他船员都是同意的。

国王接见后，我们开始庆祝，前去市内一家酒店，它的老板是一位年长的芬兰妇女。为了吸引更多顾客前来消费，瑞典皇家航海俱乐部特为这家饭店申请了夏季时供应烈酒的许可证。酒店里有一个宴会厅，我们，“吕盖亚”的成员们，关上门，在里面欢庆，女老板给我们送来了杜松子酒。我们就是一帮子这样的人，在里面喝啊，唱啊，不过外面听不见多少声音。后来我们发野了，砸坏了宴会厅，太不好了，那是完全错误的！

后来有一年，我们参加比赛后重又来到这里，两个船员在彼卡不知情的情况下偷偷地在赫尔辛基做了一个木牌，上面刻了“吕盖亚宴会厅”的字样，我们要求酒店老板把它挂起来，不知道是不是得到了同意，在彼卡到来之前，这块牌子反正给挂出来了。这一次比赛结束后，我们到了那里，那块牌子仍旧高高地挂着，这是千真万确的！〔*阿尔奈·勃莱萨尔*〕

正如前面说的那样，彼卡和他的海员团队所以能够如此出色，是有多种原因的，其中意义重大的一点兴许是，“吕盖亚”是第一条由芬

“吕盖亚”的成员们正在桑德哈姆瑞典皇家游艇俱乐部接受希内布里科夫杯赛的二等奖。这是“吕盖亚”参加的第一次比赛。船员们两天前才为比赛进行准备，彼卡因患肺炎住院接受治疗，他是从病床直接奔赴赛场的。图中彼卡站立在台阶的最上一级，自他向左分别为里斯托·霍尔姆斯登、马蒂·萨乌里奥、于尔约·维海尔海伊莫、哈塞·哈格斯特勒姆、恩德罗·维赫马和图奥马斯·萨尔米宁。霍尔姆斯登后面是团队的第八名成员拉塞·诺马宁。

兰语人拥有，主要由芬兰语人操作的海洋赛艇，是它作为国家的代表在争夺荣誉的比赛中打破了由芬兰瑞典语人掌控的垄断地位。“吕盖亚”是在“航海人”（这是1922年成立的芬兰语航海协会）的旗帜下航海和参加活动的。伊尔卡·海林说，他的父亲曾想参加库洛沙里的芬兰瑞典语库洛沙里帆船协会，但他被认定为不够格，因为他讲的是他的母语芬兰语。然而现在，在通力成了芬兰企业界国际化先行者的情况下，“吕盖亚”为芬兰语航海人开通了通往国际比赛的航道。

当时正值1966 — 1967年那个时期，在芬兰，这个名叫新国土帆船俱乐部的瑞典语协会也占据了垄断的地位，他们好像高人一等。譬如参加国际奥运会，只从他们那里挑选选手，不要其他人。后来，由于彼卡的功劳，情况慢慢有所改善，除了他们那里外也从其他地方挑选人员了。现在确实平衡一些了，不过仍然处在过渡时期。除了彼卡和“吕盖亚”，实际上没有别的人，后来才逐渐出现了。不管怎么说，障碍开始被冲破了。〔*恩德罗·维赫马*〕

在1967年参赛初期，“吕盖亚”在RORC级的国际排行榜上居第五位，当时它在环哥德兰赛中小输给了彼得·法采尔的“法格尔·布兰”号。它还是首批参加海军上将杯赛的芬兰赛艇之一（在海峡赛中名列第四，不列颠杯赛中第五，快捷网赛中也名列第五）。1968年，“吕盖亚”在波罗的海赛中赢得了它的级别的第一名，在一般性比赛中超越了200条赛艇。在1969年的环哥德兰赛中，它得了双胜利，级别赛和一般赛中都名列第一。在1969年、1970年和1971年的汉科—桑德哈姆赛中，“吕盖亚”也将奖杯捧回了家。

今年有了期待已久的突破，一艘芬兰赛艇首次在环哥德兰赛中取得了胜利，从而使“吕盖亚”在北部水域的赛艇中间上升到了统治者的地位，因为彼卡·海林在去年与此次相似的波罗的海赛中（也是第一个芬兰人）击败了全体比赛参加者。环哥德兰赛和波罗的海赛是轮流举办的，据悉没有一艘赛艇曾经连年赢得两场比赛胜利的。〔*《赫尔辛基新闻》，1969年7月4日*〕

后来由于通力快速国际化，越来越要求彼卡付出更多的时间，他在赛船方面空前的成就开始下滑了。1972年，赢得重大比赛胜利的形势中断了，但是他为一代芬兰语的航海人打开了大门，免使他们后半生成为旁观者，没有机会为这一级别的优秀力量进行奋斗。

* * *

尽管航海比赛对彼卡来说是挑战，但它是他所持续不断地期盼的，使他在业余时间里能与家人和朋友一起航海，从中得到极大的享受。在他后来的生活中，他常驾着“吕盖亚”在群岛之间或在波罗的海的远处休闲度假。

基尔斯蒂家族中没有人航海，但她喜欢在海上度过时光，尽情享受，不过她不承担船上的分工，只在彼卡担任指挥官时，他会分配基尔斯蒂负责烧菜做饭，打扫卫生和看管好小小孩，不让他们从船上落人水中。

> 首先我不喜欢航海，就因为他对我发号施令，每当我说别对我大声喊叫，他会非常惊讶，但会说：“好，我不大声喊叫！”〔*基尔斯蒂·海林*〕

经常有这样的情况，就是某些孩子比另一些孩子更喜欢航海，也更能忍受彼卡的发号施令，恩蒂和伊尔卡成了很好的航海人，早在年龄很轻的时候他们已经掌握了必要的技能。

> 后来我们第一次驾着海洋游艇航行时，人人都有各自的任务，恩蒂当了望员，伊尔卡还只有4岁，当雾角手，每当起雾时，他会吹起雾角，向在雾中航行的船只发出警告。我有一种印象，好像大家都非常高兴。但是有时候彼卡会提要求，命令大家执行他的指令。在那种情况下，大家会不愉快的。〔*基尔斯蒂·海林*〕

伊尔卡补充道，父亲不在的时候，他和恩蒂驾过“吕盖亚”，他们边“做”边学，学了很多与航海有关的知识。哈娜的情况则不一样。

航海时我没有学到一点东西，真的，我彻头彻尾对一切都反感。我看到缆绳，就会说我打不好结，这一策略与伊洛娜不同。伊洛娜学会了航海，航海中的那些玩意儿她都会。〔*哈娜·努尔米宁*〕

尼克拉斯是在彼卡变得越来越容易发怒和要求越来越苛刻以后开始成长的，他喜欢航海，然而同时又说：

我依旧认为，航海好玩，但那只是在彼卡·海林不在船上的时候。〔*尼克拉斯·海林*〕

伊尔卡对小时候的全家航海有着美好的记忆。但当彼卡的喝酒问题越来越严重之后，他在船上的表现实在无法让人忍受了。

如果不是像后来那样总是那么醉醺醺的，老爸做引领人，当船长是很负责任的。我们共同的航行会因他的酗酒到了无法忍受的地步，继而以不快而终。〔*伊尔卡·海林*〕

作为家里最小的孩子，伊洛娜经历了她父亲的最后阶段，至今她的脑子仍难平静，心境无法平衡，不愉快的记忆仍旧让人心惊肉跳。

我有不愉快的记忆，这同别的人一样，但是我们也有一起出海的欢乐时刻。举一个例子说，当我和爸爸、妈妈3人在一起时，我们一起进行计划，感到非常快活。我们的时间表挺严密的，譬如今天要做些什么事情，把一天的事情都计算好了，然后按部就班地加以实施，我们一起分析线路，一起执行。

真的有过那么一次旅行，其后我想这可能是我最后一次出海航行了。我和父亲两人从达利厂出发前去汉科，当时我刚20岁出点头。我们开始航程了，必须经过一段很长的航道，对面过来的船上有人对着我们喊：“你们的风帆太多了！”父亲应答道：“见鬼的，是谁在教训我们该怎么干呀？”接着，当然是没有可能减少风帆的，这就是他的智力水平嘛！在天气恶劣的情况下，我们的风帆在大海上确实是太多了。他的肝发痛，转动不了曲柄。他不准任何人穿救生背心，实在太可笑了。就是这样的一次旅行！我是冒着生命的危险才减少风帆面积的。这是我的最后一次旅行，从此以后，我再没有同他一起出海了。〔*伊洛娜·海林*〕

彼卡休闲时与朋友一起出海航行，似在尽量控制饮酒和专横的态度，为的是使他与航海朋友的长期关系保持下去。只要彼卡的健康状况允许，维海尔海伊莫家和霍尔姆斯登家一直同海林家一起出海航行，许多亲戚和朋友也一样。看起来，酗酒对他朋友关系产生的影响没有像对他自己孩子的关系那么严重，即使到了1980年代和1990年代酗酒成了问题之后依旧如此。彼卡的许多朋友饮酒都是比较适度的。随着彼卡的年龄越来越大，他夜晚典型的灌酒结果已经不再是闹饮和感情爆发，而是疲惫和抑郁。他的力量已不足以做其他事情了。

* * *

在海林家族中，航海传统曾经有一代断层。海伊基·海林是一位迷恋于机器小配件和发动机的工程师。他有一条汽船，但不是帆船。当谈到他热心于航海的孙子之前，我们先要说一说海伊基的父亲哈拉尔德。

彼卡的祖父哈拉尔德·海林是一位热心的航海人，他设计过自己的船。他先后有过两条船，名为“卡普里斯”和“森塔”。“森塔”还在航海比赛中获过奖。哈拉尔德赢得的奖杯几乎全在我的家里。彼卡从小就爱航海，但是海伊基喜欢开汽船，他有这个美国嗜好，什么发动机他都喜欢。当时彼卡的双胞胎妹妹曼莉和丽莎共有一条单座艇，她们说，我们也会航行一小会儿的。〔*基尔斯蒂·海林*〕

哈拉尔德有一条一米多长、单桅杆的玩具帆船，上面还装有船首三角帆和主帆。彼卡孩提时这条船传给他了。曼莉说：

我们的祖父在世时是一个酷爱航海的人，他将这条名叫“诺尔纳”的帆船给了彼卡，彼卡总是拿这条船在海边玩。后来从图尔斯维克搬走时将它放在仓库里，但是被人偷走了。〔*曼莉·勃勒伯格*〕

彼卡从玩儿玩具船开始，发展到使用真船了，开始时他当别人的船员，后来有了自己的船。图尔斯维克的丢失——父亲原想在那里从事农业或建筑业——却使彼卡得到了解放，使他能够一边玩航海，一边度过十几岁中学生年代的夏天，因为那时他不用上补习班。

父亲的航海热情始于与祖父的朋友安德斯·克雷默一起进行的航海之旅的时候，用父亲自己的话说，他在那里当小伙计。〔*恩蒂·海林*〕

夏天时，矿业参议安德斯·克雷默把彼卡接到瑞典的纳什卡德，并在那里教他学习瑞典语的航海字汇和术语。后来他到埃斯波的利拉·博多过夏天，那时他已经有自己的小船了。那里几乎已在群岛之中，前面是一望无际的大海。彼卡就在这个地方扬帆航行。他的行动非常独立，我们的祖母，也就是哈拉尔德的妻子，夏天有一半时间陪着他在那里，极其为他担心，因为她有些怕水，但是母亲一点不怕。彼卡还开始在航海人协会参加比赛，如果没有获胜，他会闷着头或者喊叫着回家。〔*曼莉·勃勒伯格*〕

彼卡小时候同学马蒂·萨乌里奥的父亲数次将彼卡带到他12米长的游船上，后来马蒂成了彼卡头一批航海伙伴中间的一个。

航海是我们共同的爱好，每年夏天我和我的父母一起航海，彼卡有时也参加。

我们青少年时期的航海经历好像早在1947年就已经开始了。我们通过朋友与彼卡一起从瑞典语库洛沙里航海协会租了一条羽毛级的游艇，时间大概1小时，可是我们回来时4个小时已经过去了，那时讲瑞典语的家伙会大发雷霆，从那以后他再不将船租借给我们了！

1948年左右，海伊基·海林给彼卡买了一条船，也是羽毛级的，在航海人协会做了登记。后来我们用这条船参加过一些航海比赛，不过主要是用做旅游。彼卡的航海就此开始了。〔*马蒂·萨乌里奥*〕

库洛沙里的劳里·库奥帕麦基也是彼卡的航海伙伴。他们的父亲是在科技学院相识的，两家住得很近，都在赫尔辛基托拜柳斯街，后来又都搬迁到了库洛沙里。据基尔斯蒂讲，劳里是彼卡最好的朋友，1948年库奥帕麦基一家迁往美国加利福尼亚并在那里永久定居了，彼卡非常想念他。

我对彼卡记忆最深的是他得到帆船并和我们一起开始航海的

那个时候，他十四五岁时有了一条小船，我们就用它开始学习航海，我们演练得非常卖力，譬如练习怎样进到起航线。

我记得我们参加第一次比赛时的情景。我们出发了，我以为我们相当领先了，但后来，别的船统统超越了我们。我们也弄不明白这是什么道理。结果是，我们成为落在最后几个中间的一个。我们咒骂，想着怎样能使我们的船快一些。彼卡后来告诉说，因为风帆松了，鼓不起来，只有当它像袋子那样鼓了起来，才能随风前进。它有点像大三角帆。我们不懂那技巧，当我们逆风航行时，风就会灌到那种袋袋里，船就哪儿都去不了了。〔*劳里·库奥帕麦基*〕

撤离图尔斯维克后，海林家先在博多租了一幢夏季别墅，后在赫尔辛基东海岸的尼彭达斯买下了自己的夏季休闲地。彼卡在那里航海直至1956年。

后在尼彭达斯，我们已有一条船帆和一条汽船了，但在我们回到图尔斯维克后，彼卡忙极了，没有一点时间，他全力投身于建设工作，汽船也被卖掉了。所有的东西当然都是属于彼卡父亲的。尼彭达斯的那条帆船则是属于曼莉和丽莎的。从此我们的农业工作开始了。〔*基尔斯蒂·海林*〕

1963年“阿乌拉”号刚建成，彼卡重又回到航海活动之中，进而填补了彼卡因全力投入图尔斯维克的重建和领导通力的工作，放弃了这一爱好而形成的真空。

* * *

即使由于工作繁忙在经常性的比赛都开始落伍的情况下，每当出现机会，彼卡也总会驾着“吕盖亚”号出海航行的。1983年，在他刚刚买下纳维尔货运轮船公司之后，他又有了购进另一条海洋赛艇的机会。那条船停靠在新西兰，需要将它运到欧洲。彼卡把这条赛艇命名为“纳维尔”号。后经查明，购买这条赛艇的费用几乎等于对整个纳维尔公司的投资。

> 1980年代初，彼卡购买了一条瑞典帆船，它在地球的另一边，必须将它弄过来。该船参加了环球航行比赛，但不灵，于是停靠在新西兰了。船上有海员，船长叫威利·冯科斯库尔。威利问彼卡是不是一起来接船，彼卡在伊尔卡陪同下去了。他们先行飞到南美的智利，一路相当紧张，到了终点更是特别紧张。〔*基尔斯蒂·海林*〕

彼卡和伊尔卡对有机会越过好望角非常激动。冯科斯库尔将“纳维尔”号送到圣地亚哥南面约1000公里处的蒙特港，彼卡父子俩打算在那里登船。伊尔卡先期到达智利，在那里等待彼卡的飞机到达蒙特港。

> 老爸下飞机时醉得不省人事，不过我在智利已经做好了准备。后来我们做了这样的安排，当我们在好望角时船上没有烈性酒，大概这是他到了成人年龄后头脑保持清醒的最长一段时间。
>
> 据我记忆，那次旅行持续了两个星期，现在回想起来，这大概是父亲最难熬、很难忍受的一段时间，至少在旅行初期是这样的。后来他的确保持着清醒的头脑，我们两人注意观察，认真驾船，真是那样的。情况良好，一切顺利。〔*伊尔卡·海林*〕

彼卡写了旅行日记，第一篇写的是凌晨抵达蒙特港的情景。

1983年3月6日，星期日，蒙特港

在“纳维尔”号船上

昨天下午4时抵达蒙特港机场，叫了一辆出租车去航海俱乐部。他们为我们派了一辆车，那驾驶员当然是迟到了，我们轻易地找到了“纳维尔”号，当我们带着新的加油枪到达时，发动机机械师理应在场，但他没有到。由于长途飞行我感到相当疲劳，因此我没有参加客套，也没有谈工作，因为除了威利和他的儿子我不认识别的人，甚至不知道他们的姓名。伊尔卡向他的母亲报告了有关情况，同时前去找了一下机械师。头一件事情完成得很快，第二项工作后来也做成了。我只在梦境中听到了一些什么，但对具体细节毫无知觉。现在已是太阳升起之前的迷人时刻，当地的公鸡正在喔喔啼叫，可是“纳维尔”号船上还没有一个人醒来。〔*摘自彼卡·海林日记，基尔斯蒂·海林档案*〕

**白天晚些时候，彼卡前去察看新船，并从那里眺望了蒙特港。**

船上有些杂乱，知道老板要来，他们理该整理安排得好一些。“纳维尔”给人的第一印象是，甲板和帆装、总的船体都是不错的，但是甲板下面的结尾工作做得很差，甚至根本没有做。现在看来天已亮了，我们到了外边，希望今天能将机器转动起来，这样我们耽误一天一夜后就可以启程了。

蒙特港是一座大约有10万人口的城市，真是难以相信。昨天我们穿越了整座城市，当刚开始有城市感觉的时候，我们就出城了。唯一有意思的景点是市场，各种各样的毛料服装琳琅满目。我是隔着出租车的窗子看到这些的。

码头（俱乐部）位于一条大约300米宽的河流（还是海湾？）边上，水面上有些小汽船在航行，那是渔民在捕鱼还是人们在做什么别的事，这我不得而知。俱乐部只在它的主席到来时才开门，关于这位主席的传说五花八门，相互矛盾，有人说他住在这里的一条船上，因为他被老婆从家里赶了出来。对于这样的事情，知道与否是无关紧要的。看起来这个俱乐部只有几条小船，唯独我们在水面上，其他船只都躺在泥滩上。〔*1983年3月6日*〕

彼卡以为从码头就可以直接上路了，但是修理发动机的时间比预期的要长得多，我们的航程一直拖到星期一午夜才开始。彼卡的旅行日记不仅记载了有关航行的事情，还讲到了船员和各种陌生的环境。

昨天一整天，当一群智利人忙着工作的时候，我一直围着发动机转，东看看，西望望，有时更是感到好奇。他们不间断地工作着，也挺有效率，但是意外的情况不仅要求进行深入的分析研究，而且还要进行紧张的工作，因此直到深夜10时半，机器才发动起来。午夜12时，这位智利巴斯克人和他的一队人马离开船，我们也就起锚了。从那时起，我们的发动机转动了大约12个小时。天气晴朗，万里无云，但稍有凉意，因为当时的阳光与9月初的罗马相似。我们离开群岛后进入了太平洋，完全出乎我们的估计和期望，那里却是一派风平浪静的景象。

一路上我们看到了海豚、海豹和海狮（？）还有岛屿上人们放养的山羊。关于鸟类，我们看到的有信天翁、企鹅、鹈鹕、海鸥和一种翅膀长长的，飞行技术高超，棕色的，但不知其名的飞鸟。说真的，还有各色各样的其他飞鸟，看起来非常有趣，这些对我太新奇、太陌生了。

今天早晨我问威利，这些海员过去都是做什么的。后来我了解有一个与我们一起旅行的人，他不是贝拉，而是一个长黑胡子的小个子小伙子（约30岁），他原是瑞典铁路公司的火车司机，他是驾着一条小船来到新西兰的。睡在米卡埃拉船舱里的贝拉，前几年就是乘坐小船游历世界各大洋的，但之前他是瑞典的消防队员。米卡埃拉是农家姑娘，来自图尔库群岛的科尔波岛，后来她同威利·冯科斯库尔的儿子结了婚。她是一位很有成就的航海赛手，以米卡埃拉·冯科斯库尔的名字著称。她学的专业是放射学，后来乘坐一条图尔库帆船到了新西兰，当上了“奥尔德贝纳”客轮的海员，结束那里的工作后她就到了“纳维尔”。旅行过程中，我进一步了解了他们的情况，得到了更多最新的信息。所有这一切足以说明，他们已拥有相当丰富的海上经验。

上了码头，除了米卡埃拉外所有的人看起来都是懒洋洋的，但是一旦出了海，那船却是井井有条的，我没有机会看到他们在扬帆和操作升降索时的工作情况，但我相信那一定是很棒的。〔*1983年3月8日*〕

第一星期日记的开场白同前面所写的差不多，但是到了星期五，彼卡开始显露出烦躁的迹象了，要他在自己的船上，在别人担任船长的情况下，让他适应一个旅行者的角色是不容易的。

每当看到贝拉握着舵轮，每一次我都会感到恼火。好一个真正的旅行家，真是一个严格工作让其反感的周末航海人。今天，当本尼迪克特登上甲板，拧紧操作帆杠，乱风将船从逆风吹转到了顺风，使本尼迪克特的工作变得容易了。如果我是船长，我一定会重新将它调转过来的。我试图通过威利这样做，但他总是愿意替别人考虑（那是错误的），以致不知道怎样能叫别人按照自己的要求驾船。相反，谁要是坐在驾驶台上，那就由他去驾驶了。当我就此提醒他时，他说那会冒犯那伙计的。就这样海员立即可以随意决定我们该去什么地方了。当我们还在这里的时候，他还不会这样干，但是我们一旦离开船，谁能知道他会怎样干呢？〔*1983年3月11日*〕

彼卡间或会做一些饶有趣味的旁注，让人们看到他的思考和表达。譬如他曾高度评价伊尔卡给予合作的价值（关于这一点，无疑他是绝对不会对伊尔卡说的）。

• 根据领航手册（1971年），原来没有导航这一条，航道的位置是变化的。伊尔卡从1981年的补充中找到导航是强制性的。从此就可以不用大声喊叫了。〔*1983年3月11日*〕

• 我的肝脏可能对我的工作这么少而感到奇怪，我甚至不觉得夜晚要喝烈酒了，进餐时喝上一听啤酒已经很美了，但是仅此而已，正如先前说过的那样。〔*3月12日*〕

• 自从昨天提速后我们的速度超过了8海里。当前仪表显示风力为略低于10海里，船速为略高于6海里，的确速度还能上去，但是何时能够实现呢？每晚了一个小时，意味着就会损失数海里。现在应该是提升大三角帆的时候了，可是出于某种原因他们说没有必要。一张300平方米大三角帆的拉动，同噼噼啪啪发响的声音完全是另外一码事。〔*3月13日*〕

• 今天太阳出来了，我发现我还是挺干净的，需要洗涤的脏东西只有一块手帕和几双袜子。不过今天又增加了一些，衬衫和内裤，还有一套海鸥喂食器。〔*3月13日*〕

• 刚才贝拉打开了话匣子，从中让我了解到更多的事情，除了是一名消防队员外，他还是一位职业潜水员。后来他放弃这份差事了。我注意到他有点像青蛙，所不同的只是青蛙没有长胡须。他矮小，但很强壮，扁平头有点像我，我记得他那笨拙的样子，活像一只蹦得很远、呱呱地叫着的动物。〔*3月14日*〕

• 我正观赏着刚从好望角后面升起的太阳，唯一让我真正担心的是当前平静的天气！到处都是如此！原来我所期望的，在这个纬度上，秋日的早晨是透亮的、晴朗的，而不是别的样子。

虽然如此，如果我不用急着回去工作，那倒没有什么了。〔*3月15日*〕

• 尽管我们离开海岸已有30多海里，西面仍可看到被皑皑白雪覆盖的山巅，是那些高峰和清澈透亮得令人惊讶的天空造成了这样的美景，能见度肯定超出了60多公里，这是我个人远视的记录。〔*1983年3月16日*〕

“纳维尔”快要停靠码头了，彼卡也将离开这一旅程。彼卡的缺乏耐心和冯科斯库尔的不可知性，看来已经导致他们之间的冲突。由于海员们未能利用涨潮的机会穿过水浅的航道进入里奥加耶戈斯码头，又一次损失了宝贵的时间，灾难将近在眼前。伊尔卡回忆道：

当我们到达里奥加耶戈斯外海，风越刮越大，非常猛烈。开始时父亲和我一起找到了一条向里航行的线路，但是我们再次将导航的责任交给了其他人。他们立即将船开往错误的地方，那是在航线之外，汹涌的海潮来自一个方向，海风则刮自另一个方向，它们互相冲突，对撞，风速达到了30多米！

在这种情况下，船已无法动弹了。威利再也无力控制局面，我们不得不重新拿回控制权。我过去从来没有遇见过像今天这样强劲的海风，我们真的像是掉进了大粪坑！

后来锚松开了，我们费了九牛二虎之力才把锚拖上了岸，我们还在很短时间内使船开动起来，避免了彻底的损坏。后来逆流停息，我们终于进到了里边。〔*伊尔卡·海林*〕

彼卡在他的日记里对困难是轻描淡写的。

从此混乱真的开始了，我们的“纳维尔”夹在沙堤和海岸的中间，退潮时我们出不去，也进不来。运气还算不坏，退潮以后铁锚脱开了，再没有深扎在海底。船长瞎紧张了一通，尽管他曾两次关掉发动机，但他并不知道铁锚的浮标缆缠住了螺旋桨的轴。风声和海浪汇集到了一起，使人们在甲板上分辨不出什么是机器的声音。经过一阵没精打采的愁闷，在逆流加剧之前，我们终于进到了铁锚所在的地方。因为是强烈的逆风，在逆流情况下难以前进，我们仅仅向前挺进了2海里，而那里水的流速是2-6海里。尽管我们知道，要是严格按时间表行事，夜间10时半的水量已经足够了，但因船长非常害怕航线水浅，我们出发误了时间。由于我们中间又走了一段游览线路，最后才回到正确的航线上，这次耽误意味着使我们整整损失了一天又一夜。〔*1983年3月18日*〕

彼卡是在机场准备回芬兰工作时写了上面这篇日记的。“纳维尔”本应成功地完成越过好望角的航行的，但它还是在里奥加耶戈斯抛了锚，停在那里了。

尽管错乱累累，天气异常，我们还是坚决地在原定的地方抛了锚，那是码头上独有的一条船，2000吨油船的船长通过无线电完全自觉自愿地就时间和地点向我们提供了帮助。

早晨我醒来时，船上又一次处于混乱之中，因为船长担心水流的转向导致变换到一个新的位置上。我们起了锚，发现那锚已扭曲得无法使用。它扎得既深又牢，船的方向在强风中变化着，但在得到牵引后并没有脱开或断裂，而是弯曲成了45度的曲线。这倒与船长的计划合拍了，因为我们现在必须停靠在岸边（码头）。就在这个时候，前夜提到的那位船长又帮了“纳维尔”。他听了我们介绍后，立即允许我们停靠在码头上……“纳维尔”在油船的交谊室里办了海关手续，我们的护照也盖上了章。接着我们与船员们告别，前往城里给家中打电话。〔*1983年3月18日*〕

彼卡和伊尔卡回芬兰了，“纳维尔”没有同行。彼卡认为购船协议不在芬兰营业税的范围内，但是税务官不同意。“纳维尔”被转送到瑞典的船坞修理，其间对船只问题毫无知识的通力税务律师金莫·拉乌卡斯和一点不懂瑞典语的埃伊诺·恩丁奥亚一起设法解决税收问题，同时修理船在途中造成的损坏。冯科斯库尔就“纳维尔”的命运给《赫尔辛基新闻》每周报告栏目写了文章。拉乌卡斯则就税务问题写道：“说到底彼卡是正确的”，“但是因为他是彼卡·海林，报上不断做文章，他在官司中败诉了。”

拉乌卡斯说，彼卡打算将“纳维尔”作为游船租出去，并成立了一家名叫公海租船契约公司的企业，管理有关租赁的业务。后来彼卡在新公司的名称上又加了“纳维尔”3个字，但是租赁业务一单都没有做成。最后“纳维尔”被变卖了，公海租船契约公司悄然停业。

* * *

在有关彼卡航海生涯的最后一章中，曾经讲到彼卡为了实现自己的梦想，按照他的特殊要求所建造的一条船。年轻的彼卡怀着钦慕的心情阅读了乔舒亚·斯洛克姆的著作《独身一人环球航行》。这部著作讲了独身一人所进行的环球航行（1895—1898）。基尔斯蒂说，彼卡经常提到很想按着斯洛克姆的航线进行一次航行，但是直到过了50好几岁，他才着手建造一条可能完成这次航行的船只，并按照哈拉尔德·海林一条船的名称将它命名为“卡普里斯”。

> “卡普里斯”必须是最快的，容易驾驶，让他可以自己航行，哪怕是周游世界。我可以绝对肯定，彼卡根本没有上路，我觉得恩蒂也能完全肯定，他的父亲没有启程。我说不上为什么能够那么肯定。不过没有上路是件好事，因为那船承受不了。〔*基尔斯蒂·海林*〕

彼卡也是承受不了的。到了“卡普里斯”可以航行的时候，彼卡的精力已经使尽了，他很清楚，他已经难以经受单独越洋过海的考验了。

1990年代初当蒂莫·塔维奥初次见到彼卡时，蒂莫还不到30岁，后来他为“卡普里斯”贡献了许多年。

> 初时彼卡稍微让人感到有些害怕，他什么话都不说，只站在一边看，嘟哝几句后走开了。但与彼卡相处一段时间后，我觉得情况很快就会改变，我终于开始找到那个彼卡了。要是机会合适，或者你就和他两个人在那边航行，他甚至会有磨牙的毛病。他不再是你所感觉的那样固执己见了。〔*蒂莫·塔维奥*〕

塔维奥还注意到，彼卡有那么一种不带钞票出去旅行的特别习惯。

> 头一次我同彼卡一起出外，基尔斯蒂的侄子萨姆巴·维库那与我们同行。“吕盖亚”原应去汉科的格伦斯特勒姆，由于我们中间没有人对菜肴有特别的兴趣，于是随便上了巴勒松德的一家餐馆。思考一阵后我们停住了脚步，因为彼卡不带钱包的老毛病又犯了。不过我们还是决定进去进餐，并对餐馆说我们没有带钱。可是账单总得有个去处呀！后来餐馆终于弄清楚彼卡是何许人了，账单可以寄给通力股份公司，寄到他的名下。然而餐馆还是不肯相信我们，幸亏我的口袋里有一张驾驶证，那是我的，请放心，就请寄吧……就这样总算把事情摆平了。后来，每当我处理这种事情时，彼卡总会笑着说，你的信贷比我多，信誉比我好！〔*蒂莫·塔维奥*〕

虽然53英尺长的“卡普里斯”有许多设计和建造上的缺陷，但它达到了最主要的标准，也就是可以用较少的海员，容易操控。

> 这里有很多——从设计上的错误开始——建造上的错误，特别是那些不知由什么人做的，压根儿不知道是谁做的设备安装工作。当然喽，设备的维修和保养全然是不可思议的事。〔*蒂莫·塔维奥*〕

1996年6月，“卡普里斯”最后完成了首航的准备。

> 尽管“卡普里斯”从一开头困难重重，但是它的首航还是天大的好事。最后的准备工作已在皮耶塔尔萨里完成，接着我们无比高兴地前往图尔库，同我们在一起的当然有母亲和父亲，还有霍尔姆斯登一家和维海尔海伊莫一家，蒂莫·塔维奥以及我们家的埃玛和我。我们航行到瑞典一边的赫加库斯登地区后在那里做了几天短时间的旅游。航行非常顺畅，风光十分秀丽。父亲当时痛风严重，不能有很多行动。我记得，当时9岁的埃玛给了我的父亲和其他人很深的影响，她说，到了图尔库后她一定要爬到电视塔的顶上去。为此我们不得不用水手椅将她拖到高出甲板25米的地方，让她可以向大家展示她有胆量登上这么高的地方。〔*恩蒂·海林*〕

同年夏天晚些时候，彼卡宣布“卡普里斯”将参加赫尔辛基—塔林赛。据恩蒂回忆，塔林之行一开始就非常顺利，充满希望，因为一离开赫尔辛基，大三角帆几乎立即展开了。

> 从赫尔辛基到塔林的这段航程相当短，只有50海里，开始得很有意思。有些状况的确是很难对付的，周围有许许多多小旋涡。船上装有非常先进的科技设备，但是这些设备还没有测试，安装师又看不懂英语的安装指导，各种各样的小玩意儿里面应有

尽有。

就这样，我们凭着大三角帆出发了，接着还刮起阵阵好风。在船驶至皮赫拉亚岛（就在赫尔辛基码头外面）南面的格赖斯凯尔斯巴登之前我们操纵了大三角帆。

接着我们到了皮里塔港。赫尔辛基—塔林赛有一个传统，一旦到了塔林，总要在那里举行一场很大的庆祝活动。“卡普里斯”是一条新船，报刊上对它早有各种报道，所以它已小有名气了，人们都想看到它。我特别记得父亲坐在船长位子上的情形。于尔约·维海尔海伊莫和我坐在驾驶座上，当某位新来参观的人到来时，我们会问，您是想参观船吗？我们怎样通报？来访者会说，我是谁或谁，譬如科特加航海协会会长，然后我们高声通报道，科特加航海协会会长到，他希望登船参观，现在可以入内吗？接着上面会传来答复：请稍等一下，因为现在客满了。我记得有一次，那可能是最后一次了，父亲真是高兴极了，因为他在那里，周围都是参加庆典活动的欢乐人群。〔*恩蒂·海林*〕

塔维奥特别记得“卡普里斯”首航时发生的“儿科”病，兴许它会成为未来的预兆。

那些舱门严重漏水了，海浪开始湧到甲板，船在摇晃、颠簸。我们到达对岸时，甲板上已经积满了水，不过没有造成任何破损。当时所以进水，是因为舱门不够严实，门框的高度不够。船上装满了各种食品。为了让彼卡的船舱尽可能保持安静，我们将冰箱和冷藏箱的压缩机移到了船的最后边。然而水直接滴到了冰箱上，第二天开船后，我们发现冷藏箱和冰箱全都停止工作了。我记得恩蒂在烤肉，如果我没有记错的话，8块牛排全部糟蹋了。”〔*蒂莫·塔维奥*〕

据塔维奥讲，尽管有些缺陷，“卡普里斯”还是达到了彼卡原先制定的指标。

顺风时它航行得很快，那是没有话说的。逆风时大概也会是很好的，但当风帆升高时，滚动设施相互离得太近，风流受到了干扰，因为前三角帆太小了，力量不足。但是这又让船比较容易驾驶了，而这正是彼卡所希望的……

真的是容易驾驶，因为这在当时的芬兰已是一条大船了，我们在那里停靠下来后，人们都感到无比惊讶。再拥挤的地方我们都能停靠。〔*蒂莫·塔维奥*〕

关于“卡普里斯”怎样沿着斯洛克姆的航线穿越麦哲伦海峡（智利、阿根廷）的航行，彼卡和塔维奥制定了细致的计划，但是这项计划被搁置一边了，因为1996年彼卡被确诊为患了口腔癌，于是决定将它转移到了加勒比海。

那可是一次了不起的旅行。我们是4个人，即萨米·萨洛马、尤西和蒂莫·阿罗巴尔蒂奥和我。先是桅杆在波罗的海时断裂了，于是我们不得不折向丹麦以便将它安装好。接着到了11月，当我们即将穿越比斯开湾（法国、西班牙）时，那里冬季的风暴太令人胆战心惊，经过第四次搏斗，我才成功地过了比斯开湾……后来我们的船真的不灵了，不过直至抵达加勒比，我们才知道它受损的严重情况。在风暴之中，我们一忽儿被抛到空中，一忽儿又落入浪底，直到帆装松动。当我们试图绷紧帆装和主帆的扬帆索时，给人的感觉好像是，整个甲板连同绷紧的帆装都被抛到了空中。

后来，当我们到达里斯本的南边时，从那里前往加勒比的旅程比较容易了……彼卡在莫拉镇（葡萄牙）加入了我们的队伍。

我们，萨米·萨洛马、彼卡和我三人一起向着加那利群岛（西班牙）航行。与经过比斯开湾的几场搏斗相比，现在的旅行非常快活轻松。在加那利群岛，彼卡同我们呆在一起。我们为横跨大西洋做了必要的装备。彼卡同我们在一起，彼卡准备同我们一起横渡大西洋，那时光是何等的美好。他真是想要这样做的，直到最后一天我们都是这样认为的，但是后来他乘飞机回家了。〔*蒂莫·塔维奥*〕

跨越大洋后，彼卡和基尔斯蒂在圣马尔藤斯加入了我们海员的队伍。年初以来，恩蒂和蒂娜、伊尔卡一家以及维海尔海伊莫夫妇也曾在船上度过了愉快的时光。“卡普里斯”还在加勒比海参加了海讷根帆船比赛。但是到了春天时情况清楚了，“卡普里斯”必须彻底整修。塔维奥先将它带到佛罗里达州的劳德代尔堡整修，接着又送往康涅狄格州出售。由于一时找不到买主，塔维奥重又回到了加勒比海。2000年春天，他终于为“卡普里斯”找到了买主。

“卡普里斯”的出售和彼卡身上癌细胞的扩散，成了彼卡从决定由建造“阿乌拉”开端的漫长航程的终结。关于彼卡的这3条船、它们的船员和他们成就的故事，在芬兰航海史上占据了光荣的地位。这是彼卡的故事，对此塔维奥是这样归纳总结的：

航海是彼卡的事业，它是彼卡所有爱好中与他的心最最贴近的。〔*蒂莫·塔维奥*〕

彼卡长眠之前，他专门邀请于尔约·维海尔海伊莫和里斯托·霍尔姆斯登到了他的病塌前，他们一起观看了“卡普里斯”首航的影片。恩蒂讲述了彼卡床边举行的这次会见：

当时是我父亲去世前最后清醒的时刻，于尔约和里斯托就在他的身边，他的图尔斯维克床边。母亲当然在一起。我带好了录像设备，我们一起看录像，从头到尾一起两个小时，它讲的是“卡普里斯”的首航。父亲看着录像，慢慢地睡着了，再没有醒来。〔*恩蒂·海林*〕

彼卡去世了，他是躺在床上与世长辞的，不是在船里，这同格鲁米·福克斯·约翰逊如出一辙。尽管如此，还是很难想象，当灵魂将其躯体留在干燥的陆地上的时候，彼卡早已在波罗的海上驾着“吕盖亚”，向着他最后的终点——尤其是向着他仍能记起的掌舵55年中的竞争伙伴驶去。

# 生意、政治和机构

无论是哈拉尔德·海林，还是海伊基·海林或者彼卡·海林，他们都是回避直接参与政治的。作为工业领袖的企业所有主，对目光瞄准西方和自由市场的自由经济捍卫者，他们自然采取肯定的态度，而对支持芬兰的经济和国家向着更社会主义方向发展的人们，他们则持怀疑的态度。在芬兰独立后的1918年内战中，哈拉尔德差一点遭到赤卫队的逮捕，因而也就避免了被监禁甚至遭处决的可能。海伊基基督教家长式的统治立场，源于他和他的妻子所参与的道德重整运动。哈拉尔德和海伊基政治上都是保守的。彼卡，正如前面所谈到的，年轻时曾是文化激进主义者，但政治上并不激进。他在左翼人群中有许多知己和朋友，但他可以被定性为近似实用主义的资本家。根据大家的说法，他的年龄越大，也越益保守了。

但在1962年，海伊基·海林和彼卡·海林从政治上隐姓埋名的状态走到了前台，公开支持乌尔霍·吉科宁当选为共和国的总统。经过激烈的斗争，在1956的芬兰总统选举中，吉科宁作为农民党的候选人，以微弱的多数赢得了胜利，当选了总统。吉科宁胜利的主要设计师之一是他的亲密朋友和顾问、彼卡的岳父库斯塔·维库那。当吉科宁的支持者1962年想用争取对农民党的候选人还不十分热心的企业领袖以扩大自己队伍的时候，维库那发挥了关键性的作用。关于这一点，下面转载的1961年备忘录摘录提供了启示。

与农民党代表就总统选举会谈备忘录

1961年4月4日，星期二，维库那教授邀请本人参加一次讨论会，除他以外参加讨论会的还有时任外交部长阿赫蒂·卡尔亚莱宁、前总理雷伊诺·库斯科斯基、内阁前新闻局长和即将出任巴锡基维协会会长的马蒂·瓦尔塔萨里等。5月5日我为此举行午餐会，除了上述人士外，经济学家彼卡·海林也参加了。讨论会由维库那主持开幕，当时给人的感觉似乎是，他已知道关于联合党在未来选举中准备支持现任总统连任的信件，目前正在争取工商界著名人士签名支持……维库那觉得那封信件的意思不大，并提出了自己的一个想法，认为有必要在赫尔辛基和另外几个较大的城市中成立吉科宁竞选协会，目的在于沿此途径争取选票，初期尤其要争取著名人士支持吉科宁。卡尔亚莱宁同意维库那的意见，认为争取到其他党派和非党派文化人士的选票有利于减少共产党对选举吉科宁为总统的影响，从而避免留下不舒服的异味。〔*卡乌科·乌西塔洛，1961年4月6日在赫尔辛基签署的备忘录，通力档案*〕

彼卡为进行这些活动动用了通力的资源，并请通力的塞波·约基比以赫尔辛基选举联盟的名义组建了一个选举组织。约基比说：

当下一届总统选举即将到来之际，农民党已经有了为吉科宁重新当选进行工作的庞大组织和办公室，但在经济界有相当多的人认为，吉科宁如能重新当选是件好事，但他们又不愿意加入农民党的组织，于是决定成立另一个独立的吉科宁竞选组织，这个竞选联盟将不是农民党的，从政治上讲它是中立的。在这个选举联盟的组建过程中，海林父子即海伊基和彼卡起了中心的作用。一开始他们就已处在中心的地位上，这是因为做好这项工作有通力和彼卡的利益所在。1962年秋天，当我重新回到通力工作时，彼卡对我说，你的第一项工作是同雅科·努尔米宁一起去做乌尔霍·吉科宁的竞选联盟工作。我必须前去协助雅科·努尔米宁，

是的，我去了。〔*塞波·约基比*〕

当铁幕在中欧将东西方相互隔离的情况下，使芬兰既与东方也与西方保持开放的联系和合作的关系是吉科宁厉行总统职责中需要持续不断地面对的挑战。他既要维持芬苏之间极其重要的双边贸易关系，同时又要在迅速发展的西欧市场上为芬兰开辟新的出路。许多工业领袖所以要参加1962年的选举斗争，是因为他们相信，吉科宁的重新当选苏联能够满意，同时又能使芬兰对西方贸易得到发展的最好保证。

吉科宁在1962年选举中的对手是芬兰前检察总长奥拉维·洪卡，他受到以洪卡联盟著称的右派和社会民主党人的联合支持。1961年爆发柏林危机，其间德意志民主共和国筑起了柏林墙，苏联总理尼基塔·赫鲁晓夫威胁要废除保障英国、美国和法国进入西柏林的通道的四国条约。这场危机在芬兰产生了严重的影响，苏联担心右派在芬兰总统选举中获胜。在莫斯科，苏联向芬兰大使提交了一份威胁性的外交照会，其中引用了芬苏友好合作协定中有关战争威胁的条款。洪卡因为这一所谓的照会危机放弃了候选人资格，在选举人的选举中吉科宁几乎得了2/3的选票。从此以后，吉科宁的地位更加巩固了，进而继续赢得了1968年的选举，1974年又制定了紧急法，使他的总统任期再延续4年。在1978年的选举中，吉科宁作为4个政党的候选人在公民投票中得到了82%的选票。

库斯塔·维库那与海林的联合，在政治上并不总是有利于吉科宁的。在1956年的竞选斗争中，吉科宁曾与通力的国内主要对手联手合作。在这个对通力头等重要的问题上，维库那的做法可以被理解为是违背其政治保护人的利益的。下面是伊尔卡·海林所写关于他外祖父生平事迹中的一个段落：

……吉科宁在莫斯科与他的对手（魏基兰公司总经理）威廉·瓦赫尔福斯建立了友好关系。吉科宁允诺在船只买卖上帮助魏基兰，就是说为友好关系提供了良好的条件。作为回报，瓦赫尔福斯将资助吉科宁的竞选活动。如果吉科宁当选总统，他还将给魏基兰安排更多有利的东方贸易。

但是，一场有关赫尔辛基码头起重机生意的竞争同时在进行之中。魏基兰想用向赫尔辛基市提供长期信贷的手法来压倒竞争对手。安排这样的信贷对魏基兰来说毫无困难。但是它的竞争对手，小小的通力却得不到银行的贷款，因此通力的提议一开始就垮了，而这是魏基兰的目的所在。魏基兰就想用这种压垮对手的办法在芬兰起重机市场上取得了垄断地位和垄断价格。虽然维库那不是搞经济的，更不是工业家，但他知道人民年金机构有钱。——难道人民年金机构不能借钱给通力？就此他问了他的女婿彼卡·海林，彼卡当时正在家庭企业中工作。彼卡·海林向通力的董事会提出了此事，可是他所得到的只有怀疑的态度，部分的原因是：人民年金机构未必肯走这一步。不过维库那同人民年金机构的总经理苏克舍拉宁谈了这个问题，苏克舍拉宁立即做了安排，通力获得了信贷。〔*伊尔卡·海林，《库斯塔·维库那的社会思想和活动》，1993年*〕

通力获得了上述20台码头起重机的订货，无比气愤的瓦赫尔福斯以毫不留情地批评吉科宁的方式做了回应。根据伊尔卡·海林的看法，此案造成的后果使魏基兰在芬苏之间政治上敏感的双边贸易中的地位下降了，而“继续活动正处于危急之中”的通力的地位却相应增强了。

海林父子1962年给予竞选斗争的支持为彼卡和吉科宁之间打开了重要的联系通道。此事正好发生在彼卡竭尽全力进行疏通工作以对抗瑞典电机吞并芬兰斯特勒姆伯格公司的企图之前。支持吉科宁竞选总统还产生了另外一个结果，那就是当彼卡正打算收购瑞典电机公司电梯业务的时候，吉科宁对形势进行了有利于通力的干预。

位于奥里马蒂拉附近尼尼科斯基的吉科宁档案馆中，存有数十份吉科宁寄给彼卡或由彼卡发出的信件和明信片。譬如彼卡·海林曾于1963年同意看管吉科宁的一匹名叫“飞翔”的种马，并于1968年通知说，必须结束这匹种马的生命。彼卡还在信中感谢乌尔霍·吉科宁给了他参加拉普兰滑雪之行的机会（这种旅行对彼卡来说显然是遭罪，因为吉科宁突出自己，为了让他成为受人注意的中心，他还要规定客人的日程，后来彼卡总是回避吉科宁发来的这类邀请了）。感谢信有关于相互赠送美食佳肴的，诸如吉科宁送彼卡烤野味，彼卡送吉科宁麋鹿头肉冻块。但是绝大部分信件来往涉及的是有关国家出口补贴或税收，关税或金融政策的修改建议。彼卡认为这些修改建议对芬兰的工业是有利的。

随着岁月的推移彼卡信中使用的问候语也在变化之中，开始时称“共和国总统先生”（1968年6月13日），后来叫“亲爱的兄弟”（1978年2月23日）。由此推断，他们的关系越来越亲近了、密切了。彼卡偶尔也参加吉科宁闻名的桑拿浴晚会，不过他对为总统擦背从来不感兴趣，因为擦背不仅显示关系密切，而且也是谄媚的一种表现。

> 父亲每到一地总希望自己是一颗最大的星，光芒四射，因此很难与吉科宁合得拢，很有可能，尽管人们将他视作为吉科宁内圈的人，但他总觉得不舒服，如果没有实事，他从来不想同吉科宁一起消磨时光。他从来不是那种跟在别人屁股后面转的人，他去拉普兰滑过一次雪，已经受够了，不想再有第二次了，一个原因就是他讨厌马屁精。〔*恩蒂·海林*〕

据伊洛娜说，她的父亲给她讲过再不第二次参加拉普兰越野滑雪的理由，他说吉科宁总要求别人跟在他的后面，不能超越他，他要第一个出发，第一个到达终点。就在上一回拉普兰之行时，彼卡的确受够了，他超越了总统，然后又在他人之前滑回到了出发的营地。这一次足够了，保证以后不会再受到邀请了。

彼卡经常给总统送去有关经济和生产发展情况的研究报告。1978年他还曾通过干预，成功地帮助了差一点丢掉官职的工商部办公厅主任布罗尔·瓦赫鲁斯，因为人们说他因酗酒耽误了工作。

亲爱的兄弟：

我颇感忧虑地听到传闻，说是社会民主党人正策划要将办公厅主任瓦赫鲁斯赶下台。当我听说维洛莱宁也插了一手时，我十分惊讶。经过认真思考后我觉得，约翰内斯[①]先生从来没有为工业做过什么好事。恰恰相反。另一个理由当然是禁酒思想了，但是我认为，不能将工业的利益凌驾于如此高尚的嗜好之上。

社会民主党人想在这个位置上安插一个能力较差的人，那怕是一个资产阶级，我认为从他们的目标出发，这种想法是完全可以理解的。

我认为我是从整个工业的利益考虑的，其中包括国营的，我希望瓦赫鲁斯保持原位，继续工作。当然我无法给那些心胸狭窄，反对饮酒和歌唱之类，让一粒老鼠屎搞坏一锅汤的资产阶级分子做出什么保证。

彼卡

〔*一封彼卡写给乌尔霍·吉科宁总统的信，1978年2月23日，通力档案*〕

瓦赫鲁斯顶住了要将他赶下台的图谋，克服了饮酒问题，他担任工商部办公厅主任直至1993年。

---

① 即维洛莱宁。——译者注

## 出任芬兰金属工业中央联合会的主席

只要吉科宁总统在位，彼卡·海林就会满足于置身幕后，只有在形势直接影响到通力在国际市场上的竞争条件的情况下，他才会干预政治。譬如彼卡·海林一直积极地为通力参加对苏双边贸易说话。在别的国家，人们经常错误地理解这一双边贸易，将它说成是苏联向芬兰提出强制性的经济要求，然而实际情况却是，它促使芬兰出口型的经济大大发展了。

曾经长期担任公职，曾任芬兰驻瑞典和驻联合国大使以及工商理事会总干事的马克斯·雅各布森就双边结算安排的意义做了如下的解释：

> 这是极有意义的，因为我们从那边得到石油。当时正值油价上涨，但是我们向苏联出口的产品越来越多，多到占了我们整个出口的25%。从财政角度上讲，我们当时向苏联供货是非常有利的，我们的产品价位高。一般说来，这对参与做生意的那些公司是相当有利的。〔*马克斯·雅各布森*〕

1962—1990年期间，卡莱尔沃·汉蒂莱在工商部下属的专利局先是担任副局长，后来又当了理事会主席，他知道双边结算安排以及芬兰和通力之类的公司怎样从中大大获利的内部看法。

> 所谓结算制度是这样运作的，即我国高层与苏联人达成协议，允许芬兰可以使用从我们对苏出口中所获取，并记入结算账户的各种货币支付我们从苏联的进口，芬兰还可以提出愿意出售的条件。
>
> ……
>
> 许多国家，其中包括瑞典，觉得这种结算贸易对我们太有利

了，都非常希望能够分享一些。在不少情况下，苏联公司很想通过我们买到其他国家的产品。于是我们直言不讳地告诉说，我们不能这样做，因为我们自己缺少外汇，我们不能考虑让他们通过我们譬如购买美国的商品。卢布对我们毫无用处，因为它不能自由兑换，我们是自私的，我们要保护自己的利益，我们确定了界线，要求在芬兰出口中必须有50%以上的芬兰含量，只要结算贸

1975年，苏联机械进口公司的维克托·M.尼霍罗雪夫（左二）和海伊基·海林在5000万芬兰马克电梯和起重机贸易协议上签字，参加签字仪式的还有芬兰外交部长阿赫蒂·卡尔亚莱宁（左三）和彼卡（右三）。

易制度有效，这一规定也就保持不变，自始至终。

……

这一由我们高级领导——主要是吉科宁——同苏联高级领导商定的结算制度考虑得非常有技巧。尽管总会出现苏联施加压力，要求我们购买他们更多产品的情况，但是我们需要燃料，也就是石油，我们从苏联进口石油增长很快，意味着我们的进口比重也就增加了，这是我们可以利用的，对我们的出口有好处。〔*卡莱尔沃·汉蒂莱*〕

通力进入芬苏贸易协定的5年计划，使公司的领导有了更确切和比正常的二三年报价情况更长的时间间隔来预测各工厂的供货和销售量的可能性了。由于苏联国营的采购机构只能依据协议向芬兰公司订货，报价竞争只会在几家相互非常了解的公司之间进行，而且它们知道，长的时间间隔比以一家低于一家的价格将产品销售出去更加有利于保持较好的价格水平。通力以巨大的规模参与双边贸易（与过去战争赔偿时的供货一样），并以在自由市场不可能有的价格将大量电梯和起重机卖给了苏联进口组织的客户。

在金属和机器制造工业依赖于同苏联商定的结算贸易制度情况下，参加雇主和工业组织的活动促使彼卡在芬兰经济和政治生活中发挥着积极的、有时甚至会导致人们争议的作用。海林家族在金属工业雇主联合会中有其长期的传统。哈拉尔德·海林早在1920和1930年代就已进入金属工业雇主联合会的理事会，海伊基·海林自1940年起进入该理事会，直至彼卡1961年接替他的位子。

但是联合会将注意力主要集中在劳动力问题上。随着时间的推移，彼卡开始觉得处理政治和经济问题的金属工业中央联合会对他更合适。1980年他被任命为金属工业中央联合会的理事会主席，连续任职5年。彼卡担任主席期间，哈里·马尔姆伯格一直是联合会的秘书长。他回忆说，彼卡对联合会的工作非常投入。

彼卡一开始就对我说，尽管他领导着这样一个康采恩，但他有时间。他还说，他接受主席职责后，会把它摆在自己工作的前面，因为那是大家的事情。我在想，这让人太感动了！要见他，随时都可以做得到。我满意透顶了，能有这样的工作条件，我更是满意。他愿意为此付出时间。

他当了5年主席，后来是普通会员，就像人们习惯说的那样。的的确确他是模范，他准时出席会议，讨论问题心平气和。人人都说，这正是他们希望的。决议非常好，决定问题时采用的是令人愉快的方式。每当做出决议后，我都无需考虑它是否做得正确了。因为那里还有其他与我长时间共事的人，这在过去是这样，以后也会是这样，但我总会将彼卡排在第一位，从很多方面讲，他的确是同一类人中最优秀、位居第一的。他绝对不是雄辩家，也不是演说家，但他能将他的思想充分表达出来，让每一个人口服心服。不是他的事，他从不卷入，至于我们工作中所谈的事，他会直截了当，说一是一，说二是二。

我们也曾一起在欧洲出差。工业领域中有一个名叫奥根利姆的国际合作论坛（即欧洲工程工业协会，代表机械、电力、电子、金属和金属制造等工业部门的利益），在1980—1985年期间，他有意识地参加了其中的活动。这是一项时兴的差事，在这些年里他确实做了非常重要的工作。〔*哈里·马尔姆伯格*〕

芬兰有影响的工业领袖参加国际组织活动，作为代表团的成员在国外代表芬兰和在外国贵宾访问芬兰时做主人的比较少。彼卡参加雇主和工业两个联合会的理事会后得出了一个结论，将两个联合会联合起来，节省现在为维持两个组织所消耗的钱财和精力，是符合各方利益的。

> 他还大力为将雇主联合会和这个工业政治组织结合到一起而工作，他的主张得到其他人的支持，但是也有一些人认为那是错误的，不过他们说，就让它去吧，反正不会有什么结果的。后来我们做了安排，两个组织的理事会使用同样的照片，里面是同一些人。接着变成了一张照片，同一位主席负责两个组织，这样就更有力量了。〔*哈里·马尔姆伯格*〕

作为两个联合会理事会的成员和主席，彼卡·海林还参加芬兰商人代表团出国访问，在芬兰主持接待来访的外国代表团。尽管彼卡的表现能力较弱，又比较腼腆，这对他的角色自然起了某种制约的作用，但是作为芬兰工业部门国际化的开拓者，他自告奋勇地承担了这一重大的责任。实际上，早在1980年代中期，很多人就已认为："早在活着的时候他已是一位传奇人物了"，正是他和通力大大地促进了芬兰的工业向着国际化的方向发展。

* * *

通力和彼卡·海林是在芬兰一个重要的发展时期上升到某种民族偶像的地位的。芬兰严格的价格和工资管制正在彼卡·海林的通力生涯刚刚起步时终止了，1995年芬兰成为欧盟成员国使它的管制经济转变为市场经济达到了最高峰。可以说这个阶段持续了40年，它是在决策者既关注苏联又关注西方发展趋势的情况下一步一步实现的。1961年，芬兰成为欧洲自由贸易联盟的联系成员，1986年成为正式成员。在这两次工作中，芬兰都与苏联和经济互助委员会其他国家同时进行谈判，签订类似的协定，以便谨慎地做到东西方之间的平衡。

> 经过艰苦的谈判，终于达成了使各方都能满意的妥协：1961

年签订欧洲自由贸易联盟和芬兰之间的协定，据此芬兰作为联系成员参加自由贸易区，同时在对芬贸易中给予苏联以给予自由贸易区国家同样的关税优惠。〔*蒂莫·维哈瓦伊宁，“芬兰历史上的小巨人”，《繁荣——芬兰》，1987年*〕

……1973年同欧洲经济共同体签订的贸易协定与对东方关系的现实必须相适应，芬兰不仅要给苏联而且也要给经互会其他成员国以在其欧洲经济共同体协定中给予欧洲共同体成员国同样的最惠国待遇。〔*尤西拉、汉蒂拉和奈瓦基维，《芬兰政治史》，2006年*〕

身兼金属工业中央联合会主席和通力总裁双重角色的彼卡，当然一定也得密切跟踪东方和西方的发展情况。芬兰相对弱小的金属和机器制造业，为了自身的发展和改善竞争能力，必须打进西方市场，但在另一方面，它仍旧有赖于极其有利可图和稳定的对苏贸易。在彼卡·海林担任通力总裁期间，约翰内斯·科罗马先是当了《赫尔辛基新闻》经济编辑部主任，后又转任《新芬兰报》总编辑。科罗马后来还成了合并后的工业和雇主中央联合会（即现在的工商业中央联合会）的首任秘书长。他对彼卡1980年代力图推行他所代表的利益的做法表达了强烈的批评：

实际上我只想指出两个重大的问题，这两个问题对他来说是重要的，他要竭尽全力地在其中发挥最大的影响。第一个问题是在吉科宁之后让卡尔亚莱宁接任总统职位。同彼卡一起为此全力以赴的还有诺基亚的总裁卡里·卡伊拉莫和魏基兰的董事会主席登克马尔·霍恩。尽管他们都非常了解卡尔亚莱宁的人品，知道他不能胜任这项重任，然而他们坚信，阿赫蒂·卡尔亚莱宁当了总统能给他们的公司保障对苏贸易，因为对他们来说对苏贸易是一只会下金蛋的鹅，他们都非常仗赖对苏贸易。在芬兰，无论此前还是其后，从来没有几位企业领袖，或者实际上包括现在的这幢大楼（即工商业中央联合会及其前身），如此直接、如此露骨或者如此自私自利地像当时那样干预国家的政治。这是粗鲁的、明显的、自私的！当然遭到失败的是他们，不过主要在于阿赫蒂·卡尔亚莱宁自己。〔*约翰内斯·科罗马*〕

魏基兰的总经理（1970—1978）和董事会主席（1976—1987）登克马尔·霍恩承认自己和他的同事在推行自己的利益，但又认为他们同时代表着芬兰的利益。可以肯定，彼卡所持的观点与他们是同样的。

当时通力在苏联开展业务非常积极。在这一方面我们自然有共同的利益。后来发生了一件事，我们受到了非常激烈的批评，那就是我们——即卡里·卡伊拉莫、彼卡和我——得了“狗熊帮”称号的时候。当时我们主张由卡尔亚莱宁出任总统。我们活动得十分积极，还把这个工业联合会拉了进来。我们这样做应该是可以理解的，因为我们都是商人，对苏贸易对我们都很重要，是我们业务的重要部分。

我们所以大力推荐卡尔亚莱宁，是因为他是最熟悉对苏贸易的人士，相反，他的竞争对手毛诺·科伊维斯托这方面却一点不懂。我们认为，无论对我们的公司还是对整个芬兰来说，东方贸易是极其重要的，如果让一位没有这方面知识的人担任这个角色，一定会遭受损失。当然谁都清楚，彼卡的背后还有一个维库那，就是基尔斯蒂的父亲，他是铁杆中间党人，对科伊维斯托同样不特别感兴趣。

这件事情后来总算结束了，首先是因为中间党自己挑选了维洛莱宁，而这对他当然是一件坏事，原因在于：如果他真是这样做了，他就成了所谓的“黑马”。在苏联人那边，尤其是维克托·符拉迪米罗夫（1954—1960年，1971—1972年和1977—1984年曾任苏联驻芬兰大使馆公使衔参赞，还可能是国家安全委员会的将军），他也强烈支持卡尔亚莱宁的，还要求我们为他竭尽全力。直至他们方面后来也说，由于卡尔亚莱宁严重的酗酒问题，让他参加竞选是非常不适当的。事后看来，可以说，我们真的太愚蠢了，因为我们根本不明白，那种想法实际上是注定要失败的。但是我们仍然热切地希望对苏贸易能够以有利于大家，有利于芬兰的方向继续下去。关于维洛莱宁，据说苏联压根儿不想接受他，他们一直积极推动卡尔亚莱宁，直到无可奈何之时才停顿下来。符拉迪米罗夫也改变口气了，说芬兰选举什么人对他们都可以，其中当然包括了科伊维斯托。好了，那是太清楚的事情了。〔*登克马尔·霍恩*〕

“狗熊帮”：魏基兰的登克马尔·霍恩、彼卡和诺基亚的卡里·卡伊拉莫。（1983年）

约翰内斯·科罗马补充道，当彼卡极力想将卡尔亚莱宁推上总统宝座的时候，他还做了更为不切实际的努力，他想千方百计地在东方贸易中保护芬兰的特权地位，然而就在这个时候，更加强大的力量已在开始挖掘这一制度的墙脚了。

彼卡·海林在组织活动方面还有另外一个强劲的特征，这在某种程度上与支持卡尔亚莱宁有关联。在对苏贸易双边安排已经土崩瓦解，整个世界正在变革之中的时期里，替这种双边安排说话几乎是绝对无望的。当然他比任何人都能更清楚地估计到，苏联要垮台了。但是他也看到，这一经济体制在苏联戈尔巴乔夫时期以及其后的变革中将威胁到芬兰金属工业大康采恩的贸易利益。正因为如此，在这个问题上他仍像往常那样狂热地维护这一利益，阻挠真正变革的出现，并努力维护那种以易货原则为基础的向苏联销售货物的原有贸易关系。〔*约翰内斯·科罗马*〕

恩蒂的看法与科罗马不同。

我认为我的父亲对所有与生意有关的基本问题的看法太明确，简单得可怕。他认为如果某件事情好得令人太不可置信了，某一天终将完蛋，任何东西不可能永远光芒四射，他认为这也涉及到芬苏易货贸易。因此他不止一次地说，既然芬兰公司在那里赚了大钱，为什么就不能用这些钱在拉普兰购置豪华原木小别墅，并从西方收购竞争对手的公司，对此他感到难以理解。他认为这是为了未来，是对东方的平衡。我觉得，他在东方贸易不再继续之前，多年来一直有这样的看法。尽管他已经看到东方贸易完结了，但仍希望尽可能长时间地做些有益于它的事情。我认为他坚持这一点倒不是因为他顽强执拗。〔*恩蒂·海林*〕

伊洛娜补充道，彼卡非常了解芬苏之间的贸易关系是一把双刃剑，“他对我说过这一体制会对工业产生何等消极的影响，使芬兰维持在发展中国家的水平上。”〔*伊洛娜·海林*〕

科罗马承认，彼卡作为一位企业领袖，他有智慧，有功绩，但是当他企图影响政治发展时，他却缺乏对芬兰社会政治实际的了解。

> 彼卡是他那个时代杰出的企业领袖，他高尚，有知识，受人敬重，因此能够与他进行交谈当然是很有吸引力的。交谈中他表现英明，才华横溢，他善于提出恰当的问题。
>
> 但是彼卡不是那种有可比性的社会角色，他的社会影响是与通力股份公司的财政和生产发展情况直接相关的。当他将他的注意力瞄准那些社会决定时，他准会犯错，遭受失败，因为他对什么是政治，对社会人士、政党和主要决策人如何行动做事没有实际的概念，他没有真正的了解。他兴许会想，这些事情可以做得直截了当，就像处理有关通力的生意。他同政治人物进行交谈没有先决条件。似乎他们是平等的，然而由于他过度饮酒和说话过分率直，在政治家眼里他始终是一个粗鲁的商人。因此他无法知道这个国家中什么是可能的，什么则是不可能的。他可能会想，如果我们现在可以借助强有力的尤里·科米萨洛夫（这是外交官尤里·德贾宾发表有关芬苏关系著作时使用的笔名）做出决定，我们就能为卡尔亚莱宁当总统奋力奔走了，然而难道这只是一个有待决定的问题！〔*约翰内斯·科罗马*〕

* * *

1986年，当彼卡还没有从选择卡尔亚莱宁的失败中恢复过来的时候，他和通力又经受了一场新的打击。通力在电梯行业国内市场中最强有力的竞争者瓦尔曼特以最不利的价格卖给了国际竞争对手奥迪斯。将瓦尔曼特卖给美国老板是一件戏剧性的事情，因为瓦尔曼特当时是一家百分之百的国有公司。为了使瓦尔曼特取消与奥迪斯签订的协议，彼卡甚至准备给予瓦尔曼特更好的价格，补偿它因取消协议而受到的损失，但是他的建议根本没有得到考虑。彼卡觉得他被瓦尔曼特的领导和一些芬兰机构欺骗了、背叛了。他想，他们原本应该像通力的外国竞争者在他们本国得到帮助那样，在芬兰国内也能得到必要的帮助，以使开拓出口的芬兰企业增强其在国内的实力基础。

通力与瓦尔曼特的斗争始于第二次世界大战结束之后，当时瓦尔曼特是为芬兰战争卖过力的少数企业中的一家。在战后恢复年代里，瓦尔曼特生产过一些起重机，但主要是在国内电梯市场上以廉价与通力进行竞争。在芬兰电梯销售市场中，瓦尔曼特1967年所占的份额将近1/3，是年两家企业之间还讨论过加强合作的问题。〔*彼卡·海林写给瓦尔曼特总经理奥拉维·马蒂拉的信，1968年6月6日，通力档案*〕。1960年代，瓦尔曼特执行越来越攻击性的价格战略，强迫通力不得不做出一些安排，以阻止利润的下降。下面是通力1964年年终总结的摘录：

> 1961—1962年期间，标准电梯的绝对价格下降了15—20%，原因在于瓦尔曼特的价格竞争……1963年的价格水平比前一年的最低水平高了10—15%。1964年，瓦尔曼特不顾电梯的总体市场缩小了，但仍想方设法大力增加自己的市场份额，使用的依旧是这一年内曾经几次使用的降价办法。今天可以说，1964年的绝对价格水平比1963年大约低了30%。〔*“芬兰和瑞典的价格发展情况”，备忘录，1964年12月28日，通力档案*〕

总的讲，彼卡并不支持国家干预市场，但是另一方面，当出现需要时，他又会准备利用他与总统的关系。1966年他向吉科宁提出了请求，就是一个很好的实例。

共和国总统先生：

经库斯塔·维库那院士建议，谨送上我在《商报》上发表的文章和致瓦里斯总经理信函的复印件，供您过目。

我很愿意承认，里面涉及的问题，亦即电梯工业在芬兰美欧竞争中的前途，必须通过企业之间的讨论来处理。我确实做了这样的努力，在瓦尔曼特新任总经理时期，我甚至感觉已经取得了部分的成功。然而现在看来，我太幼稚了。（附上对瓦尔曼特的批评意见。）

鉴于芬兰缺少关心工业并能理解它的问题，帮助企业看到行业合理化的必要性——如同瑞典的情况——的银行机构，人们很难为处理这类问题找到合适的方式。想要找到解决的办法，我还要考虑某些情况的限制，譬如我不能让我同瓦尔曼特领导的良好关系受到损害。

另一方面，我看到，为了不给国家带来严重的后果，再不能长时间地拖延决定了。

因此我也欢迎您，共和国总统先生，前来通力股份公司刚刚建成的许温凯电梯工厂参观访问。

彼卡·海林谨上

〔*彼卡·海林写给吉科宁总统的信，赫尔辛基，1966年12月3日，吉科宁档案*〕

1967年秋和1968年春，彼卡和奥拉维·马蒂拉等通力和瓦尔曼特的领导，为了给死胡同找到出路经常相互见面。在这些谈判的基础上，通力于1968年4月就将瓦尔曼特的电梯生产合并到通力业务之中的问题向瓦尔曼特提出了两项建议，可是两项建议都没有得到同意，结果导致到通力不得不转而采用一切手段力争收购瑞典电机—格雷厄姆公司了。

尴尬的竞争局面又继续了将近20年，其间通力实现了它的国际扩张计划，成功地向东西欧和世界其他地区销售它的产品。后来瓦尔曼特在与归属于迅达的施里伦公司签订许可证协议的基础上进行活动，但因未能达到必要的国产化水准，以致没有资格进入由国家监管的对苏双边贸易。此外，许可证协议也影响到瓦尔曼特向更多施里伦公司已有销售活动的国家推销许可证。从通力的角度看，瓦尔曼特继续生产电梯似乎只是为了给数百人安排工作，用压低价格的手法在国内市场上干扰通力所做的销售努力。但是到了1986年，一切努力都落空了，完结了。

自1981年至1992年期间，马蒂·康卡佩担任瓦尔曼特总经理和董事会主席。他说，他一登上瓦尔曼特领导岗位，立刻就要为解决这家跨行业企业电梯业务上的困难寻找办法了。

> 我们看到，这项业务没有太大的发展可能性。我们承认，鉴于瓦尔曼特已经拥有如此众多的产品，我们必须放弃一些业务，如果按照原有的规模继续下去，面对的困难会越来越大了。
>
> 接着，出其不意地与奥迪斯进行了接触。奥迪斯很积极，由于我们也有一定兴趣，于是立即开始谈判了。谈判进展神速。
>
> 我们觉得奥迪斯的报价是有力的。瓦尔曼特对与属于奥迪斯所有的联合科技公司进行合作也有兴趣。我们与联合科技公司下属的卡里尔公司（一家生产通风设备的公司）也曾签订过一些协议，我记得那是从赫尔辛基奥运会那时开始生效的，当时正建造宫廷饭店。我们曾向那边供应了第一批通风设备。当我们后来访问奥迪斯时，他们当然向我们介绍了整个公司的情况。我们也到了卡里尔，看了看与联合科技公司的合作情况。我们看到他们有科技资源，于是向瓦尔曼特的行政理事会做了介绍，随之而来的就是这件事情了。〔*马蒂·康卡佩*〕

奥迪斯的建议对康卡佩来说是意外，但是有人认为，瓦尔曼特领导层应该知道通力对瓦尔曼特的电梯业务感兴趣已有很长时间了。彼卡断断续续地与康卡佩的前任谈判了1/4世纪。瓦尔曼特不能不知道，为了阻止主要竞争对手通过收购瓦尔曼特的电梯业务在芬兰占据强大的立足之地，通力几乎不得不无所不用其极了。

康卡佩继续讲到他的公司是怎样对待奥迪斯建议的：

> 我们纯粹是从商业角度看待这一决定的。实际上这里出现的是两个有争论的问题，首先是工作人员非常强烈地支持这一抉择。另方面，市场也表明，激烈的竞争是需要的。从此以后，彼卡和我之间的联系的确非常少了。〔*马蒂·康卡佩*〕

阿尔沃·图奥诺宁回忆道，通力的领导有充分的理由怀疑他们的瓦尔曼特同僚是否诚实。1985年12月13日，图奥诺宁、马蒂·马丁巴洛和彼卡在宫廷饭店会见瓦尔曼特的康卡佩、亨努·瓦巴米埃斯和阿赫蒂·卡拉斯托，目的是希望保证通力有机会回答竞争对手所提出的任何问题。

> 我记得瓦尔曼特已将它的电梯业务卖掉了。当时我在场，我们开了一个会，康卡佩也参加了。我们是3个，马蒂·马丁巴洛、彼卡和我，3对3，就在宫廷饭店。我们讲到对这笔买卖很感兴趣，马蒂·康卡佩保证事情发生之前他会同我们联系的。但是他并没有联系。当时他大概早已签约了，当着我们的面说瞎话。〔*阿尔沃·图奥诺宁*〕

康卡佩没有否认图奥诺宁的说法，但他做了辩解，说他的手脚因为所签协议的条件已被束缚住了。

> 那是这样的阶段，事情已经发展得如此深远，再也不能……

我们得顺着走下去，因为我们已经同奥迪斯签订协议了，那是保密的。事情确实办得非常巧妙，就如律师们所做的那样，要与通力进行谈判只有一个可能，那就是奥迪斯宣布他们放弃这一努力。真的可以说，这在当时的芬兰是一件非常新鲜的事情。

形势之中也夹杂了一点政治的因素，尤其因为中间党有些向通力倾斜。我记得会谈在工商部进行，外交部长帕沃·韦于吕宁同工商部长一起出席了，他还对我用了一些相当激烈的批评性语言。给人的感觉我好像是个卖国贼。〔*马蒂·康卡佩*〕

在采取这些行动的时候，塞波·林德布洛姆是工商部长，瓦尔曼特的行政理事会主席杰姆·拉伊奈任外贸部长。维约·萨希卢奥马在《真实情况》杂志上是这样介绍工商部干预的：

瓦尔曼特已经准备与奥迪斯签订协议，但是工商部介入进来了。在此之前工商部是被动的，但它得到了有关情况的全部信息和研究报告。对瓦尔曼特领导的干预来得很突然。

从那以后，很长时间都不清楚是什么人做出决定的，做出了什么样的决定。事情得到了政治家和公众舆论的关注，情况确是吸引人的，一家国营公司要把它的绝大部分生产卖给一家外国的多国公司，在最后一刻，芬兰的竞争者也被牵连进来了。〔*维约·萨希卢奥马，“一个月的决策人：总经理马蒂·康卡佩”，1986年第4期，第7页*〕

* * *

《新芬兰报》编辑于尔基·维西康萨澄清道，芬兰这里所争论的问题要比瓦尔曼特电梯业务最终归属于何人的问题大得多：

在美国奥迪斯和通力之间的斗争中，问题要比一个老旧小厂——原坦佩雷飞机制造厂——的命运复杂得多，现在涉及的是未来工业政策路线的问题。

根据一种看法，国家的决定标志着芬兰正朝着开放型经济转变，竞争将加剧，并给经济带来更高的效率。

另一种看法是，芬兰打了一张甚至连瑞典、西德和美国都不敢打的牌，人们不愿给我国唯一的真正多国公司提供国内地盘上的利益，这样的利益只有沃尔沃、西门子和美国的超级公司才能享受。

这里说的国内地盘上的利益，其含义仅仅是，通力是可以购买瓦尔曼特电梯工厂的，因为它准备比奥迪斯支付更多的钞票。〔*于尔基·维西康萨，《新芬兰报》，1986年2月23日，“过去也碰上过大家伙”*〕

维西康萨对战场上的两支部队和两家国际公司做了对比，说两者都需要有自己可靠安全的后方。他还说，在汽车工业国，尽管市场完全公开地参与了国际竞争，但是政治家不开进口汽车，因为他们知道道义上的支持对本国工业是极其重要的。彼卡认为，正是这一道义上的支持彻头彻尾没有了。维西康萨最后引用了彼卡关于奥迪斯增强其在芬兰的地位的话语：“我欢迎我的美国同行，祝他们好运，这正是他们需要的。”

奥迪斯完成对瓦尔曼特的收购后，彼卡·海林于1986年4月11日给支持他的公司收购瓦尔曼特电梯业务的政治家、企业领袖和新闻工作者写了一封信，信头和信尾按照收信人的地位和熟悉程度有所不同，但是信中的主要内容基本上是一样的，下面是他写给外交部长帕沃·韦于吕宁的信：

亲爱的兄弟：

衷心感谢您在有关出售瓦尔曼特电梯业务长达数周的争执期中所给予我们无比宝贵的支持。

我们又一次看到了无人看管的钱财被人滥用的实例。

瓦尔曼特异乎寻常的商业活动，其方向从一开始就是错误的、偷偷摸摸的。瓦尔曼特的领导早在初秋在所有主不知情的情况下动作起来了，为的是保证让既成事实一步一步地推到上级领导，也就是工商部和公司行政理事会的面前①。现在我们知道了，阴谋已经得逞。如果国有公司的总经理们可以继续不顾所有主使用本不属他们的权利，这类花招在将来仍会继续得逞。您所领导的党要求整顿国有企业，当然是正确的。

我希望能有机会同您个别谈一谈关于瓦尔曼特领导的公开活动可能产生的外交影响。

谨致友好的敬礼

〔*彼卡·海林写给巴沃·韦于吕宁的信，赫尔辛基，1986年4月11日，通力档案*〕

1985年11月19日，当奥迪斯的皮埃尔·富杰罗恩在巴黎与通力的马蒂·马丁巴洛会谈时，通力获得了奥迪斯对收购瓦尔曼特电梯业务感兴趣的暗示。1986年4月11日，斗争结束，彼卡失败了。失败是彼卡最痛恨的事情。不过以前他也遭受过失败，并且已经学会接受现实了，只是这次失败让他的感受非同一般，因为彼卡认为同事们和政治家应该支持通力，而不是奥迪斯。下面的论点摘自彼卡1986年2月10日写给毛诺·科伊维斯托总统的信：

---

① 看来恩蒂·海林从中学到了经验，因为他于2002年决定直接与工商部商谈购买巴尔特克的股份，完全超越了巴尔特克的执行领导。从旁以赞许的神态观察着事态发展的彼卡·海林，看到这笔成熟的国有公司交易中角色改变了，他一定非常满意。

我在我们同奥迪斯的争执中表达了立场，现愿作为我自己的观点，陈述论点如下：

1. 没有本国政府、公众和商业界的全面支持，在国外执行积极的扩张性政策是没有可能的。

2. 瓦尔曼特正在出卖一些不属于它自己的东西，亦将我们的战略利益给了我们最恶劣的竞争对手，甚至不给我们谈判的机会。

3. 如果一个小国如此彻底地没有团结精神，以致可以允许一家公司去要求或者允许它以粗暴的方式去破坏另一家企业的商业活动，我认为那种不合理的做法是破坏性的。

〔*一封写给共和国总统毛诺·科伊维斯托的信，1986年2月10日，通力档案*〕

信中共有7个论点，但是可以将其归纳成3个方面，即：缺乏后方的支持，将战略利益出卖给最危险的外国竞争者和芬兰决策人缺乏团结精神。对彼卡来说，取胜是重要的，但他认为芬兰和被他视作为芬兰基本价值的东西也是重要的。他是在冬战和续战以及民族复兴时期成长起来的。团结精神也是芬兰民族性格中最受尊敬的一个特征。

马蒂·康卡佩正被夹在他与奥迪斯签订的协议和通力所发动的锐利进攻之间。显然彼卡已经走得很远了，他起草了一份约束性的协议稿，“保证通力全部赔偿因瓦尔曼特的电梯业务不是卖给奥迪斯电梯公司而是卖给通力或由它以后任命的公司所造成的损失”。〔*“协议”草案，1986年1月22日传真*〕草案从彼卡的办公室传真给了工商部，但是——不管是否继续转给了瓦尔曼特——它对最后结果没有影响。

基尔斯蒂·海林说，彼卡对瓦尔曼特案非常伤心。

我曾对彼卡谈到奥迪斯问题，说事情就这样发生了。彼卡说，不是的，没有发生，我的同事说，它没有发生，怎么会这样

伊尔卡、尼克拉斯和恩蒂（自左至右）三兄弟参加哈娜的婚礼。（1982 年）

“纳维尔”号在穿越好望角的旅途中。（1983年）

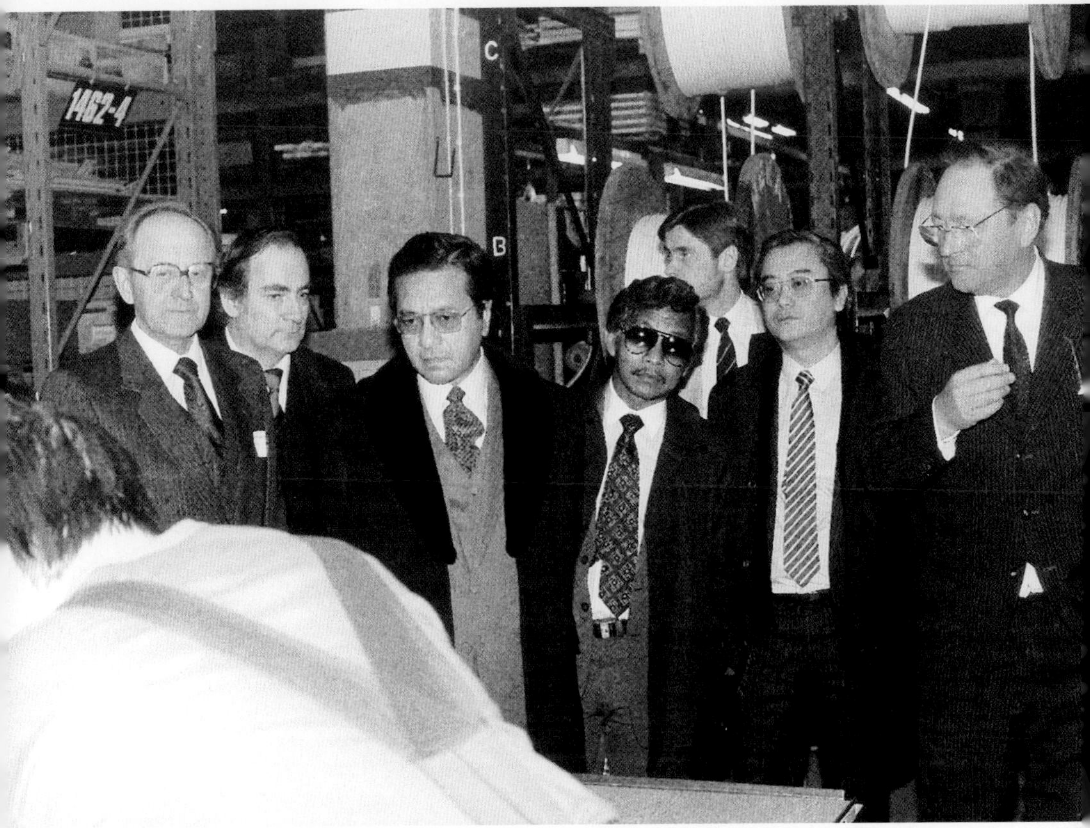


彼卡经常接待外国贵宾参观许温凯工厂。图中马来西亚总理达图·斯里·马哈蒂尔（左三）及其随行人员参观通力电梯生产情况，卡尔·H. 朗达（左）、埃里克·莱朗德尔（左二）和彼卡（右一）。（1985年）

1986年10月毛诺·科伊维斯托访日期间，彼卡（右）、外交部的巴沃·卡雷莱赫托（左）和奥托昆普公司总经理贝尔蒂·沃蒂拉伊宁（中）在东京至京都的高铁火车上。

彼卡（左三）和基尔斯蒂在通力1987年买下意大利电梯公司后立即参观了菲亚姆的工厂，陪同参观的是菲亚姆的莫罗·瓦切（左二）和卢西亚诺·法利多（右）。

彼卡·海林（列队中二）1986年接受赫尔辛基商学院名誉博士称号。

通力最高领导出差繁多，需有自己的飞机。（自左至右）卡尔·H.朗达、阿尔沃·图奥诺宁、马蒂·马丁巴洛、彼卡（右三）和格哈特·温特（最右）乘坐三菱钻石喷气机去欧洲各地。（1984年）

彼卡向他的母亲敬献母亲节玫瑰。（1993年）

（自左至右）伊尔卡、恩蒂和尼克拉斯1980年代末在图尔斯维克他们父母亲的住宅前。

彼卡得知蒙哥马利电梯公司所有主伯纳德·J.“杰里”·汉克的儿子吉姆·汉克是钓鱼迷，但因患了肌肉萎缩性侧索硬化症（ALS），依赖轮椅，无法使用普通的船只，特将这条船头专门装了折叠轮椅滑行坡道的小船赠送给他。图中自左至右是杰克·戴维、吉姆·汉克和汉克家的拉布拉多犬克莱夫，这条小船被命名为“伟大的芬兰人”号。

彼卡（中间手持木棍）和恩蒂（左面身穿白衬衫和黑背心）在图尔斯维克向客人们介绍赫里福德牛。（1988年）

彼卡和基尔斯蒂参观法国昂蒂布菜市场。此行的目的是购买一条新的帆船，但帆船没有买成。（1994 年）

彼卡同哈娜的女儿苏珊娜・努尔米宁（前）和明娜・努尔米宁一起航行在图尔库群岛间。（1989年）

“卡普里斯”号在芬兰西海岸新考蓬基附近扬帆航行。（摄影师克丽斯蒂娜·维海尔海伊莫1996年摄）

彼卡和基尔斯蒂与他们青年时代的朋友和同学小聚。图中自左至右是：彼卡、塔尔亚·库尔基－苏奥尼奥、基尔斯蒂、塞赛·科伊维斯托和卡伊莎·胡基宁。（1999年）

彼卡肩上扛着尼克拉斯的女儿丽加，走在他们前面的是丽加的母亲图莉·海林。尼克拉斯说，彼卡与丽加的关系特别亲密。丽加患有唐氏综合症。

在生命的最后阶段，彼卡将通力和图尔斯维克交给了后人，让自己得以休闲，享受清福。

发生呢！甚至彼卡的父亲和我，我们都说，报纸上也说，瓦尔曼特电梯业务卖给奥迪斯是在意料之中的，彼卡回答道："那不是真的！"

那是对他沉重的打击，他受到了严重的伤害，有人居然会这样干。真的，他伤心了很长时间。〔*基尔斯蒂·海林*〕

这样的磨难必然加重了彼卡内心本已存在的多疑的性格，并且驱使他回想起马基雅弗利赋予他的君主的告诫：

……一个问题摆到了面前，是受人爱戴还是让人敬畏哪个对君主更有利。对此可以誉称，最好是两者兼而有之。然而两者是不可能统一的，那时君主就应选择让人敬畏的地位。如他再一次面临选择其中之一的时候，他所做的选择应能更好地保障他自己的权势。至于人，一般都说人是忘恩负义、变化无常、玩弄诡计、装腔作势和贪得无厌的，遇到困难胆小如鼠。只要你善待他们，他们就会俯首帖耳，唯命是从，为你献出鲜血、财产、生命和孩子……但是，一旦遇上危难艰险，他们就会叛乱，造反。〔*马基雅弗利，《君主论》，芬兰文版，阿莱·胡赫塔拉译，1984年第2版*〕

彼卡将康卡佩的叛逆看做是个人的背叛，视政府支持的缺乏为公开的不信任。但是彼卡·海林后来的行为方式表明，他自己在决定性的时刻也准备改变看法了，因为长时间的，至少表面上看起来是成功的谈判都需要通过签字才能获得确认，或者当它服务于自身利益之时才好隐瞒真正的意图。

# 下坡路

1980年代前半期，彼卡的事业发展快速。到了1980年，通力已经成为一家在25个国家拥有1.1万余名员工和近20亿芬兰马克营业额的公司。1985年，它的营业额达到了25亿马克，员工1.55万人。1980年时，通力的绝大部分顾客在欧洲，但在亚洲、非洲和南美洲也已建立了数家子公司。1980年年底对美国进行的第一次重大企业收购，不过是向北美扩展业务的前奏。在电梯和起重机领域，通力已经成为一个很大的国际因素，但它仍在根据实际情况继续收购中小竞争对手。

通力领导层的核心人物马蒂·马丁巴洛、阿尔沃·图奥诺宁和格哈特·温特正处在他们生命的顶盛时期，他们努力地、扎实地厉行着自己的职责。彼卡承担了金属工业中央联合会理事会主席的职位。100家芬兰最大公司的决策者投票选举国内最优秀的企业领袖的情况，也足以表明他的同事们是何等地敬重他。在这次普选中，彼卡·海林名列第二，仅次于诺基亚的卡里·卡伊拉莫。在“未来领袖”的名单中他则名列第一。

但是在彼卡已经得到很大改善的形象中仍然存在着一些瑕疵，经媒体数年操作的塔巴拉问题直到最近才从公众注意之中逐渐消失。另一个关于向其瑞士子公司交纳许可证费的毫无根据的税收诈骗诉讼案，也于1980年以有利于通力的方式得到解决。在上述两个案件中，通力和彼卡虽被宣判无罪，但是媒体的关注还是给公司和它的大股东的名声带来了严重的损害。

1980年代初，彼卡·海林既有出色的企业收购（如芬兰的纳维尔货运轮船公司、生产装船设备的英国国际麦格雷戈公司、加拿大FX德罗莱特公司和蒙哥马利的加拿大子公司以及生产电梯的意大利塞比埃姆、生产起重机的美国罗宾斯和迈尔公司，但也有不很成功的收购（如生产建筑用起重机的瑞典林登—阿利马克，当时通力买进的5%股份所有权两年后又被卖掉了）。从某种程度上讲，在快速的增长建立在以合适的价格收购陷于困境中的公司时，在交易稍微有些混乱的情况下，生意经受一些失败是可以理解的、正常的。

但是某些挫折让彼卡感到意外，其中包括1979年通力收购美国霍顿电梯的失败。当时图奥莫·埃罗拉是在俄亥俄州托莱多的霍顿总部进行谈判的。

> 1979年，我们想收购霍顿，从头到尾我都参加了。为了促成收购，我们做了大量工作。工作进展到协议已经准备完成，协议文本已经摆在桌上的时候，突然进来一位先生与我们谈判，好像他是副总裁，他宣称，很遗憾他们将卖给迅达了。竟然还有另外一个团队一直在与迅达谈判！我们无法理解为什么要这样对待我们。彼卡当时在场，因为要签字。我们还与霍顿的领导人员一起欢庆过了。这让彼卡非常失望。那本来是一家很像样的公司，我们已就价格达成了协议，还签了协议，然而它突然变卦了，卖给了其他人。〔*图奥莫·埃罗拉*〕

恩蒂·海林认为，在最终摧毁这位成就出奇辉煌的商人的意志，耗尽其精力的三大沉重打击中，霍顿事件当居首位。

> 霍顿电梯是在最后一刻才落入竞争者手里的，它对我的父亲是致命的打击。当他从那里回到家中时，我看了他一眼。现在究竟发生了什么事情了，我感到惊讶。看起来他像是惊呆了，这是我第一次看到他受到如此沉重的打击。
>
> 后来，大约3年之后，就是这场卡尔亚莱宁—科伊维斯托游

> 戏，结果也让父亲受到了沉重的挫折。第三起则是1986年瓦尔曼特的肮脏诡计了。我的意思是，在短短的几年时间里，一位过去每次出征总是凯旋而归的人，竟然经受了如此沉重的打击，过去他每次出场，胜利总归属于他。可是这些年，突然变成了一个灾难接着一个灾难，最最恶劣的当然是那桩瓦尔曼特案。如果人的一生中有这样的极点，那么我可以非常肯定地说，在他的身上这就是。〔*恩蒂·海林*〕

* * *

不管生意做得怎样出色，至少在电梯行业，老板总是准备听取竞争对手的报价和建议的。早在1960年代，奥迪斯就开始向通力讨近乎了。后来分别成为奥迪斯总经理和联合科技公司总经理的哈伯特·福莱和乔治·戴维会见了海伊基和彼卡·海林，想看一看“我们能不能在某一天一起做些事”。〔*哈伯特·福莱*〕乔治·戴维补充道：“最合乎逻辑的生意总是在奥迪斯和通力之间，因此我们为此追逐了这么多年。”

通力也与迅达进行谈判，它是彼卡时期通力的第二大竞争对手。迅达集团总经理兼董事会主席艾尔弗雷德·N. 辛德勒回忆道：

> 我第一次见到彼卡·海林是在1980年代初。我们建议家族会见，以便讨论是不是可以比较两家公司的生产结构，如果我们能就某种组合达成谅解，那就可以节省一大笔钱。尽管如此，我们仍旧可以做我们的，你们做你们的。如果可能，不仅我们两家在一起，还可以将奥迪斯或者其他愿意参加这种安排的吸收进来。
>
> 我们在巴黎进行了会见，紧张地谈了半天。当时我们都已理解，如果我们不能非常快速地实现全球化，作为家庭企业我们是没有机会生存下去的。所谓全球化，意思就是要有比较有利的成

本，或者至少要有非常良好的成本机制。但是，如果不从结构中剔除重叠的情况，要达到这一点是没有可能的。就这样，我们坐下来进行了讨论。我的第一印象是：这是一个家族，他们的思路与我们十分相似。他们与你见到过的其他经理们完全不一样，他们考虑得非常长远，他们有将钱财留在公司之中的意愿。

我们失望而归，因为这趟巴黎之行的最后结果是零，绝对的零。〔*艾尔弗雷德·N.辛德勒*〕

谈判涉及的不仅是电梯行业，而且还涉及到了其他问题。彼卡是诺基亚总经理卡里·卡伊拉莫的好友。从1960年代开始，他们就相识了，当时卡伊拉莫在曼特克斯公司做向北美和南美推销造纸机的工作。1984年，图奥莫·埃罗拉代表通力与诺基亚进行谈判，拟定了某种形式的交叉所有权计划。

在那时，诺基亚的状况还不是非常好。西莫·沃里莱赫托是诺基亚的执行经理，对卡伊拉莫负责。我与沃里莱赫托就交叉所有权问题进行了谈判，我们好像谈了三四个小时，拟定了文件。我们仔细地计算了两家公司建立关系后的相对值。那是股份互换，但不是联合。对通力来说，这是一件大好事，因为不久后诺基亚开始上升了！〔*图奥莫·埃罗拉*〕

根据当时谈判保留下来的档案，1983年年底，通力整个股份值是诺基亚股份值的78%，但是通力的资产值只有诺基亚的40%。按照拟定的建议，通力将获得20.4%的诺基亚股份，同时将自己的46.1%的股份交给诺基亚。据尼克拉斯·海林介绍，他的父亲曾说，通过这一安排，彼卡将在诺基亚获得重要的地位。

在某个时候，父亲和卡里·卡伊拉莫还计划过通力和诺基亚合二为一的问题。在谈判到通力—诺基亚问题时，父亲曾经对我说，他认为由卡里当总经理，彼卡·海林任董事会主席是可以的。〔*尼克拉斯·海林*〕

格哈特·温特同样认为，协议最后搁浅了，因为董事会没有赋予彼卡·海林足够权威的地位。

卡伊拉莫向通力提出过某种建议。那个时候，卡伊拉莫、登克马尔·霍恩和彼卡几个人每星期都要聚谈2—3次。当时，彼卡是很想进入那些社会圈的，或者说实际上他已身在其中了。但是卡伊拉莫犯了一个错误！他没有理解应该给彼卡提供国民股份银行或者诺基亚董事会主席的职位。那两个位子对彼卡都是可行的，然而卡伊拉莫一个都没有给。他不理解，也不知道应该请了解情况的人咨询一下。自负把事情搞砸了！也可能坏在别的事情上，但我知道这件事，它就垮在这里。〔*格哈特·温特*〕

通力不与诺基亚合作了，但在1980年代中期它依旧快速地发展着。彼卡依旧是强大的，但是1986年瓦尔曼特—奥迪斯事件后的十几年却要求他付出了自己的代价，彼卡的健康状况迅速下降，他对他的通力帝国的控制放松了。

* * *

上述3个挫折，亦即霍顿、卡尔亚莱宁—科伊维斯托和瓦尔曼特—奥迪斯，并没有在很长时间里给通力造成很大的损害，甚至奥迪斯扩大其在芬兰的业务对通力市场领袖地位的威胁比彼卡最初所担心的也要小。不过这3个事件都加剧了他的妄想症，觉得世上无人可信。他的主要部下在统治集团中为谁应该位居第二的激烈权力斗争也让人加深了印象，认为彼卡身居巅峰非常孤单。

此外，年龄的增高和地位的提升对彼卡也开始产生了影响。他再无必要像年轻时那样来显示自己的才干，也不用为通力的生存进行搏斗了。通力劲头的减弱可能还由于，彼卡为金属工业中央联合会的工作花去了他太多的时间。温特回忆道，是感情因素严重地影响到彼卡决定接受金属工业中央联合会理事会主席职位的。

> 在他当上金属工业中央联合会主席时曾经问我们，我应该怎么办？当时他相当犹豫。我说，那有什么的，对你是一件好事，对公司却不是。你去了金属联合会，你会面对更多罢工了！他说，那可是伙计们信任他。那伙计们信任他，这是心里话。〔*格哈特·温特*〕

蒂莫·莱朗德尔曾任工业中央联合会的副秘书长，在彼卡出任金属工业中央联合会主席后当了秘书长。他说，一般来说，担任这样的职务会占用很多的时间。

> 当时有一种说法，要是哪个企业领袖参加了芬兰雇主中央联合会或者工业中央联合会工作委员会的工作，他们自己的公司一定会受到不良的影响。现在两家联合会的理事会和工作委员会彼卡都参加了，用了他非常多的时间。这些都是极费时间的工作，但他是那种喜欢频繁参加活动的人，幸亏他讲话不是特别多，这当然是件好事，那里有的是讲话的人。〔*蒂莫·莱朗德尔*〕

彼卡必须同时认真地考虑由谁接替他担任通力最高领导的问题。1986年通力的瓦尔曼特电梯业务刚刚经受失败之后不久，他的小儿子尼克拉斯在美国马萨诸塞州沃尔瑟姆的本特利学院完成了商学士的学业。尼克拉斯在本特利学院攻读了3年，由林里迈亚·奥康奈尔教授指导。

我要说，彼卡从尼克拉斯身上看到了家族的灵魂。彼卡想，商学位为尼克拉斯当他的继承人打下了基础。尼克拉斯也很清楚那是什么意思，不过他从来没有搞清楚，他是不是真的想当权力的继承人，我猜想他没有这意思。

我觉得尼克拉斯完全有可能成熟起来，成为掌控公司的人。他知道大家期望他在沙滩上留下自己的脚印，所以很容易引导自己在本特利应该选择什么专业。〔*林里迈亚·奥康奈尔*〕

尼克拉斯是彼卡唯一学商的孩子，他们中间没有一个学工的。哈娜、伊尔卡和伊洛娜学人文学，恩蒂学农业和畜牧业。彼卡总说，让孩子们自己选择自己要走的路，他不干预。尽管如此，如果他们中间有一人能够继续他的事业，对他当然是重要的，看起来尼克拉斯是最合适的候选人。

1986年，尼克拉斯完成学业后返回芬兰。《赫尔辛基新闻》总编辑恩蒂·勃勒菲尔德回忆道，彼卡有时会说，他要将孩子们关在图尔斯维克的图书室里，不准他们出来，直到他们一致决定由谁坐在董事会中掌控公司。最后尼克拉斯同意这项任务了，1987年他成为董事会副董事，次年成为董事。尼克拉斯现在认为，当时根本就不该将这样的责任交给他。

选择我进通力董事会压根儿是一个错误，当时所有在场的人都是应该阻止的，不管是我自己，还是父亲、母亲、姐妹、哥哥们，甚至我当时的妻子都该说那是错误的抉择。当时我刚完成学业，结了婚，同图莉搬到一起居住，我有了一个两个月患了发育病的女儿，当时我23岁，所有这一切都是大约一年之内发生的。在这样的情况下，那不是在挑选一家股票公司的继承人！〔*尼克拉斯·海林*〕

但是，推选尼克拉斯进入董事会，被领导高层戏剧性人事变动的阴影遮挡住了。海伊基·海林已在董事会干了60年，2月份将满86岁。彼卡是出任董事会主席的时候了，但当时芬兰刚刚实施一个新的法律，他首先必须放弃总裁的职位，尔后才能同时坐在两把交椅上。尼克拉斯是一个新近毕业的商科学生，没有太多工作经验，因此不可能领导一个庞大而又复杂的企业，当然这是一个问题。

彼卡成了董事会主席，1932年后第一次不得不从海林家族之外招聘一位总裁。通力电梯集团的总经理马蒂·马丁巴洛被选中了。尽管彼卡与马丁巴洛的关系已经长久，相当密切，但是权力的交接并非一帆风顺，通力的人事经理乌尔波·卡乌拉奈始终跟踪关注着尖锐到已经成为危机的事态的进程。

> 彼卡不懂得怎样交权，马蒂不知道怎样接权。如果他试图接权，周围将群起而攻之，格哈特造反了，阿尔沃不闻不问，马蒂成了孤家寡人。我同塞波·约基比一起注意着事态的发展，他的办公室就在我隔壁。我们俩一般很早上班，两人先交谈一会儿，马蒂的地位总是我们交谈的主题，因为看起来它正在演变成为一场大灾难。交权真难哪！〔*乌尔波·卡乌拉奈*〕

那时候，哈娜与雅科·努尔米宁结婚了，并移居到他丈夫位于梅里马斯库的农场。恩蒂和蒂娜仍旧住在巴拉伊宁自己的农场里。伊尔卡在赫尔辛基大学攻读历史。刚从美国回来的尼克拉斯也没有再到图尔斯维克居住。孩子中间最小的伊洛娜1984年离开了家。住在家里的只有彼卡和基尔斯蒂两个人了，而过去住的却是7个人。彼卡一如既往，仍旧顽固地控制着通力和图尔斯维克的权力。

很多与彼卡工作关系密切的同事们说，在通力，彼卡干的与其说是董事会主席，倒不如说他扮演的是总裁的角色。他注意具体问题，只是为了了解他的属下在干什么事。他不再集中精力于具有重要战略意义的大问题。出任总裁初期，彼卡在决定问题时总会广泛听取咨询意见，认真研究各种资料。但是随着年事越来越高，每当决定最重大的问题时，他越来越相信自己的直观了。

马蒂·马丁巴洛是他最忠实的属下，严格注意不跨越自己的任务和主要股东和董事会主席彼卡的任务之间的界线。但是，作为通力电梯集团长期的经理，他在职权范围内行使权力时会犹豫不决，因为他不很确切知道界线何在。相反，作为总裁，他却总是注意不断地领会彼卡希望他所做的事情。无疑这也影响了他的领导能力。彼卡希望执行经理们开创性地承担相关的职责，他不能容忍优柔寡断。经过将近两年不愉快的时间后，马丁巴洛得了中风，病退了。

在此期间，彼卡开始考虑一个不可思议的办法，将图尔斯维克交给恩蒂。彼卡过去曾想让他的大儿子做农场管理人，但被恩蒂坚决拒绝了。恩蒂的理由是，只要农场受制于父亲，由他说了算，这样的安排是行不通的。彼卡所以改变想法，其原因可能是，他认为恩蒂在巴拉伊宁证明他已是一个成功的农民，或者承认自己再也没有能力继续很好地管理图尔斯维克了。不管彼卡究竟出于何种原因，恩蒂最后还是回到了图尔斯维克，承担起对农场的责任。

伊尔卡回忆道，彼卡希望在向孩子们转让他的财产时能够少交一些税，这也是他的一个主要动机。

> 现在辈分更迭，将图尔斯维克交给恩蒂，是少交税收的路子，但是他没有能够解决如何补偿我们其他人的问题，后来我同拉伊亚·瓦伊尼奥塔洛（她负责管理海林家族的控股公司安全贸易公司和马努塔斯控股公司）商量，想了一个同时提前将安全贸易公司分割开来的办法，这完全是可能的。
>
> 我们就像魔鬼似地暗地里做工作，这可不是一件简单的事情，但是我们提供了一个很好的样本。当时我开始考虑了，怎样才能让老爸参与进来的问题。我想，如果能以某种方式通过通力将

彼卡手里几乎无时无刻不拿一支香烟。1990年同他一起参加决算会议的还有（自左至右）彼卡·巴拉奈、格哈特·温特和阿尔沃·图奥诺宁。

> 这个想法送交给他，他可能会认为那是他自己的主意了。拉伊亚对老爸说，应该让一位通力的律师考虑一下，于是它就到了塔皮奥·哈卡加里的手中，后经塔皮奥修饰，最后的版本形成了，并将它交给了老爸。接着老爸又将它给了我们，并说："嗨，这是一个如何处理补偿问题的出色主意。"〔*伊尔卡·海林*〕

哈卡加里想了巧妙的办法，使税收降到了最低的程度。但从本质上讲，这个解决办法是简单的，那就是恩蒂得到农场，别的人分享安全贸易公司的股份。

彼卡希望自己的农场有个继承人，恩蒂当然是唯一的继承人，因为他从事农业，在巴拉伊宁作为独立的企业家干的就是这个行当。这样处理一点不奇怪。做此决定的出发点是：恩蒂拿到土地，别的人分享安全贸易公司控制的通力股份。孩子们拿到大约80—90%的B股，但是全部A股留给彼卡。A股的表决权要大10倍。只要还有最后一口气，彼卡的原则是：我可以放弃一切，就是不能放弃权力！〔*塔皮奥·哈卡加里*〕

孩子们之间对如何分配财产没有不同意见，但是哈娜的态度让父亲感到震惊。

哈娜根本不想接受这份礼物。接着产生了一个为什么她要这么做的问题。我们提了一个让她赞助通力基金会的想法，可是基金会要求不同安全贸易公司掺乎在一起，并且出现了有关表决权的另一个问题。后来，由哈娜控制的基金会得到了同样的份额，也就是马努塔斯控股公司和安全贸易公司的股份，但对表决权做了一些调整，使它不对彼卡产生任何影响。当时彼卡也是通力基金会的主席，通力基金会主席可以行使通力基金会的表决权。但是，如果你考虑了今天，按照这样的安排哈娜就成了一个非常有影响的人物了。通力发展了，通力基金会的表决权也随之增大了。”

对彼卡来说这是一个相当难办的事情，因为哈娜拒绝接受继承权。对此，彼卡丝毫不能理解，直到去世前不久，他再没有涉及此事。不过此前几个月他向我做了确认，说哈娜接受那些钱了，以后再不需要转给通力基金会了。〔*塔皮奥·哈卡加里*〕

伊洛娜说，他的父亲后来告诉她，他为哈娜的决定感到骄傲。很容易想象彼卡的感情是矛盾的，既有忧虑，又有骄傲和因遭到拒绝而感到丢脸。不管怎么说，现在哈娜认为，她的决定象征性的，它只是一种没有结果的独立性表现。

> 我无意说明我的动机，但一个动机肯定是，我想向父亲表明我的爱不是金钱所能买来的，或者诸如此类。我要说，没有他的钱我同样能够做得很好。但是直到现在我才懂得了，我通过通力基金会所代表的是通力所有主方面的大量股份，我不能用此办法与它脱离，至少不能脱离应该承担的责任。〔*哈娜·努尔米宁*〕

尽管决定向下一代转移家庭的财富从纳税角度考虑是明智的，但它也让彼卡思考了自己的离世。基尔斯蒂说，令人伤心的是，彼卡的一些朋友就在同一时期过世了。

> 1988年5月，房屋设计师凯约·贝泰耶去世，他是我们的朋友和航海家。接着，我的母亲和卡里·卡伊拉莫于同月，即12月去世，再是我们的狩猎朋友，来自曼采莱的萨卡里·阿里朗达与世长辞。真是艰难的时日。
>
> 新年过后我们同彼卡一起去了塔希提，这是一次十全十美的旅行，任何时候我们只字未提那些离开了我们的朋友。那里非常和平宁静，我们扬帆航行了一小会儿，游泳游得很多，我们一起看书，十分快活。那是世外之地，听不到外面的消息，一周之内唯一的新闻就是那个关于美式足球的超级杯赛。〔*基尔斯蒂·海林*〕

圣诞节前两星期，卡里·卡伊拉莫自杀身亡，这对彼卡是最沉重的打击。基尔斯蒂说，卡伊拉莫和彼卡之间的友谊非常深厚，他们经常见面。他们都领导着大型的国际性企业，也经历过洋洋得意和消沉沮丧的时期。卡伊拉莫之死使彼卡的心境阴沉郁闷，到塔希提休假只是为了让他得到一时的放松。

1989年初彼卡·海林回来工作，继承人问题丝毫得不到解决。哈娜拒绝继承财产，恩蒂仍专注于务农。伊尔卡和尼克拉斯1990年都是通力董事会董事，塔皮奥·哈卡加里对他们两人的地位做了对比：

> 彼卡的年龄越来越大，而且工作总是那么紧张，他的健康状况衰退了。他决定将主要财产分配给下一代。他一直在想，他的孩子中间总会有一个继任人的，尤其是尼克拉斯，他的地位强硬，他是彼卡年轻时那种类型的人。尼克拉斯在通力各个点上实习过，专业合适，同彼卡一样。在孩子中间，很清楚，伊尔卡对通力的生意最有兴趣，但他并不像尼克拉斯那样受宠，尼克拉斯是孩子中间最受欢迎的继承人。〔*塔皮奥·哈卡加里*〕

图奥莫·埃罗拉更加直率的谈到了尼克拉斯和伊尔卡的可能性。

> 很早以来我已有那样的看法，我觉得尼克拉斯是彼卡·海林想要的继任人。但是，第一拳出手后尼克拉斯退却了。后来，尽管伊尔卡仍是董事会成员，不晓得是什么原因，伊尔卡和彼卡就是有点像猫和狗。人们谁都认为伊尔卡不会是接班人。〔*图奥莫·埃罗拉*〕

但是尼克拉斯于1991年离开了通力董事会，理由是由于与他选择的经济编辑职业存在着潜在的利益冲突可能性。他也无意担任未来的领导职务或者董事职务。伊尔卡自1990年至1999年底任通力董事会董事，并在1998年至2000年期间当了安全贸易公司的总经理。但他不得不说，他越想表现自己的能力，他与父亲对于管理家族财务问题的看法越是合不到一起。简单地说，彼卡和伊尔卡的性格如此不同，以致他们之间谁都看不惯谁。排除掉这一潜在的可能之后，彼卡又一次面临着如何解决通力前途的问题。

* * *

1988年，彼卡放弃了对图尔斯维克的管理。这是一个积极的迹象，表明他的野心和精力正在减弱、衰退。同年，通力卖掉了三菱钻石小飞机，由此可以推断，彼卡忙于出差、四处奔走的时期也已过去。

通力经历了艰难的时期。1970年代，公司稳定了它在电梯技术领域中的顶尖地位，因为它拥有出色的操作系统，也拥有可靠的控制系统。但是到了1980年末，公司的产品品类老化了，欧共体却正朝着没有关税的欧洲联盟前进。由于有利于当地生产者的关税壁垒和国家标准，客户几乎不得不向在当地设有生产设施的公司进行采购。随着关税的取消，情况迅速向着有利于生产集中的大型工厂和先进的计算系统的方向发展，而通力却仍在使用由10几家技术落后，20年前购进的工厂组成的生产机构，结果是生产效率低下，计算技术落后。举例说，当奥迪斯向欧洲快速统一的市场投入简单的标准电梯（一种只需少量或者无需特殊改装要求的型号）的时候，但在同一市场上通力销售的至少仍有15种各不相同的“标准电梯”。这些电梯分属于15个家庭，另外还需安装许多附加设备，主要的部件要在几个国家生产，然后送往组装工厂，再从那里发货到建筑工地。这样的供货链毫无效率，成本昂贵，还会带来大量的质量问题。

1988年，通力电梯集团制定了一个名叫“利普—95”的长期计划，对以后将要实施的全球化做了规划，强调以顾客为中心、售后服务和改善质量的重要性以及对竞争对手而言的降低总成本（不是价格）。绝大部分改革建议均涉及重组老化的生产和计算技术系统，其中多项必须在1995年之前实现。但是，在整个全球机构中的工作方法一体化和流水操作要到以后才能实施，而这又将招致巨额的费用和与这一转变相关的变革。

1988年，米哈伊尔·戈尔巴乔夫的苏联已经走向经济和政治上的分裂，这对通力绝非没有意义的事情。在通力出口中，经互会当时仍占了22.5%的份额。1991年苏联全面解体，通力向这些国家的出口缩小到了在通力年度报告中表示市场地区的曲线表上再也得不到反映。

在这样的时刻，公司的掌舵人绝对不能有任何的松懈，然而当时的情况却正是如此。1989年，彼卡·海林有了收购星星电梯公司的机会，这是一家非常出色的电梯公司，掌握着荷兰市场的主要份额，但是建议收购的属下未必弄得清楚彼卡·海林是不是会同意这宗交易，因为他不很关心此事，他虽表示同意但说得含糊不清。所以会是这样，其中一个原因是他喝酒比过去任何时候都喝得更凶。

1989年8月21日，海伊基·海林与世长辞，享年88岁。据基尔斯蒂说，这让彼卡极为震惊，甚至有一段时间他都停止喝酒了。

> 那是最险恶的一年，那个1989年，因为我在想，在这一年里彼卡可能会死于酗酒。太可怕了！在为我的公公举行葬礼时，他跟在灵柩后面几乎走不了路。后来，他决定戒酒了，戒了好几个月，那是美好的时光，真的。〔*基尔斯蒂·海林*〕

在1989年的董事会第一次会议上，马蒂·马丁巴洛因病退休了，接替他担任总裁的是格哈特·温特。他们俩都是魅力超凡的领导人，但是马丁巴洛为人谦逊，不爱抛头露面，温特则比较自信。可以毫不隐瞒地说，温特和阿尔沃·图奥诺宁，此外再加上另一位，他们之间相处得不很好。彼卡的支持网开始瓦解了。

通力1992年的年度报告中有一张董事会的正式合影，看起来彼卡衰老了，思想不集中。恩蒂和伊尔卡活像两个年轻的保镖笔挺地站立在彼卡的身后。彼卡忠诚的内圈人物（图奥诺宁1991年退休）中留下的只有格哈特·温特了。相反，通力的结构却变得比任何时候更复杂。1992年通力下属两个传统的生产集团，亦即通力电梯和通力起重机，它们在公司营业额中分别占了74%和13%，余下的份额则由麦格雷戈—纳维尔（装货系统）、通力木业（纸浆和造纸工厂木材处理系统）、通力仪器（临床化学分析系统）、GS—水压（压力管道系统）和拉海炼钢厂分别占有。

1992年通力把麦格雷戈—纳维尔卖掉了，同时开始将其他单位改为公司建制。到了1994年底，最后留下的只有通力电梯和通力仪器两家了。次年，通力仪器也被逐出通力的大门，通力只集中精力于电梯和自动扶梯了。伊尔卡相信，彼卡·海林关于单位公司化和将它们抛弃的点子是在行动之前不久才临时想出来的。

> 我认为，这完全是老爸的思想，其本身是非常正确的，事后想来，从战略上讲，那也是极其正确的选择，当时很多人已经这样做了，将多行业的改变为单项的。因为他们看到了，公司的能力达不到。然而当时也有可能，在买主眼里，这样改变后它的价值反而提高了，因为买主以后再也不必考虑应该放弃什么别的业务。要知道电梯生意是最吸引人的，从战略上讲绝对是最好的一块业务。〔*伊尔卡·海林*〕

当时人们解释财产分割的原因是，通力扩张得太大，变得太复杂，以致彼卡·海林的孩子们管理不了了，因为他们中间没有一人是参加日常工作的，他们必须学会通过董事会指导通力的活动，如果公司集中从事一个行业，那就变得比较容易了。林里迈亚·奥康奈尔强调说，这个说法是合理的。

> 一次彼卡听说我在赫尔辛基，专门请我过去，他用了两个小时对未来的发展做了概略的设想。我说，听起来好像你是准备将公司交给你的孩子了，因而想把它办得简单一些似的。
>
> 他的坦诚和战略的清晰让我觉得猝不及防，因为那是我过去从来没有听到过的。他非常了解财产的分割安排和它的后果——

会在什么程度上动摇行业的基础。当时还流传一种说法，说是德国泰森公司瞄准了通力。我曾就此问了他，他答复得非常明确，直截了当，他说整个安排都是为了孩子，这个计划实现了，他们就可以接过管理的公文包，那时它将不是由一个孩子掌握了。〔*林里迈亚·奥康奈尔*〕

很明显，通力的工作重心放到了电梯和自动扶梯上。公司将其有限的资源集中在应付一个行业的挑战要比同时搞五六个各有不同商业需要和顾客集团的行业更为明智。在通力领导层内，单位的公司化以及后来的变卖让警钟响起来了。难道彼卡真的打算卖掉整个通力吗？

恩蒂估计，当彼卡开始搞公司化和打算卖掉核心生意以外的其他业务时，他还没有做出有关通力前途的明确决定。

我认为这是一个很好的决定问题的程序。能为以后做出尽可能多的新决定留下通路的那是最好的决定。他可能在想，如果现在他将起重机业务或者其他业务卖了，只留下一个电梯公司就会比较容易管理，或者以后也好变卖了。如果有了钱电梯业务还可以继续扩大，说到底，那生意不会复杂得让人感到可怕，也好做决定了。不过要实现这一点却是最难的。〔*恩蒂·海林*〕

有人猜测，彼卡·海林想用这些做法迫使他的孩子积极投身于对通力的领导，他并不是真想卖掉整个公司。塔皮奥·哈卡加里最了解彼卡当时是怎样考虑继任人问题的，他的意见与彼卡不同。

在这件事情上彼卡肯定是真的，他是准备把它卖了，这从他怎样为内圈人物安排退休金的行动中可以看得出来。我们同那些接近退休年龄的人商妥，公司将向涉及这一财产分割进程的人支付养老金，避免出现遗漏。某些人说他是想测试孩子们什么时候

可能觉醒，他是绝对不会这样做的。这种说法不对头，他真的想将公司卖了。〔*塔皮奥·哈卡加里*〕

图奥莫·埃罗拉后来也参加了有关的谈判，他支持哈卡加里的看法，说他不再是玩弄策略了，骰子已经扔出。

所以要实施公司化，主要是为了出售，当时他已经决定出售了，因为后继无人，对彼卡来说这是极度困难的事情，因为没有一个儿子愿意接班。这确实是彼卡长久感到痛心的。后来终于做出了决定，算了吧，统统把它卖了！〔*图奥莫·埃罗拉*〕

* * *

如前所述，奥迪斯的乔治·戴维每隔一两年总要同彼卡见一面，试探彼卡是不是可能卖掉他的公司。戴维说："我这是从下一代角度考虑的，因为恩蒂是农民，企业可能被卖掉，而且彼卡开始退避三舍，慢慢地退居一旁了。迅达的辛德勒也更加使劲推动通力与其签订某种程度的合作协议。会见是在瑞士进行的，彼卡、总裁格哈特·温特、财务经理阿伊莫·拉亚赫尔曼和克劳斯·卡文同艾尔弗雷德·辛德勒和他的主要助手紧张地谈了两整天，辛德勒分析了竞争形势，为会谈做了深入的准备。

当时我们想搞一个合资企业，我们同意将事情做得非常精确，双方都有律师、会计师以及负责企业收购和合并工作的人员参加。我们研究了可以合并什么，如何合并，问题极其复杂。我们又一次成为努力表明需要有更多份额的一方，否则，相对于奥迪斯，我们永远是只小鸡。

我们说，如果我们不能变得足够强大，我们必将失去独立自主。我想彼卡可能没有想过我们会处于无法决定游戏规则的境地之中，我不知道我们要花费多少时间，兴许是两天，不过我们事先已经做了许多准备。最后因为名称和商标等原因我们的谈判不果而终，实际上问题不在于独立自主，而是在于更重大的因素。

我难以接受家庭企业在我们熟悉的形式下取得的成就，因为它表明我们是失败的。但是某些事实只好被迫接受，尽管带着失望的心情。我是在修道院、宗教气氛非常浓厚的环境中成长起来的，早在年轻时代就向我们灌输不久之后一切均将毁灭，或者一切都不过是计件工作的思想，你所做出的贡献在整体之中只是一个小小的部分，在家庭企业里一切都建立在前几代工作的基础之上，人犹如链条中的一个环节，请你想一想哈布斯伯格吧，他们前后统治了17代，像神话一般，然而从另方面说却又是空空洞洞的。现在他们在向参观他们房舍的人们收钱，一切都是如此豪华和壮观，连他们的卧室里也挤满了前来参观的旅游者。

从中你可以得到一点看法，那就是总有一天一切均将消亡，如同我们看到的那样。最后，最最重要的是公司，而不是我们做出的小小贡献。我们还只到了第四代，事物仍以它的速度向前推进，如果我们能够有所成就，人人都能从中受益。不管怎么说，谈判进行得非常之好，然而最后依然毫无结果。〔*艾尔弗雷德·N. 辛德勒*〕

克劳斯·卡文说，谈判有时有一些戏剧性的味道，从彼卡·海林的行为举止看，他再不是当年60岁谈判瑞典电机和西屋生意时那个狡猾的谈判者了。

阿伊莫·拉亚赫尔曼和我被指定参加工作小组，与迅达方面的有关人员处理这桩可能的交易。我们各有各的代号，有叫罗伯特的，也有叫查利的或其他什么的。艾尔弗雷德·辛德勒说，打电话时必须使用这些代号。但当彼卡有时往那边打电话时，他却说："这里是彼卡·海林。"于是艾尔弗雷德·辛德勒生气了，他说："我们商量好的，要用代号！"后来我对彼卡说，你打电话时他有些烦了。彼卡说："见鬼去吧，我可不用什么别的名字！"

后来有一次，彼卡和我在那里，我们刚刚谈完交易，艾尔弗雷德·辛德勒说了几句话，大意是就这样干吧，但我拿多数。后来彼卡用同样的口气说，嗷，好呀，我们做这笔交易吧，我拿多数！接着两人共同得出结论说，这是一笔好买卖。于是克劳斯和他们那边一个人开始操作起来了！至于最终是怎样结束的，没有人能够说出来。我看着我的对方同事说："嗨，请说点什么吧！"他用同样的眼神看着我，什么都没有说出来。

就这样，我们回家了。彼卡说："听着，这是一桩好买卖！难道不是吗？现在你就干吧！"我说，我不敢完全肯定你们已经商定了。"啊，我们确实商定了！""我觉得稍微有点不明确。""不，我清楚我是怎么说的！"我想彼卡真的认为我是错的。最后结果是这样的，后来他们两人在汉堡碰了面，彼卡回来时说，好了，这一回这笔生意什么结果都没有。两位老板，他们只在听自己说话！〔*克劳斯·卡文*〕

1989年，辛德勒收购了西屋的美国业务，没有再与通力继续谈判。我们与奥迪斯进行了以礼相待的谈判，但也没有达成双方感到满意的结果。在此之后，只有美国的多佛和德国的泰森成为通力能够与之谈判的唯有的西方大电梯公司了。

从实际角度看，多佛根本没有什么活动，它在美国境外也没有经验。但是通力是重视多佛的，过去多佛也曾在通力想要收购的名单之中，不过彼卡觉得对方要价太高。多佛有意向国外扩展，但想自己单独干。在此情况下，泰森成为留下来的最后可能了。

恩蒂说，可能也是出于感情原因，彼卡更愿意把通力卖给泰森，而不是卖给奥迪斯或者迅达。

> 父亲当时曾考虑让泰森购买，最主要的原因可能是，依此途径最便于拿到当局的许可证。另一个原因也是有帮助的，那就是：如果由奥迪斯收购，通力就死了，让奥迪斯把它吃了。迅达的状况也是半斤八两。从某种程度上讲，泰森是唯一能使通力的特征得有少许保存下来的可能。随着年龄越来越大，父亲对某些问题的态度比较软弱了。〔*恩蒂·海林*〕

恩蒂继续说，他没有以任何方式影响他父亲的决定。

> 我的态度是这样的，他有他自己的股份，他用这些股份愿意怎样干就让他怎样干。我认为这是存在于我和弟弟们之间的一个大分歧。兴许这与农业问题上的老经验稍微也有一些关系，我不太愿意与他一起去决定这样的问题。〔*恩蒂·海林*〕

据图奥莫·埃罗拉回忆，伊尔卡曾明确表示支持将公司卖掉。

> 伊尔卡当时明确表示可以将公司卖了，以便把钞票投到最有利可图的地方，或许他也认为，不将全部鸡蛋放在一个筐子里的原则是对的。是的，安全贸易公司当时也在做别的投资了。〔*图奥莫·埃罗拉*〕

1993年11月，伊尔卡发表了博士论文。前一年伊洛娜已获硕士学位。尼克拉斯在《商报》当编辑。哈娜住在梅里马斯库的农场里，从事文化工作。恩蒂在图尔斯维克饲养获奖的赫里福德牛。恩蒂和伊尔卡都是通力董事会的成员，哈娜任通力基金会的主席。彼卡和基尔斯蒂共有10个孙子辈，他们将来都能继承足够的钱财，过上舒适的生活。

1994年7月彼卡62岁，他得了痛风，甚至步行一段不长的路程都要依赖拐杖。他既抽烟，还继续喝酒。他不顾基尔斯蒂反对躺在床上抽烟，把枕巾、床单和睡衣烧出大大小小的窟窿。由于他的体格出奇强壮，意志不屈不挠，多年来给人造成的印象是，彼卡跨不了。可是现在看来，他年老体弱，没精打采，棘手的继任人问题也不见有解决的迹象。

这就是1993年秋天与迅达谈判碰壁后格哈特·温特和图奥莫·埃罗拉开始与泰森谈判时的情况。牌已经打出去了，通力当时打算将不属于核心业务的单位卖了，自那以后公司将只留下电梯和自动扶梯业务，营业额约83亿芬兰马克和近1.7万名员工。

彼卡疲倦了。谁都知道，过去他从来没有在艰难的挑战面前退缩过，可是这种劲头现在似乎不见了。他认为，通力是他家安全的保障，但是那些本该为保障通力前途挺身而出的家庭成员却没有这样的愿望。彼卡陷入了尴尬的境地。

他同意坐下来与泰森谈判，然而无法预测结果。通力的南欧地区经理雷蒙德·维利尔斯碰巧在布鲁塞尔遇上了泰森的总经理，当时后者正应约去见彼卡·海林。正如维利尔斯书里称呼的那样，那个“德国人询问维利尔斯，彼卡·海林将会采取什么态度。维利尔斯颇感为难地答道，他一定会拿出笔来的，但不晓得是不是会在文件上画押。”〔*雷蒙德·维利尔斯，《电梯》，2003年*〕

# 家庭价值观

彼卡对朋友和采访记者经常说，通力、家庭、务农和航海是他生活中最为重要的几件事情。第一件事情，他取得了出奇的成功，在最后两件事情上，他十分满意，也赢得了赞誉。更多的人，包括朋友和同事，还认为他的家庭生活堪称模范，完美地证明一个雄心勃勃的商人既能事业辉煌，也能投身于高尚的爱好，同时依旧保持着家庭的幸福。

> 通力的一位经理说："对他来说，家庭确实是极其重要的，他总是夸奖这些孩子，称赞他们，他认为他们都是最优秀的孩子，无一例外，他们都很成功，工作出色，非常聪明。他总是那么喜欢他的孩子，崇拜他的孩子！"〔*博耶·达尔格伦*〕
>
> 一位农民朋友说："……那是一个称心如意的家庭，他们总是欢聚在一起，所有孩子都在一起。"〔*玛丽亚娜·冯林伯格·斯蒂勒姆*〕
>
> 一位汽车司机说："他的性格的确是以家庭为中心的，就是说，对他来说，家庭是一切中的一切。"〔*卡里·贝尔托宁*〕

彼卡为孩子们的成功感到骄傲，表现得清澈透明，然而有些孩子却把父亲的满意更多理解为他从他们成就的光辉中享受乐趣，而不是对他们真心的钟爱，承认他们的价值。伊尔卡还举例说，孩子们甚至可能把父亲给予的支持理解为是以他自己为中心。

我给自己提出了进海军学校学习的目标，我怕万一考不上，于是请老爸帮个忙，利用一下他的关系。我被录取后就对老爸说，事情办得非常棒。但他回答道，我没有为此做过任何事。后来，我们班上的出版物要募集广告，老爸给我搞来了。为什么他要对这件事这样卖劲？我感到惊讶，不是我自己可以做的嘛！但是后来他向他的所有同事对我大加夸奖，说他的儿子上了海军学校，所以募集广告！或许他觉得没有帮助我，感到心里有亏。不过我是这样理解的，他是借此夸耀自己。〔*伊尔卡·海林*〕

讲起孩子们的成就，大概每一个父亲都会同样骄傲，只是彼卡好像不会向孩子们表达情感，其实只要如实地评价他们就行了，不要仅仅为了因为他们的成就所得到的荣誉。尼克拉斯是5个孩子之中“被遗忘的”老四，他特别抱怨彼卡，说他对孩子没有父亲的感情。

按照我的看法，对彼卡·海林来说，孩子们犹如航海比赛中赢得的奖杯，然后应该是实现他自己世界观——诸如我必须是通力的领袖——的工具。孩子们的任务则是为彼卡·海林增添荣誉，这是他对孩子们的期望所在。这不是爱，这就像是比赛的一部分，他有健康、优秀的孩子，他们在任何地方工作都很出色，无论做什么事情他们都是最棒的。〔*尼克拉斯·海林*〕

1964年彼卡出任通力总裁时尼克拉斯还不满一周岁。基尔斯蒂回忆道，1950年代和1960年代初是他们婚姻的黄金时期，原因是彼卡当时正做图尔斯维克的恢复重建工作，在家的时间比以后的年份多得多。绝大多数情况下他的头脑是清醒的。能比较关心基尔斯蒂和孩子们。

彼卡还照顾哈娜，给她洗澡，什么都干。后来恩蒂出世了，那时彼卡要做的工作已经增加许多，不过他总在帮忙，如带恩蒂去户外，时不时的做些他能做的事。经常有这样的情况，当有小小孩时，他就照看大一些的孩子。当然住在农村，照顾孩子要容易些，他会带着大一些的孩子去林子里转一转，让他们看各色各样的东西。特别在尼克拉斯出生后，他与伊尔卡在一起的时间就多了。我记得他们曾经一起去看农展会和赛马。彼卡还带着伊尔卡去了奥卢，当时他要去那里察看拉赫钢铁公司。反正诸如此类的事情。后来我们还全体一起去航海，我得出的印象是，大家高兴极了。到了孩子们上中学的时候，彼卡的确非常操心，什么事情都管，包括带着他们去应试。〔*基尔斯蒂·海林*〕

由于彼卡的工作需要更多时间，滥用酒精的情况又愈益加重，基尔斯蒂和孩子们也受到了影响。酗酒问题在加剧，它所带给家庭生活的创伤也随着彼卡健康状况的恶化加深了。

* * *

在很多问题上，彼卡是持传统价值观的。他曾经设想让基尔斯蒂做家庭主妇，养育孩子，帮助丈夫。据基尔斯蒂回忆，她曾有一次想去外面找一份工作。

确实我曾经有过一次很不愉快的经历，我觉得孩子们比较大了，我可以出去工作了。当时我对彼卡说，基尔科努米图书馆中有一份不错的工作，我一直想做与图书有关的事情。对此彼卡根本不喜欢，他只说你可以做农场的会计工作，我们一起管理农场，别的不成。我们必须一起商量事情，但是有一天当彼卡回到家里时，我讲了一些当时存在的困难，他听了后火冒三丈，说他不想听诉苦。我可能提出一些建议，他要么说成，要么说不成，

我真的无法忍受了！我们从来没有真正认真地谈过事。〔*基尔斯蒂·海林*〕

同许多爱着自己刚愎自用的丈夫的妻子一样，基尔斯基是在走“别无它法”和“我同他再也过不下去了”之间的钢丝绳，搞平衡。但是她对她丈夫规定的界限采取了屈从的态度，而不是反抗。

他从不喜欢我同他有不同的意见。常到我们家串门的同班同学塔尔亚一次来看望我们，我们一起吃饭、聊天，我对一件事提出了与彼卡不同的看法，事后塔尔亚问我：你怎么有胆量说出与彼卡不同的意见啊？在校时，班上同学没有一个敢于说出不同于彼卡的意见的。但是我不可能永远与他持同样的意见。我会心平气和地说，我说的也是我想的，如此而已。〔*基尔斯蒂·海林*〕

据基尔斯蒂说，一次发生了哈娜和伊洛娜的计划与父亲的期望背道而驰的情况。

彼卡制订了要求孩子们执行的计划，他非常喜欢这样做，他对他们很有雄心壮志。他丝毫不在乎哈娜和伊洛娜中学时成绩最优秀，他主张她们毕业后的头一年就工作，而不是直奔大学。伊洛娜6岁上学，是后来年纪最小的大学生，彼卡希望她成为年龄小得出奇的硕士，但我对他根本不支持。〔*基尔斯蒂·海林*〕

伊洛娜最终拿到了赫尔辛基大学的博士学位，专门从事学术研究。她说，父亲“不能忍受我有一份真正的工作、拿工资，他认为那是可笑之极的事情。”对哈娜，彼卡甚至走得更远，他在哈娜不知情的情况下偷偷地为她在图尔库大学安排了进修的名额。

我在迁居农村，放弃学术研究工作之后，突然接到了潘蒂·马拉斯卡打来的电话，他说他与图尔库大学的一位芬兰语教授和系主任已经谈好，打算接受我到图尔库大学进修，读博士学位。我太受伤害了，父亲和潘蒂·马拉斯卡居然躲在蒙基尼埃米庄园会议室中用这样的方式谋划一个28岁女儿的前程！我生气透顶了！〔*哈娜·努尔米宁*〕

彼卡这样的行为很可能有某种把孩子当做奖杯的思想，但在另一方面，由于自己在校学习成绩不佳，彼卡也就非常赞赏他的孩子的学术成就。无疑他相信他这样做是在帮助人。他珍视教育，尊重学术上有成就的人。一般来说，彼卡并不在乎称号，但也会骄傲地参加如赫尔辛基商学院1986年授予他名誉博士称号时所举行的那种隆重的仪式。

彼卡确实想让基尔斯蒂待在家里，不让女儿们参加工作，其中或许可以推断为他不相信女人们能在商业活动中取得成功。无论哈娜还是伊洛娜，她们都反对这样的解释。

只要我们愿意，我们都可以进通力的董事会，在我们成长过程中从来没有人说过这不配女孩子。父亲确实请过哈娜参加董事会，也请过我。要是我们说“行呀”，那就进去了。

在他每天夜晚滔滔不绝地重复着的独白中，其中一个主题就是女人比男人更洒脱，他自己的孩子即是好榜样。

他还非常乐意讲，女人的洒脱比较有益于社会，但他认为问题在于女人的感情生活，这可能给社会带来纷乱。真是啼笑皆非！请想一想主导他自己的感情吧！〔*伊洛娜·海林*〕

很显然，彼卡·海林认为坐在董事会中——为家族的财产尽责——与拿工资上班是不一样的。彼卡的母亲结婚前一直参加工作，但是结婚之后就不工作了，彼卡的祖母办了一所孤儿院，但那是业余爱好，而不是工作。不做拿工资的工作却可以参与活动，那是社会赋予的特权，哈拉尔德、海伊基和彼卡把海林家族的女人们提到了这个地位上。彼卡可能并不明白，为什么对此她们并无感恩之心。在今天，许多人不接受这样的立场，但是绝大多数彼卡·海林时代的人却认为那是自然的。

* * *

彼卡和基尔斯蒂虽然愉快幸福地共度时光，但是难免也会碰上一个不断增强实力的大公司领导人与其待在家里抚养着5个孩子的妻子之间偶尔发生的摩擦。当然他们可以从容不迫地每星期洗一次桑拿浴，节假日时又会去数百米外海伊基和安娜·海林的图尔斯维克庄园共进晚餐。

基尔斯蒂的父母亲经常会在周末来他们的家，并在彼卡和基尔斯蒂住所为他们预备的房间里过夜。在此期间，彼卡和库斯塔·维库那常常一起长距离漫步，交谈社会和战略问题。

> 如果说彼卡在家里有时可能表现得循规蹈矩，合乎体统……那么当库斯塔·维库那在场时，他会做得更加严谨。这表明他极其敬重库斯塔·维库那，某种程度上视他为父亲般的偶像。〔*尼克拉斯·海林*〕

彼卡与许多商人不同，他出差时经常带上基尔斯蒂。

> 只要孩子们大些了，我离得开，彼卡出差时非常乐意带上我，或者说至少我有这样的印象。只要路程合适，不管出差到什么地方，我都会同行。我们过得确实很快活。经常是这样安排的，白天时我同一位当地通力工作人员的夫人一起消磨时光。我猜想这

些夫人之前一定会很紧张，因为她们要给我安排日程，去某个地方参观，最后我们总是相处得非常愉快。晚上我们会去一家一般的餐馆简单地吃些东西。通常我们不去豪华的地方，但如通力的人比较多，那当另作别论了。不过彼卡更喜欢去一个安静的好地方，品尝美味佳肴。〔*基尔斯蒂·海林*〕

彼卡对音乐会、电影和鸡尾酒会并不特别感兴趣，但是他和基尔斯蒂却有很多朋友，可以热情交往。夏天时他们一家扬帆航海，后来孩子们长大了，就由他们自己决定是不是愿意一起出行了。

对彼卡来说，全家同行是非常重要的。有一次，孩子们、我和保姆不能不坐轮船去瑞典，但是回家时却同彼卡一起乘了“吕盖亚”。当时伊洛娜2岁，尼克拉斯3岁。乘坐“吕盖亚”我们是一定要去的，乘着它去什么地方我们都乐意去。〔*基尔斯蒂·海林*〕

但是时光在消逝，彼卡留给家庭的时间比过去更少了。中学生时代与父亲共度的幸福时刻活龙活现地印刻在孩子们的脑海中，但是也留下了那些不得不聆听酒精作用下的父亲唠叨独白的夜晚。彼卡的生命正在走向终结，他与孩子们的关系受到了严重的破坏，一些孩子甚至不再与父亲说话了。

伊洛娜说，彼卡最后终于明白了，他的行为对家庭生活的破坏达到了何等严重的程度，而这一家庭生活正是他一再宣称要高度珍重的。

一次父亲对我说，实际上，他的生活几乎是彻头彻尾失败的。他说，他们，也就是父亲和母亲，除了某种程度上成功地传承了祖父母的某些智慧和传统，其他别的什么都没有做。

当时我的感觉是，他想的也许是他自己的父亲以及祖父所代表的文明和礼仪。从某种程度上说，祖父母成功地，我怎么说呢，保持了一种父亲没有能力做到的有教养的生活方式。在这一点上，他从自己身上更多看到了某种人类的毁灭。也许因为自己老了，因此将它也视为可宝贵的东西了，而这在一定意义上却是他所反对的、叛逆的，一直到了相当的高龄。〔*伊洛娜·海林*〕

为了调解丈夫和孩子们之间的关系，基尔斯蒂做了最大的努力。她的成长环境与彼卡不同，她没有处理家庭问题的思想准备，尤其当出现他丈夫那样不可捉摸的表现，可以将一件不足为奇的小事轻易地扩大成为一场大吵大闹的情况时，更是如此了。

我想，幸福婚姻中最重要的是不吵架，这样孩子们也能比较幸福了。尽管报上说，有了事情应该说清楚，但是我们从不这样做。关于孩子，一般不将什么事情都讲给彼卡听，当然重要的事情是要讲的，但对那些可能引起争吵的事情就不提了。〔*基尔斯蒂·海林*〕

丈夫和孩子们吵架了，会让基尔斯蒂很难办。彼卡要她绝对听话，孩子们却需要母亲的保护。基尔斯蒂不能同时倒向两边，结果是两面不讨好。

最后几个孩子离家后，再没有很多事情要做了，但是螺旋还是会靠自身的动量转动的。

* * *

彼卡给孩子们的榜样是矛盾的、相互冲突的。他能向他们传承前辈们什么样的生活智慧和传统呢？顺着这条路子还可以问，他要敬重和保持的究竟是什么价值观呢？

父亲有这么一种思想，就是父母对孩子们最重要的职责之一是传承前辈的传统。他履行这一职责的办法是，一而再再而三地讲述有关他童年时的故事以及在他童年时他的父亲或祖父以至母亲和祖母给他讲的那些事。他也讲从外婆家那边听来的故事。这就是他自始至终向孩子们强调的必须将传统传承下去的内涵。〔*伊洛娜·海林*〕

丽莎和库斯塔·维库那留给后代的精神和经验遗产是容易探索的，因为库斯塔·维库那写下了大量著作。他在他的文章中描述了他所敬重的传统，还用讲故事和图片的形式尽可能使它们形象化。譬如他研究了农具和农耕方法如何从一种文化向着另一种文化传播的情况。有理由认定，库斯塔·维库那的历史研究工作对他那个时代社会政治的发展起了重大的作用，有助于对芬兰民族、芬兰民族的起源以及芬兰民族与相邻各民族历史关系的定位。举例说，彼卡·海林对对外贸易所采取的实用主义立场，与维库那的理论就是一致的，维库那强调，不要突出历史分歧，而应寻求邻国之间的共同利益，有利于两国。关于家庭价值观，库斯塔·维库那强调了遵循传统和接近土地生活的保守主义生活方式。

海林家族的贡献，比较难以定位。彼卡的祖父哈拉尔德·海林是一个聪明、有进取性和有些纨绔子弟型的鞋匠学徒。伊洛娜童年时常常听人讲到哈拉尔德，说她几乎认识哈拉尔德，尽管在她出生20多年前哈拉尔德已经去世了。

说得好听一些，哈拉尔德虽然是一个深奥莫测的人。他得过疯癫病，他大喊大叫，或许还有点攻击性。他还曾无所事事。在当时仍旧盛行高领子的年代中，他的领子是赫尔辛基最高的。后来歌剧成了他的嗜好，他爱歌剧，尤其爱好花腔女高音。〔*伊洛娜·海林*〕

哈拉尔德属于芬兰国内战争和冬战之间的时期内产生的芬兰资产阶级精英，其特征与欧洲和北美相同，就是追求财富和地位。

> 哈拉尔德总想赚钱，譬如当他拿起一片薄脆黑麦面包时，因为面包的两面不一样，他会说一面叫穷人面，另一面是富人面，富人面要多抹一些黄油，哈拉尔德说，谁要是总在穷人面上抹黄油，他永远成不了富人。
>
> 我还记得，我的父亲非常讨厌农场管理来与哈拉尔德谈事时他必须站着，而哈拉尔德自己却坐着的那种做法。在我们凯波拉农场，如果农场管理进来谈事，两人都是坐着的。哈拉尔德就要保持这样的阶级区别。〔*伊尔马·凯波拉－西罗拉*〕

哈拉尔德的妻子明娜是一个严肃的女人，她对英语和文学特别有兴趣。哈拉尔德和明娜的外孙女伊尔马·凯波拉－西罗拉说，在他们的女儿基尔斯蒂1921年死于肺病前，宗教信仰在他们外祖父母的生活中还不是很重要。

> 我觉得他们年轻时几乎都是无神论者。他们从来不上教堂，晚祈祷他们也是以唱歌替代的。后来明娜年老一些后成为基督教徒了。但是我想，哈拉尔德仍旧不很信教。基尔斯蒂女儿去世后，明娜借宗教安慰自己。后来他们用基尔斯蒂的遗产买了一所儿童之家，那里收留了10个孩子，已经很长时间了。明娜在那里工作，很认真。〔*伊尔马·凯波拉－西罗拉*〕

尽管伊洛娜说她的曾祖父是一个深奥莫测的人，但据伊尔马·凯波拉－西罗拉说，曾孙子女们都很喜欢他。

哈拉尔德用了很多时间同我们的孩子在一起。他是那种特别溺爱女孩儿的人。很早以前他就认为，彼卡会成为未来的继承人、未来的领导，认为对他要比对我们这些女孩儿管教得更严格一些。据我看，哈拉尔德对彼卡甚至太严厉了。〔*伊尔马·凯波拉－西罗拉*〕

彼卡的外甥女和教女卡罗利娜·勃勒伯格认为，哈拉尔德是彼卡重要的榜样，他对彼卡非常严格。

在彼卡眼里，拉哈尔德是完人，他是我们所有人的榜样，我们敬佩他，他是风度翩翩的绅士。太可怕了，这是我们讲到外祖父时一直这么说的。由于他去世时相对比较年轻，没有给孩子们留下什么不愉快的记忆。〔*卡罗利娜·勃勒伯格*〕

尼克拉斯·海林说，在对他的抚育培养中，除了哈拉尔德喜欢的价值观之外，也成功将海伊基和彼卡对拉哈尔德那一代摆铺卖弄的作风所采取的反对态度传给了他。

至少有一件事让我深深地铭记在脑海里，那就是敬重芬兰和芬兰民族，尤其是芬兰的语言。父亲是爱国的，他高度评价芬兰、芬兰的语言和历史，那是留给我的永恒的价值。我认为那是从家中学来的。尊重资产阶级价值观也一样，过去也许把它叫做保守主义，我想它也出自家庭。还有另外一件事情，不管你多么富有，你都不要卖弄，不要炫耀。确实这些都是家里留给我的，我觉得用钱炫耀是令人反感的。〔*尼克拉斯·海林*〕

彼卡有许多与祖父共同的特点，这可能是模仿的，也可能是遗传的。他们都是积极进取的商人，他们遇上攻击立即就会奋起保卫自己，为了击败竞争对手，他们也会不惜试探法律的界线。哈拉尔德和彼卡都是动作敏捷的实用主义者，都善于利用未曾预见到的意外局面。祖父和孙子都是热心的农业家、养马人和航海家。他们都是实实在在地努力扩大财富的人，并把积累起来的遗产分给孩子们。他们都得了偶发性的抑郁症，尤其到了他们生命的晚年。他们都死于与吸烟有关的癌症。从他们的家庭影相集和影片中可以看到，他们的嘴上几乎无时无刻不是叼着香烟的。

在这两位光彩夺目的人物之间是海伊基和安娜·海林的一代，对他们，孙子辈是这样描绘的：

> 尽管祖父心情开朗，爱好广泛，但是他和祖母对孙辈们的热情不如外祖父和外祖母。那是某种冷淡。祖母是没有母亲味那种

1944年家庭照。站在后排的是彼卡和明娜米，海伊基坐在沙发扶手上，曼莉（左）和丽莎（右）坐在安娜两边的沙发上。

类型的，譬如她根本不管孙子辈，我们从来没在那边受到过照顾，她甚至没有看管我们的意思。她关心得更多是自己的生活，自找欢乐，还有慈善事业。

在我看来，他们很特别，或者某种程度上是不想承担义务，他们犯了明显的错误。这里我要举一个令人最不愉快的例子：那是战争年代，当时很难得到玩具，一次祖母找到了一个玩具娃娃，她给了丽莎，但是曼莉什么都没有得到！就是这样的，曼莉记得，丽莎得到它了。对一对双胞胎，谁都是不应该这样做的。〔*伊洛娜·海林*〕

祖父不是像他的父亲和儿子那样的强人，尽管至少他是这样希望的。祖母思想不集中，在很多情况下，她的真实思想往往与众不同。成长的环境就是那样的，或许可以从积极的角度考虑，它会给创造性的机会——如果真是这样的话——提供一个空间。老爸当然可以有创造性，他是独生子，可以自由自在地顽皮嬉闹。祖父给他充分自由，祖母则用自己的方式支持他。〔*伊尔卡·海林*〕

这就是孙子辈对他们祖父母海伊基和安娜·海林的描述，觉得他们是遥远的、触摸不着的。至于哈娜对外祖父母家的记忆却是全然不同了：

我总想我母亲的父母家是一个美好安全的地方。即使是现在，有时我在城里过夜，路灯的光芒照射到屋子里，我就会想起外婆家的夜晚，那里真的太棒了。我们也在他们的拉帕湖夏季休闲地住过许多星期。爷爷奶奶那里我们待的时间要少些，那里让人觉得比较拘谨和令人生畏。〔*哈娜·努尔米宁*〕

卡罗利娜·勃勒伯格认为，海伊基的冷淡可能与他受的教育不够是有关系的：

> 一次外祖父对我说，他们的生活相当可怕，他的童年很恐怖。我的感觉是，哈拉尔德是一个非常不幸的人。〔*卡罗利娜·勃勒伯格*〕

很明显，海伊基和安娜·海林营造的家庭环境是冷淡的——哈娜说是“比较拘谨和令人生畏”的，不管原因是什么，看来在教育自己孩子方面这个家庭没有给彼卡一个积极的榜样。此外，从彼卡童年时代的最早记忆开始，道德重整运动在彼卡的童年家庭中几乎处处起着相互矛盾冲突的影响。

历史学家卡尔-埃里克·米切尔森说，海伊基·海林青年时代主要对科技、语言、文化和国际问题感兴趣。女儿去世后，是他的妻子将他带进了道德重整运动。他“从简单直率、运用专家政治思维的工程师成了一个温和、有感情的经理，并在短短的时间里，迈着快速的步伐，将通力股份公司改造成了一家关心员工精神和社会需要的真正的家庭企业。”

> 海伊基·海林认为，团结一致建立在相互信任的基础之上，而相互信任又建立在相互真诚以待的基础之上。和睦和相互了解是本国工业提高竞争能力必不可少的条件，而相互了解，只有在企业领导工作正确，态度真诚的情况下，才有可能实现，而这一切的基础则是自省。一个生活中充满恐惧和歧见的商人不可能创建起信任和团结一致的环境，解决个人生活和矛盾的办法则要靠上帝。然而对此每个商人也必须实事求是，犹如对待商业活动。海伊基·海林是从道德重整运动的一本著作中为他的生活找到指导原则的。〔*卡尔-埃里克·米切尔森，暂未发表的手稿*〕

海伊基所代表的一个成功商人的价值观，从许多方面讲对彼卡都是陌生的。为了找到能够等同的价值观，不管它是涉及通力还是涉及自己的家庭，彼卡必须从他祖父或岳父处人处事的态度中去寻找榜样。

* * *

但是有一点彼卡与他的父亲是同样的，那就是通力是家庭的一部分。随着彼卡·海林越来越多地介入通力的活动，孩子们遗憾地发现，与通常的做法不同，他将日程的轻重次序做了相反的安排。按照通常的做法，家庭价值观在工作场所总是要比在家里执行得更严格的。恩蒂流畅地列述了他的父亲代表一生并将其传承给孩子们的基本价值观。它们似乎更多集中于对企业的领导，而不是所谓的传统家庭价值观。

- 如果开始做一件事，就要把它做到底，不可半途而废。
- 每做一件事，一定要做好，而不是做得不好。
- 那怕很困难，决定也要做得正确，不要让感情影响决定。
- 始终要敢于怀疑模棱两可的意见。
- 不要根据一个人做了什么去评价他，而是要根据结果的好坏去评价。
- 要用自己的头脑，别去取悦别人。

除了以上几条，还可以就彼卡·海林多年来的表现和接受采访时所注意的问题补充两条。

- 一旦做了决定，别再向后看。
- 从错误中学习，继续前进，不要因此停顿不前。

允许你的孩子犯错误是有用处的，然而有时候它可能是一种危险的方法，因为这样会造成他们闹独立性，犯主观。尽管彼卡时不时的会给孩子们安排机会，但可以看出来，他又会给他们决定自己问题的很大余地。伊洛娜说，当父亲注意到能够管住孩子们之后，他就会用自己的方式给伊洛娜、她的哥哥和姐姐们以精神上和身体上的成长余地。

> 1960年代末，我们感到我们的房子小了，于是进行了扩建。扩建完工后，父亲住在旧的部分，让我们这些孩子安安静静地住在新扩建的部分。一次他带着有点自怜和辛酸的口气问我，难道你们谁都没有注意到我没有去过你们那边吗？我在想是不是因为我太专横才没有得到褒奖的。
>
> 父亲还常常用一种复杂的手法请别人帮助。他不是发号施令，而是用非常复杂的方式，用了许多漂亮的字句请求别人帮助。就举例说说尼克拉斯吧，他说："尼克拉斯·库斯塔·哈拉尔德·海林，你能把这个和那个拿给你的父亲吗？"或者对我说："你能帮助你的父亲清除肺里的烟油把烟灰缸递给我吗？"他这样做时也许心里在想，他不发号施令，因而后来发展成为现在这个模式了。我认为这只能表明，从某种意义上讲，他确实明白自己到底是一个什么样的人了。〔*伊洛娜·海林*〕

很难从孩子们的注意中勾画出一个图景来说明彼卡自己是怎样考虑孩子和对他们进行教育的。哈娜回想起他父亲教她游泳的笨拙方法，从中可以得出一个结论，那就是最多只能说他是一个笨老师，小孩子不仅得不到支持和帮助，反而会把他们吓坏了。伊洛娜对中学生时父亲帮助她复习物理倒有积极的记忆，说明孩子长大一些后彼卡与孩子们就能相处得好一些，只是他要给他们更多的时间和关注。但是情况就是那样，在后来的那些年里，由于他时不时又想显示父亲的威严，结果常常导致与孩子们发生分歧和争执。

在工作中，由于组织良好的工作环境和常规程序，人们又了解彼卡的特点和风格，情况倒是好一些。有时他也会提出严格的要求，表

这是一张1988年基尔斯蒂在巴黎里茨饭店拍摄的照片，此次出访为的是与瑞士迅达集团谈判合作问题。图中自左至右为：伊尔卡、哈娜、恩蒂、伊洛娜、尼克拉斯和彼卡。

现冲动，但是周围的人知道他有什么期望，懂得如何应对。在家庭生活中，看来彼卡少了一个相应地指导他的行为的原则。而家庭又没有在遇到他突发的冲动行为时能够采取保护自己的手段。

彼卡在图尔斯维克水域对付非法捕鱼人所采取的攻击性做法，对孩子们是一次惊心动魄的经历。当他前去教训非法进入他的水域的人们时，常常带上孩子们。但是很清楚，彼卡根本认识不到这种暴力行

为间接地会给年轻人产生什么样的不良影响。不过恩蒂这次讲的情况却完全出人意外，一向难以控制自己情绪的彼卡这一回的反应截然不同，完全反常。

> 一次我们听到从图尔斯维克芦苇丛那边传来一声枪声，我们和父亲一起走了过去，想看一看究竟发生了什么事。那是一个宁静的夜晚，那边有个男子正带着一个10来岁的小男孩练习射击来复枪。我们走到他们身旁，父亲对他说，请你听着，这是私人地区，是不准使用枪支的，你们离开吧。那个人表示道歉，立即离开了。父亲表现得这么平静，我感到惊讶。他们走了后父亲说，我不能当着他儿子的面让他感到窘迫。〔*恩蒂·海林*〕

这是一个违反常规的例外。彼卡的一位朋友说，彼卡是一个从不让人欺侮的人，他根本不会顾及入侵者的面子。彼卡认为，为了保护自己的财产而狂怒，或者采取激烈的行为，是合法的、情理之内的。显然他没有明白，这种行为会对跟在他身边的孩子们产生什么样的影响。不过很难相象他会在通力这个“大家庭”中犯同样的错误，因为他非常了解自己的角色和责任。

* * *

诚信是彼卡·海林所敬重的价值观中名列最顶尖的。他不仅要求属下和做生意的伙伴讲诚信，也要求妻子和孩子们讲诚信。对家庭，这个要求带来的问题就大了，因为诚信意味着几乎在一切问题上都要与彼卡·海林保持一致。

彼卡童年时可能多次听他的祖父满怀激情地讲到诚信。1904年，哈拉尔德·海林成立水管公司，并逐步将它培养成为与该行老大罗布·休伯公司平起平坐的竞争者。水管公司拥有250名工人，并在芬兰各大城市设有分公司。在芬兰内战期间，水管公司的工人们向革命法庭上告哈拉尔德扣发工资，哈拉尔德被判有罪。为了免遭逮捕甚至处决，他不得不转入地下，躲藏起来了。

内战结束后，哈拉尔德重操旧业，又成为水管公司的经理。他的儿子海伊基·海林曾经就此写道：

> 随着国家的独立和漫长的战争时期的结束，带来了国内工商企业活动的浪潮，同时发生了货币的严重贬值。这一现象在当时是怪异的，因为就其影响来说它比后来几年再度发生的贬值还要不可预测。很多人兴办了新的企业，其中包括水管行业的工程师和工头们。我的父亲说，每一位有能力得到管子的人都准备组建一家水管公司。〔*海伊基·海林，《先辈和后代列队行进》，1974年*〕

在一个名为“以天为顶”，讲述通力和海林家族的电视节目中，主持人说：“水管公司的其他所有主和工头们……剽窃了哈拉尔德·海林的思想……哈拉尔德为此经受了巨大的伤害，因为是他创建了公司，他以为他们对他会是忠心耿耿的。”

卡尔–埃里克·米切尔森就1924年以来领导了4代通力的海林们写了一篇研究文章。他说，海伊基·海林对待诚信和其他基本价值观的出发点与他的父亲是不一样的。海伊基登上公司领导岗位时正值既对抗东方共产主义又反对西方自由资本主义的法西斯主义在德国和意大利兴起的时候。海伊基研究了法西斯主义宣扬的独裁主义模式，但是被他摈弃了。后来为了摆脱芬兰和他的公司所面对的社会和政治问题，他代之以找到了道德重整的模式。

根据弗兰克·布克曼[1]的理论，工作场所的繁荣建立在雇主和工人之间的互动，基于类似正常家庭生活的活动模式。在一个和睦的家庭中，人人相互了解，家庭成员相互关心。家庭始终是一个坚强的单位，里面虽有矛盾，但也有解决矛盾的自然渠道。〔*卡尔-埃里克·米切尔森，暂未发表的手稿*〕

这样的思想离开海伊基在公司事务中所采取的父亲般监护的态度，仅是小小的自然的一步。他借钱给工人，资助建造住房，并鼓励发展通力支持的体育协会和文化运动。但是到了1960年代中期彼卡掌管通力后，父亲的监护模式开始崩溃了。不久后，工人们开始要求在公司事务中比以往有更大的发言权，在家里孩子们则要求有管理自己生活的更大自由。

彼卡彻底抛弃了他的父母亲和道德重整运动的活动模式。他认为，对在20世纪后半期竞争尖锐的企业世界中希望获得成功的人来说，它是毫无价值的。作为替代，彼卡找到了既能保障家族又能保障公司安全和竞争利益的主导的社会秩序模式。他要让通力有权有自由，在不受外部势力干涉的情况下进行活动，置身于社会之外——或者只在边缘上——的思想吸引了他。

伊洛娜将其比做阿列克塞斯·基维名著《七兄弟》中正由尤科拉朝着伊姆皮瓦拉走去的主人翁是切题的。阿尔内·金努宁在其名为《烈火、太阳和七兄弟》的作品中论证说，“向着伊姆皮瓦拉逃逸是让受人敬仰的公民转到社会的边缘”，金努宁还引用了大哥尤哈尼的诉说，它好像就是直接从彼卡·海林的嘴里出来的。

该死的！难道一个人没有权利生活在和平之中，按着自己

① 弗兰克·布克曼（1878—1961），美国路德宗牧师，道德重整运动创始人，坚持反共，赞美希特勒，宣传“上帝的指导”以及“通过改造人格来改造世界”。——译者注

的愿望生活，因为他没有挡谁的路，没有损害什么人的权利？〔*《烈火、太阳和七兄弟》，芬兰文学协会，1987年*〕

金努宁继续说："他们希望不折不扣地保持他们童年时享受过的自由。"当然麻烦总会有的，因为生活在社会中，为了不使自己的自由损害他人的自由，总是要有妥协的。一般情况下，只有非常年幼，享有特权和被剥夺了权利的人才有可能享受到无限的自由。

尼克拉斯指出，还有另外一种可以按照自己的规则生活的社会模式，那就是黑社会。

我不晓得彼卡·海林的是什么价值观，但他欣赏置身于社会之外的人，譬如马里奥·普佐那本名为《教父》的书，他对这本书和认为应将家庭安排得与社会没有任何交往的思想热忱到了狂热的地步。他认为那种所谓的置身于社会之外也是价值观。他也想将这一价值观教给我们，认为置身于社会之外更好些。〔*尼克拉斯·海林*〕

格哈特·温特指出，与毫无能力将自己与黑社会家庭分离开来的迈克尔·科莱昂内一样，彼卡也没有能力将家庭和公司分隔开来。

他对自己的家庭有这样一种看法，认为家庭内部一定要绝对忠诚。他信守，他不断地夸耀，并要求所有人都这样做。他确实把家庭和公司等同起来了。〔*格哈特·温特，由卡尔-埃里克·米切尔森采访*〕

患了某种程度狂想症的彼卡·海林，他对忠诚的要求和将家庭与公司之间的界线搞得模糊不清的状况，已在实际中造成了既不能满足孩子们也不能满足公司所需要的动力。在彼卡无力定位什么应在前、什么应居后的情况下，孩子们真的无法知道能对父亲期待什么了——除非发生了意外。

承担义务是另一个彼卡从来不让讨价还价的价值观。不管出差回来飞机到达多晚，或者商业性晚餐一直拖到凌晨几点，通力的领导人次日早晨必须按时上班，对此绝不含糊。无论开会还是准备出差，迟到都是不允许的。然而较难解释的是，承担义务在家庭意义上究竟是指什么。难道彼卡在期待孩子们对家庭企业承担义务？基尔斯蒂说，彼卡可能期望孩子们关心通力的前途，但他没有培养出一个孩子成为通力的总裁。

> 当孩子们还小时，他经常反复说，他不会强迫孩子们做什么的，他们可以做他们想做的事。〔*基尔斯蒂·海林*〕

另一方面，尽管彼卡没有要求任何一个孩子将来做公司的领导，但也绝对不是认为他们中间没有一个人能够担当这个角色。很明显，彼卡期望至少有一个孩子能是忠诚的，能够在时间成熟时承担起执掌大权的责任。

长期担任彼卡·海林的顾问和通力人事经理的乌尔波·卡乌拉奈说，这一问题在他们进行的交谈中曾经反复提及。

> 有时候下午很晚了也会提到这个问题，谈的也许是3个问题：第一个问题涉及彼卡是怎样使公司发展壮大的；第二个问题是“我是不是还有可能再创办一个大企业”，关于这一点，多年来不知道重复了多少遍；第三个问题就是谁可能当继任人。
>
> 关于继任人的想法各种各样，多得很。他为自己的孩子骄傲。当然他谈得更多是男孩子，因为是谈继任人问题。当他们还小时，一次他去尼瓦拉，维库那居住的地方，男孩子同当地的小伙伴打起来了，彼卡觉得很骄傲，因为3个孩子站在一头，很团

结，说他们都是好样的！

不管多少次讲到家庭企业中的典型问题，但是彼卡总说，这些孩子从不打架，因为他们是一起长大的，和和睦睦的，无须担心家庭企业中通常出现的问题，不会打内战。他确实爱他的孩子，考虑他们的前途。〔*乌尔波·卡乌拉奈*〕

1994年5月的一个夜晚，彼卡拿起他的笔，打算在把通力卖给泰森的协议上签字了，5个孩子仍像3个男孩在尼瓦拉打架时那样团结一致。然而彼卡从不知道孩子们的团结是为了保护自己，这种团结不是为了对付外界，而是为了对付父亲和他酒后骂人的行为。

不管对错如何，或者至少我们认为我们自己是对的，我们还得帮助他，让他挺下去。我们兄弟姐妹之间的团结是相当牢固的，我们互相了解，互相信任，因为这些事情我们事前已经商量好了，这就是团结一致的背景。〔*伊尔卡·海林*〕

但是，一些事情之后不久很快——非常之快——就发生了，彼卡5个孩子之间私下的团结演变成了路人皆知的家庭纠纷。

# 分　家

1994年5月12日

耶稣升天日。对少数幸运的人来说，他们可以休一次长周末了。

自马库斯·沃伦伯格来到图尔斯维克，同彼卡·海林和吉科宁总统讨论出卖瑞典电机公司电梯业务以来，26年零两天过去了；离开玛丽亚内·沃伦伯格忘记拉上她的上装拉链和在基尔斯蒂·海林36岁生日前夕举杯祝贺她的生日也过去了26年零两天。

前一天的下午，温度计的水银柱上升到了摄氏22度（华氏72度），因此让赫尔辛基以及斯德哥尔摩和圣彼得堡成了地中海北面温度最高的城市。但是星期四早晨刮起了阴冷的北风，水银柱整天维持在摄氏7度的水平上，赫尔辛基重新成为欧洲大陆最寒冷的首都。正打算穿上新的夏装炫弄自己的年青妇女，外出时不得不怏怏不乐地再次穿上了大衣。

因为是节假日，尼克拉斯·海林经常在上发表专栏文章的《商报》没有出版发行。两年多前《新芬兰报》停刊后，被很多人视为芬兰唯一最重要的全国性报纸《赫尔辛基新闻》用大字刊出“德国猛烈降息”的标题，还说芬兰的最低贷款利率预期也将下降。在政治领域，德国和俄国已就同年8月从德国东部地区撤出最后一批俄国军人的方式达成协议。在社论和群众论坛栏中，人们对芬兰参加欧盟是否明智的问题进行辩论。《纽约时报》报道卢旺达持续1个多月的血腥镇压使用了“大屠杀”的字眼。不过从非洲传来的不是只有坏消息，为种族平等奋斗一生的纳尔逊·曼德拉作为南非第一位黑人总统宣誓就职。

通力的工厂和办公室耶稣升天日那天闭门休息。彼卡待在家里，没有思考利率问题，也没有思考纳尔逊·曼德拉，他想的只是不屈不挠地使他继承下来的企业得以发展壮大的那些年份。他成功地将通力的电梯和自动扶梯、起重机和吊车、轮船装货设备、木材处理系统以及水压管道系统提升到了世界领先者的行列。但在过去12个月中，轮船装货系统和起重机生产单位已被陆续卖了出去，木材处理和水压管道系统生产单位也有了买主的信息。

到了1994年5月12日，留下的只有最大的单位电梯和自动扶梯以及最小又是最难卖掉的电子医疗设备生产单位了。彼卡从窗口眺望着图尔斯维克刚刚翻耕好的田野，他已经62岁了，他感到疲惫。为了将通力建设成为本行业中令人瞩目的企业，他、他的父亲和祖父，竭尽全力，艰苦奋斗，奉献了整个20世纪。现在让彼卡无法甘心的是，难道他的子女中间真的没有一人能将通力带入新的21世纪？如果不存在将公司交给下一代的希望，那么怀着满腔热情、勤奋工作还有什么用呢？难道就不会扬帆出海，同基尔斯基一起，前去我们依然想去的任何地方？

* * *

那一天通力虽然闭门休息，但有两个通力人仍在埋头工作，为完成一项任务而努力。不过他们对此并不特别热心。假日成了他们进行既微妙又高度保密的名为“拿下项目”谈判的掩盖体。谈判在赫尔辛基市中心米科街和北埃斯帕拉纳迪拐角处的彼得尔·法格奈斯办公室中进行。法格奈斯的计划制定公司在收购通力项目中充当着德国钢铁工业跨行业公司泰森的顾问。德国谈判小组由泰森董事会董事英格·埃克哈德·罗卡姆博士率领。通力方面从一开始就由总裁格哈特·温特和律师图奥莫·埃罗拉代表，现在他们正在做协议的最后完善工作。

彼卡于上一年的秋天指示温特与泰森开始谈判，摸清德国人对这宗交易能同意到什么程度。温特回忆道：

> 我与泰森进行了长时间的谈判。泰森很感兴趣。彼卡给人一个这样的印象，似乎泰森和通力可以组成一个联合公司，泰森拿51%股份，但通力有超过50%的表决权，因为德国人不了解A股和B股。谈判进行着，进行了几个月，进行了半年，他们突然明白了，上帝呀，这是不行的！后来彼卡说，把电梯也卖了吧！〔*格哈特·温特，由卡尔-埃里克·米切尔森采访*〕

5月12日，温特和埃罗拉同罗卡姆博士、彼得·乔森（律师）和康拉德·塔姆斯奇克（财务）再一次坐到谈判桌边，旨在结束将通力整个电梯和自动扶梯业务卖给泰森的交易。按照法格奈斯助手制定的时间表，关于出售通力全部A股（它们拥有很大的表决权，统统掌握在彼卡手中）的总协议和关于出售60%以上B股（它们为家庭成员以及波赫约拉保险公司和伊尔马里宁保险公司所有）的协议将于次日早晨9点前签字，公布这桩交易的记者招待会于下午2时举行。〔*写在计划制定公司信笺上的时间表，通力档案*〕

温特为公司将被卖掉感到伤心，但他无力阻止这宗交易。彼卡指示他卖掉企业，他只好按照指示工作。谈判慢吞吞地进行着。后来，温特回忆道，泰森的谈判代表犯了一个估计上的错误，致使整个协议陷入危险的境地。

> 我手里的一份传真说，泰森的电梯公司行政理事会，后来还有整个康采恩的行政理事会，都接受了我们的要求。
>
> 我知道，西门子总裁海因里奇·冯皮埃尔给他们提了咨询意见，他向康采恩行政理事会的成员说，你知道你们干的是什么事吗？这是芬兰的一块宝石，上帝哪，如果你们得不到他们足够的股份，你们甭想将它拿到手！

我肯定了给泰森固定的股份份额，全部A股，那是当然的，但是B股给他们63%或65%，因为我还没有谈好波赫约拉和伊尔马里宁的股份。可是那些德国人突然提出了额外的要求，说他们如果得不到90%的股份，他们就会取消这笔生意。我认为他们的要求是不适当的、无礼的。

后来又坐下来谈判，从下午一直谈到午夜。他们讨价还价，从88%到82%。但是我回应道，我们没有这样的协议，我们不能做这样的让步。这中间确实是没有风险的，因为我已经保证给他们63%了，还有25%掌握在外国人手里，可以算进去。我说，如果你们一定这样坚持，生意就做不成了。后来，大约在午夜时分，他们走了。

我随即给彼卡打电话，彼卡已经睡觉，我把他叫了起来，告诉他说："哎哟，我把事情做砸了，一切都完蛋了。"〔*格哈特·温特*〕

* * *

为了谈判协议细节和起草必要的文件，图奥莫·埃罗拉花费了很多时间和精力。泰森的谈判代表扬长而去，使他的情感非常复杂，不过最主要的是气愤。

德国人离去时我气愤极了。后来格哈特同彼卡通了电话，他们商量好让我去图尔斯维克。当时已是深夜，路上空荡荡的。当我到达图尔斯维克时，恩蒂和彼卡已经面对面地坐着等我了。〔*图奥莫·埃罗拉*〕

在彼卡和基尔斯蒂的住宅中，客厅和餐厅围绕着一座位于正中心的大火炉。埃罗拉加入到一对父子的行列之中，坐在房间一角对着大门的沙发桌旁。当时差一点儿是凌晨1时，太阳下山已经3个钟点，但从桌边背后风景画般的窗口向外看去，田野与森林黑色的轮廓还能模模糊糊地分辨出来。

开始时彼卡问我，事情进行得怎么样，是不是有了一个合情合理的协议。我略微叹了一口气说：“是的，按着原先那样发展，也许不会出现这种怪事了”……彼卡接着笑了一下说道：“我们不签了！”

我不记得彼卡后来还说了些什么，但他让人领悟到，康采恩将继续为家族所有。当时恩蒂在场，给我百分百的印象是，恩蒂答应继续下去了。〔*图奥莫·埃罗拉*〕

* * *

前一天，恩蒂已将春麦种下去了，生小牛的季节越来越近，但是还有一些赫里福德牛尚待下崽。不久后牲畜将被赶向牧场，牧场围栏的最后修缮工作仍在进行之中。换句话说，当前是一年之中最最繁忙的时候。

彼卡深夜打电话到恩蒂邻近图尔斯维克的阿布拉姆斯比希家里，要他去一趟图尔斯维克。恩蒂想睡觉，但他乖乖地从床上爬了起来，穿好衣服，开了2公里路的汽车来到父亲的家里。他记得埃罗拉所做的报告，但否认此前与父亲谈到过通力的前途。彼卡听完埃罗拉关于谈判破裂的报告后说，卖掉通力的想法就到此为止了。恩蒂说，他所以在场只是为了辅助一下父亲，他是应父亲要求才去的。

恩蒂知道谈判在进行之中，但对通力的出售问题他从来没有表过态。尽管如此，他对谈判破裂心里是高兴的。

我真的非常满意，因为我自己一直认为——我没有对任何人说过——卖掉通力不是好主意。因为当时我参加董事会已有3年时间了，我想，天哪，这是一个多么出色的企业啊！尽管我们现在还没有全球性的地位，但是我们的财政情况已经很好，我们的发展前景是清晰可见的。〔*恩蒂·海林*〕

* * *

伊尔卡·海林记得，1993年和1994年春天几乎是他一生中最为困难的时期。从原则上讲，他理该集中全部精力完成论文的最后工作，但在实际中却不得不为安排他父亲的生意花去大量时间。

先是要求伊尔卡去处理一笔无担保贷款，那是彼卡先前向当时的工商部长卡乌科·尤哈塔洛提供的。在尤哈塔洛因接受贿赂而被起诉时，新闻媒体开始追踪他的财源问题，其中一笔与彼卡有牵连。

父亲决定给尤哈塔洛贷款，由安全贸易公司提供，我作为安全贸易公司的总经理必须处理此事。这是父亲的决定，在这件事情上他有全权，但是我还是因此受到了质疑。

那真是一件天晓得的事，处理那样的乱案。我们商量好了，我处理这件事，他不参与，但是新闻记者知道这一情况了，于是打电话给父亲，问这是怎么一回事？父亲回答说："这不关我的事，这件事由我儿子伊尔卡管，那是他的业务。"

当时我正要准备论文的答辩，后来有人在群众论坛栏目上写道："这与科学没有关系！"于是尤哈塔洛就以"关系"的称谓出名了。文章还说，太荒诞了，这样的"关系人"居然要答辩做历史学博士。接着，与泰森的谈判同时开始了。〔*伊尔卡·海林*〕

伊尔卡说，他同恩蒂一样，对卖掉通力的问题也持中立的态度。

在论文之外，我为这件事增加了许多工作，为了得到合情合理的处理，我想了各种方案。一部分工作是父亲后来做的，一部分没有做，但是要说我正在出卖通力，我起不了这样的角色，我没有愚蠢到会做不在我职权范围之内的事情。至于我做了什么，我给我爸说了，他应该清楚，要么卖掉，要么不卖，但是我们不

在1993年通力年度报告的董事会合影中，彼卡显得疲惫、憔悴，图片中的董事会其他成员是（自左至右）格哈特·温特、约翰·霍莱利、恩蒂·海林、伊尔卡·海林和雅科·拉西拉。

能举棋不定，反正我是不同意的。〔*伊尔卡·海林*〕

最后我们商定由我宣布这笔生意已经做成，但是后来，图奥莫·埃罗拉凌晨5时打电话给我，说我什么都不用讲了，因为“那笔生意吹了”，泰森的那些人回家了！

本来因为要结束论文，后来还加上尤哈塔洛纠纷以及一些别的事情和泰森争端，当时我真的已经筋疲力尽了，这让我极其生气，使我与父亲的关系开始破裂。〔*伊尔卡·海林*〕

恩蒂给人的印象是，伊尔卡的气愤导致到使他在出售通力的问题上放弃了原先坚持的中立态度。如果这一看法成立的话，那么伊尔卡好像在用一种使彼卡更坚定地决心不将通力卖掉的方式向他的父亲进行挑战，而这一方式也将加倍促使彼卡要从他的孩子中间找到一位与他执行相同路线的继任人。

泰森项目结束后，伊尔卡与父亲的关系彻底搞糟了。蒂莫·塔维奥说，当伊尔卡冲着他的父亲说，不管在什么情况之下，您死了之后通力总会被卖掉的，当时他在场。〔*恩蒂·海林*〕

谈判破裂后的早晨，我们为评估损失开了一次会。格哈特·温特回忆道，当他进入房间时气氛很紧张。

恩蒂、伊尔卡和彼卡已经坐在那里，我不记得尼克拉斯是不是在场。当时曾经询问伊尔卡是不是还有什么补充建议，他同他的父亲一样非常生气。我感觉伊尔卡是想卖掉通力的，他想做股票。

当会议结束大家向外走时，我问恩蒂：“你是怎么想的？”恩蒂说，我什么都没有想，不过难道你没有看到父亲是多么轻松了吗？〔*格哈特·温特*〕

* * *

雷蒙德·维利尔斯讲到签字画押时提到的隐喻性的笔真是实有其事的，它是一支上面刻了泰森—通力几个金字、黑色的蒙布朗146号名笔。如果彼卡用了它，泰森—通力就成了世界第二大的电梯和自动扶梯公司，使它有能力挑战奥迪斯的行业领导地位了。彼卡，他的妻子和孩子也将比过去更加富有了。可是彼卡为什么要让温特和埃罗拉将生意做绝，最后成为一个毫无意义的形式呢？

伊尔卡的解释是，公司绝对是彼卡不可分割的一部分，他舍不得将它卖掉。

> 发生这样的情况在家庭企业中是时有发生的，决策人前后犹豫并非不可思议。当时我就对我的妻子和别的人说了，我怀疑谁会卖掉自己的皮呢！这不是把自己给卖了！他做不到。天哪，太幸运了，他没有卖，不然的话今天他会穷得像只教堂里的耗子！因为意大利臭闻[①]，泰森一定会起诉我们。他们肯定在想，我们会因此把公司卖了，因为那里有诈骗！我们什么东西都留不下来了，这是出卖的不良时机。可是真的，我们什么都没有卖！〔*伊尔卡·海林*〕

乌尔波·卡乌拉奈与伊尔卡特相同的看法，认为彼卡不可能卖掉“自己的皮”。

> 通力很大程度上是彼卡创建的，他为此感到骄傲，希望它继续下去。他必须要为通力得以继续下去找到一个解决办法。有

① 1955年通力发现，为了使利润看起来大于实际，意大利子公司的高层领导在账目上做了手脚。

人觉得继续下去，保障它的持续性——当然也包括它所获得的奖赏——将会困难重重。尽管以往他确曾多次玩弄过，说要把所有的东西都卖了，然而对他来说这意味的是他一生工作的毁灭。〔*乌尔波·卡乌拉奈*〕

作为通力的总裁（1964—1987）和董事会主席（1987—2003），彼卡·海林是芬兰工业界一位重要的人物，决策者都要请他提供咨询意见，在许多问题上人们想听听他的看法。他是北欧国家一家最富有、最有影响力的家族企业的头。如果他将公司卖了，他可能比过去更富有，但是他那突出的社会作用将显著下降。更具决定性意义的可能还在于，说明他在向下代传承这一作用——包括机会和责任——的职责中他是失败者。尽管在此之后他仍旧可以对着镜子自我欣赏，但是他忍受得了他的子孙们经过他们父亲或祖父肖像时所投来的倍感失望的目光吗？

伊洛娜回忆道，父亲曾经告诉她，一家大公司所有主和领导的角色明显地涵盖了影响和权力。

我清楚地记得，当他企图说服我不能将通力卖掉的主张时是这样说的。当我们在某个阶段主张就让它这样去吧的时候，这显然是一个辩解。有人说，只要有了钱，什么事情都是可以做到的，父亲却认为，钱并不重要，或者说钱保证不了社会影响力。有这样的老企业更好。如果你是所有主加领导人，你就有影响力了。这就是他的论据。他确实对那件小事，即泰森买卖紧抓不放，我认为那是缺少勇气，不敢放弃自己的大部分。要是这样做了，之后还能留下什么呢？兴许只有人一个了。〔*伊洛娜·海林*〕

另一个让彼卡感到揪心的问题是，他的妻子和孩子们是不是管得好他们的财产，因为他再不能照应他们了。他经常当着孩子们的面，说他是何等关心他的已经婚嫁的姐妹们。至少哈娜明白父亲是准备这样对待她的。

> 父亲总是反复地说，他会关心让他的姐妹们有钱，她们有了良好的生活条件，他就放心了。他就有那样关心人的态度。他脑子里想的一定是我不想拿钱的事，但他关心我的生活，他不同意我自己的决断是因为要关心我。〔*哈娜·努尔米宁*〕

伊洛娜认为，父亲对他自己的能力有一种自我陶醉式的自信，然而又会低估别人的能力，使他在家庭事务中成了一名心胸狭窄的头目，而这却是他在通力所不愿充当的。彼卡要求他的属下自己动脑子解决问题，进而使他们自己能够担起更艰巨的任务。因为他在家里没有表现出这种信任的愿望，他的妻子和孩子就难以发挥他们的才能了。

> 这正是一个我们不得其解的思想。它几乎像是一个要求他自己加以解决的对他身后问题的预测。他常问："我死后，等我再也不能照顾你们的时候，你们怎么办？你们怎样解决？问题如此之多，你们怎样解决！"如果父亲不把事情搞得乱糟糟的，我们大概能够解决得更好。〔*伊洛娜·海林*〕

也许一个简单的事实比这些解释更有分量，那就是彼卡对通力的了解和信任比对任何别的公司都要多。他常对朋友和同事们说，如果一旦他把公司卖掉了，他会将所得的钱投资到比通力股份还要好的地方。太清楚了，他是担心孩子们投资得不好，使家族的地位受损，或者受到危害。唯一能够阻止这种状况出现的，就是让通力控制在家族手中。

* * *

恩蒂是不是在泰森的代表退出谈判，拂手而去的那个夜晚准备充当继任人的？他自己说不是，有关泰森的决定是彼卡一人做出的，它与恩蒂1994年对通力事务承担起更大责任的决定没有任何关系。

> 首先我相信我父亲考虑问题的能力，其次我又不掌握许多公司股份，因此他就做出决定了。我不晓得当时他对我做了多少测试，大概是这样进行的，他说应该做出最后决定了，接着他这样说了，大概我也说了，那很好。〔*恩蒂·海林*〕

格哈特·温特说，在他最后一次与彼卡谈到通力前途后的两个月，继任人问题依然悬而未决。

> 7月，我在科科拉阿霍总理主持的论坛上碰见了彼卡·海林，此前我们没有谈过这一问题。我问他："你打算怎么办？"他答道："我问了所有孩子，如果有一个孩子说别卖，我就不卖了。"他先见到恩蒂，恩蒂说："你干吗问我，你是真心实意问的吗？"彼卡确实是认真的，但是恩蒂不信！他们两人非常相似。我相信恩蒂确实对彼卡说过别卖！"那么我就不卖了！"彼卡说。你看这场活动多么有计划啊！〔*格哈特·温特，由卡尔-埃里克·米切尔森采访*〕

显而易见，恩蒂是彼卡孩子中间唯一愿意采取这种立场的人。

> 伊洛娜说："是的，我同意卖掉，我说过，那有什么呀，我毫不在乎。"

哈娜说：“我会说，现在就卖掉，立刻！摆脱得越快越好！”

伊尔卡说：“当时还在出售过程之中，我就给老爸说了，要么卖掉，要么不卖，不过事情是清楚的。他决定卖时，我就做卖的工作，将事情做得尽可能公道、合理。”

尼克拉斯说：“就如我今天说过的那样，我说用不着得到我的允许，这是你的无可争辩的财产，你喜欢怎样就怎样，我不支持，也不反对。”

1994年是联合国的家庭年，但是彼卡在出卖通力问题上所面临的困境正威胁着将这一年变成自己家庭的分裂年。不过当时的状况仍处在脆弱的平衡之中。为了应对他们飞扬跋扈和难以捉摸的父亲，孩子们早已联合起来，组成了某种防御联盟，他们运用各自的手法与彼卡交往，或者将彼卡撇在一边，直至彼卡与伊尔卡的关系在与泰森的谈判中止后破裂。彼卡注意到他与好几个孩子是对立的，恩蒂则处在尴尬的中间地带。

恩蒂决定帮助父亲解决与泰森的谈判，不可避免地加剧了他与兄弟姐妹的关系。后因恩蒂接受了父亲给予的掌控通力的全权并保证将有关协议保密到直至父亲去世，兄弟姐妹之间的防御联盟解体了。后来兄弟姐妹们都说，他们对恩蒂戴上王冠感到气愤并不是因为钱，也不是在于权，而是出于被他们视为是父亲的背叛和哥哥的不忠的行为。

* * *

1990年6月，彼卡和基尔斯蒂写了一份遗嘱，财产将由5个孩子平均分配，没有例外，不提任何一个孩子的名字。

1995年9月，在彼卡决定不将通力卖掉后的16个月，为了替代1990年的原遗嘱，图奥莫·埃罗拉受命起草了一份新遗嘱，通过安全贸易和马努塔斯控股两家公司的财产所有权将通力康采恩的掌控权赠送给了恩蒂。其他子女得到了有价股份，但没有彼卡的A股表决权。

我认为老爸的思想是对我们的报复，这一动机非常清楚。第二点是被掩盖起来的，目的在于家庭生活不致受到干扰，直到他的生命终结，孩子们都会敬仰他。第三点则是，他通过讹诈手段有了一个忠实的仆人。什么事情恩蒂都是做不了的，他没有权，而且任何时候父亲都有可能修改遗嘱。天呀，好一个聪明的老爸！不过现在他不会非常忠实于我们了。

我们曾经有过兄弟姐妹之间的坚强团结，现在终于因为恩蒂的行为而完结，因此对我们其他的人来说这是一场糟糕的戏。”〔*伊尔卡·海林*〕

泰森谈判破裂后有关的信息开始传播开来，非常清楚，一定要为保持对通力领导未来的信念做些工作。1994年6月，泰森谈判代表离芬回国整一个月，通力电梯公司在柏林举办了一场其规模是当时最大的集会，海林家族的代表也应邀出席，并在会上保证家族将继续对公司承担义务。恩蒂回忆当时的情况说：

尼克拉斯已经离开董事会，于是我前后对伊尔卡和父亲说，鉴于伊尔卡参与通力的工作比较活跃，我认为他应该前往，为尚需弥补的地方做些弥补工作。对此现在并不特别困难了。如果我们谁都不去，那真是一场灾难了。作为所有主，再不能让人对我们不信任了。但是他们两人都拒绝前往，我只好出头了。幸运的是，正好同一时候举行了关于收购蒙哥马利电梯公司的谈判。事情办完后很快就回家了，好像经过这次活动，信任有所恢复。〔*恩蒂·海林*〕

彼卡还没有退休的意向，但恩蒂在向柏林的通力领导人员做报告时曾经保证，他和伊尔卡将继续积极参加董事会的工作。活动结束后不久，恩蒂和彼卡随即前往美国，与蒙哥马利公司的所有主进行谈判，因为他准备卖掉他们的企业。

通力已于9年前收购了蒙哥马利的加拿大子公司。彼卡与蒙哥马利的总经理和主要股东伯纳德·汉克一直保持着关系，并一再表示对收购蒙哥马利的美国总公司也有兴趣。收购蒙哥马利于1994年10月完成，从此通力成了美国电梯和自动扶梯的第四大供货商。一夜之间，通力将近1/4的劳动力放在北美了。成功收购蒙哥马利有力地影响到，怀疑者不再怀疑了，他们相信通力真的准备在业内继续干下去，而不是为了物色对自己价格比较有利的买主。

恩蒂出现在柏林集会上以及其后参加收购蒙哥马利的谈判，就像对他当时的角色做了旁注，逐渐加深了人们的一种看法，认为他的父亲正在准备让他做继任人。

我自己当然明白，如果去那里参加了集会，并说明将继续发挥积极的作用，那么从此以后我再不能躲到农场去了，我不能不继续露面。

当时我并不做什么事情，我只想我是董事会成员，是公司所有主家族的一员，我应该一起奔忙。我努力以一种不致把事情搞乱的方式表现自己。

其后的某个时候，当时的质量经理约翰·霍莱利请我去通力的商业大楼。他对我说："恩蒂，你听着，这里已准备完毕，你可以开始工作了。"他是第一个与我这样明确说话的人。〔*恩蒂·海林*〕

* * *

1994年底，格哈特·温特退休。他是最后一位有影响的内圈人物。他帮助彼卡30多年，把通力发展成了一家强大的全球公司。现在通力已在北美有了稳定的立足之地，并正快速地准备在21世纪初向着经济高速增长的火车头——中国开展业务。1995年，通力为了覆盖全球，改变了产品品种。通力不再是31年前彼卡进入领导层那时的通力了。

另一项即将更加彻底地改变通力面貌的变革也在悄悄地——实际上是高度保密的——进行之中。早在几年以前奥迪斯已向市场推出装有线性感应电动机的电梯，那是一项高效的发明，但价格非常昂贵，只适用于某些特定的用途。这些电梯共向日本出口了几百部，是不动产吊杆让它们吸引了高端客户。然而奥迪斯最终却将它的图纸束之高阁了，因为大规模生产这种电梯从商业角度考虑是没有生命力的。

奥迪斯的发明向许温凯的产品开发中心敲起了警钟。线性感应电动机的获利比率如此之高，如果能将这项技术成功地运用起来，所有当时的电梯一下子都会变成过时货。扼要地说，哈里·哈卡拉、埃斯科·阿乌伦科和约尔马·莫斯塔拉赫蒂领导的研究小组已经天才地开发出线性感应电动机的运用法了，使在技术和商业上获得双成功。除了种种得益之外，线性感应电动机还给通力有机会第一家向世界市场推出一台不需要单独机房的电梯。通力解决的问题，将使安装工作较之过去更加快速，能够节约用电，乘坐更舒适，并让房主有更多可用的地方供他出租或出售。这台被命名为“通力无机房电梯”（KONE MONO Space®）的新型电梯将使所有介入其中的人（通力的竞争对手当然不在其中）都得到充足的好处。在电梯这类老行业中，没有一代人的时间是难以见到变革性的发明创造的。每一位有幸参与“通力无机房电梯”电梯开发工作的人，都有理由为自己的成就感到骄傲。

1996年3月，“通力无机房电梯”正式投入市场。两年来，欧洲各地前来订货的客户蜂拥而至。通力时任的总裁恩西·索伊拉被誉为众多“遗传下来的”低效工厂成功管理的优胜者。人们欢迎创造性的电梯，它正与欧盟的扩大相巧合。芬兰被接受为欧盟的成员，而这为整个大陆的生产集中到一家顶级现代化的工厂和按新的效率指标实现安装工作流水作业化成了可能。简言之，从此以后，电梯业务传统上亏本的设备生产部分——有别于有可靠收入的定期保养业务——转变成有利可赚了。

通力之星重新闪烁光芒，上升了。彼卡十分激动，这是他自1980年底以来第一次春风得意，顺风而进了。1996年秋天，他去看牙，发现他的舌头下面长了一个小疱，医生提出立即切片化验。化验结果，确诊是恶性肿瘤，并于1997年初将其切除，同时拔掉了下颚的两颗门牙。手术以后，彼卡说话更不清楚了，不过从总体上说恢复情况良好。

父亲康复期间，恩蒂在通力董事会会议中代行主席职务。他在1996年6月彼卡被确诊为癌症之前已被选为董事会副主席和康采恩的总裁了。但是当时知道遗嘱已经修改的只有彼卡、基尔斯蒂、恩蒂和图奥莫·埃罗拉，到时只有这份遗嘱才能赋予恩蒂决定通力命运的权力。1994年脱离通力转到通力起重机公司工作的律师塔皮奥·哈卡加里也重新回到了通力。

> 我回来的时间非常合适，好像就是来帮助恩蒂的。当时彼卡说，你协助恩蒂处理所有事务吧，但是日常事情不要干扰他。后来因为业务开展得很好，彼卡的兴趣越来越大了。彼卡关注世界大事，他觉得做生意有时特别享受！真的他也就非常积极地参与活动了。〔*塔皮奥·哈卡加里*〕

听了新的遗嘱后，哈卡加里立刻明白了，那里面还隐藏着一个潜在的问题。

> 我回来后，先看了一下那些分家问题是怎样考虑的，彼卡过世后公司会怎样。1995年立了一份遗嘱，财产分配是这样安排的，恩蒂掌权，别的人获得其他财产。遗嘱是保密的，但是遗嘱总有

可以让人指责、引起争吵之处的。如果做一份将权力赠送出去的遗嘱，肯定会明智得多，这在芬兰也许是第一次，财产赠送出去了，但彼卡自己仍旧掌握权力。

这一思想源于彼卡想尽可能长久地控制全部权力，外部看来它没有任何变化，只是他的全部股份已经消失。他自己掌握着表决权，也掌握着股利权。他极其喜欢税后的红利，但是恩蒂不能不替他交纳财产税。〔*塔皮奥·哈卡加里*〕

1990年底是一个令人鼓舞的时期，因为“通力无机房电梯”的成功超越了人们的期待，中国的业务开始快速发展，与日本东芝的紧密合作也开始向前迈进了重要的一步。另一方面，彼卡的体力一直在衰退，基尔斯蒂说，早在确诊癌症之前彼卡的体力已经开始衰退了。

那是1992年，彼卡刚满60岁。从那时起，我们两人都开始走下坡路了。我的腿痛极了，动了手术，但是彼卡，只要有可能，他总不想走路，甚至不想动一动。

要是他有什么别的病痛，他根本不说一句，他要设法保密。他的身体本来是非常棒的，但是身体再好，也是不可能无休止地坚持下去的。就像人们说的，彼卡生活的每一天就像是他的最后一天。他最后戒烟也太晚了。〔*基尔斯蒂·海林*〕

2002年发现第二个肿瘤，癌细胞开始向咽部和肺部扩散。

* * *

其他姐妹兄弟对1995年的秘密遗嘱毫不知情，也不了解接下来要把A股赠送给恩蒂，但是伊尔卡明白，在1988年分家和1990年遗嘱之后，仍有重大的问题没有解决。

当时我已知道，在上一回将财产转给下一代后，老爸手里还有一张将控制权交给什么人的王牌。我声明我不掺乎那些事，我也没有能力掺乎。当时我还在董事会中，也许我早退出董事会就好了，但是我忠诚，我想现在还不到我离开的时候。

后来塔皮奥·哈卡加里又被通力招了回来，当然这样我们又能探讨怎样分家的事情了，把传代问题进行到底。〔*伊尔卡·海林*〕

早在赠送问题暴露之前，伊尔卡对恩蒂的行为已经有所怀疑了。

我记得，在有了赠送问题后恩蒂的态度完全变了。我感到惊讶，这恩蒂现在要干什么呀？举一个例子，当通力向克鲁普（1996年）收购了O&K罗尔特里普电梯业务后，给了克鲁普10%A股和10%B股的很大好处，这意味着克鲁普将在通力拥有很大的表决权。接着曼达图姆公司的瓦赫鲁斯又从另一面攻击波赫约拉保险公司，进而控制了20%的通力B股。他们可是相当快速地结合到一块了，这里我指的是瓦赫鲁斯与那个克罗米即克鲁普董事会和通力董事会的成员格哈特·克罗米。这在实际中它们已有能力阻挠通力股份公司了。不过后来很幸运，瓦赫鲁斯的计划没有完全落实，泰森也在克鲁普碰了壁。

后来恩蒂自己对购买波赫约拉的股份非常感兴趣，我曾问父亲这是怎么回事，怎么有这可能？谁都不能买，因为需要钱，如果没有钱，就得贷款，如果要贷款，必须有担保。实际上恩蒂可能在考虑用他掌握的股份做担保。〔*伊尔卡·海林*〕

彼卡和恩蒂之间的秘密安排终于在安全贸易公司的2000年年度大会前暴露出来了。因为A股已经转到恩蒂名下，赠送问题总归会在年度报告的股东名单上反映出来的。不过此事必须在会前告知所有的姐妹兄弟。

当恩蒂宣布这一赠送已在一年前完成时，所有真相一天之内就大白了。我表示这是绝对不适当的，不可接受的。最主要的是，就如我已经说过和我现在还要说的，你想做什么，那无所谓，但是上帝啊，请不要背着我！兴许他们在想，有朝一日我会原谅他们。希望如此，但是我做不到。至今我一直在想，对兄弟姐妹应该信任，可惜现在完结了。〔*尼克拉斯·海林*〕

会议演变成伊尔卡——当时仍任安全贸易公司总经理——和他父亲之间激烈的口舌战了，彼卡将伊尔卡赶出了会议，此后他们再没有说话。

* * *

伊尔卡、尼克拉斯、哈娜和伊洛娜感到特别心烦意乱，因为彼卡做出这样的决定是将通力的利益放在他们利益之上了。

但是，就如其后所证实的那样，通力股份公司比孩子们更重要，尽管父亲说，对他来说孩子们非常重要，然而相比之下通力股份公司还是更重要。〔*尼克拉斯·海林*〕

通力的那个传统已置于一切之上了。〔*哈娜·努尔米宁*〕

很难判定彼卡是不是真的认为通力比他的家庭更重要，还是只因为他没有能力将对两者的感情相互区别开来。相反，对于其他4个孩子所感受的痛苦倒是容易觉察到的。他们的理解是，彼卡偷偷摸摸地企图将通力的决定权转移给恩蒂是对他们个人的伤害。

伊洛娜认为，没有必要玩弄阴谋。

愚蠢透顶了，他完全可以告诉我们的嘛！这样做一定会更好，大概大家都会感到满意的，他只要说出来他是怎么考虑的，也能维持好孩子之间的关系。〔*伊洛娜·海林*〕

彼卡的秘密行动愈益加深了孩子们的猜疑，觉得父亲这样做的目的并不是为了达到一个符合逻辑的结果，而只是想以此显示，他做决定的能力对他们的幸福是无可替代的。只要对遗嘱还存在争吵的可能，彼卡认为恩蒂掌权已是既成事实的问题最好保密，在这种情况下要把它推翻掉就比较难了。实施将遗嘱改变成赠送的塔皮奥·哈卡加里认为，一旦赠送的礼物已被接受，股份转到了恩蒂的名下，再没有必要保密了，但是彼卡却持不同意见。哈卡加里发现自己已被置于为难的境地之中。

1999年恩蒂拿到股份后，我想现在可以告诉其他孩子了，当时就是这样决定的。但是彼卡说，这件事啊，只要我活着，还是保密。该死的，免得有人继续说下去！情况有点尴尬。

彼卡过去做过口腔瘤切除手术，他正在走向死亡，他肯定会在一年内死去，但在下一年的3月，他仍旧活着，还出席了安全贸易公司的年度大会。会上当然有一份股东表决权清单，到了那个时候，一切自然都清楚了，啊，怎么恩蒂会有这么或那么多的股份！〔*塔皮奥·哈卡加里*〕

安全贸易公司的灾难性公司大会后两个星期，伊尔卡、尼克拉斯和伊洛娜开会商量怎样把事情继续做下去，尼克拉斯出了一个主意。

伊尔卡为怎样解决这个问题考虑了两个星期，得出的结论是，通力董事会的董事他不能继续当下去了。我们，伊尔卡、伊洛娜和我三人在伊尔卡位于彼得街的公寓里开会，伊尔卡说，应该考虑还要做些什么，他不同意就此罢手，不能就这样退出通力董事会，恩蒂和父亲必须承认这件事，说明他们是怎么成功的。

我说，这太容易了，在你宣布退出通力董事会的一天发表一个简短的声明，这个声明引来的问题要多于提供的回答。我对伊尔卡和伊洛娜说，如果他们不在这项声明之后一星期内公开宣布这份财产已经转给恩蒂，那就奇怪了。6天过去了！接着是一片喧闹，尤其在公司内部，新闻媒体上也一样，他们不得不承认了。恩蒂和父亲以为他们可以这样搞秘密动作，背着大家，但是他们不得不公开说明，控制权已经赠送掉了。〔*尼克拉斯·海林*〕

新闻媒体立即轰动起来了，芬兰最富有最有影响的一个家族，还是一族之长，无法避免被暴露在公众之中，成了新闻媒体注意的中心。彼卡退缩到了图尔斯维克。在此时刻，他几乎丝毫不像那位无所畏惧的英俊年轻人了，当年在街道打斗时，他从不退让，他能飞到地球另一边，走下飞机直接参加早晨召开的会议，他认为同时既管理一个大农场，又领导一个全球性大企业是天经地义、正常不过的事情。他憔悴，说话让人听不清楚，癌细胞的扩散耗尽了他的精力。

基尔斯蒂几十年来忍受着他丈夫酗酒的痛苦，她还要在最后几年中把他照顾好，护理好。彼卡牵挂着在他离开后基尔斯基能够怎样生活下去。他肯定基尔斯蒂在经济上不会有任何问题，但他没有考虑到她为处理彼卡的遗产在感情上所付出的沉重代价。解决彼卡遗产的办法在家庭成员中间插下了一根长长的楔子，也夺去了基尔斯蒂真正关切的遗产，亦就是幸福可亲的子孙绕膝，同他们一起生活到最后一天。

彼卡最关心我能生活得怎么样，他做了安排，让我经济上过得最舒服，不能再有更好的，我可以无忧无虑。但同时，那些男孩儿可享受不到了。他肯定知道，因为我的孩子们相互争吵，这个样子我是受不了的。我在遗嘱上签了字，我很傻，我没有认真仔细地阅读，要是这样，那时我就不签字了。我轻信了，就像他们说的。我太傻，我轻信了。〔*基尔斯蒂·海林*〕

从通力的角度看，恩蒂这样快速地上升到他父亲的地位就像莎士比亚剧本中的哈尔王子加冕成为亨利五世，并率领军队前去进行阿金库尔战役。几年之内通力显著地发展成为一家更强大、更坚实和更有成就的公司了。但在别的孩子看来却可以把这一情况比做拿破仑为自己加冕成皇帝，并如彼卡所喜爱的《战争与和平》中说的进军前去进行波罗底诺战役，取得了皮洛士式的胜利。战斗的首要目的是实现了，但是留在他身后的却是一个遭受了惨重损失的家族。

当恩蒂和他家2002年入住图尔斯维克的主建筑时，那里再没有举行他祖父和曾祖父时那样的家族聚会和共同的圣诞节庆祝活动。基尔斯蒂认为，他的丈夫赢得了一场空洞的战斗，然而留下来让她清除的却是一场悲惨的败仗的痕迹。

* * *

虽然彼卡将通力控制在家族手中的努力在孩子们看来是操作的，并表明对他来讲公司比他们更重要，但是许多旁观者却认为，他的做法是正常的，可以接受的。彼卡的好友和航海伙伴于尔约·维海尔海伊莫接受他的做法，并认为他所以这样做背后必有原因。

从多种意义上讲，彼卡是一位非常传统的老人，也可以说他有些保守。他尊重传统，高度评价传统。大概他把事业看得比自己的生命还重要。我认为，他视通力得以继续是一个大原则，是一项光荣的任务。

当然，问题在于没有一个孩子真正愿意对此承担义务。恩蒂是农学家，与当年的彼卡一样。哈娜是人文学家。伊尔卡是历史学家。尼克拉斯是编辑，伊洛娜是语言学家。自然这里不单是公司的问题，还有许许多多与老家以及彼卡和基尔斯蒂有关的事情。整个图尔斯维克转到了恩蒂名下，"吕盖亚"给了恩蒂。这里有一大堆微妙敏感的问题，你能明白，这会给孩子们带来矛盾和冲突。

但是，但是……尽管如此，我仍认为那是一个相当古典式的传统的解决办法。大厦保持完好无损，别的人得到其他别的，然而核心建筑是完整的，因为恩蒂允诺将继续干下去。当然人们又会猜测，为什么早不讲哪，如果早讲了，也许就不这样解决了。真的我认为，彼卡了解他的孩子，明白那事，如果想把那事办了，他只能这样做。〔*于尔约·维海尔海伊莫*〕

维海尔海伊莫的分析让我想到了库斯塔·维库娜的波赫雅玛农民和小农的传统。大儿子继承了农舍和土地，女儿们出嫁去了别的农场，小儿子们离开老家开始了他们的新生活。维库那家族本身就是这一传统最坚强有力的维护者。研究结果表明，尼瓦拉的维库那家族农场是芬兰位于于凡斯居莱市北面唯一一个未被分割的农场。

在当今，我们不认为长子继承权是公平的体制，但它是千百年来公认的原则和做法。海伊基·海林做出了同样的决定，确保彼卡继承他出任通力的总裁，并将图尔斯维克交给了彼卡。海伊基和安娜的3个女儿得到了充足的钱财，可以过上富足的生活。不过遗产是在孩子们之间平均分配的。

作为意大利政治思想家马基雅弗利的崇拜者，彼卡注重结果，认为方法没有效益那么重要。

> 可以非常清楚地看到，他希望由一个人承继下去。继任人一定要有。因此，在找不到继任人的情况下，他才想把通力卖给泰森。继任人必须有，但只能有一个。彼卡不理解阿赫斯特勒姆那种有100名股东的家庭企业。他肯定看到了，所有权一旦分散，它再不在家族控制之中了。他不相信企业民主。〔*塔皮奥·哈卡加里*〕

彼卡找到继任人后，尚待解决的只有如何严格地实施最终平均分配的问题了。长期以来通力赢利状况改善，股价上涨，这对问题的成功解决无疑起了促进作用。斯蒂格·古斯塔夫森说：

> 如想确保家族的财产转移到下一代，你必须这样做。你一定要记住，尽管恩蒂得到很多，但是其他孩子也拿了很多钱财。问题在于，恩蒂扩大了遗产是恩蒂帮助了他们，使他们的财产增加了许多倍。〔*斯蒂格·古斯塔夫森*〕

2002年，当时彼卡还活着，但是实际上恩蒂已经掌握了公司的决定权，通力买下了跨行业企业巴尔特克，一家从事货运的综合性芬兰大公司，使通力的规模几乎扩大了一倍。这笔交易进行之快速，让市场感到惊讶。许多观察家觉得不能理解的是，作为巴尔特克最大股东的芬兰政府为什么要把公司交由通力控制？恩蒂主持了谈判，但他不能不请示父亲，让父亲最后拍板。

彼卡已经完全不管日常事务了，他的健康状况很差，但他仍是通力董事会的主席，控制着公司的多数股份。彼卡听了儿子所作的论述后，说他支持这一决定，于是交易做成了。开始时，彼卡对收购巴尔特克似乎并不特别有兴趣，但是巴尔特克总经理克里斯托弗·塔克塞尔网罗对抗势力以对付通力的企图，激起了彼卡固有的斗志，问题越接近解决，他的激情也越高，机会一到，交易随即告成，通力领袖的披风终于落到了恩蒂的肩上。

收购巴尔特克后，公司进行了重组，将它分为通力公司和卡科特克公司，这又给了以所有孩子都能满意的方式重新安排海林家族财产的条件。恩蒂保持对通力的控制权，伊尔卡、尼克拉斯和伊洛娜成为卡科特克的主要股东。此外，哈娜、伊尔卡、尼克拉斯和伊洛娜在通力还握有很大数量的股份。伊尔卡说，这次重新分配解决了困扰家庭多年的问题。

> 安全贸易公司也需进行分割，但它仅仅掌握通力股份，因此不能在传代的意义上进行分配，而必须纳入其他公司的股份，不然的话我们又得拆散公司，交纳税收了。
>
> 巴尔特克所以成了目标，是因为它可以分割，当时我们已很了解，巴尔特克是被低估了的，而且谁愿意买谁都可以买走。或许因为是国家占了主要股份，人们不太想插手。不过后来变得现实了，所以生意也就做成了。说到底，人人都从中得了利。〔*伊尔卡·海林*〕

* * *

2003年4月4日，彼卡与世长辞了，享年70岁。通力的股票值几乎增长了5倍，从1996年（恩蒂成为总裁和董事会副主席）底的35亿芬兰马克（5.75亿欧元）增加到了2003年的28.5亿欧元。那些曾经怀疑一个农民怎么当得了彼卡·海林全球企业继承人的人终于有了清楚的答复。

如果说彼卡在他生命的最后10年里将物色一位合适的继任人视作

重任——许多迹象表明他的确必须这样做，那么他终于可以作为一个心满意足的人，坦然地踏上去向西天的路了。肯定令他特别感到满意的还有，他已能够保障他的妻子，他的子女和孙子辈生活充裕，直到很远的将来。关于这个问题，他在1964年考虑如何领导他所接管的这个企业时，他自己心里根本没有一点底。

他对芬兰战后持续长久的和平和富裕生活水平的时期一定也是满意的。他自己的作用当然很渺小，就如《赫尔辛基新闻》在报道他去世的消息时说的："通力的彼卡·海林将芬兰的工业带向了国际。"恩蒂·勃勒菲尔德在其纪念文章中是这样描写彼卡的：

> ……他的心是芬兰的，他的性格是芬兰的，他是一个芬兰人，他不说大话。
>
> 我的祖国？她是我习惯生活的地方，尽管她是赋税的地狱，这足以反映出，这里确实有特色。〔*恩蒂·勃勒菲尔德，《赫尔辛基新闻》，2003年4月5日，"通力的彼卡·海林将芬兰的工业带向了国际"*〕

但是，他到底是不是一个幸福的人？他是不是知道，当他走上马基雅弗利指引的征服、谋划和使用权力的道路，摒弃了他在1959年从汉堡写给基尔斯蒂信中生动地描写过的另一条道路的时候，他已经做了正确的选择？他没有留下这样或那样的明确回答，但是选择是不能不做的，因为他同它一起完完整整地生活了一辈子，直到生命的终结。至于路途中发生的很多间接的损失，它经常是印证了有着伟大成就的一生的悲剧。

# 玩儿得失所系赌博的人

恩蒂·勃勒菲尔德2003年4月5日在《赫尔辛基新闻》上发表纪念彼卡的文章，使用了"腼腆、退避、外向性含糊不清、敏感和冲动"等字眼。无论是非常熟悉彼卡的人还是从旁对他进行观察的人，绝大多数都同意这样的描述。

在上述5个特点中，前4点非常适合于在威胁性的要求和倾盆大雨般的批评面前倾向于退避的敏感的人。外向性的含糊不清会让我们想起彼卡学生时代学习上的困难、某种程度的诵读障碍以及基尔斯蒂说的因醉酒驾车导致撞车事故并被判刑后在酒醉状态下说的话。严厉的祖父和以自我为中心的父亲也可能使他更加羞怯，更加退避躲让。不过一个人之腼腆羞怯并不需要外界的影响。

那么冲动又是如何？它可能是对他的其他特征的反应或者是他摆脱资产阶级教育灌输给他的指标和限制的手段。这里不妨引用一下1990年通力内部报纸转载的基尔斯蒂对此的描述：

> 同彼卡一起生活总是趣味浓浓的，我从不知道他回家时有多么高兴，有时他吹着口哨，有时会激情爆发。
>
> 如果他的节奏不是这么快捷，兴许他能生活得轻松一些。然而迅速评估形势和鼓动周围的人行动起来的能力，是他的强项，是他的一张王牌。〔*"一个要求严格但又公正的人"，《通力新闻与见解》第5期，1986年*〕

但是任何一个仅仅腼腆、退避和敏感，难于让别人了解自己的人，未必都能取得彼卡那样的成就。任何一位人事部主任在招聘总裁空缺时不会要求申请人必须“腼腆、退避、外向性含糊不清和敏感”。尽管彼卡具有这些特点，但他所以能够成功并不在于这些特点。

彼卡的冲动是同样的。一位好的领导不会让感情或者一时的感情冲动搅乱自己头脑，恰恰相反，他能做出经过合理思考的决定。一般情况下，只会冲动的领导会被解雇，不会得到提升。

通力与许多其他企业一样，长期以来使用迈尔斯布里格斯类型指标[①]来评估申请人，并了解他们在多大程度上适用于哪种类型的任务。根据瑞士荣格精神分析法，在相互对立的基础上列出以下4组性格类型：

外向（E）/内向（I）
直觉（N）/感觉（S）
思维（T）/情感（F）
判断（J）/知觉（P）

掌握了全部16种类型的人为ENTJ型，亦即“领袖型”。

ENTJ型是天然的领袖，他们观察事物一般比较长远，通常有能力识别能够借以解决问题，尤其是解决与企业活动有关问题的计划。领袖型人士在商业中一般能够取得成功，因为他们有强烈的领袖意志。他们会努力工作，不知疲倦，他们乐于看到公司的发展方向。

他们生活在充满可能性的世界中，能够看到形形色色的挑战，

---

① 迈尔斯布里格斯类型指标由美国人凯恩琳·布里格斯和她的女儿伊莎贝尔·布里格斯·迈尔斯研制。这个指标以瑞士心理学家荣格划分的8种类型为基础，加以扩展，形成4种维度（即文中4组性格类型）。4个维度如同4把标尺，每个人的性格都会落在标尺的某个点上，如果这个点靠近那个端点，就意味着个体有哪个方面的偏好。——译者注

并有解决它们的意愿。他们能够迅速抓住事物复杂的内在，获取大量个人未知的信息。除了活跃的挑战性的讨论，对于其他东西他们没有太大兴趣，不会感到满足。他们特别尊重向他们唱反调，并为自己的观点提出有说服力的论据的人们。

他们不愿看到错误重犯，也不能容忍效率低下。如果你想在这些问题上考验他们的耐心，他们将会平静相待，因为他们没有领悟人的感情的能力，一般来说他们也不认为因为别人的感情而必须改变自己的主意，然而在许多事情上，他们却会显现出强烈的感情特征。

在家里，同在工作中完全一样，ENTJ型的人是要做主的。ENTJ型的人通常与有强烈自我意识和思维（T）型的那种人最合得来。由于ENTJ型的人基本上全身心地投入他的事业，因此他们认为无论在人体上还是精神上都很难长久离开家庭。

ENTJ型的人富有多种天资，当他能使自己的生活达到平衡时，因为这些天资的作用，他很有可能会谋取到巨大的权势。他会是一个既自信又有创造性的足智多谋的思想家，他有特殊的才能解释理论和具体实施行动计划的手段。通常ENTJ型的人有他特别强烈的个性，并有实现其给他自己提出的目标的办法。〔*http://www.personalitypage.com/ENTJ.html网址*〕

尽管彼卡是上述个性极好的范例，但是，如果公司不是他的家族所有，他未必能够上升成为一家大公司的总裁。他的行为太让人难以捉摸，他的与人接触的方式对抗性太浓烈。关于这一点，彼卡自己向伊洛娜承认了。

归总起来：可以说他代表了上述多种类型的特征，但是形式太极端，太没有限制了，以致在反对他的势力有可能阻止其提升的机构中没有可能得到提升。

伊尔卡说，他父亲的性格也反映在他的世界观中：

他总是说，除了玩儿得失所系的赌博他别无其他可做了，一个人必须永远能赢，另一个人永远输。我认为这本身是不切实际的，然而他认为他的生活中除了得失所系的赌博，就别无其他了。这是他的思维中实质的部分。〔*伊卡尔·海林*〕

如果每一次竞争都是一场一方得益另一方损失的游戏，游戏参加者就很容易得出结论了，那就是胜利不仅是重要的，而且是唯一的。但是使彼卡成为胜利者的不是冲动，而是由于他能运用他的才智和周到细微的准备，对形势迅速做出评估，同时他的超凡的魅力和领导才能也能使他的属下的积极性和热情得到了充分的发挥。此外他非常顽强，从不退让。他能仔细听取题材广泛的各种讨论，从中获取哪怕是微小的信息。他阅读的方面很广，深入研究多种主题。他重视向智者请教，譬如向库斯塔·维库那和汉斯·沃森学习。他还听取下属的意见和建议，不过结论和决定总是由他自己做的。

那么彼卡的超凡魅力到底是怎么样的呢？他体格强壮，很端庄，很聪明，他懂得怎样展示魅力。不过最重要的是，他有权。他在通力的权力对一家上市公司的领导人来说确实大得特殊，甚至在他的父亲名义上还是董事会主席的时候，所有重要的问题都是先由彼卡决定，然后再交给橡皮图章董事会批准。据传他曾多次说："在我进入会议室之时公司大会才算开始，之前的都不算数。"

* * *

伊洛娜和格哈特·温特的看法是一致的，他们认为，尽管彼卡具有当领导人的一切内外条件，但是特别到了年纪较大之时，他做决定就困难了，其中一个原因可能是，他做的许多决定都是孤立的，没有内在联系的理论基础为依据。一般地说，他不接受任何形式的正统观念，他也不是任何政党的成员。他所以与吉科宁和农民党建立联系，与其说是为了表现自己对某一政党及其路线的承诺，倒不如说因为他与库斯塔·维库那的亲戚关系。他也从来没有参加过商业哲学的某个流派。相反，他却习惯于根据实际处理新的情况。因此，正如格哈特·温特指出的，其最后结果不是十分有条理。

很有可能的是，在彼卡相信某种直观的实用主义之后，他的内心却更加接近有系统的生活立场了。肯定没有任何一个思想家像马基雅弗利那样受到他如此的敬仰，而马基雅弗利本人也是一个地地道道的实用主义者。由卡尔洛·阿弗·赫林第一次译成芬兰文的马基雅弗利《政论集》1958年出版后，彼卡当即买了一本作为圣诞节礼物送给了他的父亲。从古罗马的历史中，马基雅弗利为他的实用主义国家学说找到了支持，并归结为以下那样的论点："祖国必须加以保卫，不管用的是不体面的方式还是值得称颂的方式，至于是哪种方式更好，只能看它所产生的人们期望的结果。"

> 因为拯救罗马有赖于拯救它的军队，因此必须不惜采用任何方式加以拯救，不管是用不体面的方式还是值得称颂的方式来保卫祖国，祖国一定要得到很好的保卫。如果军队得救了，罗马人才能有时间洗刷自己的耻辱，如果它未能获救，不管是何等地值得称颂，罗马和它的自由都将成为过去……如果你所面对的是拯救祖国的问题，那就不可以在正确和错误之间进行选择，而应义无反顾，毫不犹豫地做出决定，拯救祖国和人民，保卫自由。〔*马基雅弗利，《政论集》，凡尔纳·舍德尔斯特姆出版公司，1958年*〕

如果从这一角度观察彼卡赠送给恩蒂的控制权，也就不难理解为什么彼卡当时要这样做了。如果在祖国或者哪怕是它的军队的位置上换上了家庭企业，那么道理就昭然若揭了：一旦彼卡做出了通力支持拯救的决定，必要的手段只有在其成果的基础上进行仔细的考虑才是明智的。

* * *

那么传说中彼卡性格的混乱是不是适用于此处呢？他的孩子们反复表示，双向性的情绪混乱、自我陶醉的性格和酗酒，造成了没有可能在完全合理的基础上讨论他的行为的现实。

在彼卡的孩子中，尼克拉斯与父亲最相似，无论相貌，说话急促以致结巴，甚至丢字落句，都像他的父亲。他依赖酒精和香烟，情况同他的父亲也一样。尼克拉斯说，他承认他有父亲身上同样的与之斗争了一生的恐惧。

> 有些人什么都怕，无时无刻，我是其中之一。早晨醒了，怕醒，怕上厕所，怕刷牙，什么都怕。对我来说，这非常熟悉。每当我看到父亲的照片，我能从他的眼神中看到这一恐惧，光从照片之中我就能看到他现在害怕了，我看得到他害怕了，因为他恐惧的模样与我相同。
>
> 从许多方面讲，我是一个与彼卡·海林非常相似的人，我们有极其相同的倾向。我太清楚不过了，父亲与我有着相同得可怕的恐惧心理，恐惧死亡还得另作别论。我认为，举例说，阅读了如此之多战争史的人应有面对死亡的必要，因为他们太恐惧死亡了。他们有抑郁倾向，那是典型的，香烟和酗酒是应对的好办法，这是不说自明的。
>
> 我曾经写过，患了抑郁症的人在非常严重的情况下会做很多工作，一刻不停，但是还会喝酒。人们一般认为，得了抑郁症应该只会躺在床上，什么事情都不做，关上门，还将电话插头给拔了。情况绝对不总是这样的。我也有过非常严重的情况，当时我

第一次寻求了专业帮助。我作为记者或多或少有着很好的条件。我做过无数优秀的报道，也就是藏身于工作之中，躲避起来了，我不必去想恐惧或者其他什么的，只想我正在干的就够了，我工作，我干活。我好像在用管视的办法看东西，忘掉了恐惧，就像依赖烈酒和香烟，还有工作一样。〔*尼克拉斯·海林*〕

关于父亲的恐惧心理，恩蒂的看法和他的小弟不一样。他认为父亲有能力面对各色各样的困难局面，甚至当死亡走得很近时，他还是极其平静的。

同我们每个人一样，父亲肯定也会有恐惧的心理。关于那恐惧，我认为有孤独，只留下他一人时所感到的恐惧，还有对被遗弃的恐惧，可能是很大的。当他的感情生活非常强烈时，即使是个别的恐惧现象也有可能极为厉害，但是一般说来，我认为，父亲害怕的东西极少。他不怕对抗，恰恰相反！对抗只会让他更来劲。然而责任上的孤寂在他的身上倒是可以看到很多。

他也可能害怕某个东西，但是它的恐惧非常隐蔽。在生死搏斗的一年中，除了有一次其他什么别的他都没有说过。这一次他说："真见鬼，我可是计划活到很老的。"这是他在断言，他正在快速地、不可避免地接近死亡。〔*恩蒂·海林*〕

酗酒、抽烟和工作，是尼克拉斯——大概也是他的父亲——企图忘却或者控制恐惧的3个方法。尤哈尼·塞帕宁在其名为《真的醉了》的作品中做了分析，从中可以得出这样的结论，那就是在彼卡·海林身上，这3个方法都引发了依赖性：

在毒品的使用不是因为它所产生的一时性快感，而是由于没有了它就会带来难熬的时刻，瘾君子或者偶然染上毒瘾的人才会

主人和牲畜在阿布拉姆斯比。彼卡的眼神显得疲惫，沉重的生活在他的脸上留下了痕迹。

沉溺其中。〔*尤哈尼·塞帕宁,《真的醉了》,奥塔瓦出版公司,2006年*〕

根据这一结论，与酗酒一样，用工作的办法逃避对死亡或孤独的恐惧同样可能导致依赖性。如果我们把彼卡看做是一个力图摆脱恐惧的工作狂，从他引自《爱丽丝镜中奇遇记》的一句格言中就可能得出新的看法了。这句格言是:“必须疯狂地向前奔，以便在最远的点上停下来。”他不再是冲着成就奔跑，而是为了躲避他的小儿子从他眼神中看到的恐惧（和他的大儿子所认定的对孤独的恐惧）。简言之，“我必须极度努力地工作，使我的抑郁情绪不致继续恶化。”

彼卡35岁时编制了一份1967年的成功和失败的清单，他为自己提出了4项必须采取的措施，以便使被诊断为严重抑郁的“情况得以改变”。

—深入研究一些很难唤起知识分子兴趣的问题

—少喝酒

—努力开拓激励性的关系

—真正专心工作

是不是曾经有人能够做到如此雄心勃勃的新年许诺？能够比较成功地做到的人恐怕为数极少。不过几年之后，彼卡确实将通力打造成了芬兰第一家国际企业，创办了在芬兰现实中人气特旺，有各种不同背景的人参加的“沙龙”，同时从事着既重整图尔斯维克，又领导通力的两份工作。

“少喝酒”是一项至少在较长时间段内未能成功达到的目标，但是，如果假定他之喝酒也是出于与他拼命工作同样的原因，那么没能做到少喝酒也不会让人觉得意外了。

那么彼卡又是怎样消闲遣兴的呢？首先他爱好扬帆赛船，他会竭尽全力让速度尽可能的快。这种非化学的刺激素，会对神经产生与毒品同样的作用，使速度达到顶峰，或者位于前列。渴望以这种或那种的形式得到这样的刺激素，那是正常的。但是，就彼卡而言，我们有充分的理由设想，早已开始的寻求快感后来演变成为改善日常抑郁情绪的上了瘾似的需要了。

彼卡说，他在学校里曾因用削笔刀在课桌上刻了两个字被老师抓住了。老师看到彼卡刻的是古希腊哲学家苏格拉底的教诲“你要了解自己”，就让他走了，没有处罚他。但是，如果自责导致到他借助于酒、速度和工作来逃避他所找到的真理，也许这一惩罚只是推迟了时间。

伊卡尔说，早在彼卡在家里吹嘘“北欧国家的电梯生意现在就掌握在这只手中了”时已经开始走下坡路了，他说的可能是正确的。这是得意忘形的呐喊，但也可以理解为是对他终身的判决。后来彼卡终于醒悟了，要解脱压在他肩上沉重负担的唯一办法只能是，将它交给另外一个人。但是到了32年后实现这一点时，彼卡已是一个病入膏肓的人了。

* * *

彼卡·海林留下一只信封，里面装的是一些一直装在他皮夹子里的照片。7张照片是基尔斯蒂的，其中一张她正坐在划艇的船舷上展示她美丽的风采。哈娜和恩蒂各有一张，一张基尔斯蒂怀里抱着还是婴儿的伊尔卡，另一张是1962年拍摄的，哈娜、恩蒂和伊尔卡三人在一起。彼卡用铅笔在信封上写着:“照片伴我行，生活真甜美。”

绝大部分照片是1950年代拍摄的，彼卡一定已在他的皮夹子里放了很长时间，可能一直到了1970年代，如果真是这样，那么在他事业兴旺发达的日子里这些照片始终陪伴着他。看起来一切都是可能的。这种欣快症与芬兰人颇富情感地所指的早期极度兴奋很相一致，也就是尤哈尼·塞帕宁说的过渡阶段，酒精已让使用者脱离了“狭隘的行为准则”，但还没有妨碍他的神经进行其他的重要活动。

彼卡是一个大人物，众所周知，他有一个出色的酒脑袋。这是很多人羡慕的特征，但它显然加速了他的崩溃。即使他已经喝下了许多酒，他也从来不会完全失去对自己的控制，因此他能继续喝下去，他喝的酒越多，忍受酒精的能力也会越强。当维库那家的人来访，与吉恩·威斯夫妇一起参观丹佛牲畜博览会，或者在他认为需要的时候，他能够克制喝酒。但是，每当对酒精的忍受力越高，为了摆脱幽闭恐怖症的痛苦折磨，他就会喝得越多，他的机体就越加强烈地要求汲取更多的酒精。随着酒精的消耗年复一年地增加，喝酒的理由也就明显地超越了界线，从想多喝发展到了一定要喝，机体也开始了自己的要求，理智再没有能力抵挡了。

皮夹子里为什么没有尼克拉斯和伊洛娜的照片呢？解释是多种多样的，然而最有可能的是，由于生活再不像过去那样有味道，随身携带什么照片也就无所谓了。有人说，彼卡爱大的三个孩子超过爱两个小的，其实这没有什么根据，不过毫无疑问，在尼克拉斯和伊洛娜出世后，他的确不很爱惜自己了。

* * *

为了庆祝芬兰独立90周年，芬兰广播公司于2007年举办了芬兰名人投票竞赛，从100人名单中选出10位最受欢迎的，并在独立日前一周内在电视上对他们进行介绍，独立日前夕播放有关节目，宣布投票结果。

投票并不是非常科学严谨的，结果也不是绝对的，人们有发表意见的充分余地。28岁的专业滑板运动员阿尔托·萨里（他得了较高的第26位）在他的行业肯定是世界上最优秀者之一，然而很难据此就一定要将他排在诗人埃伊诺·雷诺（36）、哲学家乔治·亨里克·冯·赖特（53）、艺术家阿克塞利·卡伦–卡莱拉（56）或者奥运会金牌得主拉塞·维纶（60）之前。

进入前50名的商人中只有雅科·帕于吕（37）和卡尔·法采尔（46），他们都是芬兰企业史上的重要人物。诺基亚的董事会主席约尔马·奥利拉位居51，他为把芬兰提升到全球科技顶峰的贡献是巨大的。彼卡·海林的名字不在名单之中。

投票人所以将票投给奥利拉，其理由见诸如下：

> 约尔马·奥利拉创建了一个现代化的诺基亚，进而创建了一个全新的芬兰。
>
> 没有了诺基亚芬兰会是什么样？对此我连想都不敢想！
>
> 诺基亚将芬兰在世界中的地位提到了前所未有的高度。
>
> 无可争辩的芬兰头号领袖，成果最说明问题，我国不会再有第二个“诺基亚”了。

芬兰人民热爱成功者，奥利拉在国际竞争中把诺基亚打造成了成功者。他是一位卓越的候选人，理应赢得更高的名次。但是彼卡·海林怎样呢？上面就奥利拉和诺基亚所陈述的理由是完全可以适用于早期的彼卡和通力的，约尔马·奥利拉本人就说过，通力的成就对诺基亚的发展产生过积极的影响。

> 通力发展的方式是特殊的，他通过企业收购成了全球性企业，成了本行业的主要企业之一。至于通力，尤其彼卡个人是怎样做的，我要说，是他建立了其他芬兰人同样可以做到的这种自信心。如果自己有足够的智慧，能使资产负债表保持平衡，也就能够通过企业收购进行扩张，从而在要求很高的行业中跻身于全球性主要企业的行列之中。这是重大的信息。我知道，在诺基亚，这对卡里·卡伊拉莫产生了积极的影响。我也做过尝试，通力和彼卡所做的，是伟大而艰巨的工作。〔*约尔马·奥利拉*〕

前辈伟人创造的成就自然很快会被人们忘却，但是彼卡直言不讳的见解和言论仍然受到许多人的指责。喝醉酒的人他的行为当然会带来不良的影响，但只就这一点讲，他与同时代的许多其他名人未必有什么区别，如果说这里有一点区别的话，那是因为他不肯请求广大群众、同事以至家庭原谅他的弱点。

客观地说，彼卡·海林帮助芬兰老百姓用自信和自豪的态度面对当今的世界，比名单中的许多名人做得多得多。他是引导芬兰走出受隔离和边缘化境地的先锋和英雄队伍中的一分子。从某种意义上说，每一位今天和未来赢得全球承认的芬兰工业和企业界的领导人，不管他认识到与否，都是站在彼卡·海林的肩膀上起来的。

难道彼卡·海林就不能用他无比巨大的成就为他一路上造成的损失换来宽恕？不可能，任何成就都是于事无补的，除非在马基雅弗利和他最忠实的信徒的眼中。莎士比亚在其《凯撒大帝》剧本中，运用“恶人死后才生活，好人通常会同他的尸骨一起葬入坟墓”的名言将这一寓意印刻到了西方共同的意识之中。为了做到平衡，也许应该用天平严格地称量一下好人和恶人之间的关系。

就彼卡来说，破坏性的表现很大程度上——如果不是全部的话——是以亲人之间的关系而言的。请读者自己判断一下，这种表现多大程度是有意的，多大程度又是无意的。关于彼卡·海林事业成就方面所留下的遗产，我们无需进行同样的主观分析。他改变了企业世界的面貌，使芬兰面向世界。可以非常肯定地说，他是有意识地这样做的。

* * *

彼卡很少有终生的朋友，与他建立朋友关系并且持续到最后的只有航海伙伴于尔约·维海尔海伊莫和里斯托·霍尔姆斯登、狩猎伙伴尼洛·萨尔米以及同事格哈特·温特。约乌科·维库那、奥拉维·尼塔莫、莱沃兄弟和巴沃·林塔拉可能也是被邀前去他的病床边的人。

巴沃·林塔拉在其成果丰硕的一生中，总共写下了29部长篇小说以及大量短篇小说和儿童作品。他的妻子拉伊莉是钢琴家和钢琴教师。她是传奇般的劳里·毕赫卡拉的女儿。彼卡最早见到她是在1950年代，当时她正开始给彼卡的表妹劳拉·苏奥尼奥和妹妹丽莎上钢琴课。其后不久，当丽莎和她的丈夫拉伊莫·基维凯斯1958年迁居到基尔科努米的古姆贝克后，林塔拉夫妇成了他们的房客。1965年，林塔拉夫妇在基尔斯蒂和彼卡的土地上造了一幢房子。拉伊莉对她的丈夫与彼卡的关系做了如下的描述：

> 他们的关系中有那种直觉的基础，他们相互接受，不带任何条件，但是中间总有一种至少我所解释不了的东西，这是非常有趣的事情。不过一般说来，这与酒确实有些关系，难道不是因为不太社交的人对酒的需要会比其他人高出许多倍？〔*拉伊莉·林塔拉*〕

巴沃·林塔拉与彼卡不同，他是一个饮酒作乐的人，但有一种每次饮酒后离家出走数天的习惯。基尔斯蒂记得，林塔拉回家途中常把他们的家当做中转站。

> 一次巴沃·林塔拉来了，他是在旅途中。他离家好几天了，天晓得他去了什么地方。后来他慢慢地走了过来，坐在这里。这是一种迹象，说明他想悄悄地回家了。他是同彼卡一起来的，还说别告诉拉伊莉他在这里。我当然立即给拉伊莉打了个电话，那边来了一个人将巴沃接走了。之后又能一切平静，过上一段时间。〔*基尔斯蒂·海林*〕

我们无法知道在多大程度上彼卡能把他内心的感情吐露出来，告诉他的朋友，谁晓得他与林塔拉一起喝酒或者洗桑拿浴时是不是会把心底里的话掏出来讲给林塔拉听。也许作为作家他会运用自己敏锐的观察力来探索彼卡的性格。不管怎样，反正他在名为《农民与月亮》的长篇小说中给彼卡描绘了一幅画像。在《农民与月亮》的长篇小说中，热爱土地和渴望简朴生活的力量，正在同要对自己的企业和父辈的遗产承担起责任的力量争夺一个农业家兼工业家了，并将他拉往相反的方向。

在下面转载的这段摘录中，林塔拉刻画了以彼卡·海林为模型，准备前去国外进行商务考察的伊尔马里·伊尔马里宁。又是一个温暖的五月早晨，预示着经过长时间冬眠之后大自然即将复苏。

春天。春天和玛利亚的月份。一个春天的早晨，6点钟还差10分。

工业家、顾问和农场主本人伊尔马里·伊尔马里宁，站立在1920年代建成的一排砖砌牛棚的墙角边，观望着广阔的农田。一条沟渠向前倾斜，一直延伸到海湾，沟渠尽头开始了芦苇丛和沼泽地。凡伊诺正在耕地，传来了拖拉机的阵阵嗒嗒声。海鸥顺着犁沟尖叫飞行，寻觅着昆虫。

温暖的一天到来了。那是五月的第一天，空气中已能感觉到夏季的气息。建筑物的墙面上空气凝成了细小的水流，苍蝇开始苏醒。如果天气平静无风，狗鱼和圆腹雅罗鱼还会沿着水渠，逆水一直游到农田。

……

土地的表面在欢声歌唱，潺潺溪水流进了沟渠。谁也说不清是哪儿充满了复苏的狂喜，是土地还是天空，但是他们都已感触到绿色的夏天正在降临。被燃烧过的饲草根端，在挂在空中细线一般的树枝上，嫩芽开始隐现，偷偷地向外窥视。一星期之后，绿色将覆盖大地和空间，它迅速扩大，视力都难以跟踪。

一辆黑色的豪华轿车停在牛棚前。身穿蓝色制服的詹姆斯扶着已经打开的车门，从烫得笔挺的制服上掸了掸落在上面的草毛，皱着眉头用鼻子嗅了一下飘荡在空气中老牛粪的气味。他忧心重重地朝着农田看去，为什么顾问依旧两手插着裤袋，穿着一双脏鞋子站立在那里。如果再站上一段时间，可要赶不上飞机了，就是他这样的顾问，飞机也是不会买账的，那时候他将不得不猛开快车，犹如一只逃出地狱的蝙蝠。

顾问走到一堆老牛粪边上，冲着干牛粪踢了一脚。

这个牛棚可以安顿70来头小公牛，伊尔马里坐在干牛粪堆上歇了一会儿。他正准备前往加拿大，察看卖给那边一家工厂的大型造纸机的运作情况。那种带有通力商标的纸浆机和造纸机是世界各地无处不见的。那人就是伊尔马里，他是铁匠，是锻工，他有铁匠的智慧，也有老铁匠铺传承下来挥动大铁锤打铁老师傅在他身上再生的灵魂。

但是打造三宝[①]无比艰辛。

躯体还能承受，心灵却较脆弱。这是劳动者的智能，无法与它脱离，相反它会驱使他经受无穷无尽的劳累。如果岳父阿克·库曼拉去世后他就停止为工业艰苦奋斗，并且留在卡里娜那里管理她的农场，他是不是可能更加幸福一些？它无需聘用农场经理，他可以坐在这堆牛粪上，沐浴在媚人的阳光下，享受着暖和时日的气息。那辆汽车和手扶敞开着的车门的司机没有照管他。他们不必飞向法兰克福了，不必穿过那里的混凝土粪便管道，进而转往巴西。他可以穿着胶皮靴，手举火把，走向海湾去寻找下卵的鱼儿。他也不会在大庭广众之中被人叫做大资本家了。他再不必会见那些弯腰屈从的人、吝啬鬼、阿谀奉承的人以及赞赏他的人，那么一群围着他表示尊敬和说谎骗人，然而一旦当他转过身子，在他们看来他已是无用之人的时候，就会踢他一脚的人们。

……

① 是芬兰民族史诗《卡莱瓦拉》中的铁匠伊尔马里宁打造出来的神奇的磨盘。

回顾他在年轻时，生活就像是无边无际的海洋，向着哪个方向看去都是360度，充满诱人的机遇，一切都是这么巨大，这么令人惊奇。现在到了此处——依旧是，责怪命运并无用处，运气是好的——看起来前面似乎别无其他，只有一条狭窄的航道。年轻时一切巨大和令人惊奇的东西，都变得扭曲了、呆滞了。

留给自己的是些什么呢？如果闹钟不在每天早上4点钟响起，如果他没有精力起床，开始阅读，那么留下来的就什么都没有了，至少没有任何与他年轻时所追求的理想有关的东西了。除了一束稻草什么都没有了。好一个自负的工业巨头。除了几片干面包片，什么别的都没有了。

仅仅怀疑“假如”是没有用处的。他没有选择可做，就像他那整个一代没有选择的可能一样。祖国谦恭的感激，期望减少寡妇孤儿的负担，出去工作，只有工作……

伊尔马里站起身来，拍了拍他的屁股……牛棚墙壁上挂着一把老旧的铁犁，那是费斯卡斯典型的产品。

见鬼了，是谁让它锈成这个样子的？他将它顶着墙壁，用袖子和西服上衣延向胸前的翻领擦了擦铁锈，胸前口袋里的手帕变成红棕色了。他把手帕一直塞到了口袋底。

……

汽车司机等得不耐烦了，他把詹姆斯的外套扔到一边，径直走了过去，面对面地说：“时间不多了，赶紧上车吧！”〔*巴沃·林塔拉，《农民与月亮》，奥塔瓦出版公司，1983年*〕

彼卡会不会转过身子，背向汽车、旅程和生活呢？我们唯一的回答是：

或许可能或许不……

……他再没有转身。

# 结束语

巴沃·林塔拉在将彼卡·海林当做长篇小说的主人公伊尔马里·伊尔马里宁进行刻画时，总结了他所面对的是当农业家还是做工业家的艰难困境。看来他要么选择对家庭甜蜜亲切、浪漫的农村生活，要么选择在精神和肉体上将他从这里及其最亲爱的人身边夺走的事业。

林塔拉得出的结论是，选择的余地只是一种幻觉："他没有选择可做，就像他那整个一代没有选择的可能一样。"

好朋友巴沃·林塔拉（桌子尽头左）和彼卡在林塔拉家厅堂的长桌边交谈。与他们一起的还有彼卡的表姐伊尔马·凯波拉－西罗拉（彼卡旁边）、海伊基·海林和伊尔马·凯波拉－西罗拉的丈夫卡里·西罗拉。基尔斯蒂·海林只见她的两只手，伊尔卡·海林在林塔拉身后，仅隐约可见。（1980年）

林塔拉在1982年5月写给彼卡的表姐伊尔马·凯波拉-西罗拉的信中用了一种与公开描绘伊尔马里画像完全相同的意图隐晦地刻画了彼卡，实际上，林塔拉已经不是在写书中主人公的命运，而是在写一位好友的品格。他那真诚和钦佩的语言就像在向一位极其错综复杂的人物脱帽致敬、告别。

Sitten kerron toisesta.Täkäläisestä.Serkustasi.Yrjön vastakohdasta.
Ei viileä, ei englantilaisittain käyttäytyvä.Palava, ryssän tunne-elä-
mä, kuin suoraan Gorkin tirologiasta: enkelit ja perkeleet samassa
sielussa -ja vanhemmiten yhä enemmän isä Karamazovia muistuttava.
Kiirastorstain aamupäivällä kävin kaupungissa Aaroa tapaamassa
(ja miten lie mennyt siihen että Aaron kanssa join kolme konjakkia,
sitten Aaro lähti lentokentälle .Minulla oli auto, en uskaltanut
sitä ajaa.Soitin Pekalle. Menin.Pekka lopetti työnsä.Syötiin kahdes-
taan.Sen jälkeen istuttiin kello 21. saakka ja tultiin kotiin.
Hänestä sanotaan että hän on kamala ja kova.Minulle hän on aina huomaa-
vainen, kuuntelevainen, ymmärtäväinen, hienotunteinen,lämmin.
Vein häneltä työajasta koko iltapäivän ja silti hän käyttäytyi
kuten aina minua kohtaan.

Seuraava tapaaminen oli lauantaina (jolloim x Sinä olit lähtenyt Gruu
siaan, Hannan häiden jälkeisenä lauantaina). Hän tuli iltapäivällä,
isuttiin keittiön pöydässä,juotiin hiukan konjakkia, mentiin illalla
saunaan.Sinä olet lukenut Vincentin kirjeitä. Serkkusi elää jotenkin
yhtä kiihkeästi.Ja kumma: minusta on hyvää tekevää nähdä kuinka hur-
ääxx jasti hän elää.Tietysti ymmärrän ettei se vaimosta ja lapsista
aina tunnu ylevältä,kun läheltä näkee miten heidän elämänsä tukipila-
ri ja se voima josta he itsekin ammentavat , tietoisesti nopeuttaa
oman elämänsä kulumista. Ja mistä me puhuimme-aivan arkisista (siitä
os
ettei ksokaan saa antaa periksi työssä, että sankaruutta tarvitaan
aina).

现在讲一讲另外一个人，你在这儿的表弟，于尔约对立面。他不冷漠，没有英国绅士的风度。他也没有俄罗斯人那种火热的激情，就如高尔基在三部曲中直截了当地说的，天使和魔鬼拥有同一个灵魂。年纪越大，他越像他的父亲卡拉玛佐夫。濯足节[①]上午，我进城去看阿罗（《卡莱瓦》报1953—1989年社长，阿罗·科凯阿基维），并听听他对形势的看法。我同阿罗一起喝了3

① 基督教节日，也称“圣星期四”，指复活节前的星期四。——译者注

杯白兰地，然后他上机场了。我有一辆汽车，但不敢开，于是给彼卡打了电话，去了他那里，他把工作放下了。我们两人一起吃了饭，直至晚9时才回家。有人说他可怕，是个硬家伙。我倒觉得他一直挺体贴、包容、理解、关心人、挺热情的。

我占了他整整半天工作时间，他对我的态度还是老样子。

之后见面是一个星期六（当时你去了格鲁吉亚共和国，是哈娜他们结婚后的星期六）。他是下午来的，我们坐在厨房的桌子边，喝了一小杯白兰地，晚上洗了桑拿浴。你已读过文森特的信了。你的表兄弟生活得有些冲动。很奇怪，让我看到他生活得如此粗野倒是不错的。当然，我理解，让人亲眼目睹他们的生活是怎样维持的，他们有意识的努力只会加速他的体力和生命的消耗，这对他的妻子和孩子来说，不会认为是高尚的事情。至于我们谈了些什么？什么事情都谈了（如在你的日常生活中决不能退让，英雄精神永远是需要的）。〔*伊尔马·凯波拉－西罗拉档案*〕

# 受访人名单

阿赫尔贝克，马尔库
恩丁奥亚，埃伊诺
巴克斯特勒姆，拉格纳尔
伯纳，埃里克·S.
勃勒伯格，曼莉
勃勒伯格，奥利
勃勒伯格，卡罗利娜
勃莱萨尔，阿尔奈
卡文，克劳斯
达尔格伦，博耶
戴维，乔治
埃恩鲁特，卡西米尔
埃罗拉，图奥莫
富莱，胡伯特
加格尼尔，奥克
古斯塔夫森，斯蒂格
哈卡加里，塔皮奥
汉克，伯纳德·J.
海伊斯卡拉，凡伊诺
海莱纽斯，恩蒂
汉蒂莱，卡莱尔沃
海林，安娜·K.
海林，安娜（娘家姓奥伊蒂宁）
海林，恩蒂
海林，基尔斯蒂
海林，伊尔卡
海林，伊洛娜
海林，尤西
海林，尼克拉斯
辛蒂卡，哈里
耶尔特，博
霍尔姆斯登，里斯托
霍莱利，约翰
霍恩，登克马尔
胡基宁，卡伊莎
伊哈莫蒂拉，雅科
伊拉斯基维，拉伊莫
伊丹沃里，尤西
雅赫努卡伊宁，米卡
雅各布森，马克斯
约基比，塞波
卡耶，索伊莉
康卡佩，马蒂
卡尔亚莱宁，尤哈尼
凯波拉-西罗拉，伊尔马
库尔基-苏奥尼奥，塔尔亚
科伊维斯托，塞赛
科伊伏西尔塔，约尔马
科罗马，约翰内斯
科斯基瓦拉，埃洛
库奥帕麦基，劳里
拉乌卡斯，金莫
冯林伯格·斯蒂勒姆，玛丽亚娜
林德尔，戈兰
林登，西尔卡
林德福斯，塔格
林德霍尔姆，别格尔
勒夫，马尔蒂
卢曼，约尔马
卢奥斯塔里宁，雷伊约
马拉斯卡，潘蒂
马尔姆伯格，哈里
麦基宁，海伊莫
努尔米宁，哈娜
纽凯宁，海伊基
奥康奈尔，杰里迈亚
巴拉奈，彼卡
贝尔托宁，卡里
潘蒂莱，奥利
波赫约拉，彼卡
拉亚赫尔曼，阿伊莫
朗达，卡尔·H.
雷佩，海伊基·A.
莱朗德尔，蒂莫
莱波，里斯托
莱波，英凯利
林塔拉，拉伊莉
萨尔米，尼洛
萨洛宁，约乌科
桑德林，托尔-埃里克
萨乌里奥，马蒂
辛德勒，艾尔弗雷德
西卡拉，马尔蒂
西伦，海伊基
斯内尔曼，皮尔科
索伊拉，恩西
斯丹纽斯，布里塔
塔维拉，海伊基
塔维奥，蒂莫
德尔霍，海莱娜
蒂莫宁，哈里
图奥诺宁，阿尔沃
瓦伊尼奥塔洛，拉伊亚
瓦尔塔萨里，尤卡
维赫马，恩德罗
温特，格哈特
威斯，吉恩
维海尔海伊莫，于尔约
瓦蒂阿伊宁，伊尔卡
维库那，阿斯科
维尔卡拉，维尔科
维尔塔宁，雷约

采访人：
勃勒伯格，奥利
米切尔森，卡尔-埃里克

# 译者的话

彼卡·海林是一位传奇式的人物，是他率先引导芬兰的企业活动走上了国际化的轨道，他为他的祖国所做的贡献在芬兰工业发展史上占有重要的地位，是人们永远不会忘却的。

作为彼卡·海林生前多年的同龄朋友，我对有机会将约翰·西蒙的《通力的君主：彼卡·海林传奇一生》翻译成中文介绍给中国的读者感到无比荣幸。我希望彼卡·海林事业上的积极成就对我国企业界朋友也能有所启示和借鉴。

杜钟瀛

译者和夫人吴宝璐访问图尔斯维克庄园时与彼卡·海林的遗孀基尔斯蒂·海林夫人合影。（2010年）

吴宝璐和基尔斯蒂·海林夫人在图尔斯维克庄园合影。（2010年）

译者夫妇访问蒙基尼埃米庄园通力集团总部时与彼卡·海林的遗孀基尔斯蒂·海林夫人和他们的长子、通力集团现任董事会主席和总裁恩蒂·海林合影。（2010年）